武后天授元年，改永宁为黄岩县，因黄岩山而名。

——《万历黄岩县志》

黄岩院桥风光（夏仙池　摄）

黄岩年鉴 2024

台州市黄岩区地方志编纂室 编

方志出版社
Publishing House of Local Records

图书在版编目（CIP）数据

黄岩年鉴 . 2024/ 台州市黄岩区地方志编纂室编 .
北京 : 方志出版社， 2024. 11. --ISBN 978-7-5144-6514-3

Ⅰ . Z525.54

中国国家版本馆 CIP 数据核字第 2024AA4575 号

责任编辑：刘方圆
责任校对：张玉霞
责任印制：梅中英
出 版 者：方志出版社
地　　址：北京市朝阳区潘家园东里 9 号（国家方志馆 4 层）
邮　　编：100021
网　　址：http://www.zgfzcb.cn
发　　行：方志出版社图书营销中心（010-67110500）
印　　刷：云南美嘉美印刷包装有限公司
开　　本：889 毫米 ×1194 毫米　1/16
印　　张：21
字　　数：646 千字
版　　次：2024 年 11 月第 1 版
印　　次：2024 年 11 月第 1 次印刷
定　　价：220.00 元

黄岩区地方志编纂委员会

主　　任：徐礼辉

副 主 任：王勇军　林　峰

成员单位：区委办、区人大办、区府办、区政协办、区委组织部、区委宣传部、区委政法委、区发改局、区教育局、区人力社保局、区文广旅体局、区统计局、区档案局、区地方志编纂室、东城街道、南城街道、西城街道、北城街道、澄江街道、新前街道、江口街道、高桥街道、宁溪镇、北洋镇、头陀镇、院桥镇、沙埠镇、富山乡、上郑乡、屿头乡、上垟乡、平田乡、茅畲乡

《黄岩年鉴（2024）》编辑部

编　　辑：蔡如松　金露燕　解应一

编辑说明

一、《黄岩年鉴》是黄岩区委、黄岩区人民政府主管的地方综合年鉴，由《黄岩年鉴》编纂委员会组织实施，《黄岩年鉴（2024）》由区地方志编纂室承编。

二、《黄岩年鉴（2024）》以马克思列宁主义、毛泽东思想、邓小平理论、“三个代表”重要思想、科学发展观、习近平新时代中国特色社会主义思想为指导，坚持辩证唯物主义和历史唯物主义的立场、观点和方法，全面、客观、真实、系统地记述2023年度黄岩区发展情况。

三、《黄岩年鉴（2024）》编纂执行《地方志工作条例》规定，记述范围为2023年的黄岩区境域，时限为2023年1月1日至12月31日。凡在全区范围内的机关、团体、企事业单位皆不论其归属，记述在内。

四、《黄岩年鉴（2024）》采用分类法编辑，设类目、分目、条目，以条目为主要载体。设特载、专记、大事记、区情概貌、中国共产党台州市黄岩区委员会、台州市黄岩区人民代表大会、黄岩区人民政府、中国人民政治协商会议台州市黄岩区委员会、中国共产党台州市黄岩区纪律检查委员会　台州市黄岩区监察委员会、民主党派·工商联、群众团体、法治、军事、经济管理、经济开发区、农业·林业、工业·建筑业、商业·贸易、区属国有企业、邮电·信息化、金融业、房地产、旅游、文化·教育·科技、城乡建设、基础设施、卫生健康、消防救援、民政与社会事务、生态环境、乡镇（街道）、附录32个类目。全面、系统地记述2023年全区政治、经济、文化、社会、生态发展的基本情况及重大事项和取得的经验，为社会各界了解黄岩、研究黄岩、宣传黄岩、建设黄岩提供信息资源，为编史修志积累资料。

五、《黄岩年鉴（2024）》采用的数据，由各撰稿单位核定提供，个别数据可能出现不一致的情况。遇此情况时，均应以区统计局的《黄岩统计年鉴》为准。因统计口径等原因，年鉴供稿单位提供的个别数据与统计部门的统计数据或不一致，以统计部门的数据为准；部分数据由于四舍五入等原因，总计和分项之间存在合理范围内误差。

六、《黄岩年鉴（2024）》数字用法、标点符号用法分别采用国家标准《出版物上数字用法》（GB/T 15835—2011）、《标点符号用法》（GB/T 15834—2011），计量单位采用国家技术监督局1993年12月发布的《量和单位》系列国家标准。农田土地面积沿用“亩”为计量单位。

七、《黄岩年鉴（2024）》资料由各部门、各乡镇（街道）提供。供稿单位或撰稿人署名见条目右下方。图片以单位提供为主。

八、《黄岩年鉴（2024）》检索方法有目录和索引两种，卷首列目录，卷末附索引。索引采用主题分析法编制，按主题词首字汉语拼音音序排列，以提高年鉴的检索性，方便查阅。

台州市黄岩区行政区划图

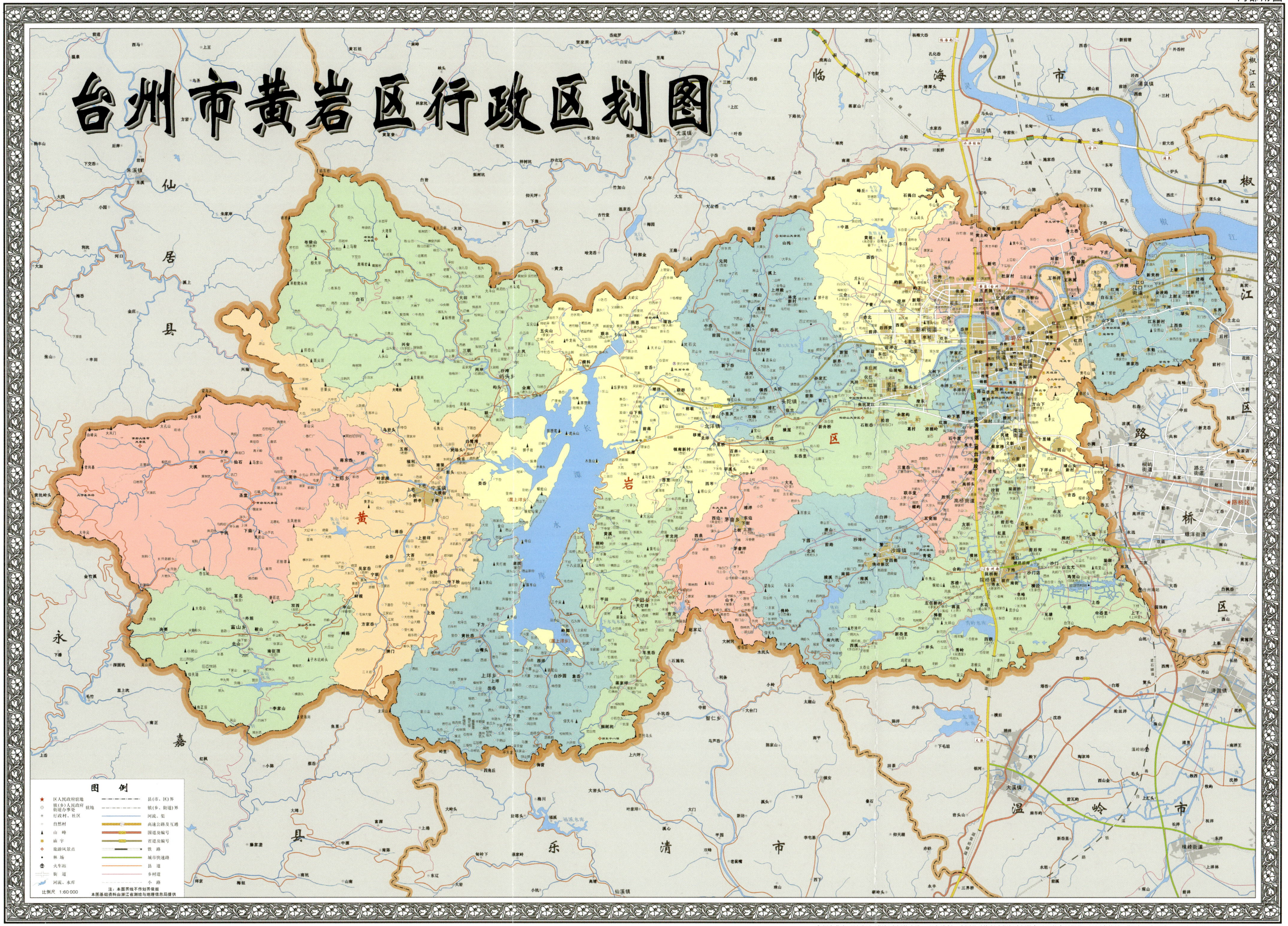

台州市黄岩区民政局、浙江省测绘大队 联合编制 本图基础资料由浙江省测绘与地理信息局提供 地图审核号：浙S(2018)83号 2018年9月第1次印刷 印数：0001-2500

黄岩区城区地图

台州市黄岩区民政局 浙江省测绘科学技术研究院 编制

官河古道

官河古道位于黄岩城市之心，由护城河永宁江、西江河、南官河、东官河“一江三河”沿岸区域组成，因护城河古时为官河，故称“官河古道”。

项目以千年永宁、宋韵黄岩为主题，按照“连线成片、水清可观、岸绿可游、街繁可贸”的目标，打造集文化传承、休闲游憩、观光旅游、夜经济于一体的扁平化综合体。项目全长 5.6 千米，整体包括 1 个慢行绿环、4 个文化核心和 12 个古道景观节点。2023 年 1 月，官河古道全线贯通。

2023年1月，官河古道全线贯通　　（黄岩城投集团　供图）

官河古道局部图（一）　　（区住建局　供图）

官河古道局部图（二）　　（区住建局　供图）

官河古道夜景　　（区文广旅体局　供图）

2023年五一假期，官河水街吸引人流量超50万人次　　（黄岩城投集团　供图）

永宁幸福科学馆

永宁幸福科学馆由区委、区政府与清华大学社会科学学院共同打造。该馆为球体玻璃建筑，馆内共三层，总面积 1390 平方米，由清华大学美术学院设计。永宁幸福科学馆以“艺术 + 科技 + 心理”为设计理念，从建设规划、馆内布局、产品配置到功能体现等方面，融合心理科学、计算机科学、人体工程学、人因工程学、艺术美学等学科。永宁幸福科学馆是清华大学积极心理学应用研究课题成果落地黄岩的重要项目之一，也是中国第一个积极心埋学科普体验及综合服务中心。

永宁幸福科学馆落成后免费向广大市民开放，社会团体和个人均可预约参观学习。同时，依托永宁幸福科学馆，黄岩区将借助清华大学社会科学学院专家教授团队力量，向全区学校、企事业单位和社区人员开展积极心理学的培训和推广。2023 年，累计接待幸福寻访团体 2.2 万人次。

2023年3月26日，永宁幸福科学馆开馆。图为黄岩永宁公园内的永宁幸福科学馆外景

（区交旅集团　供图）

黄岩永宁幸福科学馆内景　　（区交旅集团　供图）

浙东南房车集散基地

浙东南房车集散基地位于黄岩旅游集散中心，紧邻台州动车西站，是具有黄岩风情特色的都市型生态旅游集结地。该项目主要建设集房车运营、房车露营、房车体验、休闲旅游于一体的综合性房车运营中心，涵盖各大品牌房车销售、租赁、托管，户外装备、露营经济及地方特色优质农产品、文创产品等全套产业链。

黄岩区浙东南房车集散基地外景　　　　（区交旅集团　供图）

2023年2月19日，浙东南房车集散基地正式落地，图为启动仪式现场

（区交旅集团　供图）

黄岩区浙东南房车集散基地外景

（区交旅集团　供图）

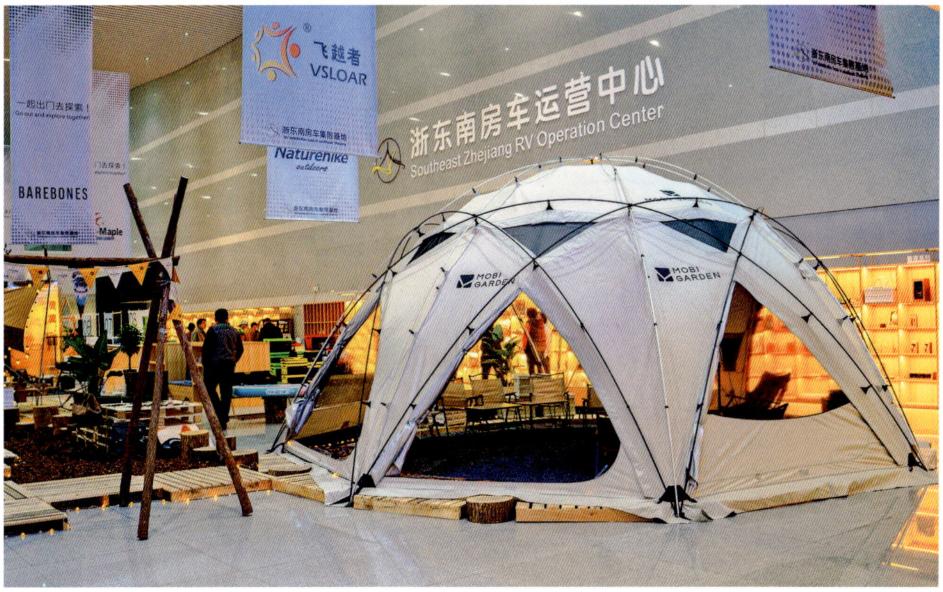

黄岩区浙东南房车集散基地内部一角

（区交旅集团　供图）

浙东南智算经济产业园

浙东南智算经济产业园项目于 2023 年 4 月立项，是黄岩区与国家级高新技术企业、全球首个智能芯片独角兽企业中科寒武纪合作的项目。建设内容主要包含“一中心一基地”，即“浙东南智算中心”“创新共享空间、数字科创飞地以及数字经济生产基地”，实现以人工智能算力服务为核心，完整配套服务型制造，助推区域产业数字化。项目总用地面积约 21.5 万平方米，总投资约 38.2 亿元，其中 13 亿元投资建设 700p“智算中心”。

浙东南智算经济产业园以算力为核心，重点招引对算力有需求、对产业升级有带动、对人才引进有吸引的高新技术企业。2023 年 10 月 18 日，浙东南智算经济产业园成功开园，吸引寒武纪等 8 家半导体芯片、人工智能领域头部企业落户，类型涵盖芯片半导体、智能出行、智能制造、车联网等多个领域。

2023年10月18日，浙东南智算经济产业园开园。图为产业园整体建筑航拍图　　（图片来源：黄岩发布）

浙东南智算经济产业园内景　　（区经信科技局、黄岩国投集团　供图）

2023年9月24—26日，在杭州亚运会上，黄岩籍射击运动员黄雨婷（2006年生）获得女子气步枪个人、团体、混合团体3枚金牌并打破亚洲纪录，成为本届亚运会首个三冠王。图为领奖台上的黄雨婷　（图片来源：黄岩发布）

2023年9月24日，黄岩籍射击运动员黄雨婷参加杭州亚运会射击女子10米气步枪团体决赛、杭州亚运会射击女子10米气步枪个人决赛，连获两金，两项成绩分别打破亚洲纪录、亚运会纪录。图为比赛现场

（区文广旅体局　供图）

2023年9月26日，黄岩地标性建筑纷纷亮灯为黄雨婷庆祝　（图片来源：黄岩发布）

2023年9月14日，杭州第19届亚运会火炬抵达台州。图为黄岩籍火炬手合影留念　（图片来源：黄岩发布）

2023年10月20日，黄岩女企业家林素平（左）担任杭州亚残运会火炬传递桐庐站第40棒火炬手

（区残联　供图）

2023年12月3日，台州马拉松在黄岩开跑　　（区文广旅体局　供图）

2023年7月6日，沙埠镇首届迎亚运村BA邀请赛圆满落幕　　（区委宣传部　供图）

2023年8月8日，“喜迎亚运　潮动永宁”黄岩区全民健身日系列活动举办

（图片来源：黄岩发布）

2023年11月15—16日，黄岩区第十六届运动会举办

（蒋建宏　摄）

2023年4月9日，柴古唐斯九峰越野大师赛在九峰公园举办

（区文广旅体局　供图）

2023年5月5日，黄岩“浙江模具（塑料）产业大脑”数字化项目成功入选全市国资国企数字化改革优秀应用

（图片来源：央视财经频道）

2023年6月8日，“野小卫”应用技术与绿色防控技术亮相中国农业绿色发展产业大会。图为应用展示

（区农业农村局　供图）

2023年10月21日，黄岩柑橘实现无病毒化、数字化种植，助力黄岩蜜橘入选浙江省第二批百大土特产名单

（区农业农村局　供图）

2023年11月14日，无人机小车巡检并收集种源小苗的表型数据　（区农业农村局　供图）

2023年5月30日，全市首个人工影响天气外场试验基地正式启用（区气象局 供图）

2023年12月31日，黄岩国家气象观测站正式启用（区气象局 供图）

项目建设

2023年12月1日，黄岩区永宁江闸除险加固提升工程完工　　（区水利局　供图）

2023年3月14日，黄岩经济开发区江口综合体工程主楼完成结顶　　（经开区管委会　供图）

2023年4月25日，220千伏高桥变工程管控开工 （黄岩供电公司　供图）

2023年10月6日，黄岩区中医院与黄岩区疾控中心项目建设完工。图为黄岩中医院新院区外景

（蒋雨霞　摄）

2023年11月29日，佛岭水库除险加固工程顺利通过完工验收　　（区水利局　供图）

2023年12月18日，省重点工程204省道院桥支线PPP项目黄岩先行通车段正式通车。图为余温公路高空航拍图　　（区交旅集团　供图）

乡村振兴

2023年3月21日，央视4套《远方的家》沿海看中国栏目组采访黄岩茭白种植大户蒋良珍　（孙红红　摄）

2023年4月8—30日，江口街道举办农耕文化生活节　（江口街道　供图）

2023年5月26日，平田乡举行“我有一棵梅·长在大平田”活动　（王敏智　摄）

2023年11月3日，院桥镇梁湖桥稻田丰收节一景　（院桥镇　供图）

2023年11月11日，黄岩区柑橘节开幕　（澄江街道　供图）

2023年11月12日，屿头乡在两岸村启动2023柔川民宿生活节暨“万人游屿头”乡村探寻之旅活动

（屿头乡　供图）

2023年11月18日，山边边佛岭森林音乐节举办　（沙埠镇　供图）

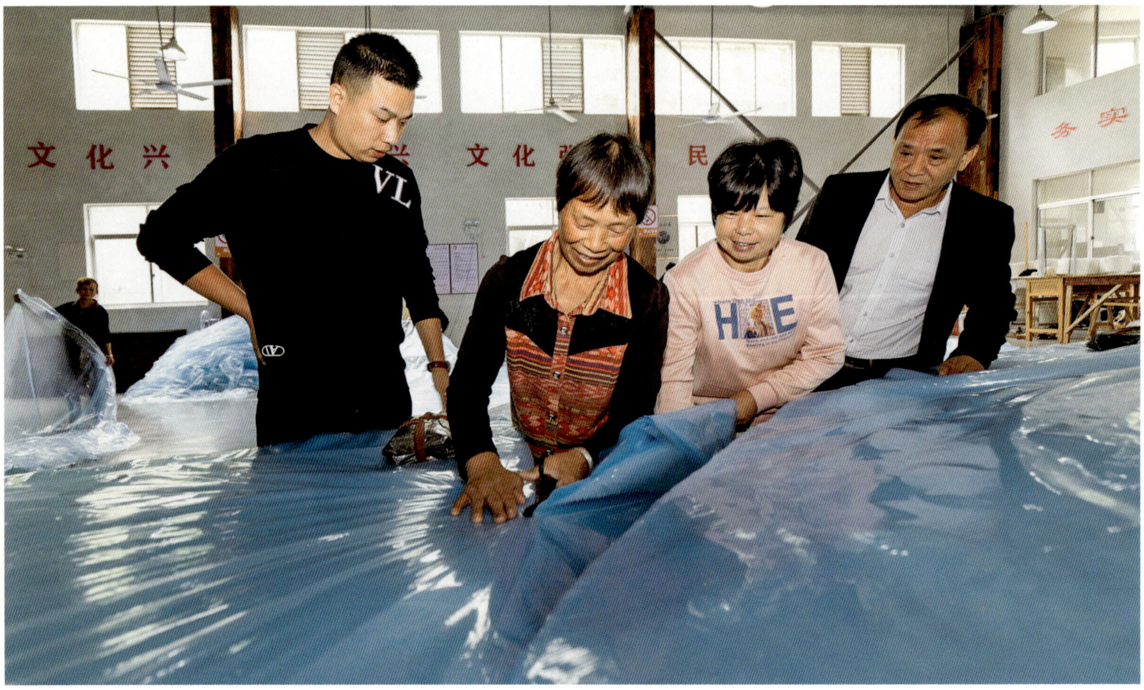

2023年8月16日，上垟乡依托外出种瓜大乡产业优势，引进西瓜大棚套制作　（王敏智　摄）

2023年3月28日，黄岩区纪委区监委派驻第五纪检监察组在头陀镇向农户了解春耕支持政策落地相关情况

（区纪委区监委　供图）

2023年5月24日，中国移动黄岩分公司对大寺基“未来林场”建设作工作分享（王　琦　摄）

沙埠入镇口“新地标”青瓷雕塑　　（沙埠镇　供图）

2023年7月26日，“援朝老兵讲党课　红色精神传薪火”主题宣讲活动在区文体中心开展

（区档案馆　供图）

2023年5月24日，黄岩区开展“民族团结一家亲”活动，各族同胞一起包粽子增进友谊

（区委统战部　供图）

2023年1月17日，书法家在下洋顾村文化礼堂写春联，喜迎新春

（北城街道　供图）

2023年4月14日，东城街道组织开展人间最美四"阅"天读书分享会主题活动

（王跃国　摄）

2023年5月21日，区人口流动服务中心举办"去有风的地方"新黄岩人单身联谊活动

（区人口流动服务中心　供图）

2023年5月5日，志愿者在横街路温暖驿站为环卫工人提供免费理发服务　（区总工会　供图）

2023年9月26日，平田乡黄溪村文化礼堂志愿者为金婚老人拍摄笑脸照　（郑　红　摄）

2023年4月6日，区助联体“慈心荟”志愿者向环卫工人免费提供爱心早餐　（区民政局　供图）

2023年7月，区青年志愿者协会志愿者为第六届中国国际积极心理学大会提供志愿服务 （团区委　供图）

2023年5月9日，黄岩区首家社区老年食堂——永宁膳坊（锦江店）试营业 （区民政局　供图）

2023年6月12日，民盟省委会社会服务部赴平田学校开展捐赠、助教活动　（民盟黄岩总支　供图）

2023年6月21日，区机关幼儿园开展活动喜迎端午　（梁微微　摄）

2023年8月11日，“国医养国娃　中医中国人”暑期中医体验日（第二季）在九峰公园举行

（卢思伽　摄）

2023年7月3日，黄岩供电公司为防御台风“杜苏芮”开展台风前光伏电站特巡

（黄岩供电公司　供图）

2023年12月20日，黄岩园林工人为树木裹上保温保湿带应对寒潮

（区综合行政执法局　供图）

2023年5月26日，黄岩公安分局举办"'警'彩纷呈·趣味'廉'动"趣味运动会　（黄岩公安分局　供图）

2023年7月19日，黄岩区2023年防汛防台实战化演练在王林洋村举行　（虞佳莉　摄）

2023年11月3日，院桥镇开展扑救森林火灾实战应急演练（夏仙池　摄）

2023年12月4日，黄岩区消防救援大队开展夜间化工灾害事故跨区域实战拉动联合演练（区消防救援大队　供图）

宋韵文化

2023年1月14—15日，布袋坑村举办“布袋山里过大年·非遗市集”活动　　（区文广旅体局　供图）

2023年1月31日至2月5日，屿头乡在沙滩老街举办元宵系列活动　　（屿头乡　供图）

2023年2月21日，宁溪镇举行“二月二灯会”　　（宁溪镇　供图）

2023年4月，草地音乐会活动现场　　（区文广旅体局　供图）

2023年6月25日，官河水街开展端午活动　　（黄岩城投集团　供图）

2023年7月14日，沙埠青瓷宋韵文旅艺术节开幕　　（沙埠镇　供图）

2023年8月17日，黄岩区“穿越千年　幸福永宁”宋韵国潮医师集体婚礼在五洞桥举行

（区民政局　供图）

2023年11月4日，第二届全国宋韵服装时尚设计大赛在五洞桥举办　　（区委宣传部　供图）

目　　录

中国共产党台州市黄岩区委员会

台州市黄岩区人民代表大会

黄岩区人民政府

民主党派·工商联

群众团体

法 治

军　事

经济管理

工业·建筑业

商业·贸易

金 融 业

房 地 产

旅　游

文化·教育·科技

城乡建设

基础设施

卫生健康

消防救援

民政与社会事务

生态环境

乡镇（街道）

附　录

Contents

The People's Congress of Huangyan District, Taizhou

The People's Government of Huangyan District

Huangyan District Committee of the Chinese People's Political Consultative Conference, Taizhou

Huangyan District Discipline Inspection Commission of CPC, Taizhou & Supervision Commission of Huangyan District, Taizhou

Non-CPC Parties & Federation of Industry and Commerce

Mass Organization

Rule of Law

Military

Economic Management

Economic Development Zone

Agriculture & Forestry

Industry & Construction

Business & Trade

State-Owned Enterprises in the District

Post and Telecommunications & Informatization

Banking Industry

Real Estate

Tourism

Culture, Education, and Technology

Urban and Rural Construction

Infrastructure

Hygiene & Health

Firefighting and Rescue

Civil and Social Affairs

Ecological Environment

Towns (Sub-districts)

Appendix

特 载

深入学习贯彻习近平总书记考察浙江重要讲话精神 打造全面建设共同富裕区域标杆标志性成果 迈好走实中国式现代化黄岩实践

——在中国共产党台州市黄岩区第十四届代表大会第三次会议上的报告

（2024 年 1 月 8 日）

黄岩区委书记　包顺富

这次大会的主要任务是：坚持以习近平新时代中国特色社会主义思想为指导，深入贯彻习近平总书记考察浙江重要讲话精神，认真落实党的二十大、中央经济工作会议和省委十五届四次全会、省委经济工作会议，市六届三次党代会系列决策部署，总结去年工作，部署今年任务，动员全区上下牢记嘱托、感恩奋进，始终沿着“八八战略”指引的方向，聚力“三条路径”、奋进“三高三新”、主攻“一千双百”、坚定不移实施“六大战略”，奋力打造全面建设共同富裕区域标杆标志性成果，迈好走实中国式现代化黄岩实践。

把握机遇　勇担使命
推动黄岩发展站上新的历史起点

过去一年，面对严峻复杂的宏观形势和艰巨繁重的改革发展稳定任务，在党中央和省委、市委的坚强领导下，区委团结带领全区党员干部群众，砥砺奋进、开拓进取，以新作为展现新气象、以新担当开创新局面。这是迎难奋进的一年，面对经济下行的巨大压力和日趋激烈的区域竞争，我们不服输、不言弃、不懈怠，把争先体现在状态上，把进位落实到举措中，不断变跟跑为领跑、变不可能为可能，连续12年跻身全国综合实力百强区，极大地增强了全区上下争先进位、跨越赶超的信心和底气。这是喜获丰收的一年，累计获得市级以上荣誉67项，举办各类现场会52次，相关工作获市级以上领导批示肯定54次，创造了一批富含“黄岩探索”的新经验新模式，赢得了多方赞誉，不断续写高光时刻。这是华彩蝶变的一年，以再造一个新黄岩的雄浑魄力，奋力打好城市更新、城乡人居环境整治提升攻坚战，干成了一批拉开城市格局的大事、提升城市品质的要事、改变城市面貌的难事，“黄岩，一座甜了千年的城”城市形象深入人心。这是幸福洋溢的一年，首创积极心理学县域实践模式，以全球首个“永宁幸福科学馆”为牵引，推进县域积极心理健康工作体系建设，让更多老百姓找到获得幸福的密码，让全社会正能量更加充盈，福流更加澎湃。这是干劲满满的一年，持续发扬“盯争快谋”黄岩铁军精神，始终谋事一盘棋、干事一股劲、成事一条心，大兴落实之风，强化落实之功，汇聚起“上下同心、目标同向、工作同步、风雨同舟、大业同创”的强大合力。

一、城市品质在空间重塑中迎来新跃升。大力开展“五大攻坚—永宁焕新”行动，统筹推进十大重点片区开发，全年拆除120万平方米，顺利攻克一批历史遗留问题。东城街道仅用时1个月顺利完成天长北路区块住宅集中安置，停滞4年之久的翻簧厂区块成功出让。南城街道启动方山下未来社区一期建设，提前完成二期腾房拆除。西城街道完成锦江小学区块政策处理，创造我区同类项目征收历史最快纪录，委羽山老年公寓区块签约腾房拆除工作平稳快速推进。北城街道全面完成妙儿桥、浦西及王林王林施三大板块签约腾房拆除工作，其中后浦西区块仅用6个月实现启动签约到全面拆除。院桥镇鉴洋湖城市湿地公园宋韵水街一期项目出让区块完成房屋拆除。江口街道台州学院新校区首启区块西岙村签约率96%，安然自然村签约率100%并拆除80%。完成《黄岩区城市更新专项规划及老城片区复兴规划》编制，成功入选省级城市更新试点，滨水段城市改造项目揽获3项国际大奖。高标准推进“内畅外联”，建成通车余姚至温岭公路黄岩段院桥支线，打通7条“断头路”，新前街道完成新江路北段政策处理工作。人居环境不断改善，完成15个小城镇的城镇体检和建设方案编制，基本建成黄岩水厂二期工程，宁溪—屿头县域风貌样板区通过省级验收，11个未来社区被列入省级试点，数量全市第一。宁溪镇成功创建首批省级“污水零直排区”建设星级镇。

二、产业体系在转型升级中迈上新台阶。浙东南智算经济产业园成功开园，智能模具小镇入选省级绿色低碳工业园区，梦创园、科创园、模塑工业设计基地等科创平台扩容提质加速推进。百亿项目招大引强实现“零的突破”，亿弘晶能、清陶能源相继落地澄江街道。“双百千万聚才创新创业工程”成效卓著，新引进博士22名、大学生8603名，其中青年博士11名、全市第一。新落地国省级引才计划专家7人、新增省级人才目录专家7名，全市第一，新入选国家级引才计划专家5名，全市第二。高桥街道建成1家省级博士后工作站。强力推进工业4.0核心区有机更新，完成910亩工业用地盘活、107家低效企业销号工作。新增国家级专精特新“小巨人”企业1家、国家高新技术企业50家、省级科技型中小企业150家。全力破解土地要素瓶颈，全年共争取到用地指标3351亩，新增耕地1850亩、水田2200亩。3个项目被列入省重大产业项目（实施类）清单、数量居全市第一，获用地指标奖励309亩，创历年新高。“蓝色循环”海洋塑料废弃物治理项目获2023年联合国“地球卫士奖”。

三、发展动能在改革创新中实现新突破。大力实施营商环境优化提升“一号改革工程”，纵深推进“五赋五降”十大改革攻坚项目，营商环境事项一次性化解率达到100%、位居全省第一，作为全省唯一县（市、区）参与《“办不成事”反映窗口运行规范》国家标准编写，获批国家级塑料制品产业知识产权快速维权中心，“企业信用评估体系”司法领域应用相关做法获全国工商联副主席方光华批示肯定，高质量打造法治化营商环境工作获胡伟副省长批示肯定。在全国首创“个体户您好”集成服务改革，获央视《晚间新闻》点赞。“大综合一体化”行政执法改革提质增效，综合评价指数排名全省第一，在全省改革攻坚大会上作典型发言。院桥镇便民服务中心获评全省改革创新成绩突出集体。财金助力扩中家庭奔富入选全省高质量发展建设共同富裕示范区试点。对外开放水平不断提高，入选省构建国际营销体系建设创新试点，中马“两国双园”项目取得新成果，“双循环”跨境电商产业园被评为省级园区，成功落地未来汽车城项目。

四、“三农”工作在全面振兴中开创新格局。列入首批全国农业科技现代化先行县、全省唯一，入选省级全域幸福河湖建设项目县名单，荣获大禹鼎铜鼎。成功举办柑橘节、东魁杨梅采摘节，建成全国首家县级地方政府成立的蜜橘种源研究中心、浙柑所种质创新基地，瓜果农业科技园区被列入省级农业科技园区创建名单，西甜瓜科创园入围省乡村振兴综合试点项目。深化强村富民改革，助力台州发布全国首个共富工坊建设运行标准，承办全省定向招工式共富工坊建设推进会，党建引领“共富工坊”被国家发改委列为浙江共同富裕示范区典型经验首条。加快推进全市首个EOD项目“水美黄岩·芳养共富”、云尚小镇田园综合体、瓜果天下综合体等项目建设，长潭水库水源地安全保障连续4年获评省级优秀。完成《中西部农村闲置资源普查报告》。屿头乡全力推进同济·黄岩乡村振兴学院二期和开元芳草地亲子度假酒店建设，北洋镇启动共富“田园超市”项目，打造特色农场集群，富山乡半山村上榜全国乡村旅游精品线路，“‘台’好玩”古乡之旅共富游线入选省首批共富风貌游线，上郑乡“摘星谷”星空主题公园顺利开园，头陀镇浙东南房车集散基地百丈中心营地完成投运并对外开放，平田乡建成目前西部体量最大、投资额最高的中高端度假酒店。上垟乡综合供能站正式运营，解决了多年来困扰周边群众的加油难问题。茅畲乡完成多年未解决的104国道西移线安置工作，拆迁农民喜住新房。

五、民生事业在普惠优享中彰显新成效。锚定“打造台州教育高地”目标，深入实施“永宁优教”行动，高规格召开教育发展大会，签聘2名特级正高职称校长，建成院桥中心小学第二校区、启智学校等6所学校，启动浙师大附属黄岩实验学校建设，创成7所省级现代化学校，年度教育现代化发展水平和中考各项主要指标连续两年进入全市“第一方阵”。围绕“由心而治”理念，联合清华大学打造全球首个积极心理学科普体验及综合服务平台“永宁幸福中心”，高规格承办第六届中国国际积极心理学大会，系统完善区、乡、村三级积极心理服务体系，召开幸福产业推介会，与9家相关企业签订项目合作协议，累计接待幸福寻访团体2.2万人次，相关经验做法得到省委书记易炼红2次批示肯定，并在全省现场会上作交流发言，被评为健康浙江行动省级样板。区医疗卫生中心建成投用，黄岩中医院喜迁新院，成功举办第十六届黄岩区运动会，承办2023台州马拉松，15000多名选手“跑进一座甜了千年的城”，黄岩运动员黄雨婷成为杭州亚运会首个“三冠王”。竣工7456套安置房，完成分房5064套，更多人民群众实现了“安居梦”。

六、文化复兴在传承发展中展现新魅力。以创造性张力推进文化大传承大发展大繁荣，加快推进南北文化轴建设，委羽山文化公园、孔庙保护提升、九峰山风貌提升等重要节点工程加速落地，桥上街、司厅巷成功申报省级历史文化街区，沙埠窑入选2023中国重要考古发现，为我国陶瓷考古“填空补白”。沙埠镇完成宋韵老街复兴工程，被评为省级农村文化礼堂建设、和美乡村示范乡镇，列为省自然保护地融合发展镇。成功举办第二届全国宋韵服装时尚设计大赛、“2023橘花诗会”、文艺名家“跨界”视觉艺术展、首届“山边边”佛岭森林音乐节等系列活动，引进央视《欢乐大猜想》《远方的家——旅行加速度》、浙江卫视《青春环游记》到黄岩录制，2024央视跨年晚会黄岩风采再次惊艳绽放，话剧《贤相杜范》荣获第十届东盟（南宁）国际戏剧节剧目最高奖，《千年永宁》日历正式出版。高标打造官河商圈2.0，策划推出“官河入画来·宋韵烟火集”“黄岩里·官河市集”等主题活动，被评为省级夜间文化和旅游消费集聚区，系全市唯一，入选省重点培育文旅市集名单。沈宝山获评“中华老字号”。宁溪镇“二月二灯会”获评全国精品50强市集。图书馆新馆正式开馆，新增45个“15分钟品质文化生活圈”。

七、基层治理在实战实效中获得新提升。完善涵盖“全方位、全时空、全要素”风险闭环管控大平安机制，营造持续安全稳定的社会环境。创新发展新时代“枫桥经验”，迭代“141”基层治理体系，在全市先行探索乡镇（街道）综合信息指挥室实战实效建设，“智治永宁·智慧调解”模式获全省推广，实现“平安黄岩”十六连创，东城街道被列为全市乡镇（街道）综合信息指挥室实战实效现场推进会示范点位，获中央政法委委员、秘书长阎柏调研肯定。围绕政治安全、社会治安、社会矛盾、公共安全、意识形态和文化安全、网络安全等重点领域，深入开展风险隐患“大排查大起底大整治”专项行动，护航亚运维稳安保攻坚战取得圆满胜利。持续深化“三化十二制”，系统整合、全面汇聚跨区域、跨隶属、跨级别的各类资源力量，入选基层党建引领基层治理省级综合试点、全国新时代“枫桥经验”指数百强样本县，全市唯一。

八、党的建设在固本强基中呈现新气象。坚持把开展主题教育作为首要政治任务，切实以“真学真信、真抓真干、真改真立”要求，推动习近平新时代中国特色社会主义思想在黄岩落地生根，各级党组织创造力、凝聚力、战斗力不断增强，黄岩作为全省6个参会县市区之一在中央主题办专题座谈会上作交流发言。南城街道被评为省级“红色根脉”强基示范乡镇。意识形态阵地建设卓有成效，在中央、省级传统媒体刊发稿件数同比增长325%、创历史新高，屿头乡沙滩村农家书屋获评全国最美农家书屋。纵深推进清廉黄岩建设，一体推进正风肃纪反腐，严肃查处一批有影响要案。全年共处置问题线索764件次、立案334件，处分党员干部282人，移送司法机关15人。有力支持人大、政府、政协和监委、法院、检察院依法依章开展工作，区人大积极推动《台州市黄岩西部山区发展促进条例》立法前期调研工作，基层单元建设走在全市前列，区政协在全国率先制定出台政协协商工作地方标准，全覆盖建成乡镇（街道）民生议事堂、村居协商驿站。重视做好党管武装、编办、审计、统计、民宗、对台、侨务、老干部、关心下一代、党史、档案、机要保密等工作，工会、共青团、妇联、科协、工商联、残联、红十字会、慈善等工作都取得了新的进展。

这些成绩的取得，源自以习近平同志为核心的党中央、习近平新时代中国特色社会主义思想的光辉指引，得益于省委、市委的坚强领导，归功于社会各界的大力支持和全区70多万新老黄岩人的拼搏奋斗。在此，我谨代表中共台州市黄岩区委，向所有为黄岩改革发展稳定作出贡献的同志们、朋友们，表示衷心感谢和崇高敬意！

牢记嘱托　感恩奋进
回应突破中国式现代化黄岩实践时代命题

中国式现代化是最大政治。谋大事必先观大势，开新局必先知变局。当前，我们面临的战略机遇和风险挑战是并存的，唯有清醒理性、科学务实，主动预判黄岩发展时与势，才能因势而动、逆势而进、顺势而为、乘势而上，迈好走实中国式现代化黄岩实践。一要主动回应使命之问，乘势而上瞄准高定位。习近平总书记亲临浙江考察，赋予浙江“中国式现代化的先行者”新定位、“奋力谱写中国式现代化浙江新篇章”新使命，省委坚决扛起“勇当先行者、谱写新篇章”使命担当，市委牢记嘱托，聚力“三条路径”，奋进“三高三新”，明确在创新转型、共同富裕、改革开放、塑造文明、党建引领上勇当先行者、谱写新篇章五大目标追求。黄岩必须主动对标对表，以创造性张力保持现有优势、挖掘潜在优势、放大特色优势，形成新的优势，不断以中国式现代化黄岩实践新成果回应人民领袖殷切嘱托。二要主动回应发展之问，逆势而进走好上坡路。问题是时代的声音。当前黄岩，面临的是新发展理念升维之变，新发展格局融入之难，产业转型升级之困，要素保障服务之急！我们必须保持“风雨不动安如山”的战略定力，在大局中定稳方位、在大势中定牢方向，统筹高质量发展和高水平安全的双重任务，抓住国际新市场与国内大市场的双重机会，化解旧动能减弱与新动能不足的双重挑战，破解要素保障紧平衡与区域发展重任务的双重约束。困难是前进的阶梯。此时此刻，需要我们面对困难不畏难、面对风险不退缩、面对挑战不回避，需要我们看到成绩、看到光明、看到希望，需要我们突破新困局、开好顶风船、走出上坡路。三要主动回应机遇之问，顺势而为积蓄新动能。敢于看见机遇的“微光”，善于抓住机遇的“苗头”。我们要抢占新一轮科技革命和产业变革加速演进先机，主动拥抱新产品、新业态、新模式，无中生有创造更多“换道超车”“换车超车”“换人超车”无限可能；抢抓“一带一路”高质量发展、长三角区域一体化、浙江迭代发展“三条路径”、台州“二次城市化”等重要时机，全力以赴主动“走出去”“引进来”“融得进”“接得住”；放大提前布局算力经济、工业设计、新能源、幸福产业等新赛道先发优势，巩固全区上下不断向上向好发展态势。机遇面前，需要我们有善于发现机遇的敏锐、精准把握机遇的水平、全力抢抓机遇的作风。四要主动回应担当之问，因势而动敢于真作为。干事担事，是干部的职责所在，也是价值所在。我们要深刻领悟主动融入自觉适应百年未有之大变局！懂得认知升维之难，必须重塑干部的理念、眼界、能力；明白存量改革之难，必须强化干部舍我其谁啃硬骨头的担当。要把干部的主动担当，作为应对变局的一大确定性。不仅推动干部勇于解放思想，而且善于组织引导群众，更要敢于放手发动，汇聚全区上下咬定目标一道干，那就没有干不成的事，就没有过不去的坎，就没有战胜不了的困难。

当前，我们要理性回答好这“四个问”，就必须科学把握好四大导向。一要“立”得住。立是导向、是目标；只有立起来，才能有底气、有保障。要树立发展为王，把坚持高质量发展作为新时代的硬道理，牢牢抓住经济建设这个中心，强化解放和发展生产力，推动经济实现质的有效提升和量的合理增长。要树立实干为要，牢记嘱托接续干、提振信心鼓劲干、锚定方向坚定干、勇立潮头争先干，抓住一切有利时机，利用一切有利条件，看准了就抓紧干，能多干就多干一些，努力以实干的确定性应对形势的不确定性。要树立信心为先，合理引导社会预期，唱响中国经济光明论，进一步提振信心、传递信心，把方方面面的力量凝聚起来，真正让企业敢投资、群众敢创业。二要“稳”得牢。稳是基础、是大局；只有稳得牢，才能进得好。无论形势怎么变，我们都要保持定力、顽强拼搏，不因指标波动慌乱，不为困难增多畏惧，不受转型阵痛干扰。战略要稳定，坚持一张蓝图绘到底，推进主攻“一千双百”三大跃升行动、坚定不移实施“六大战略”、全面建设共同富裕区域标杆，持续擦亮三张“金名片”，不断唱响“黄岩，一座甜了千年的城”。经济要稳住，坚持精力向经济发展聚焦、政策向市场主体倾斜、措施向促进消费发力，千方百计巩固扩大回升向好的良好态势。安全要稳固，坚持高质量发展和高水平安全良性互动，以高质量发展促进高水平安全，以高水平安全保障高质量发展，推动发展和安全动态平衡、相得益彰。三要“进”得好。进是方向、是动力；只有追求进，才能实现稳。把牢“进”的方向，把中国式现代化作为前进方向，在更高层面、更高起点迭代深化目标体系、工作体系、政策体系、考核体系，引领黄岩发展加快企稳向好、跃升蝶变。找准“进”的赛道，抓住黄岩发展的战略关键，向挑战宣战、向短板叫板、向问题破题，瞄准新质生产力培育、城乡有机更新、西部生态共富、现代文明探索“四条赛道”，构筑差异化竞争新优势。加快“进”的速度，深刻认识快人一步“吃肉”，慢人一拍“吃渣”的竞争本质，拿出“虎口夺食”的危机感、“一天也耽误不起”的紧迫感，先人一步、快人一招争抢发展机遇，努力变不可能为可能，变平凡为不平凡。四要“破”得准。破是方法、是手段；只有科学破，才能更好立。要坚决破除思想之冰，越是形势困难，越是别人躺平懈怠的时候，就越要保持永不止步、永不停滞的奋进状态，以前瞻30年的战略眼光谋划黄岩未来蓝图，从“小富即安、小进则满”的安逸状态中走出来，重拾黄岩人拼的豪气，让“此时不拼更待何时”成为当下最强音。要全力破除发展之困，着力打破制约高质量发展的体制机制障碍和深层次矛盾，不断激发全社会创业创新创造的活力和源泉。要彻底破除担当之忧，强化为改革创新者容、为担当奋进者容鲜明导向，制定出台精准可操作的容错纠错制度，让干部敢于试、放手干、大胆闯，让“依法办成事”成为黄岩党员干部最响亮鲜明的标识。

凝心聚力主攻“一千双百”
坚定不移深化“六大战略”
以共同富裕区域标杆标志性成果
书写中国式现代化黄岩篇章

今年是深入贯彻习近平总书记考察浙江重要讲话精神的启航之年，也是奋进中国式现代化新征程的深化之年。新的一年，总体要求是：坚持以习近平新时代中国特色社会主义思想为指导，深入学习贯彻党的二十大精神，全面贯彻习近平总书记考察浙江重要讲话精神，认真落实党中央和省委、市委决策部署，坚持稳中求进、以进促稳、先立后破，立足台州撤地设市30周年重要节点，主攻新质生产力培育、城乡有机更新、西部生态共富、现代文明探索四大赛道，打造更多建设共同富裕区域标杆标志性成果，迈好走实中国式现代化黄岩实践。

区委考虑，兼顾现实性、必要性和可能性，强化“使劲跳起来摘桃子”工作导向，着眼“开门好”“全年胜”，今年经济增长的主要预期目标是：地区生产总值增长5.5%以上，固定资产投资增长8%以上，一般公共预算收入、城乡居民人均可支配收入增长与经济增长同步。在实际工作要争取更大成绩，全力打造六方面标志性成果：

一、在转型升级、创新发展上走前列，打造实体经济优先转型更多标志性成果。坚定不移走新型工业化道路，大力培育更具活力创新力的现代化产业体系。强化创新引领。以永宁江科创带建设为统领，构筑“一带贯连、片区引领、多点联动”创新格局，打造国家级创新型城市主城区。高标准打造世界级模具小镇、绿色能谷小镇、中德科工（台州）创新园、台州青年科创湾、台州梦创园二期等创新平台，构建“科技创新＋孵化加速＋产业承载”的全过程创新生态链。深入实施“双百千万聚才创新创业工程”，大力引进与产业发展契合的科研人才，优化青年人才支持方式，持续擦亮“青聚永宁·共享青甜”大学生服务品牌。确保全年R&D经费投入占GDP比重达到2.6%以上。推进产业蝶变。大力发展战略性新兴产业和未来产业，探索形成新质生产力黄岩路径。抢抓数字经济发展机遇，加快浙东南智算经济产业园建设，制订智算发展县域规划，加强算力招商，深入实施产业数字化改造“十百工程”，力争全年数字经济核心产业增加值增长15%以上。开展制造业设计能力提升专项行动，加快推进模塑工业设计基地扩容提质工程，打造浙东南工业设计基地。编制幸福产业发展规划，出台全国幸福产业首个行业标准，市场化推广“永宁幸福”模式，成立幸福产业基金，招引落地一批幸福产业企业，打造中国幸福产业先发地、集聚地。持续深化“腾笼换鸟、凤凰涅槃”行动，迭代升级“亩产论英雄”改革，全域科学布局发展都市工业，推广工业上楼“垂直工厂”新模式，加快九峰智创城落地建设。加快育大扶强。大力实施企业裂变发展“1312”工程、优质企业梯度培育改革，不断强化“1+3+X”政策体系扶持作用，加快形成“大企业顶天立地、中小企业铺天盖地”的雨林式企业生态。深化“雄鹰行动”，强化“一企一策”扶持力度，培育更多高市值企业、“链主”龙头企业、关键节点控制企业。深入实施高新技术企业和科技型中小微企业“双倍增”计划，引导中小企业向“单项冠军”“专精特新”方向发展，力争全年新增国家专精特新“小巨人”企业2家、国家高新技术企业26家、省级科技型中小企业60家以上，完成企业小升规50家以上。

二、在深度融合、焕新蝶变上走前列，打造主攻永宁江开发更多标志性成果。以全面提升中心城区首位度、人口聚集度、功能完备度、产城融合度为目标，做深做实“一心两轴多片区”总体布局，推动城市功能与品质形象全域蝶变。加快主动融合步伐。牢牢把握台州撤地设市30周年重要节点，坚持向东融合发展不动摇，实质性启动三江新城建设，全力推动江口多村联改区块、院桥鉴洋湖城市湿地公园片区建设，打造市区融合发展标杆。以再出发姿态深化“永宁焕新”行动，积极构建房地产新发展模式，统筹推进横河二期BC区块、王林洋区块、江北区块、印山路东侧地块等片区开发，加快永宁江科创新城、东浦未来社区、方山下未来社区等标志性项目建设。实施“永宁拓新”全域土地综合整治行动，以“空间重构、山河重整”的决心，推进头陀镇、院桥镇、沙埠镇、高桥街道26个村试点取得重大突破。完善城市功能配套。推进“官河商圈”、青年路商业业态提升和古城活化工作，打造黄岩进口展销中心、浙东南未来汽车城，争创省级智慧商圈。建设高水平交通强区，启动椒江至武义公路黄岩北城至头陀段工程、黄岩大桥改造工程，加快推进甬台温高速改扩建及桥下地面路工程、市域铁路S2线工程，高标准建设劳动南路、永椒路等品质道路，全面完成青年路、劳动路、天长路、横街路改造提升。持续刷新城区颜值，建成“璀璨江畔·活力江城”城市新区风貌区、“千年永宁·情悠悠官河韵”综合品质样板区。提升城市管理水平。持续开展“永宁精绣”行动，提升城市管理科学化、精细化、智能化水平。加强市政设施管养，建成江口园区污水应急预处理厂，谋划启动中部污水厂、屿头污水厂。全面深化垃圾综合治理、市容环境整治，健全生活垃圾分类常态长效机制。提靓提质城市园林绿化，统筹做好公园绿地提质改造、园林景观大道更新、口袋公园建设、退让绿地整治。做好黄岩城市VI和导视设计，增强城市认知度与辨识度，提升城市整体形象品质。

三、在深化改革、扩大开放上走前列，打造主导数字化改革更多标志性成果。坚持向改革要动力、向开放要活力，在探索体制机制深层次创新路径上主动担当、主动变革，充分释放发展潜能、塑强竞争优势。深化营商环境改革。抓牢营商环境优化提升“一号改革工程”“牛鼻子”，持续攻坚“五赋五降”十大改革项目，擦亮“永宁好办”系列品牌。以政务服务增值化改革为牵引，建立“企呼我为”涉企事项处理闭环机制，探索政策精准匹配模型，打造线上线下一体融合的涉企服务体系。争取《政务服务“办不成事”反映窗口运行规范》国家标准、国家知识产权强县等一批重量级试点，深化落地“一类事”服务改革、企业财产保全信用评估、“个体户您好”等一批重点改革项目，打造改革硬核成果。深化重点领域改革。聚焦数字经济治理、区域协调发展、城乡融合发展、公共服务体系构建、国有企业转型发展等重点领域，实施一批牵一发动全身的重大改革攻坚行动，构建起有力引领和保障高质量发展的体制机制。落实落细国家和省、市促进民营经济高质量发展政策措施，健全与民营企业常态化沟通交流机制，放宽民营企业市场准入，丰富“综合查一次”场景运用，营造公平竞争的市场环境。细化制定政商交往正面清单、负面清单和倡导清单，从制度层面把构建亲清统一政商关系落到实处。深化对内对外开放。全方位融入“一带一路”、长三角一体化发展等重大国家战略，在更大范围集聚要素资源、更广领域开展区域合作、更深层次参与经济循环。深入实施“百展千企拓市场增订单”行动，建立新兴市场拓展行业沟通会机制，深化“两国双园”合作成果，建设优质外贸综合服务平台，推动外贸新业态新模式发展。构建海外营销体系，做大俄罗斯、东南亚、非洲等新兴贸易市场，建设公共海外仓，打造海外黄岩商品展销中心，着力引进一批标志性制造业外资大项目。

四、在东西协同、均衡发展上走前列，打造生态共富西部振兴更多标志性成果。以缩小“三大差距”为主攻方向，在乡村生态、产业、人才等方面聚焦用力，促进农村宜居宜业、农民富裕富足。提亮乡村环境。深化新时代“千万工程”，联合同济大学等高校院所，开展城乡共富规划建设课题研究，精准实施城乡融合、集聚提升、特色保护、撤并改造等村庄建设，统筹农村水系整治、亲水节点建设，营造别具一格的乡村风貌。持续推进美丽乡村“片区组团”发展模式，优化资源要素配置，巩固提升“演太双川金廊”、“中华橘源”、沿 S325、环长潭湖等精品线路，力争全年创成和美乡村 60 个、市级美丽乡村精品村 2 个、未来乡村 3 个。全力争创全省首批现代化美丽城镇，创成 1 个以上现代化美丽城镇示范镇。提振产业发展。深化强村富民集成改革，迭代升级党建引领共富工坊、飞地抱团、强村公司等发展路径，持续壮大农村集体经济。深化农业“双强”行动，守牢粮食安全底线，大力培育柑橘、杨梅、茭白、西瓜等特色产业集群，加快中国黄岩蜜橘种源研究中心、浙东芳养谷、西部低碳共富智慧农光、西甜瓜科创园、北洋瓜果天下综合体等牵引性项目建设。实施“八景行动”、乡村“五创”行动，因地制宜发展乡村旅游、民宿经济、康养休闲等新型业态，推动农业“接二连三”。深化“林长制”工作，推进大寺基未来国有林场和林业共同富裕综合体建设。提升农民素质。持续开展十万农民大培训行动，综合运用网络直播、靶向培训、市场需求定制、政府购买服务等方式，大力培养一批专业化、高素质农民。开展乡村振兴人才库建设，在平台搭建、制度创新、待遇保障等方面给予全方位支持，努力在高层次农业人才引进上实现突破。力争全年培育省乡村产业振兴带头人“头雁”10 名、农民学历提升 200 名、农村实用人才 700 名、农创客 150 名以上。

五、在民生改善、治理提效上走前列，打造公共服务优享更多标志性成果。用心用情保障和改善民生，以实实在在的发展成果共享增进群众获得感幸福感安全感。持续完善公共服务。深入实施“永宁优教”行动，建成江口山下郎幼儿园等 6 个项目，启动区职教中心、锦江小学、北城中心幼儿园等 12 个项目，加快台州学院江口校区落地建设，做好北城中学迁建前期工作，全年新增各类公办教育学位 1620 个，学前教育普及普惠区和义务教育优质均衡发展区创建通过省级验收。深入实施“永宁健康”行动，加快台州医院澄江分院、市一医院桥分院、第三人民医院、永宁医院等项目建设，推进省中医药综合改革先行区建设，提档扩面政府性商业医疗保险，提高基本医疗卫生服务均衡化水平。积极应对人口老龄化，完善生育支持政策体系，加快医防护一体儿童健康管理中心、托育综合服务中心和“老省心”综合体建设布局，推广医养结合模式，构建老年友好型、儿童友好型社会。不断创新社会治理。健全社会矛盾、安全隐患、经济风险等综合防范化解机制，构建全域共建共治共享、群众可见可感可触社会治理新格局，全力夺取平安黄岩“十八连创”。紧盯“实战实效、管用好用”核心目标，迭代优化“141”基层治理体系，加快乡镇（街道）四平台建设和重大应用末端落地，提升基层治理智慧感知、分析研判、指挥调度、社会协同水平。构建严密法治监督体系，组织开展政法系统政治轮训，运用法治思维和法治方式开展执法司法活动、参与矛盾纠纷调解、防范各类安全风险。坚决筑牢绿色屏障。全力打好蓝天、碧水、净土、清废保卫战，积极争创国家级生态文明建设示范区。推进区域再生水循环利用国家试点、湿地生态保护修复省级试点建设，实施平原农村生活污水治理“强基增效双提标”工程，加快海塘安澜工程建设，全力改善东官河及永宁江流域水生态环境，构建生态功能和景观功能兼具的“绿色城市秀带”。扎实开展节能降碳专项行动，推进新前中能铸造园区和智能模具小镇减污降碳协同减排省级试点建设。加快 EOD 项目实施，提高点“绿”成“金”、增值变现水平。

六、在文明探索、自信自强上走前列，打造黄岩文化复兴更多标志性成果。积极探索中华民族现代文明县域实践，推进优秀传统文化创造性转化、创新性发展，不断拓展中国式现代化黄岩实践的文化根基。赓续历史文脉根和魂。深入实施文化基因解码工程，推出一批黄岩文化研究阐释的重要成果，持续推进南北文化轴建设，构建独具特色的文化地标、人文景观长廊。加快推进委羽山文化公园、孔庙保护提升、九峰山风貌提升等重要节点工程，启动拱辰门、北门广场建设，实施桥上街、司厅巷板块有机更新，有序推进草巷、东禅巷微更新、微改造，全面推动“老城复兴”。推动青瓷文化发展，做好沙埠窑参评2023年度全国“十大考古新发现”工作，推进考古遗址公园建设。抓好非遗项目升级提质，推进非遗传承展示体验点建设。激活传统文化生命力。大力推动文化对外交流互鉴，全面深化与央媒省媒等平台宣传合作，持续打响“黄岩，一座甜了千年的城”文化IP。做深文旅融合文章，加快推进云尚小镇、鉴洋湖文旅小镇项目，启动官河古道永宁江夜经济水上游艺带、宁溪宋渠直街活化提升项目，推动旅游与工业、研学、康养等业态深度融合。办好2024柴古唐斯九峰越野大师赛，举办抖音最美国风计划、黄岩石窟2024表演艺术季、五洞桥过大年灯会、青瓷宋韵文旅艺术节等活动，擦亮“黄岩有戏”文化品牌，打造浙东南赛事之城、游艺之都。培育全域文明新风貌。深入实施公民道德建设工程和文明素质养成计划，持续擦亮“橘乡新事双月评”品牌。与上海音乐学院合作共建黄岩文艺中心，全域建设“15分钟品质文化生活圈”，推出报告文学《康巴汉子》等一批文艺精品，力争乱弹现代戏《我的乡亲陈芳允》献演国家大剧院。深入开展婚丧礼俗改革，积极推进移风易俗。与清华大学联合制定心理健康工作体系标准和“幸福中心”建设运营规范，深入实施健康心理“幸福五进工程”，提高全民精神健康水平，让城市始终充满积极向上、理性平和的正能量。

坚持和加强党的全面领导 加强和改进党的建设 为黄岩奋进中国式现代化新征程提供坚强保障

党的二十大报告中把“坚持和加强党的全面领导”作为“五个重大原则”的首要原则。我们要深刻理解坚持中国共产党领导是中国式现代化的本质要求，深入贯彻落实习近平总书记关于党的建设重要思想，持续推动政治建设走深走实，为黄岩推进中国式现代化实践提供坚强保证。

一、把稳思想之舵，锤炼绝对忠诚品格。始终把学习贯彻习近平新时代中国特色社会主义思想作为首要政治任务，持续巩固提升主题教育学习成果，深化“第一议题”制度，深入开展“大走访大调研大服务大解题”活动，构建“循迹溯源学思想促践行”常态长效机制，下足真学真懂真信真用、深化内化转化之功。健全保障“两个维护”制度机制，完善落实习近平总书记重要指示批示精神和党中央、省委、市委重大决策部署量化闭环，以高度政治自觉服务“国之大者”“省之大事”“市之大计”。坚持党管意识形态原则，落实意识形态和文化安全工作协调机制，完善提升基层意识形态工作治理体系和治理能力。

二、涵养固本之源，建强敢打必胜堡垒。深入实施“红色根脉强基工程”，扎实开展“基层党建争先攀高”行动，深化打造“红动永宁”品牌矩阵，推动各领域党建全面进步、全面过硬。以“三化十二制”20年为契机，绵绵用力、守正创新，打造党建引领下的城乡基层治理方略。持续推进基层党建“十乡进位、百村过硬”工程，深化党建联建机制。发挥机关和“两新”党组织实质作用，促进现代社区建设提质增效。加强和改进新时代党员队伍建设，扎实推进新时代“领雁工程”，深入开展村级后备人才源头储备行动，全面建强基层骨干队伍。

三、昂扬奋斗之志，锻造堪当大任铁军。深入开展“持正确政绩观、建为民新业绩”行动，引导党员干部筑牢防范“政绩冲动症”的堤坝。强化“四个坚持、八个不”选贤任能导向，造浓“靠作风攻坚、用数据说话、以成效检验”工作氛围，深入开展“青橘计划”“丰翼行动”，推动优秀年轻干部到创新深化最前沿、改革攻坚深水区、开放提升第一线、项目建设主战场摔打历练。健全完善育人、识人、选人体系，分层级开展不适宜担任现职干部调整交流。坚持严管厚爱结合、激励约束并重，落实“三个区分开来”，深化容错纠错、澄清保护等机制，旗帜鲜明为担当者担当、为负责者负责、为干事者撑腰。

四、绷紧纪律之弦，巩固正气充盈生态。高质量推进正风肃纪反腐，坚持严的基调、严的措施、严的氛围，“三不腐”一体推进遏增量、清存量，不断巩固风清气正、健康向上的政治生态。坚持风腐同查同析，以钉钉子精神纠“四风”、树新风，严格落实中央八项规定及其实施细则精神，深入整治群众身边的不正之风和腐败问题，斩断由风及腐的演变链条。坚持用制度建设限权、大数据手段制权，推动各类监督贯通协调形成合力，全面加强对权力运行的监督和制约。纵深推进清廉黄岩建设，一体建强机关、村居、学校、医院等清廉单元，常态化开展警示教育，持续深化政治巡察，营造干净干事、勤廉并重的浓厚氛围。

五、凝聚团结之识，激扬携手奋进伟力。毫不动摇坚持和加强党的全面领导，健全总揽全局、协调各方的党的领导制度体系，支持人大、政府、政协和法院、检察院依法履行职能、开展工作。巩固和发展爱国统一战线，为各民主党派、工商联、无党派人士履职尽责创造条件、提供保障。加强群团组织政治性、先进性、群众性建设，更好发挥工会、共青团、妇联等群团组织桥梁纽带作用。提高党管武装工作质效，推动国防动员和后备力量建设高质量发展，持续巩固军政军民团结大好局面。切实做好新时代民族、宗教、对台、侨务、老干部等工作，为黄岩奋进新征程凝聚最广泛共识、汇聚最强大力量。

同志们！历史的精彩是用奋斗书写，明天的辉煌要靠奋斗创造。前行路上，有更宏伟的目标等待我们去实现，有更辉煌的成就等待我们去创造。让我们更加紧密地团结在以习近平同志为核心的党中央周围，深入学习贯彻习近平总书记考察浙江重要讲话精神，锚定打造全面建设共同富裕区域标杆标志性成果目标，万众一心、锐意进取，不负机遇、不负历史，在奋进中国式现代化新征程上再创新辉煌！

黄岩区人民代表大会常务委员会工作报告

——在台州市黄岩区第十七届人民代表大会第三次会议上

（2024 年 2 月 2 日）

黄岩区人大常委会主任　张建新

2023 年主要工作

2023 年是贯彻落实党的二十大精神的开局之年，是“八八战略”实施 20 周年。区人大常委会坚持以习近平新时代中国特色社会主义思想为指导，深入学习贯彻党的二十大精神，认真落实中央和省委、市委、区委决策部署，深入践行全过程人民民主，按照区十四届二次党代会提出的目标要求，围绕“盯住法、管好钱、把牢图、定好事”主责主业，认真履行宪法法律赋予的职责。全年共举行常委会会议 7 次、主任会议 11 次，听取和审议专项工作报告 30 个，开展专题询问 1 次，作出决议、决定 10 个，发出审议意见 2 份，备案审查规范性文件 23 件，亮点工作获得省市人大常委会领导批示肯定 6 次，高质量完成了区十七届人大二次会议提出的目标和任务，为主攻“一千双百”三大跃升行动、坚定不移实施“六大战略”、全面建设共同富裕区域标杆，以实干实效实绩书写中国式现代化黄岩篇章贡献了人大力量。

一、坚持党的全面领导一以贯之，推进思想政治建设走深走实

常委会始终把政治建设放在首位，自觉把党的全面领导贯穿人大工作各方面全过程，确保人大工作始终沿着正确的政治方向前进。

把稳思想之舵。牢牢把握“学思想、强党性、重实践、建新功”的总要求，深入开展“大走访大调研大服务大解题”“循迹溯源学思想促践行”“一线督导强基础促发展”等活动，一体抓深做实理论学习、调查研究、推动发展、检视整改，高标准高质量开展学习贯彻习近平新时代中国特色社会主义思想主题教育。严格落实“第一议题”制度，学深悟透、贯彻落实习近平法治思想、习近平总书记关于坚持和完善人民代表大会制度的重要思想、习近平总书记考察浙江重要讲话精神等，进一步增强“四个意识”、坚定“四个自信”、做到“两个维护”。全年共召开党组理论学习中心组（扩大）学习会 13 次，以理论清醒铸就最坚定的忠诚。

筑牢信仰之基。充分发挥常委会党组把方向、管大局、保落实的领导作用，自觉接受区委对人大工作的全面领导。坚持每个月向区委汇报工作进展及重点工作安排，保证人大工作始终在区委领导下进行。区委主要领导就人大工作作出 5 次批示，为推动人大工作开创新局面提供坚强政治保证。严格按照党内规定程序进行议事和决策，全年共召开党组会 12 次。依法任免国家机关工作人员 51 人次，确保党组织推荐的人选经过法定程序成为国家机关领导人员。全年向区委请示报告重大问题、重要事项、重点工作 7 次。依法任命人民陪审员 114 名。

砥砺担当之责。常委会班子成员全面下沉到县城承载能力提升和深化“千村示范、万村整治”工程、永宁江开发主攻战略等工作专班，实施全市首个 EOD 项目，成功引进浙东芳养谷亲子度假酒店；全力推动“小橘灯”共富工坊、西部文旅融合项目

等等。常委会班子成员领衔的锦江小学改扩建项目，创造我区同类项目征收历时最短纪录；王林王林施区块及红三区块、大树下地块等项目有力、有序推进。认真落实区委“招大引强、引凤来栖”工作部署，组团开展招商引资、项目对接。召开两次人大政府工作对接会，做到与政府工作互动、力量互联，同步同向、合拍合力。《黄岩区中西部农村闲置资源普查报告》《黄岩蜜橘产业发展的调查与思考》等6篇常委会领导领衔的调研成果，成为助力我区高质量发展的指导性、实用性文献。

二、坚持服务中心大局一抓到底，助力经济社会发展善作善成

常委会坚持在把握大局中找准工作大方向，在服务大局中找准履职切入点，充分发挥法定职能优势和职权集成效应，全力助推中央和省委、市委、区委重大决策部署落地见效。

围绕稳进、提质、增效，推动构建经济发展新局面。听取和审议我区国民经济和社会发展计划执行、“十四五”规划纲要实施情况中期评估的报告，全力推动经济实现质的有效提升和量的合理增长。依托调研视察、听取报告等形式，对政府（国企）重大投资项目开展监督。开展全口径预算审查、全过程预算监督，听取年度预算执行情况、上一年度决算的报告，依法作出批准年度决算的决议。开展审计查出问题整改情况跟踪监督，推动人大监督与审计监督贯通，加强信息互通、工作协同、成果共享。认真贯彻落实省人大常委会对地方性债务监督的要求，依法审查批准政府债务限额及区级预算调整方案，对部分区级部门预算开展重点审查。通过听取和审议企业国有资产管理情况的报告，跟踪监督2022年专题询问会审议意见落实情况，推动夯实国有资产管理基础、优化国有资产布局结构。听取和审议开发区高质量发展情况的报告，推动开发区提质扩量增效。

围绕发展、改革、开放，推动厚植社会建设新优势。常委会以清晰的认识、具体的抓手、务实的作风，全力推动三个“一号工程”。作出《关于进一步优化营商环境的决定》，大力助推“五赋五降”十大改革攻坚项目。以图文直播和全程连线基层单元的形式，举行优化提升营商环境专题询问会，不断提升市场主体和人民群众的获得感、满意度。按照省、市人大工作部署，组织四级代表编组入企，共收集市场主体相关意见建议1976条，通过主任会议分批交办，助力解决了不动产证办理难、黄岩游泳馆关门歇业、随迁子女就学政策不完善等一大批社会普遍关注的问题。助推营商环境优化提升相关做法被《浙江人大信息（专刊）》录用，并得到市人大党组书记、主任吴海平批示肯定。《靶向发力、高位推动，助力破解不动产登记难题》入选全省各级人大代表助力三个“一号工程”主题活动典型案例。创新“两+联动、三力齐发、四题共答”机制，在黄岩区改革创新最佳案例评选中获二等奖。

围绕基础、普惠、兜底，推动实现民生福祉新提升。听取和审议我区2022年生态环境状况和环境目标完成、后疫情时期提升基层医疗综合能力、多层次养老服务体系建设、“三新”农村共富建设、乡村振兴西部共富、全域旅游发展、市政道路体系完善与品质提升和排水设施运维体系等情况的报告，坚决扛起助推民生福祉改善的政治责任、法治责任和工作责任。审议通过了《台州市黄岩区茅畲乡下街村历史文化名村保护规划》，推动历史文化名村保护传承。围绕学前教育和托幼服务、妇女权益保障、残疾人权益保障、技术工人“扩中提低”、职教中心和安置房建设等议题，组织开展各类监督45次，提出务实有效的高质量调研报告18个，积极回应人民群众重大关切。全面落实民生实事项目人大代表票决制，全力推动10个区级、124个乡镇（街道）民生实事项目落地见效。

三、坚持民主法治建设一刻不松，擦亮人大履职底色有力有为

常委会坚持以习近平法治思想为指引，秉承法治理念，着眼法定职责，坚持依法监督，多维度、多举措推进我区民主法治进程。

高水平推动依法行政。聚焦打造现代法治政府和优化提升法治化营商环境，听取和审议关于法治政府建设情况的报告。发挥法律巡视“利剑”作用，

重点就《中华人民共和国安全生产法》《中华人民共和国体育法》《浙江省全民健身条例》等贯彻实施情况开展执法检查，配合省人大联动对《中华人民共和国湿地保护法》《浙江省民营企业发展促进条例》《浙江省促进中小微企业发展条例》执行情况进行检查，常态化开展乡村振兴“一法一条例”执法检查。加强干部任后监督，对27名常委会任命的政府部门正职和“两院”副职开展履职监督评议。严格落实宪法宣誓、任前法律知识考试等制度，增强任职人员厉行法治的自觉性和坚定性。

高站位维护公平正义。监督落实《关于我区开展粮食购销和医疗卫生领域专项反腐败工作情况的审议意见》，不断巩固拓展正风肃纪反腐成效。从突出评议重点、优化评议指标、深入调研分析入手，对区人民检察院5名员额检察官开展履职评议。对区人民法院执行工作开展视察，协同推动完善执行机制、规范执行行为。充分发挥人大制度宣传展示厅作为台州市行业和法律知识“双普基地”作用，广泛开展宪法法律宣传教育。高度重视并积极回应群众信访诉求。

高质量配合立法调研。全区所有基层单元被确定为市人大基层立法联系点，积极配合省、市人大开展立法调研，对《浙江省就业促进条例》《台州市共富工坊建设管理规定》《台州市提高技术工人待遇扩大中等收入群体若干规定》等15部法规草案，广泛开展立法意见征集。为破解我区西部乡村振兴政策性障碍，拓宽共同富裕之路，积极推动《台州市黄岩西部山区发展促进条例》的立法前期调研工作。探索第三方审查和专项审查机制，对“一府两院”规范性文件进行备案审查。持续推动乡镇（街道）人大规范性文件备案审查工作常态化、制度化。

四、坚持代表主体作用一如既往，打造民主实践品牌出新出彩

常委会坚持突出代表主体地位，不断夯实代表履职基础，拓宽代表履职渠道，激励代表担当作为，推动代表工作质量不断提升，人民当家作主充分彰显。

基层单元激发大活力。制定“年初有计划、主题可预约、双向可对接”的进站清单，持续激发基层单元活力。组织各类履职活动6800余次、“督政议事”活动917场次，收集民情民意6500余条，通过分类跟踪监督，推动解决小区物业管理难、共享单车停放乱、企业用电负荷低、天然气管道铺设进度慢和道路安全设施不足等一大批关乎群众生产生活的热点难点问题。区委、区政府主要领导带头以普通代表身份进站。组织开展国家机关工作人员进站、局长（两长）·代表面对面、代表有约等活动368场次。构建“基层单元+共享法庭+共联检察”共建融合机制，拓宽全过程人民民主渠道。在全市率先把乡镇（街道）人大代表联络站经费列入财政预算，为人大代表和街道选民代表开展活动提供制度性保障。各乡镇（街道）人大不断创设载体，涌现出“民生圆桌汇”“共情频道”“翠屏会商”等品牌，相关工作多次被“浙江人大”微信公众号等各大媒体报道。

代表工作实现大跃升。通过分阶段、分模块、分主题、分情景，高质量完成区十七届人大代表学习培训。持续深化常委会领导重点督办、人大工委分类督办、代表参与督办等机制，切实推进代表建议高质高效办理。区十七届人大二次会议期间，共收到代表建议196件，建议办理满意率达100%。出台《关于进一步加强全区各级人大代表闭会期间活动的实施意见》和《做好民情民意转为闭会期间代表建议、批评和意见办理工作的通知》，更好支持和保障代表闭会期间依法履职。对代表履职进行综合评价，全景式自动化生成全区1176名区乡人大代表履职“实时得分”和“年度画像”。充分发挥代表主体作用的相关做法，在全省乡镇（街道）人大工作培训会上作经验交流。《激活“主引擎”、夯实“主阵地”、用活“主抓手”，黄岩区人大全力推动代表工作高质量发展》被《浙江人大信息（专刊）》录用，并得到市人大党组副书记、副主任蒋冰风批示肯定。

数字赋能取得大成效。黄岩区政府重大投资项目人大“e”监督系统被列入省人大财经数智应用省级示范·市县典型应用场景板块，相关经验被《浙

江人大信息（专刊）》和省委办公厅《浙江信息》录用，被人民日报客户端转载，得到省人大党组书记、副主任陈金彪和省人大党组副书记、副主任高兴夫批示肯定，并在市人大数字化改革推进会上作典型经验介绍。依托黄岩人大“回音必”，开发并推广使用民情民意、议案建议、民生实事“e”监督等场景模块，实现与省、市基层单元应用数据贯通。抓好省、市人大统建的财经数智应用、法治政府建设监督、行政诉讼人大“e”监督等数字化平台应用，全力推动数字化改革工作提质增效。

五、坚持“四个机关”建设一体推进，夯实人大工作基础见行见效

常委会紧扣“四个机关”建设要求，坚持把加强自身建设作为提升履职成效的前提和基础，引领推动人大工作高质量发展。

党的建设全面加强。始终把政治建设摆在首位，严格落实主题党日、“三会一课”、组织生活会、民主评议、谈心谈话、支部书记述职评议等党内各项制度规定。召开推进全面从严治党工作会议，把党风廉政建设工作纳入人大工作总体，与业务工作同谋划、同部署、同落实。圆满完成区人大常委会机关党总支、区人大常委会办公室支部和工委支部的换届选举。依托“青橘思享荟”，开展“八八战略”在身边、“奋进向未来·人大青年说”等主题宣讲活动。深入开展“社区吹哨，党员报到”，不断深化党建引领基层治理。人大常委会机关获黄岩区学习贯彻党的二十大精神党务知识竞赛二等奖。

自身建设全面提升。组织常委会组成人员赴四川大学开展专题培训，不断增强履职意识，提升履职水平。依托驾驶舱系统路演比拼、数字化场景演示擂台赛、履职经验分享会、代表述职会等形式，以赛促学、以会代训，不断提升乡镇（街道）人大队伍综合素质。汇编了《黄岩区乡镇（街道）人大工作规范》，出台了《黄岩区乡镇（街道）人大工作“强基指数”质效评价办法》等一系列政策性文件，促进乡镇（街道）人大履职行权不断规范。设立了开发区人大代表联络站和人大工作联络办公室，成功召开了开发区第一届选民议事会。参与省人大财经数智应用建设数字化工作专班工作，获省人大发文通报表扬。

宣传工作全面发力。100 篇报道在市级以上媒体刊登。17 名代表的履职风采在省市区人大微信公众号刊登。宣传稿件录用的数量与质量创历年新高。《全过程人民民主视域下提升乡镇人大履职质效的基层实践和路径研究》被《浙江省人大工作研究会通讯》录用，并得到省人大党组书记、副主任陈金彪和市人大常委会党组书记、主任吴海平批示肯定。组织机关干部参与市人大常委会《深入实施八八战略推动人大工作走在前列》理论研讨会优秀论文评比，获一等奖 1 名、二等奖 1 名、三等奖 3 名。获奖数量和获奖层次为历年之最、各县市区之首。

各位代表，常委会各项工作取得的成绩，根本在于有习近平总书记作为党中央的核心、全党的核心掌舵领航，根本在于有习近平新时代中国特色社会主义思想科学指引，是区委坚强领导和上级人大常委会精心指导的结果，是全体代表、常委会组成人员和全区人大工作者共同努力、辛勤工作的结果，也是“一府一委两院”积极配合、全区人民大力支持和历届人大接续奋斗的结果。在此，我谨代表区十七届人大常委会向大家表示崇高的敬意和衷心的感谢！

回顾过去的一年，我们也清醒地认识到存在的问题和不足，主要表现在：面对经济社会发展的新趋势，围绕中心、服务大局的能力还需要进一步增强；面对人民群众对公平正义的新期盼，监督的精准度还需要进一步提升；面对践行全过程人民民主的新要求，发挥代表主体作用的渠道还需要进一步拓展；面对书写中国式现代化黄岩篇章的新任务，“四个机关”建设还需要进一步深化。常委会高度重视这些问题，将虚心听取代表和各方面意见建议，切实加以改进和解决。

2024 年主要任务

2024 年是中华人民共和国成立 75 周年，是人民代表大会制度建立 70 周年，是深入贯彻习近平

总书记考察浙江重要讲话精神的深化之年，也是台州撤地设市30周年。站在这个重要的历史时间节点，常委会工作的指导思想是：高举习近平新时代中国特色社会主义思想伟大旗帜，全面贯彻党的二十大精神和习近平总书记考察浙江重要讲话精神，认真落实中央、省委和市委决策部署，按照区十四届三次党代会提出的目标，围绕主攻“四大赛道”和打造“六方面标志性成果”的要求，立足人大“四个机关”的定位，正确履职、有效履职、依法履职，为打造全面建设共同富裕区域标杆标志性成果，迈好走实中国式现代化黄岩实践作出更大的人大贡献。

一、以党的政治建设为统领，扛起对党绝对忠诚的政治担当

不断强化以学铸魂、以学增智、以学正风、以学促干，切实把主题教育成果转化为感恩奋进的强大动力和履职尽责的实际行动。严格落实“第一议题”制度，深入学习贯彻习近平新时代中国特色社会主义思想和习近平总书记考察浙江重要讲话精神，不断提高政治判断力、政治领悟力、政治执行力，进一步增强“四个意识”、坚定“四个自信”、做到“两个维护”。依法履行人大常委会决定权和任免权，坚持通过法定程序把区委主张转化为全区人民共同意志。配合区委制定出台支持人大工作的相关制度。严守党的政治纪律和政治规矩，严格执行重大事项请示报告制度，把党的领导贯穿于人大工作各方面各环节全过程。

二、以服务中心大局为主线，扛起助力全区发展的实干担当

主动融入和服务中央、省委、市委和区委的决策部署，锚定主攻“四大赛道”和打造“六方面标志性成果”的要求，以奋进之姿展现人大新作为。听取和审议我区高质量充分就业、国有资产管理、教育人才引育、文物保护、消防工作、城市慢行系统建设、开发区国民经济和社会发展等情况的报告。听取我区债务管理、中药材产业发展、青年发展型城市建设、“四好农村路”建设与管理、优化提升营商环境工作情况审议意见落实等情况的报告。作出《黄岩柑橘产业发展保护的决定》。依法加强对预决算审查监督，推动政府建立以绩效为导向的支出安排机制，提高财政资金使用效益。对政务服务增值化改革、科技创新、招商引资、重大项目建设、外出农业发展、道文化品牌推广等工作开展视察调研，推动全面深化改革向广度拓展、深度延伸。

三、以维护公平正义为己任，扛起助推依法治区的责任担当

依法履行职权，筑法治之基、行法治之力、积法治之势。听取和审议我区法治政府建设、企业财产保全信用评估等情况的报告，全力推进现代法治政府和法治化营商环境建设。对检察机关法律监督工作、公检法机关开展生态环境和资源领域司法保护情况进行视察调研。对《中华人民共和国噪声污染防治法》《浙江省少数民族权益保障条例》《台州市居家养老服务条例》和乡村振兴“一法一条例”等贯彻实施情况开展执法检查。推进基层立法联系点规范化、标准化建设，积极配合省、市人大开展立法调研。推动《台州市黄岩西部山区发展促进条例》立法工作实质性启动。认真落实宪法宣誓制度。做好规范性文件备案审查。重视人大信访工作。

四、以激发代表活力为基础，扛起坚持守正创新的使命担当

把握好考核的新方式、新变化、新要求，以《浙江省人大代表联络站运行绩效评价指引》和市人大“三化五制”建设为牵引，整体推进我区人大工作实现系统性跃升。紧扣代表建议“提出、办理、评议”三个环节，强化对代表建议的精准交办、办理进度的晾晒通报和办理结果的综合评价，以议促改倒逼办理质效提升。以数字化手段完善人大履职评价体系，构建起政府组成部门履职“e”督评、乡镇（街道）人大“强基指数”评价、代表履职评价“三位一体”的履职监督评价体系。实施“代表履职能力提升工程”，引导代表“想作为、能作为、有作为”。开展“代表履职办实事”活动，忠实践行“人民选我当代表，我当代表为人民”的庄严承诺。持续推进政府重大投资项目人大“e”

监督和人大“回音必”基层单元应用的迭代升级，努力打造更多具有黄岩辨识度、显示度的人大硬核数字化成果。

五、以加强自身建设为抓手，扛起建设“四个机关”的时代担当

牢牢把握政治机关的第一属性，贯彻新时代党的建设的总体要求，全力打造以“党建凝心·使命铸魂”为核心，构建党建融入中心、融入业务、融入教育、融入日常的“一核心、四融入”党建机制。聚焦人大干部队伍建设的重点领域和关键环节，持续加强政治学习、业务学习、实践学习，举行常委会组成人员素质提升培训班，迭代完善学习培训、调查研究、代表工作等制度规范，打造政治坚定、服务人民、尊崇法治、发扬民主、勤勉尽责的人大工作队伍。加强新时代人大工作理论研究和信息宣传。纵深推进清廉人大建设，自觉接受监督，支持派驻纪检监察组开展工作，巩固发展风清气正的良好政治生态。

各位代表、同志们：历史总是在继往开来中阔步前进，事业总是在接续奋斗中发展壮大。让我们更加紧密地团结在以习近平同志为核心的党中央周围，高举习近平新时代中国特色社会主义思想伟大旗帜，在区委的坚强领导下，用实干书写履职答卷，用实绩回应民生期盼，用实效开创美好未来，为打造全面建设共同富裕区域标杆标志性成果，迈好走实中国式现代化黄岩实践不懈奋斗！

政府工作报告

——在台州市黄岩区第十七届人民代表大会第三次会议上

（2024 年 2 月 1 日）

黄岩区人民政府区长　徐礼辉

一、2023 年工作回顾

2023 年是全面贯彻落实党的二十大精神开局之年，也是“八八战略”实施 20 周年。面对外部环境的严峻挑战，区政府坚持以习近平新时代中国特色社会主义思想为指导，深入学习贯彻习近平总书记考察浙江重要讲话精神，在市委、市政府和区委的坚强领导下，在区人大、区政协的监督支持下，以三个“一号工程”和“十项重大工程”为牵引，全力主攻“一千双百”三大跃升行动，坚定不移实施“六大战略”，全面建设共同富裕区域标杆，科学统筹发展和安全，推动经济社会发展持续向上向好。全年累计获得市级以上荣誉 67 项，举办各类现场会 52 次，相关工作获市级以上领导批示肯定 54 次。

这一年，我们在困境困局中砥砺前行，交出了一张提振信心的经济报表。全年生产总值 637.7 亿元、增长 5.3%；工业增加值增长 2.4%；服务业增加值增长 8.4%；社会消费品零售总额增长 6.8%；一般公共预算收入突破 50 亿元大关、增长 22.1%；城镇和农村居民人均可支配收入分别达 73548 元、41229 元，增长 4%、6.3%；黄岩连续 12 年跻身全国综合实力百强区，进一步增强了我们跨越赶超的信心和决心。

这一年，我们在竞争竞逐中勇立潮头，实施了一批影响深远的重大项目。抢先布局数字新基建，浙东南智算经济产业园成功开园，吸引了寒武纪等 8 家半导体芯片、人工智能领域头部企业落户；亿弘光伏、清陶能源项目相继落地开工，实现百亿元项目招大引强“零的突破”，为我区加快产业转型、加速“换道超车”提供了无限可能。

这一年，我们在用心用情中为民造福，收获了一波充满喜悦的幸福成果。联合清华大学打造全球首个积极心理学科普体验及综合服务平台“永宁幸福科学馆”，累计接待幸福寻访团体 2.2 万人次，解锁了百姓的“幸福密码”。99 项省、市、区民生实事全部圆满完成，其中省级民生实事项目完成率居全省第一，用“小实事”展现了“大民生”。安全生产事故起数和死亡人数分别下降 42.9%、60%，切实增强了群众安全感。

主要做了八方面工作：

（一）坚持存量、增量、质量齐兼顾，经济运行承压回升。助企纾困主动有为。全面承接国家稳经济和省“8+4”政策体系，认真落实国家、省、市促进民营经济发展等一揽子政策，研究出台制造业、商贸业等领域政策 36 个，兑现各类奖补资金 3.3 亿元，为企业减负 13 亿元，企业用气、用电、用热价格分别下降 13.3%、2.6%、17.8%。金融活水精准滴灌实体经济和广袤农村，小微企业贷款平均利率降至 6.3%，“支农支小”政府性融资担保户数和余额分别增长 22.7%、15.3%。项目投资势头强劲。招引落地亿元以上产业项目 13 个，其中 50 亿元、100 亿元以上项目各 1 个。9 个省“千项万亿”项目开工率、投资完成率均居全市前列，4个省市县长项目开工率100%。3个项目入选省重大产业项目（实施类）清单、数量位居全市第一，获用地指标奖励309亩、创历年新高。全年争取到上级各类资金35.2亿元、建设用地指标3351亩，完成供地3469亩，出让工业用地806亩、经营性用地693亩，垦造耕地3190亩，为重大项目落地建设提供了要素支撑。消费市场复苏回暖。高标打造“官河商圈2.0”，策划推出“官河入画来·宋韵烟火集”等主题活动，“元宇宙数字官河”列入省数字消费创新引领优秀案例，官河古道入选省级夜间文化和旅游消费集聚区。我区获评省级县域商业体系示范县，百亿产业园、浙东南未来汽车城等大型商贸项目成功落地，发放各类消费券3450万元，拉动整体消费近12亿元。

（二）坚持建圈、强链、育企齐发力，产业质效稳步提升。主导产业转型升级。成立全省首个县级层面承建的省级模塑产业计量测试中心，塑料用模具产业集群列入省级中小企业特色产业集群名单，智能模具小镇上榜省级绿色低碳工业园区，模具博览城被评为省级服务型制造示范平台。乐成模塑工业园获评省级数字化示范园区，建成沙埠小微园，高桥机电产业园开工建设。推进低效工业用地整治提升，完成低效企业销号107家，腾出工业用地1069亩、用能6902吨标煤。新兴产业加速崛起。黄岩科技服务创新区入选全省现代服务业创新发展区典型案例。模塑工业设计基地扩容提质一期开工建设，台州市新兴产业基地、精一新材料等项目有序推进，OLED功能性膜材项目成功签约。完成企业数字化改造105家，新增省级智能工厂（数字化车间）培育库企业4家、工业机器人414台、5G基站428个。市场主体培育壮大。完成企业“小升规”68家、“四上”企业月度入库61家，培育国家级专精特新“小巨人”企业1家、省“专精特新”中小企业36家、省制造业“单项冠军”企业3家。新增上市待注册企业1家、报交易所企业1家、报辅导企业3家、浙股交双创苗圃板在板企业20家。

（三）坚持创新、改革、开放齐引领，发展活力竞相迸发。创新动能集聚成势。台州院士之家黄岩基地、模塑产业工程师协同创新中心建成投用，新增国家高新技术企业50家、省级科技型中小企业150家、省级高新技术企业研发中心5家。引进博士22名、大学生9502名；落地国省级引才计划专家7名、新增省级人才目录专家7名，全市第一。国家级塑料制品产业知识产权快速维权中心获批建设，获评省首批专利开放许可试点区。改革效能充分释放。大力实施优化营商环境“五赋五降”十大改革攻坚项目，营商环境事项一次性化解率达100%、全省第一，作为全省唯一单位参与编写《“办不成事”反映窗口运行规范》国家标准，获评省级县（市、区）示范政务服务中心。全国首创“个体户您好”集成服务改革，获央视《晚间新闻》点赞。“企业信用评估体系”司法领域应用相关做法获全国工商联副主席方光华批示肯定。公租房“一件事”数字化管理和服务标准化获批国家级试点，灵活就业“一件事”获评全省优化营商环境县级优秀案例，“大综合一体化”行政执法改革综合评价指数排名全省第一，“青燕归巢”数字化应用场景全省推广。开放势能不断积蓄。入选省构建国际营销体系建设创新试点，“双循环”跨境电商产业园被评为省级园区。中马“两国双园”项目完成签约，在5个国家设立首批海外工作站。组织企业出境拓市场增订单，广交会新设品牌展位48个，斩获意向订单近1亿美元。新增省级内外贸一体化企业4家、浙江出口名牌2家。

（四）坚持规划、建设、治理齐实施，城市面貌焕颜蝶变。片区开发步伐加快。完成《城市更新专项规划及老城片区复兴规划》编制，成功入选省级城市更新试点，滨水段城市改造项目揽获3项国际大奖。全面实施119个“永宁焕新”项目，完成拆迁120万平方米，安置房竣工7456套、完成分房5064套。东城停滞4年之久的翻簧厂区块成功出让，仅用时1个月完成天长北路区块住宅集中安置。南城启动方山下未来社区一期建设，提前完成二期腾房拆除。西城完成锦江小学区块政策处理，创造我区同类项目征收历史最快纪录。北城妙儿桥、浦西及王林王林施板块全面完成征迁拆除工作，其中后浦西区块从启动签约到完成拆除仅用时6个月。江口台州学院新校区首启区块西岙村签约率100%，安然自然村签约率100%并拆除80%。新前停滞多年的双丰区块、新江路北段政策处理顺利完成。院桥完成鉴洋湖宋韵水街一期房屋拆除。茅畲完成多年未解决的104国道西移线安置工作。"千年永宁情·悠悠官河韵"入选全省共富基本单元综合品质样板区试点，创成"智能模具"特色产业风貌区、"西桥秋月"传统风貌区，宁溪—屿头县域风貌样板区通过省级验收。成功创建4个未来社区，11个未来社区被列入省级试点，数量均为全市第一。改造老旧小区9个,新建"和合街区"4个。功能配套逐步完善。204省道黄岩段院桥支线建成通车，市域铁路S2线、甬台温高速公路改扩建及桥下地面道路工程破土动工，内环8号立交放射线完成主线合龙。打通"断头路"7条,整治"桥头跳"桥梁6座，天长路、青年路、劳动路、横街路提升改造基本完成。新建公共充电站18座、充电桩142个，新增停车位875个。官河、直街宋渠入选首批省级重要水利工程遗产资源名录，城市内涝场景系统通过省级验收，永宁江闸强排一期主体完工，黄岩水厂二期基本建成。获评全省生活垃圾治理工作优秀县（市、区），创建省级生活垃圾分类高标准示范片区3个、示范社区7个、示范小区19个。新建绿道10.2千米，新增绿地13.7公顷、口袋公园8处。生态环境日益向好。全区空气优良率达96.2%，集中式饮用水水源达标率、省控以上断面优良率均达100%。入选省级全域幸福河湖建设项目县名单，荣获"大禹鼎"铜鼎，长潭水库水源地安全保障连续4年获评省级优秀，宁溪创成首批省级"污水零直排区"建设星级镇。"蓝色循环"海洋塑料废弃物治理项目获联合国"地球卫士奖"。智能模具小镇入选省级减污降碳协同试点。沙埠获评省自然保护地融合发展镇。

（五）坚持兴业、美村、富民齐推进，共同富裕成效初显。现代农业亮点纷呈。获评全国农业科技现代化先行县、全省唯一。完成首次耕地保护"国考"目标，建成高标准农田1万多亩，落实永久基本农田11.7万亩，入选首批省"未来粮仓"建设示范点。成功举办柑橘节、东魁杨梅采摘节，建成中国黄岩蜜橘种源研究中心、浙柑所种质创新基地，"黄岩蜜橘"获评全省首批地理标志富农最佳实践案例。完成"瓜果天下"二期建设，瓜果农业科技园区列入省级农业科技园区创建名单，西甜瓜科创园入围省乡村振兴综合试点项目，"种瓜师傅闯天下，追着太阳种西瓜"成为省级农民培训促富品牌。平田高山家庭农场上榜首批省级共富家庭农场典型，高桥建成米面农业特色产业小镇现代化厂房并研发引进首条自动化流水线。和美乡村落地成景。我区列入全省县城承载能力提升和深化"千村示范、万村整治"工程试点。屿头沙滩村入选省"千万工程"20周年典型案例，相关经验被央媒推广。宁溪获评省乡村振兴示范镇，沙埠获评省和美乡村示范乡镇，上垟下方村等60个村获评省和美乡村特色精品村。"演太双川金廊"入选省首批共同富裕新时代美丽乡村集成示范带。建成省级未来乡村3个、美丽宜居示范村2个。实施全市首个EOD项目，成功引进浙东芳养谷亲子度假酒店，完成库区46个农村生活污水终端站点改造。增收渠道多元拓展。我区被列入省财政厅"百万家庭奔富行动示范县"第一批创建名单,财金助力"扩中"家庭项目入选省高质量发展建设共同富裕示范区第三批试点。举办同济—台州黄岩校地合作十周年系列活动、省水库移民共同富裕示范项目现场会。助力台州发布全国首个共富工坊建设运行标准，承办全省定向招工式共富工坊建设推进会，党建引领"共富工坊"被列为浙江共同富裕示范区典型经验首条，2家共富工坊入选省级直播电商式共富工坊示范案例。第四期飞地抱团项目实现首次分红274万元，第六期飞地抱团共投入1.38亿元、153个村参与园区建设。南城山前村荣获2023中国最美村镇产业兴旺成就奖。以强村公司为抓手探索村集体经济增收新路径，86%行政村实现集体经济总收入30万元且经营性收入15万元以上，38.4%行政村年经营性收入超50万元，家庭人均年收入1.1

万元以下现象动态清零。

（六）坚持文化、文旅、文体齐发展，宋韵名片持续擦亮。文化名城重焕风采。委羽山城市文化公园、孔庙保护提升等南北文化轴重要节点工程加速落地，桥上街、司厅巷入选省级历史文化街区。沙埠完成宋韵老街复兴工程，沙埠窑入选2023中国重要考古发现。央视《欢乐大猜想》《远方的家·旅行加速度》、浙江卫视热门综艺《青春环游记》走进黄岩、宣介黄岩，黄岩作为2024央视跨年晚会分会场再次爆火“出圈”。举办第二届全国宋韵服装时尚设计大赛、2023橘花诗会、首届“山边边”佛岭森林音乐节等系列活动，《千年永宁》日历正式出版，话剧《贤相杜范》荣获第十届东盟（南宁）国际戏剧节剧目最高奖。文旅产业蓬勃兴起。我区被列入全省文化产业赋能乡村振兴试点。长潭湖—富山半山村上榜全国乡村旅游精品线路，“‘台’好玩”古乡之旅共富游线入选省首批共富风貌游线。宁溪“二月二灯会”获评全国精品50强市集，永宁市集、官河市集入选全省重点培育文旅市集名单。建成浙东南房车集散基地，17个补给营地和头陀百丈中心营地投入运营。上郑“摘星谷”星空主题公园顺利开园，平田建成目前西部体量最大、投资额最高的中高端度假酒店，屿头完成乡村振兴学院二期建设。文体惠民增光添彩。组织文艺赋美活动2100余场，荣获全省“文艺赋美”工程十佳区县奖。成功举办上海·黄岩文化周、城市艺术节、柴古唐斯九峰越野大师赛、第十六届区运动会等各类文体活动；圆满承办2023台州马拉松赛事，1.5万余名选手跑进“一座甜了千年的城”。黄岩射击运动员黄雨婷成为杭州亚运会首个“三冠王”。区图书馆新馆正式开馆，新增“15分钟品质文化圈”45个。

（七）坚持共建、共享、共治齐打造，民生福祉更加殷实。民生保障有力有效。全年民生支出57.6亿元，占一般公共预算支出的81.5%。东城嘉盛社区获评全国示范性老年友好型社区，南城山前村融合服务场景入选全省“一老一小”融合优秀案例集。新增老年助餐点位102个，服务覆盖全区340个村居（社区）。建成“老省心”综合体4家、照料中心6家、托育机构10家、普惠托位200个、儿童友好试点基本单元22个。城镇新增就业1.01万人，筹集保障性租赁住房2107套。公共服务优质优享。高规格召开教育发展大会，引进特级正高校长2名、正高级教师1名，培育本土正高级教师2名，台州学院新校区、浙师大附属实验学校落户黄岩，建成启智学校、院桥小学第二校区等6所学校，创成7所省级现代化学校，新增学位3060个，实现随迁子女“零门槛”入学，年度教育现代化发展水平、中考各项主要指标连续两年进入全市“第一方阵”。健康黄岩大步迈进，区医疗卫生中心及康养中心建成投用，黄岩中医院喜迁新院，永宁医院主体完工。我区被评为省中医药综合改革先行区，沈宝山上榜“中华老字号”，宁溪获评省级健康乡镇。社会大局平安平静。入选全国新时代“枫桥经验”指数百强样本县，南城“三化十二制”预防化解纠纷工作法入选全省新时代“枫桥式工作法”。“智治永宁·智慧调解”场景功能获全省推广。创成省级食品安全示范区，建立全省首个食品安全党政同责指挥中心和协同共治中心。承办第四届全国公安刑事影像技术与视频侦查学术交流会，“视图一体化”工作在全国打响品牌。深入开展风险隐患“大排查大起底大整治”专项行动，护航亚运维稳安保攻坚战取得圆满胜利，实现平安黄岩“十六连创”。

（八）坚持主题、主责、主业齐聚焦，自身建设全面加强。强化政治统领。坚持用习近平新时代中国特色社会主义思想武装头脑、指导实践，一体推进理论学习、调查研究、推动发展、检视整改、建章立制，推动第二批主题教育走深走实。强化协同攻坚。深入开展“专班比拼、项目竞赛”活动，项目化、清单化、节点化推进各项任务，政府执行力进一步增强，质量工作获省政府督查激励。受全球大环境动荡、上级政策调整等客观因素影响，《政府工作报告》310项细化任务完成率为90.3%，未完成的工作我们将继续关注、持续推进。强化依法行政。主动接受人大、政协监督，办理人大代表建议190件、政协提案147件，面商率、办复率均达100%。建成全国民主法治村3家、省级以上民主法治村57家，高质量打造法治化营商环境工作获胡伟副省长批示肯定。强化作风建设。认真落实全面从严治党主体责任，政府系统风清气正劲足的干事创业氛围更加浓厚。厉行勤俭节约，压减一般性支出2063万元，“三公”经费减少5.96%。

此外，国防动员、双拥共建、退役军人事务等工作取得新进展，民族宗教、外事侨务、港澳台、审计统计、史志档案、广电、气象、对口支援等工作取得新成效，工会、共青团、妇女儿童、老龄、慈善、残疾人、红十字会等事业取得新进步。

各位代表！奋斗伴随艰辛，收获凝结汗水。我们深知，政府工作取得的每一份成绩，都离不开上级党委政府和区委的坚强领导，都离不开历届历任班子打下的坚实基础，都离不开区人大、区政协的监督支持，更离不开全区人民的团结奋斗。在此，我代表区人民政府，向全区人民，向人大代表、政协委员，向各民主党派、各人民团体和社会各界人士，向驻黄岩单位、驻黄岩部队、武警官兵、公安民警，向所有关心支持黄岩发展的海内外朋友们，致以衷心的感谢和崇高的敬意！

思危方能居安，知忧才能克难。我们也清醒认识到，前进道路上还面临一些问题和挑战：对标经济稳进提质，重大项目支撑不足、新旧动能转换不快、科技创新能力不强、资源要素约束趋紧的局面尚未得到根本扭转；对标共同富裕，城市能级提升、乡村长效治理、公共服务提质扩面、生态价值多元转化等仍需拿出更多实招硬招；对标除险保安，安全生产、社会治理等领域还存在薄弱环节；对标实干争先，政府系统执行力、谋划力和创新力仍有待提升，等等。对此，我们将本着对人民、对事业高度负责的态度，采取有力措施，切实加以解决。

二、2024年工作思路

2024年是新中国成立75周年，是深入贯彻习近平总书记考察浙江重要讲话精神的启航之年，也是实施“十四五”规划的关键之年。当前，黄岩发展进入战略机遇和风险挑战并存的时期，面对千帆竞发的态势、千头万绪的任务、千钧重负的责任，我们必须增强忧患意识、机遇意识、进取意识，坚决打起“勇当先行者、谱写新篇章”的使命担当，拉高标杆、跳起“摘桃”，努力在新一轮发展竞争中抢占先机、赢得主动。

今年政府工作的总体要求是：以习近平新时代中国特色社会主义思想为指导，深入贯彻习近平总书记考察浙江重要讲话精神，认真落实党的二十大、中央经济工作会议、省委十五届四次全会、省委经济工作会议精神，按照市六届三次党代会、区十四届三次党代会决策部署，坚持稳中求进、以进促稳、先立后破，立足台州撤地设市三十周年重要节点，主攻新质生产力培育、城乡有机更新、西部生态共富、现代文明探索四大赛道，奋力打造全面建设共同富裕区域标杆六大标志性成果，迈好走实中国式现代化黄岩实践。

建议2024年全区经济社会发展主要预期目标为：生产总值增长5.5%以上，规上工业增加值增长5.5%以上，固定资产投资增长8%以上，社会消费品零售总额增长7%以上，一般公共预算收入、城乡居民收入与经济增长同步，节能降耗完成上级下达的目标任务。

围绕实现上述目标，重点抓好六方面工作：

（一）聚焦经济提质，增强产业发展竞争力

坚持走新型工业化道路，以科技创新引领现代化产业体系建设，不断催生新产业、新模式、新动能，大力发展新质生产力，打造实体经济优先转型更多标志性成果。

紧扣科技创新添活力。对标省“315”科技创新体系建设工程，以永宁江科创带建设为牵引，加快中德科工（台州）创新园、台州青年科创湾、梦创园二期等创新平台建设，构筑“一带贯连、片区引领、多点联动”的创新格局。深化科技企业“双倍增”行动，新增国家高新技术企业26家以上、省级科技型中小企业60家以上。着力提升企业研发机构与研发活动覆盖率，力争规上企业中高新技

术企业占比达到35%、企业研发投入强度达3.15%以上，R&D经费支出占GDP比重达2.6%以上。实施“双百千万聚才创新创业工程”，新增省级人才目录专家4名以上、博士20名以上、大学生1万名以上，持续擦亮“青聚永宁·共享青甜”大学生服务品牌。强化知识产权保护，加快塑料制品产业知识产权快速维权中心建设，争创国家知识产权强县建设试点县。深化质量强区建设，争取台州首个全国专业标准化技术委员会（挤拉模分标委）落地，主导和参与制定国际、国家、行业标准5项以上。

紧追新兴赛道强招引。深入实施数字经济创新提质“一号发展工程”，加快浙东南智算经济产业园建设，制定智算发展县域规划，加强算力招商，加速算力上下游产业链布局，积极申报国家新一代人工智能公共算力开放创新平台。落地中亿丰智能建造数字产业园，启动绿色能谷小镇和新材料产业园建设，充分释放清陶能源、亿弘光伏等项目产能，争创智能光伏协同区。推动规上工业企业数字化改造全覆盖，新增省级智能工厂（数字化车间）2家、工业机器人250台，力争全年数字经济核心产业增加值增长15%以上。大力发展战略性新兴产业和未来产业，对标精密制造、数字经济、新材料、新能源、生命健康、幸福产业六大产业布局方向，实行产业链精准招商，招引落地亿元以上产业项目13个、10亿元以上产业项目3个。

紧盯产业升级优结构。围绕省“415X”先进制造业集群培育工程，系统推进模塑、医药、电动车等传统产业转型升级，争取塑料用模具产业集群入选国家级中小企业特色产业集群。推动“产业集群+特色园区”发展，沿104国道西移线打造“千亿级”模塑产业走廊，加快智能模具小镇东融南拓，推进经济开发区基础设施升级改造，着力优布局、提功能、塑形象。深化“腾笼换鸟、凤凰涅槃”行动，完成3个重点片区整治提升，整治高耗低效企业75家以上，腾出用地700亩、用能5000吨标煤以上。推动工业上楼、打造“垂直工厂”，落地建设九峰智创城。培大育强市场主体，力争上市报会企业1家，新增国家级专精特新“小巨人”企业2家、省“专精特新”中小企业15家，完成企业“小升规”50家以上。

紧抓项目建设扩投资。对接国家和省重大战略规划、生产力布局，落实省“千项万亿”工程，全面推进255个重大项目，完成投资240亿元以上，高新技术产业投资、制造业投资均增长15%以上，生态环保、交通、能源和水利投资增长20%以上，省“千项万亿”项目开工率、投资完成率均达100%以上。重点攻坚永宁江科创新城、丰立智能等26个新开工重大项目，争分夺秒促投产。强化土地保供增效，出让经营性用地、工业用地各1000亩以上，消化批而未用土地1500亩、盘活存量用地800亩、低效用地再开发800亩；完成垦造耕地1000亩，推进头陀、院桥、沙埠、高桥26个村全域土地综合整治试点工作。强化资金多元保障，争取国家特别国债、中央预算内资金和专项债等支持。

（二）聚焦城市提能，增强区域环境吸引力

坚持以人为核心的新型城镇化，围绕“一心两轴多片区”总体布局，加快推进“城市向东、产业沿江、有机更新”，全面提升城市能级品质，打造主攻永宁江开发更多标志性成果。

提升城区首位度。坚持向东融合发展，实质性启动三江新城建设，加快江口多村联改区块、院桥鉴洋湖城市湿地公园片区建设，打造市区融合发展标杆。深化“永宁焕新”行动，统筹推进委羽山、王林洋、江北等片区开发，完成拆迁120万平方米以上。实施27个2.2万套安置房项目，竣工天长南路、马鞍山等9个安置房项目，开工建设汇江二期、前郑三号地块等4个安置房项目。建成“璀璨江畔·活力江城”城市新区风貌区，推进“千年永宁·官河之芯”综合品质样板区和东浦、方山下、王林洋等12个未来社区建设，改造管驿小区、钟山新村等11个老旧小区。

提升产城融合度。对标省服务业高质量发展“百千万”工程，落细落实《加快服务业高质量发展的若干意见》等扶持政策，实现服务业增加值增长6%左右。紧密对接制造业发展需要，推动生产性服务业向专业化高端化延伸，布局发展总部经济、楼宇经济，积极引育工业设计、金融服务、健康咨询、法律会计等新业态，加快模塑工业设计基地扩容提质工程，打造浙东南工业设计基地。推动生活性服务业向高品质高能级跃升，大力发展夜间经济、网红经济、幸福产业等新型消费，推进“官河商圈”、青年路商业业态提升，落地建设京东亚洲一号仓项目，打造浙东南未来汽车城、黄岩进口展销中心，争创省级智慧商圈；编制幸福产业发展规划，出台幸福产业全国首个行业标准，成立幸福产业基金，招引一批幸福产业企业。

提升功能完备度。致力打造高水平交通强区，构建“外联内畅”综合立体交通体系，建成通车内环8号立交放射线，加快市域铁路S2线、甬台温高速公路改扩建及桥下地面道路工程建设，启动椒江至武义公路黄岩北城至头陀段工程、黄岩大桥改造工程，推进637国道黄岩段项目；实施12条市政道路建设，打通新江路等5条“断头路”，全面完成天长路、青年路、劳动路、横街路改造提升并恢复双向通行，打造劳动南路、永椒路等品质道路。加强基础设施建设，建成江口园区污水应急预处理厂，加快海塘安澜工程建设和北排工程前期工作，新建、改造供水管网10千米，投运220千伏高桥变、110千伏沙埠变。

提升管理精细度。持续开展“永宁精绣”行动，以“绣花功夫”推进城市高效治理，提升市容市貌、交通秩序、农贸市场等精细化管理水平，努力破解交通拥堵、停车难、噪声扰民等“城市病”，建设一批口袋公园、品质环卫、优质物业、和合街区。推进新能源充电站二期建设，新建公共充电站13座、充电桩160个，新增停车位700个以上。全面推行生活垃圾“两定四分”模式，提高城镇居民整体分类准确率。构建全域贯通、串联成网的滨水绿道系统，完成永宁江上游段绿道提升改造和双龙河绿道工程，沿西江河、西建河、中间渠启动绿道建设，推动绿道向社区、村居延伸，打造“家门口的绿道”，以“绿道经济”汇聚人气商气烟火气。

（三）聚焦动力提档，增强改革开放牵引力

坚持深层次改革与高水平开放互促并进，最大限度释放改革红利、增创开放优势，不断破解瓶颈制约，更好激发动力活力，打造主导数字化改革更多标志性成果。

营造一流营商环境。深入实施营商环境优化提升“一号改革工程”，持续攻坚“五赋五降”十大改革项目，擦亮“永宁好办”系列品牌。推进政务服务增值化改革，扩大“一类事”服务应用场景，建立“企呼我为”涉企事项处理闭环机制，探索政策精准匹配模型，实现产业全链条、企业全生命周期优质服务。深化“个体户您好”、企业财产保全信用评估等一批重点改革项目，争取《政务服务“办不成事”反映窗口运行规范》国家标准、国家知识产权强县等一批重量级试点。落实落细国家和省、市促进民营经济高质量发展政策，在市场准入、要素获取、公平执法、权益保护等方面实施一批改革举措，完善惠企政策直达快享机制。始终对本土企业和深耕黄岩发展的企业“高看一眼”，做好拱东医疗、青蛙泵业、爱玛机车等企业项目落地保障服务，持续开展“万名干部助万企”等活动，切实发挥“永宁企管家”服企平台作用，及时回应解决企业呼声和诉求，让民营企业安心经营、放心投资、专心创业。

深化重点领域改革。聚焦数字经济治理、科技自立自强、区域协调发展、城乡融合发展、公共服务体系构建等重点领域，实施一批牵一发动全身的重大改革。深入实施新一轮国企改革，优化国有资产布局和要素配置，强化投资效益意识，倡导区属国企做好产业投资商、产城运营商、城市地产商，增强国企核心功能和动能。深化“大综合一体化”行政执法改革，拓展“综合查一次”“监管一件事”应用场景，推广“首违不罚＋公益抵罚＋轻微速罚＋学法减罚”执法方式，让企业更有感、社会更有序。探索数据要素市场化改革，推动公共数据授权运营。认真开展第五次全国经济普查，全面摸清家底，提高经济工作科学性、精准性。

畅通内外双向循环。深入实施地瓜经济提能升级“一号开放工程”，全方位融入“一带一路”、长三角一体化发展等重大国家战略，发展更高水平的开放型经济。持续开展“百展千企”拓市场增订单行动，建立新兴市场拓展行业沟通会机制，扩大“两国双园”合作成果，做强做优外贸综合服务平台；构建海外营销体系，积极开拓俄罗斯、东南亚、非洲等新兴市场，打造海外黄岩商品展销中心，谋划筹建塑料制品产业跨境电商产业园，建设一批公共海外仓，引进一批标志性制造业外资大项目，力争出口占全国份额稳定在1.1‰左右，实际利用外资5450万美元以上。

（四）聚焦乡村提振，增强生态共富示范力

坚持农业农村优先发展，深化新时代“千万工程”，强化城乡融合发展，厚植绿水青山优势，有力有效推进乡村全面振兴，打造生态共富西部振兴更多标志性成果。

特色化发展现代农业。加强耕地保护和粮食安全工作，建设高标准农田5000亩以上，确保粮食播种面积稳定在8.9万亩以上。深化农业“双强”行动，加快推进新农机推广和数字化，建成北洋省级现代化农事服务中心，创建省级优质农产品基地3家、省市高质量绿色科技展示基地3家。大力培育柑橘、杨梅、西瓜等特色农业，强化中国黄岩蜜橘种源研究中心可持续运营，建成西甜瓜科创园，加快北洋瓜果天下综合体、杨梅乡村振兴集成创新、南城贡橘园提升等项目建设，积极申报黄岩蜜橘国家地理标志产品保护示范区，争取黄岩蜜橘筑墩栽培系统进入全球重要农业文化遗产预备名单。推进林业共同富裕综合体试点，打造林下经济中药材产业带、大寺基“未来国有林场”、佛岭和上堂山省级森林公园等精品区块。

全域化建设和美乡村。坚持美丽乡村“片区组团”发展模式，沿“演太双川金廊”、“中华橘源”、S325、环长潭湖等线路，打造一批美丽乡村精品区块，创成未来乡村3个、市级美丽乡村精品村2个、和美乡村60个、美丽庭院1万户。推进新前、宁溪首批现代化美丽城镇省级示范乡镇创建，完成上郑圣堂村、平田黄溪村美丽宜居示范村建设和茅畲下街村历史文化古村落保护利用重点村项目改造。坚持“建设围绕运营转”，寻找乡村造富的“流量密码”，上线运营宁溪乌岩头无界国风沉浸式古村落项目，围绕澄江中华橘源、北洋“田园超市”开展乡村运营试点。联合同济大学等高校院所，开展“城乡共富规划建设战略合作框架课题”研究，分类推进村庄改造，营造乡村特色风貌。深入实施农村人居环境整治提升行动，完善《农房建设一件事》规定，从源头上抓好整治工作；推进农村基础设施补短板，建成省级高标准农村生活垃圾分类示范村2个、星级农村公厕30座。

多元化推动强村富民。推进“百万家庭奔富行动示范县”建设，构建家庭型财税政策体系，扩大财金助力“扩中”家庭项目试点成效，实现2500户“扩中”家庭迈入中等收入行列、金融服务“扩中”家庭覆盖面达到35%以上。深化强村富民集成改革，推广党建引领共富工坊、强村公司、飞地抱团、农民持股等做法，促进集体经济欠发达村和低收入农户增收，力争40%行政村年经营性收入超50万元、低收入农户收入增幅13%以上。开展十万农民大培训行动，打造有辨识度的农创客培训品牌，出台乡村振兴引才政策，不断壮大农业农村人才队伍，全年培育省乡村产业振兴带头人“头雁”10名、农民学历提升200名、农村实用人才700名、农创客150名以上。

常态化筑牢生态屏障。完善环境问题发现机制，全力做好第三轮中央环保督察迎检工作。坚持治水、治气、治土、治废、治塑“多治协同”，确保省控以上断面水质优良率达到100%，推动空气质量优良率稳步提升，争创国家级生态文明建设示范区。推进区域再生水循环利用国家试点、湿地生态保护修复省级试点、引调水工程水源区与受水区生态补偿省级试点建设，实施平原农村生活污水治理“强基增效双提标”工程，谋划中部污水处理厂、屿头污水处理厂项目。统筹农村水系整治、全域幸福河湖项目建设，完成河道清淤28千米、中小河流治理10千米、山塘综合整治7座，新建亲水节点7个。全域打造“无废城市”，加快上郑铅锌矿尾矿清库工程，加强小微危废收运单位储运能力建设，力争建筑垃圾综合利用率达到90%以上。推动绿色低碳发展，推进新前中能铸造园区和智能模具小镇省级减污降碳协同试点建设，启动西部低碳共富智慧农光、沙埠零碳小镇项目，实施医化、电镀等9个重点行业污染整治提升工作。

（五）聚焦幸福提升，增强民生服务保障力

坚持在高质量发展中保障和改善民生，兜住、兜准、兜牢民生底线，持续推进公共服务“七优享”工程，打造公共服务优享更多标志性成果。

办好人民满意教育。深入实施“永宁优教”行动，确保国家学前教育普及普惠区、全国义务教育优质均衡发展区创建通过省级验收。建成江口山下郎幼儿园、罗家汇幼儿园等6个项目，启动区职教中心、锦江小学、屿新小学、沙埠小学等10个项目，加快台州学院江口校区落地建设，推进北城实验学校、永宁小学、王西未来社区幼儿园等8个项目前期，新增各类公办学位2320个。更加重视教育软件建设，引育省特级、正高级教师3名以上，提升教师专业素养，加强教师关爱激励。深化职业教育产教融合、校企合作，为本地企业输送更多高素质技术技能人才。

推进健康黄岩建设。加快永宁医院江口分院、区三医院迁建、永宁医院等项目，开工建设台州医院澄江分院、市一医院桥分院、区红十字医院迁建工程，推进城区社区卫生服务中心搬迁。建设省中医药综合改革先行区和慢性病综合防控示范区，推动优质医疗卫生资源向乡镇卫生院下沉，提升基层医疗卫生服务能力，持续开展新时期爱国卫生运动。加快制定心理健康工作体系标准和“幸福中心”建设运营规范，实施健康心理“幸福五进工程”，提高全民精神健康水平。实施体育运动强基工程，启动全民健身中心、少体校新校区项目，全面发展群众体育和竞技体育，办好2024柴古唐斯九峰越野大师赛、台州马拉松等体育赛事，造浓全民健身氛围。

夯实民生保障基础。构建高质量就业创业体系，多渠道促进供需对接，抓好高校毕业生、困难群体就业，城镇新增就业6000人以上。关爱“一老一小”，推广医养结合模式，引导养老托育服务向社区、家庭延伸，启动区妇女儿童服务中心、医防护一体儿童健康管理中心、托育综合服务中心建设，建成“老省心”综合体2个、妇儿驿站30家，新增养老床位150张、普惠托位100个。推动社会保险、政府性商业医疗保险扩面提质，完善养老保险体系，加强对农村留守儿童、妇女、老人、残疾人等社会弱势群体的关爱保护，动态做到困难群众应保尽保、应助尽助。促进房地产市场平稳健康发展，筹集保障性租赁住房3500套以上。

提高基层善治能力。深入推进县域社会治理现代化，提升本质安全水平，全力夺取平安黄岩“十八连创”。创新发展新时代“枫桥经验”，完善“141”县域治理体系，推进综合信息指挥中心建设，加快乡镇（街道）四平台建设和重大应用末端落地，加强矛盾纠纷源头治理和重点领域信访治理。强化社会治安防控，严厉打击电信网络诈骗等突出违法犯罪，积极探索“专业+机制+大数据”新型警务运行模式。毫不松懈抓好安全生产和消防安全，深入推进道路交通、危化品、自建房、城镇燃气等重点行业、重点领域隐患排查整治，切实做好食品药品全链条监管、防汛防台抗旱、防灾减灾等工作，全力遏重大、控较大、减总量。强化金融、房地产、地方债务等领域风险监测，坚决守牢不发生系统性风险底线。加强国防动员、双拥共建、兵役征集、退役军人事务等工作，争创全国双拥模范城。

（六）聚焦文化提神，增强千年文脉影响力

坚持文化自信自强，积极探索中华民族现代文明县域实践，推动优秀传统文化创造性转化、创新性发展，打造黄岩文化复兴更多标志性成果。

擦亮文化标识金名片。深入实施文化基因解码工程，开展老城区历史文脉活化传承研究，加速翠屏山、拱辰门、北门大桥、委羽山城市文化公园、孔庙保护提升、九峰山风貌提升等南北文化轴重要节点建设，启动土屿山二期建设，实施桥上街、司厅巷板块有机更新，有序推进草巷、东禅巷微更新微改造。做好沙埠窑申遗和参评“全国十大考古新发现”工作，启动沙埠青瓷“一馆三园”和新建龙窑工程，推动黄岩青瓷文化复兴。重视翻簧竹雕等非遗技艺传承，创建一批非遗传承展示体验点。推动黄岩文化“走出去”，深化与央媒省媒抖音等平台宣传合作，持续打响“一座甜了千年的城”文化IP。

开辟文旅融合新蓝海。深入实施文旅深度融合工程，促进旅游与工业、研学、康养、体育等产业跨界融合。加速景区国有化进程，加快推进浙东芳养谷、云尚小镇、鉴洋湖宋韵水街、划岩山改造提升等项目，启动官河古道永宁江夜经济水上游艺带、宁溪宋渠直街建设。举办抖音最美国风计划、“五洞桥过大年”灯会、青瓷宋韵文旅艺术节、黄岩石窟表演艺术季等活动。围绕“吃住行游购娱”等旅游要素，着力提升旅游接待能力，加强“浙韵千宿”品牌创建，培育一批“诗画浙江·百县千碗”旗舰店、示范店、体验店。

构建品质文化生活圈。全域打造“15分钟品质文化生活圈”，建成开放区文化馆新馆，普及“乡村艺校”建设，营造高质量公共文化空间。与上海音乐学院合作共建黄岩文艺中心，开展文艺活动50场以上。繁荣艺术创作，推出报告文学《康巴汉子》等一批文艺精品，力争乱弹现代戏《我的乡亲陈芳允》献演国家大剧院。深化“浙江有礼·礼赞黄岩”区域文明新实践，全域提升文明城市创建成效。深入开展婚丧礼俗改革，积极推进移风易俗。

各位代表！民生实事映照为民初心。区政府高度重视民生实事项目，经过公开征集、实地调研、网上评选和反复征求意见，提出了13个民生实事候选项目，提请会议票决。我们将继续以群众普遍“有感有得”为衡量标准，努力将民生实事办实办好、办到群众心坎上。

三、加强政府自身建设

面对新定位新使命，我们将树牢正确政绩观，坚持知责于心、担责于身、履责于行，不断提升工作效能和治理水平，努力打造人民满意政府。

（一）打造政治力更强的忠诚政府。深学细悟笃行习近平新时代中国特色社会主义思想，巩固拓展主题教育学习成果，以绝对忠诚坚定捍卫“两个确立”、坚决做到“两个维护”，不断提高政治判断力、政治领悟力、政治执行力。把党的领导贯穿政府工作各领域全过程，不折不扣贯彻落实中央、省、市决策部署和区委工作要求，做到同心同向、步调一致、令行禁止。

（二）打造服务力更强的为民政府。始终牢记政府前面“人民”二字，坚持问需于民，紧抓调查研究，用心用情用力解决群众急难愁盼问题，及时回应社会关注、群众关切；坚持问策于民，确保政府决策、政策制定、项目安排让最广大人民群众受益；坚持问效于民，畅通群众反馈渠道，完善政府满意度测评机制，切实提升政府服务质效。

（三）打造执行力更强的效能政府。树立以实干实绩论英雄的鲜明导向，紧紧围绕民生大计、发展大局，注重前瞻性思考、全局性谋划、系统性推进，建立健全“清单化交办、项目化推进、节点化督查、销号式管理”闭环工作机制，事不过夜抓落实，攻坚破难勇争先，推动各项工作创一流、树标杆，让实干担当成为政府工作最强音。

（四）打造公信力更强的法治政府。自觉把政府工作全面纳入法治轨道，切实提高依法行政水平。严格规范公正文明执法，让执法既有力度更有温度。高质量办好人大代表建议和政协委员提案，自觉接受人大依法监督、政协民主监督，主动接受监察、司法、群众和舆论监督，加强审计和统计监督，让权力在阳光下运行。

（五）打造约束力更强的清廉政府。严格落实中央八项规定及其实施细则精神，驰而不息纠治“四风”，让廉洁用权、干净干事在政府系统蔚然成风。坚持节用裕民，从严从紧管理公共资金、公共资产、公共工程，严控“三公”经费和一般性支出，以政府的“紧日子”换取百姓的“好日子”。

各位代表！发展永无止境，奋斗未有穷期。让我们更加紧密地团结在以习近平同志为核心的党中央周围，在市委、市政府和区委的坚强领导下，牢记嘱托、感恩奋进，抢抓机遇、实干争先，奋力打造全面建设共同富裕区域标杆标志性成果，在奋进中国式现代化新征程上再创新辉煌！

中国人民政治协商会议台州市黄岩区第十五届委员会常务委员会工作报告

——在政协台州市黄岩区第十五届委员会第三次会议上

（2024 年 1 月 31 日）

黄岩区政协主席　王　辉

2023 年工作回顾

2023 年，区政协常委会在区委的坚强领导下，坚持以习近平新时代中国特色社会主义思想为指导，深入学习贯彻中共二十大精神，认真贯彻落实习近平总书记关于加强和改进人民政协工作的重要思想以及习近平总书记考察浙江重要讲话精神，聚焦聚力区委主攻“一千双百”、坚定不移实施“六大战略”，以“系统提升年”为主线，以“五月活动”为抓手，以“五大提升”为重点，深化“十化工作法”，充分发挥专门协商机构作用，切实履行政治协商、民主监督、参政议政职能，为书写中国式现代化黄岩篇章贡献政协智慧和力量。

一、坚持加强政治引领，始终把牢正确政治方向

深入开展主题教育。坚持不懈用习近平新时代中国特色社会主义思想凝心铸魂，深刻领悟“两个确立”的决定性意义，增强“四个意识”、坚定“四个自信”、做到“两个维护”。深化“循迹溯源学思想促践行”“一线督战强基础促发展”等活动，把理论学习、调查研究、推动发展贯穿主题教育全过程。区政协主席会议成员领衔的委羽山老年公寓区块、大有艺术中心区块、方山下未来社区等一批重点攻坚项目有力有序推进。坚定把牢政治方向。全面贯彻新时代政协党的建设总要求，不断夯实团结奋斗的共同思想政治基础。旗帜鲜明讲政治，自觉将政协工作置于区委的坚强领导下，严格执行请示报告等制度。做到区委中心工作推进到哪里、政协履职发力的重点就跟进到哪里，确保同心同频、同向同行。持续擦亮党建品牌。持续打造“同心向党・六力党建”品牌，实现政协党建与履职工作双融双促。建强委员履职临时党总支与 10 个履职临时党支部，推进基层党建“两个全覆盖”。深化落实“三联结对”制度，引导全体党员与委员凝心聚力、创先争优。党建工作在全市政协党建工作会议上作典型发言。

二、坚持推进系统提升，全面夯实履职能力水平

工作规范系统提升。紧扣中共二十大提出的“完善人民政协民主监督和委员联系界别群众制度机制”要求，按照市政协“两年”活动部署推进工作，民主监督与委员联系界别群众工作进一步加强。制定委派民主监督工作实施方案，全体区政协委员分成 26 个民主监督小组，委派到法检两院、区级职能部门和区属集团公司担任民主监督员，重点围绕政府为民办实事项目等开展民主监督，增强监督工作实效。制定委员履职“服务为民”实施方案，每名委员密切联系 3—5 名界别群众。创建政协协商工作标准，与中国标准化研究院合作，制定《政协协商工作规范》，构建全流程全链条全闭环协商工作体系，得到市政协领导及区委主要领导批示肯

定，相关论文在市政协理论研讨会作典型交流。协商议事系统提升。聚力助推省委三个“一号工程”，分别开展数字经济创新提质、营商环境优化提升、“地瓜经济”提能升级三个协商议事月活动，专门协商机构的功能、渠道和作用发挥更加显现。实地调研区行政服务中心、跨境电商产业园、智能模具小镇、浙东南智算产业园等地，就不动产数字化改革、数字经济创新发展、院士之家“智创谷”建设等开展专题协商。制定助推营商环境优化提升专项行动实施方案，常委会会议专题听取并协商讨论区政府营商环境优化工作。围绕“办好营商环境几件实事”“全要素协同推动制造业高质量发展”主题开展委员联组协商。实地调研在外西瓜产业发展情况，就破解发展难题、推动外出农业做大做强出谋划策。履职能力系统提升。开展“五问”大讨论活动，围绕问题进行自查自纠，总结经验、查找差距、对标对表、整改落实，锤炼过硬履职本领和工作作风。强化委员“履职在线”平台应用，推动“指尖上的协商民主”。举办区政协常委会组成人员培训班，分3批次举办政协委员履职能力提升培训班，通过理论学习与实地调研，拓宽视野、提升能力、增进共识。调研能力系统提升。贯彻落实中办《关于在全党大兴调查研究的工作方案》，大兴调查研究之风。主席会议成员带队到各乡镇（街道）开展“大走访大调研大服务大解题”活动。各委员履职临时党支部、界别活动组分头召开习近平总书记关于调查研究重要论述精神学习交流会。全年形成常委会重点调研课题《以文旅深度融合促全域旅游高质量发展》等12篇高质量调研报告。

三、坚持聚焦主责主业，精准提升协商议政质效

强化协商建言力度。紧扣区委“六大战略”“一千双百”等中心工作，积极开展全会协商、常委会会议专题协商、提案办理协商、专委会对口协商，多层次、宽领域、常态化的协商议政格局进一步形成。召开区政府区政协工作协商对接会，确定全年重点提案，交流重点工作及协商计划。深化“请你来协商”平台建设，聚焦“文旅深度融合促全域旅游高质量发展”“创建国家学前教育普及普惠区”等社会关注的议题，召开6次“请你来协商·崇和协商会”。组织委员围绕市域铁路S2线工程、库区农村建房用地、基层医疗卫生人才队伍、汽配行业发展、少体校新校区建设、历史文化村落保护、规模化畜禽养殖等主题开展协商36次，助推一批热点、难点、焦点问题的解决。拓宽民主监督广度。发挥协商式监督优势，聚焦“发展大事”和“关键小事”。围绕《关于推进黄岩县域商业体系建设的相关建议》《关于加快启动黄岩职教中心建设的建议》等16件重点提案、重要提案，组织开展面商督办，推动提案落地落实。聚焦“迎亚运盛会　助力全省三大提升行动”“深化‘千万工程’建设美丽乡村”等主题，组织在黄岩的省、市、区政协委员开展三级政协联动专项集体民主监督活动，集聚监督合力。围绕永宁江科创带建设、多村联改市区融合、城镇污水零直排区建设、乡镇（街道）法治化综合改革、交通道路环境优化、农合联“三位一体”改革、招商平台建设、文化馆新馆建设、中医院新院区建设等方面开展专项民主监督。彰显履职为民温度。切实发挥委员主体作用，做到倾力服务发展、倾情改善民生，委员全年开展履职为民活动3220人次。围绕工艺品产业发展、“垃圾革命”推进、村卫生室建设、教育政策落实、居家养老助餐网点全覆盖、“老省心”综合体建设、小橘灯共富工坊建设等开展调研视察。聚焦青年群体创业就业等9方面主题，倾听青年声音，保障青年权益，成立首批9家政协助力“青年发展型城市”建设联络点。组织界别委员开展“六送下乡”、政协之友志愿者服务队开展各类公益活动。围绕黄岩游泳馆开放、自来水水质等民生关切问题开展专项民主监督，助推游泳馆重新开放、自来水水质提升，入选区“忠诚善担当·依法干成事”典型案例。

四、坚持创优履职平台，有效畅通联系群众渠道

深化建设履职学习平台。健全以政协党组理论学习中心组学习为引领、常委会会议集体学、崇学讲堂专题学等相配套的学习制度体系。举办3期“崇学讲堂”。在全区各乡镇（街道）建立“崇

学书房”，设立“共享书架”“委员读书角”，在黄岩政协掌上履职平台设立“崇学书院”，全方位拓展线上线下学习平台。规范建好民生议事平台。高质量建成各乡镇（街道）民生议事堂（三位一体），其中市级示范点13个。全面完成347个村（社区）协商驿站建设。完成智能模具小镇、黄岩蜜橘科技小园等特色示范型协商驿站建设，实现村、社区、企业和园区等多种类型协商驿站全覆盖。各民生议事堂全年共开展协商活动80次，收集汇总意见建议165条，落实98条。民生议事堂（三位一体）工作在全市现场交流会上作典型发言。精心培育委员工作平台。加强对委员工作室线上线下工作指导，调整完善海归创业等3家委员工作室。建成35家委员工作室，全年共开展线上咨询服务137次、线下各类活动32次。台州少数民族委员会客厅被省政协评为五星级委员会客厅，黄岩民营经济委员会客厅2.0版被省政协评为四星级委员会客厅。

五、坚持激活文化动能，全力放大书香政协优势

重视文化文史工作。成立黄岩区文史研究馆。深入调研亟须抢救性修缮的区文保点，情况报告获区委区政府主要领导批示，抢修工作全面落实。完成临海博物馆馆藏近代黄岩名人书画、碑拓、古籍扫描影印编撰。完成历届政协40余册文史资料数字化工作，刊发《文史资料汇编》电子书籍。举办“‘八八战略’在黄岩的生动实践”主题书画摄影展。专题调研高台舞狮、传统银饰制作等非遗传承与保护技艺，助力提升我区非遗文化影响力。营造浓厚书香氛围。围绕“八八战略”“千万工程”“浦江经验”及省、市、区委全会精神等开展专题学习。连续举办政协委员联组读书会、机关干部读书分享活动。在区图书馆举办《悲喜同源：陈其钢自述》赠书仪式，在老年大学、重点骨干企业等单位举办赠书活动，“书香政协”溢出效应不断扩大。助力文化复兴战略。发挥政协资源优势和人才优势，聚焦创建国家历史文化名城目标，助推《黄岩“南北文化轴”历史城市景观体系再生概念设计》方案出炉。挖掘本土文化精神内核，协同举办贤相杜范诞辰840周年纪念活动。协力出版入选首批国家珍贵古籍名录的《台学统》及《宋韵黄岩》《千年永宁》文化日历。助力谋划乱弹剧《我的乡亲陈芳允》等一批文艺作品。

一年来，在大家的共同努力下，区政协各项工作取得了新进展新成效，区委、区政府领导对区政协工作和履职成果予以充分肯定，作出批示41件次。《人民政协报》《联谊报》等上级政协宣传媒体录用稿件35篇，新华网、“学习强国”学习平台、《浙江日报》等媒体录用60篇。区政协荣获2023年度全省政协联谊报宣传工作先进单位。社情民意信息“星火小组”编发社情民意信息219条，报送区领导7条，区领导批示4条，上报市政协78条。《丘陵山区微农机研发收益低　影响装备进程需关注》等信息被省政协录用。“黄岩政协”微信公众号发文339篇。

一年来，我们积极发挥政协统战功能，完善与各民主党派、工商联和无党派代表人士合作共事机制，加强同党外知识分子、非公有制经济人士、新的社会阶层人士的沟通联络，走访慰问民族宗教界、港澳台侨界代表人士，促进政党、民族、宗教、阶层、海内外同胞关系和谐，黄岩经济和社会发展的朋友圈更大更巩固。加强老干部工作，区政协之友联谊会顺利换届。

各位委员、各位同志！区政协工作取得的成绩，是习近平新时代中国特色社会主义思想科学指引的结果，是中共黄岩区委坚强领导的结果，是区人大常委会、区政府高度重视的结果，是广大政协委员履职尽责的结果，是区级各单位、各乡镇（街道）和社会各界鼎力支持及历届政协老领导、老同志倾心关怀的结果。在此，我代表区政协常委会表示衷心感谢！

对标新使命新要求，我们也清醒认识到工作中还存在一些需要加强和改进的方面，如协商工作“三化”建设仍需完善，委员联系界别群众仍需加强，调研成果转化工作仍需机制化，民主监督工作仍需常态化，等等。我们要认真研究，切实解决。

2024 年主要任务

今年是中华人民共和国成立 75 周年，是人民政协成立 75 周年，是奋进中国式现代化新征程的深化之年。今年工作的总体要求是：坚持以习近平新时代中国特色社会主义思想为指导，全面贯彻落实中共二十大精神，深入学习贯彻习近平总书记关于做好新时代党的统一战线工作的重要思想、关于加强和改进人民政协工作的重要思想，认真学习贯彻习近平总书记考察浙江重要讲话精神，坚持党的领导、统一战线、协商民主有机结合，坚持发扬民主和增进团结相互贯通、建言资政和凝聚共识双向发力，认真贯彻落实市、区党代会精神，持续深化“系统提升年”活动，持续实施“十化工作法”，更好发挥专门协商机构作用，在深入践行全过程人民民主上作表率，在争创发展人民政协协商民主区域实践范例上显担当，为奋力打造全面建设共同富裕区域标杆标志性成果、迈好走实中国式现代化黄岩实践贡献政协智慧力量。

一、构建完善同心向党体系，在坚持党的全面领导上凸显向心力

加强政协党建工作，压实管党治党主体责任。坚持以党的政治建设为统领，推动政协更好成为“重要阵地、重要平台、重要渠道”。坚持党建引领。持续擦亮“同心向党·六力党建”品牌，切实巩固主题教育成果，不断提升政协党建工作质量。坚持齐抓共管。以庆祝人民政协成立 75 周年为契机，配合开好区委政协工作会议。统筹推进政协党组、机关党组、机关党总支和各党支部、履职临时党总支和各临时党支部“六位一体”党建联抓工作格局。持续完善“三联结对”制度。坚持从严治党。压实党建工作、意识形态、党风廉政建设责任制，严格落实中央八项规定及其实施细则精神，营造勤廉并重、风清气正的良好政治生态。

二、构建完善协商议政体系，在服务党政中心大局上凝聚助推力

坚持把高质量开展协商议政作为践行全过程人民民主的着力重点，不断丰富“有事好商量、众人的事情由众人商量”的制度化实践。聚焦协商重点。紧扣习近平总书记对浙江提出的“4+1”重要要求，省委“三条路径”、市委“三高三新”和区委“四大赛道”等中心工作开展系列协商活动。召开区政府区政协工作协商对接会，聚焦“永宁拓新”全域土地综合整治行动召开专题议政性常委会会议等。丰富协商形式。健全完善全会协商、常委会会议协商、专题协商、界别协商、提案办理协商等形式于一体的协商议政体系。发挥专委会“专”的优势，围绕专精特新企业培育、城市品质提升、老旧小区改造、工业设计基地拓展、国家义务教育优质均衡区创建、台州学院新校区建设等开展对口协商。优化协商平台。迭代升级区级协商平台为“请你来协商·永宁好商量”，聚焦新质生产力塑造、文化传承发展示范区创建、涉企事项处理闭环机制建设、“工艺品之都”再创辉煌、西部生态共富等开展政治协商。持续推动民生议事堂（三位一体）、协商驿站常态化规范化运行，畅通社会各界与广大群众参政协商渠道。

三、构建完善凝心聚力体系，在拓展团结联谊渠道上展示亲和力

认真学习贯彻习近平总书记关于做好新时代党的统一战线工作的重要思想，加强思想政治引领、广泛凝聚共识。崇尚善学精读。把读书学习作为凝聚共识的重要途径，促进“学习实效”与“履职成效”融合、“读书文化”与“协商文化”融合、“书香政协”与“书香社会”融合。凝聚思想共识。建好用好委员会客厅、委员工作室，办好委员“崇学讲堂”，发挥平台凝聚共识功能，打造“学习园地、宣传阵地、思想高地”。增进团结联合。完善各党派团体在政协履职工作机制，畅通各阶层人士意见诉求表达渠道。举办台侨外界别人士、少数民族联谊活动，健全从党内到党外、从委员到界别群众的凝聚共识工作格局，画好最大同心圆。

四、构建完善民主监督体系，在助推重大部署落实上提升行动力

认真贯彻落实省委《关于进一步加强和改进

人民政协民主监督工作的实施意见》精神，形成具有黄岩政协特色的协商式监督新实践。完善监督制度。聚焦政府为民办实事项目开展好协商式民主监督，完善区政协委派民主监督工作机制，不断提高民主监督组织化程度，引导委员做到真监督、善监督、会监督。健全监督格局。灵活运用协商监督、专项监督、视察监督、提案监督、反映社情民意信息监督等丰富形式，将调查研究、协商建言贯穿民主监督全过程，将民主监督融入政协经常性履职活动中，促进各类监督贯通协调。强化监督助推。围绕助企惠企政策落实、城乡有机更新、美丽乡村建设、学生公交出行安全监管、医保基金收支状况、技能人才发展体系建设等开展民主监督。围绕“永宁健康”行动实施、三江新城建设、绿色新能源产业、通用智能机器人产业链、黄岩青瓷“海丝之路”印记等开展专项视察，更好发挥助发展、促落实作用。

五、构建完善联系群众体系，在助力增进民生福祉上强化感召力

践行以人民为中心的发展思想，坚持人民政协履职为民、协商于民，推动委员工作深入实际、深入基层、深入群众。深化为民服务。认真贯彻落实上级政协关于开展委员履职“为民服务”活动要求，倾听群众呼声、反映群众愿望、解决群众困难、促进民生改善。助力基层治理。推进民生议事堂、委员工作室、社情民意信息联系点“三位一体”平台建设常态长效、提质增效。更好发挥协商驿站作用，促进政协协商与基层社会治理相结合。发挥界别优势。创建制度化常态化委员联系界别群众模式，组织各界别活动组开展大走访大调研大服务，依托委员优势特长开展“六送下乡”等活动，为群众精准纾困解难。

六、构建完善调查研究体系，在深入基层求真务实上彰显洞察力

始终把调查研究作为政协履职的重要基础和关键环节，做到不调研不协商，把“家底”摸透、问题讲透、建议提透。把准调研方向。把握全局，着眼细微，精准选取调研主题，聚焦新质生产力培育、现代文明探索区域范例建设开展常委会重点课题调研，聚焦制造业高质量发展、模具行业高质量发展、塑料产业品牌建设、农产品区域公用品牌打造、让文物“活”起来等开展专题调研。强化问题导向。扑下身子，下沉一线，察实情、听实话、问良策，学习“解剖麻雀”的真本领，提升“一叶知秋”的敏锐性，客观、真实、全面地收集掌握第一手材料。促进成果转化。当好“参谋”“智囊”角色，使更多政协的意见建议进入党委政府决策程序，健全调研成果转化应用机制，以高质量的调查研究推动政协工作高质量发展。

七、构建完善数字政协体系，在数字赋能政协履职上发挥创新力

坚持以数字化理念推进政协工作，以数字化手段提升履职水平，以数字化建设赋能政协工作高质量发展。升级系统架构。对标省政协“162”体系架构，迭代升级“黄岩数字政协”总体架构，同步跟进省政协统建的协商在线等“六大在线”综合应用，完善提升各应用体系架构与工作方案，确保接得住、用得好。坚持与时俱进。着眼政协工作重点、履职亮点，改进内容设置、强化适配创新，进一步提升政协掌上履职平台功能和作用。提升线上服务。完善提案在线新系统功能，实现从提案提出到办结评价的全周期管理。常态化开展委员工作室线上咨询服务，积极开展“云端”履职。

八、构建完善制度机制体系，在推进政协“三化”建设上体现执行力

推进政协工作制度化、规范化、程序化建设，形成权责清晰、关系顺畅、运行有效的履职工作体系。夯实制度基础。完善黄岩政协党的建设、理论学习、调查研究、联系群众、自身建设等全方面的制度机制，做好现有制度的“废改立”。规范履职程序。注重协商履职于决策之前和决策实施之中的落实机制，推动协商履职成果采纳落实反馈，构建纵向环环相扣、横向有机衔接的工作格局，确保履职程序科学规范合理。践行协商标准。深入实践《黄岩区政协协商工作规范》，不断完善全流程、全链条、

全闭环，标准化、精细化、约束化的政协协商工作体系。

九、构建完善队伍建设体系，在争创一流实干担当上激发战斗力

强化一线思维一线担当，树立一流标准一流业绩，持之以恒推进政协“两支队伍”建设。建强委员队伍。着力提升委员队伍综合素质，举办区政协常委培训班，强化委员履职考核，教育引导全体委员为国履职、为民尽责，争做“懂政协、会协商、善议政，守纪律、讲规矩、重品行”的新时代政协委员。建优干部队伍。着力提升政协机关干部能力水平，加强“六型机关”建设，努力打造适应新时代新要求的高素质专业化机关干部队伍。建实激励机制。完善委员履职考评办法，坚持加强管理和优化服务相结合、表彰激励和纪律约束相协调，开展年度优秀委员、“最美政协人”等评选活动，激发委员与干部的履职热情。

各位委员！使命呼唤政协担当，奋斗开创黄岩未来。让我们更加紧密地团结在以习近平同志为核心的党中央周围，在区委的坚强领导下，牢记嘱托、感恩奋进，守正创新、担当有为，争创发展人民政协协商民主区域实践范例，为打造全面建设共同富裕区域标杆标志性成果、迈好走实中国式现代化黄岩实践作出新的更大的贡献！

专　　记

2023 年黄岩区十大民生实事完成情况

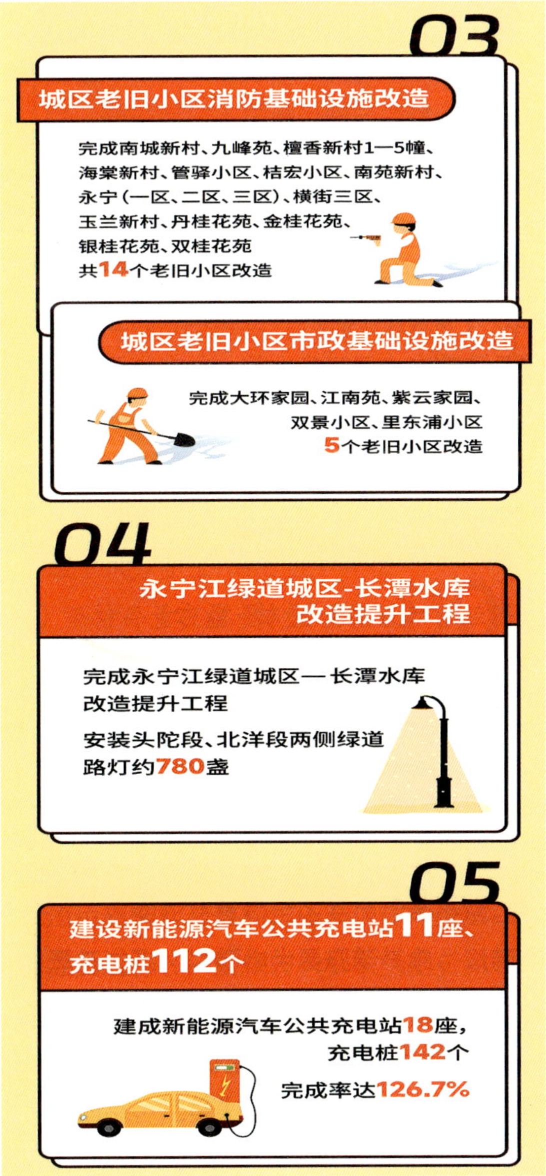

06

中小学校园基础设施提升工程

- 为**58**个学校安装空调**1596**台
  实现全区中小学幼儿园学生教室、功能教室、学生宿舍、实训工场空调全覆盖
- 在中小学配置**30**个音乐、美术专用教室
  实现全区初中、小学每12个班级配置音乐、美术专用教室各1间以上

07

新（改扩）建公办中小学2所、公办幼儿园4所，新增学位2790个、托位200个

新建：
- 罗家汇小区配套幼儿园
- 高速玖玺小区配套幼儿园
- 院桥奥特莱斯周边房产配套幼儿园
- 新前街道中心幼儿园机关分园

- 新增幼儿园学位**1170**个、托位**200**个

新（改扩）建：
- 院桥中心小学第二校区
- 南城中心小学

- 新增中小学学位**1620**个

08

新增“老省心”综合体4个

新增：
- 西江社区（西城街道）
- 五里牌社区（北城街道）
- 江城社区（新前街道）
- 埭水社区（东城街道）

4个“老省心”综合体

09

黄岩区45—70岁人群胃癌筛查

2023年筛查**6306**人次
完成率达**114.7%**

黄岩区40—70岁肺癌高危人群筛查

2023年筛查**58584**人次
完成率达**100%**

黄岩区50—74岁人群结直肠癌筛查

2023年筛查**34806**人次
完成率达**348.1%**

黄岩区重点人群前列腺癌筛查

2023年筛查**15779**人次
完成率达**105.2%**

10

为适龄女生免费接种二价国产HPV疫苗

2023年为适龄女生免费接种二价国产HPV疫苗**2062**人次
完成率达**322.2%**

为60岁以上老人免费接种流感疫苗

2023年为60岁以上老人免费接种流感疫苗**68067**人次
完成率达**154.7%**

黄岩区融媒体中心 出品

（区融媒体中心供图　方桐欣撰）

2023 年度黄岩区十大新闻

一 全基因组溯源证实黄岩为世界柑橘始祖地之一

2023 年 11 月 11 日，由浙江省农业农村厅主办的 2023 年浙江台州黄岩柑橘节正式启动。仪式发布黄岩蜜橘溯源成果，华中农业大学、浙江省柑橘研究所等机构证实浙江是世界柑橘始祖地之一，世界上栽培面积最大的宽皮柑橘品种温州蜜柑起源于浙江黄岩。

二 黄岩小将黄雨婷成为杭州亚运“三冠王”

2023 年 9 月 26 日，黄雨婷在杭州第 19 届亚运会射击比赛中夺得三金，获女子 10 米气步枪个人金牌（破亚运会纪录）、女子 10 米气步枪团体金牌和 10 米气步枪混合团体金牌（破亚运会纪录），成为杭州亚运会首个“三冠王”。

三 2023 台州马拉松赛在黄岩举行

2023 年 12 月 3 日，2023 台州马拉松赛在黄岩举办。台州马拉松也称“台马”，创办于 2015 年，属浙江早期马拉松赛事之一。本届赛事设有马拉松、半程马拉松、甜蜜跑 3 个项目。

四 浙东南智算经济产业园区开园

2023 年 10 月 18 日，黄岩举行浙东南智算经济产业园“算力点亮”开园仪式。仪式现场进行浙东南智算经济产业园签约仪式，签约入园企业 8 家，类型涵盖芯片半导体、智能出行、智能制造、车联网等多个领域。根据规划，浙东南智算经济产业园区采用“中心 + 基地”模式，以人工智能算力服务为核心，完整配套服务型制造，以数字产业化助推产业数字化。

五 “永宁幸福科学馆”开馆仪式暨第六届中国国际积极心理学大会在黄岩区召开

2023 年 3 月 26 日，由清华大学社会科学学院与黄岩区委区政府共同合作打造的永宁幸福科学馆正式开馆。永宁幸福科学馆位于黄岩永宁公园南广场景观桥附近，建筑由清华大学美术学院团队设计，全馆以积极心理学理念为基础，将数字化电子科技设备与心理知识的应用和科普相结合，分别打造幸福共享空间、科技互动空间和福流空间。

2023 年 7 月 9 日，第六届中国国际积极心理学大会暨中国心理学会积极心理学专委会 2023 年学术年会闭幕式在黄岩区举行。大会现场举行幸福产业签约仪式，黄岩区与 9 家企业进行项目集中签约，产业涵盖睡眠与精神健康、智能心理服务体系、积极社会心理服务体系、身心健康等领域。本次大会累计吸引国内外积极心理研究者、实践者、爱好者等超过 1000 人线下参会，线上报名参会 10290 人次。

六 黄岩区参与编写《“办不成事”反映窗口运行规范》国家标准

2023 年，黄岩区行政服务中心参与《“办不成事”反映窗口运行规范》国家标准编写，通过标准化建设，让更多“办不成”事项能办成。据了解，自单位开设“办不成事”反映窗口以来，建立从受理登记、分类处理、销号管理到案例汇总、常态建设的闭环运行机制，通过加急办、协调办、特事特办等方式提供兜底服务。

七 全国首创“个体户您好”集成服务改革

2023 年，黄岩深入实施营商环境优化提升“一号改革工程”，持续深化商事制度改革，在全国首创“个体户您好”集成服务改革，为个体户提供全领域、全链条、全过程的“增值式”营商服务，有效激发市场经营主体创业创新活力。

八 “蓝色循环”海洋塑料废弃物治理项目获联合国“地球卫士奖”

2023 年 10 月 30 日，联合国环境规划署在其总部肯尼亚首都内罗毕发布 2023 年联合国“地球卫士奖”，其中由浙江省申报的“蓝色循环”海洋塑料废弃物治理模式获此殊荣。“蓝色循环”是由浙江省生态环境厅、台州市人民政府组织推动，以浙江蓝景科技有限公司为运营主体，在台州试点的基础上，创新建立的一个可持续的海洋塑料废弃物治理新模式。浙江蓝景科技有限公司是台州市黄岩区一家专注于海洋可持续发展的国家高新技术企业，以海洋大数据为基础，以物联网、区块链为核心，主营海洋废弃物管理、海上医院建设、海洋再生资源利用三大业务板块。

九 黄岩沙埠窑最新考古成果为全国考古“填空补白”

2023 年 12 月 24 日，新华社报道黄岩沙埠窑最新考古成果，成果显示位于浙东台州黄岩的沙埠窑是两大青瓷名窑在约 1000 年前的北宋完成“交接棒”的重要枢纽，同时为研究海上丝绸之路史提供重要线索。

十 第二届全国宋韵服装时尚设计大赛决赛暨颁奖典礼在黄举行

2023 年 11 月 4 日，“宋韵衣裳·时尚新传”第二届全国宋韵服装时尚设计大赛决赛暨颁奖典礼在黄岩举行。大赛以黄岩赵伯澐墓出土的 76 件丝绸织物为灵感，用原创性时装设计助力宋韵文化发展，创新推出宋韵服装 AIGC 设计创新模型，用 AI 技术为宋韵文化传承赋能。当晚还举行战略合作签约仪式和产业合作签约仪式，签约宋韵时尚品牌管理公司落地黄岩，并在赛后推出至少 10 款服装面向市场销售。

大 事 记

1月

4 日　黄岩浙江天宇药业股份有限公司、浙江拱东医疗器械股份有限公司、公元股份有限公司 3 家企业入选 2022 年浙江省高新技术企业创新能力 500 强。

9—10 日　中国共产党台州市黄岩区第十四届代表大会第二次会议召开。大会听取和审查中国共产党台州市黄岩区第十四届委员会报告；审查中国共产党台州市黄岩区第十四届纪律检查委员会报告；讨论部分区委工作机关和区人大常委会党组、区政府党组、区政协党组工作汇报；书面审议区委、区纪委领导班子成员述德述责述廉述法报告。对区委、区纪委领导班子及成员进行民主测评。

11 日　黄岩区党政主要领导干部经济责任审计和自然资源资产离任审计结果反馈会召开。

13 日　召开乡镇（街道）和区级部门党委（党工委）书记述责述廉暨抓基层党建、党管意识形态、人才和统一战线工作述职评议会。

14 日　首届全国宋韵服装时尚设计大赛新春表演秀在黄岩举办。

17 日　浙江中科创越药业有限公司入选 2022 年“科创中国”系列榜单。

18 日　区党政主要领导干部经济责任审计和自然资源资产离任审计整改工作推进会召开。

同日　区委召开全区领导干部会议，传达学习省两会和全市领导干部会议精神，研究贯彻落实意见。

28 日　“凝聚桑梓力量·同创共富标杆”2023 黄岩在外乡贤新春联谊会举办。

2月

1 日　区纪委十四届四次全会召开。

6 日　黄岩区“专班比拼 项目竞赛”暨优化营商环境大会召开。会议通报 2022 年度考核结果及各类先进名单；对民营企业纳税 20 强、获区政府质量奖的企业、工作目标责任制考核优秀单位、党建工作责任制考核优秀单位、先进工作专班进行表彰颁奖。

7 日　出台全省首个居民节能负荷补贴政策，《基于响应负荷的居民节能负荷补贴方案（试行）》公开发布。

11 日　寒武纪“一中心一基地”项目合作签约仪式举行。

14—16 日　中国人民政治协商会议台州市黄

岩区第十五届委员会第二次会议召开。会议通过《政协台州市黄岩区第十五届委员会第二次会议决议》《提案委员会关于区政协第十五届二次会议提案审查情况的报告》。

15—17 日　台州市黄岩区第十七届人民代表大会第二次会议召开。会议书面审议《关于黄岩区 2022 年国民经济和社会发展计划执行情况及 2023 年国民经济和社会发展计划（草案）的报告》《关于黄岩区 2022 年预算执行情况及 2023 年预算（草案）的报告》《关于 2022 年民生实事项目办理情况及 2023 年政府民生实事候选项目征集情况的报告》。

15—16 日　省委书记易炼红到黄岩调研特色小镇和文创空间，考察黄岩区智能模具小镇、朵云书院·黄岩店。省领导陈奕君，区委书记包顺富陪同。

19 日　黄岩区举办浙东南房车集散基地启动仪式暨“带上家人，向自由出发”房车自驾露营活动。

同日　浙东南工业设计小镇启动仪式暨工业 4.0 创新设计论坛在黄岩举办。

20 日　黄岩区乡科级干部学习贯彻党的二十大精神培训班暨春季班开班仪式举行。

21 日　浙江省“十链百场万企”系列对接活动之黄岩日百产地节在黄岩区梦创园举行。

22 日　黄岩区首家社会救助服务联合体“慈心荟”揭牌成立。

同日　黄岩被列入全省“粮补直达”应用试点。

24 日　中国（台州）“一带一路”跨国采购对接会（模具、塑料制品及工艺礼品专场）在黄岩举行。

3月

3 日　2023 年浙江省水库移民工作会议暨共同富裕示范项目建设会议在黄岩召开。

6 日　黄岩区“五大攻坚—永宁焕新”城市更新行动部署会召开。

8 日　黄岩区召开争创全国文明典范城市动员大会。

10 日　黄岩区举办新生代企业家联谊会。

14 日　黄岩区召开全区领导干部会议，传达学习全国两会精神和全省、全市领导干部会议精神，研究贯彻落实意见。

同日　台州一罐《基于人工智能柑橘分瓣设备关键技术研究及万吨级产业化示范应用》项目荣获中国食品工业协会科学技术奖二等奖。

20—21 日　全国农业科技现代化先行县院区共建工作推进会暨农业科技下乡活动在黄岩举行。会上，浙江省农科院技术转移中心黄岩分中心正式揭牌成立，全国农业科技现代化先行县共建成果及适宜落地黄岩推广应用成果发布。

26 日　黄岩永宁幸福科学馆开馆试运营，将免费向广大市民开放。该馆是清华大学社会科学学院与黄岩区委区政府共同合作打造的全球首个积极心理学指导下的城市大型公共服务设施。

27 日　黄岩区长潭水库水位降至 2005 年以来最低。

28 日　黄岩区召开全国文明典范城市创建推进会。

31 日　由台州市城投集团与黄岩区共同合作组建的台州市三江新城永宁开发建设有限公司正式揭牌成立。

4月

2 日　“双城记—上海·黄岩文化周”暨黄岩驻地作家创作计划第二季启动仪式在上海朵云书院旗舰店举行。

3 日　新民晚报社—台州市黄岩区战略合作（2023—2025 年）签约仪式在新民晚报社全媒体指挥中心举行。

7 日　黄岩区“清廉国企”建设推进会暨集体廉政谈话会召开。

11 日　黄岩区—涪陵区崇义街道对口支援工

作座谈会召开。

12日　黄岩区召开平安建设暨社会治理基层基础提升行动部署会。区四套班子领导参加。

同日　共青团台州市黄岩区第十七次代表大会在区文体中心开幕。

同日　黄岩区启动新一轮老旧小区改造三年计划。

13日　区委全面深化改革委员会第七次会议召开。

15日　首届中国（台州）光电功能材料与器件应用高峰论坛开幕式在黄岩举行。

同日　浙江宏鑫科技股份有限公司在深圳证券交易所创业板A股正式挂牌上市。黄岩上市公司总数达到7家。

17日　农业农村部科技教育司发布关于2022年全国农业科技现代化先行县名单，全国仅24个县（市、区）入选，黄岩区是浙江省唯一上榜的县（市、区）。

28日　黄岩区深入实施“八八战略”强力推进创新深化改革攻坚开放提升工作暨“专班比拼、项目竞赛”活动推进大会召开。会上宣读《黄岩区深入实施“八八战略”强力推进创新深化改革攻坚开放提升工作总体方案》。

29日　“医路乡情·共筑健康”黄岩籍医疗人才联谊会举行。

5月

4日　黄岩区五四青年节主题活动暨“我想把这座城讲给你听”青年讲解大赛举行。

5日　2023橘花诗会暨全国知名作家、诗人黄岩乡村行走计划采风活动启动仪式举行。

6日　浙江省第十四届中小学生乒乓球联赛晋级赛（甲组）在黄岩举行。

12日　同济·黄岩校地合作十周年系列活动同济大学主题活动在同济大学举行。

17日　黄岩区政协协商工作规范正式批准，并在浙江标准在线发布。

22日　黄岩区14所学校向市民开放运动场地。

30日　浙江省人工影响天气外场试验黄岩基地揭牌仪式暨全省山区26县人工影响天气提升培训在黄岩长潭水库泥河岭举行。浙江省人工影响天气外场试验黄岩基地是台州市首个挂牌成立的人工影响天气外场试验基地，也是全省两个人工影响天气外场试验基地之一。

31日　同济·台州黄岩校地合作十周年系列活动黄岩区主题活动在黄岩区屿头乡沙滩村举行。

6月

1—8日　区委副书记、区长徐礼辉到韩国、日本开展招商引资工作。

5—6日　全省跨越式建设科技小院助推乡村振兴活动在黄岩举行。

6日　全区作风建设大会召开。

同日　《台学统》排印本首发仪式在黄岩图书馆举行。《台学统》由黄岩九峰书院第一任山长王棻编撰，共100卷，汇集台州自晋代至晚清1600年间涌现的337位名人名家、各类学术成果，以及朱熹等外籍名人在台州的学术活动情况。

8日　黄岩区与浙江师范大学举行基础教育合作项目签约仪式，携手共建浙师大附属黄岩实验学校，选址在方山下未来社区，面积120亩。

20日　中国农业技术推广协会杨梅产业促进分会2023年学术年会暨黄岩东魁杨梅采摘节在黄岩江口举行。

22日　黄岩区官河水街永宁市集开市，并举行龙舟巡游活动，迎接端午节。

25日　黄岩区推出台州首家“全天候”智慧药房和儿童友好药房。

27—30日　区四套班子领导开展“七一”走访慰问党员活动。

28 日　全区平安护航亚运工作推进会暨区委政法委全体（扩大）会议召开。

29 日　区四套班子党员领导干部开展“学用新思想、建功新时代”主题党日活动。

同日　第七届体外诊断高端论坛在黄岩举行。

7月

5 日　2023 上海·台州周黄岩区绿色产业发展大会在上海举行。

7—9 日　第六届中国国际积极心理学大会暨中国心理学会积极心理学专委会 2023 年学术年会在黄岩区举行。这是积极心理学领域的全球三大盛会之一。

11 日　区委常委（扩大）会议召开，传达学习省委十五届三次全体（扩大）会议及相关会议精神，研究部署黄岩区贯彻落实意见。

12 日　台州市黄岩区文学艺术界联合会第七次代表大会召开。

13 日　“海外台州”建设行动暨黄岩国际产业合作“以企拓园”专场推进会在黄岩召开。2022 年至 2023 年，黄岩区有 40 多家企业“出海”，境外投资金额达到 3.7 亿美元。

18 日　黄岩公元股份有限公司参与制定的 ISO 9854—1：2023 标准发布，这是黄岩区企业参与制定的首个国际标准。

18—20 日　区委副书记、区长徐礼辉带队到对口支援四川省甘孜州新龙县学习考察交流。

21 日　浙东南工业设计基地招商集中签约会暨“光华龙腾奖·浙江省设计业十大杰出青年”颁奖活动在黄岩举行。大会现场举行浙东南工业设计基地意向落地企业签约仪式，签约落地企业 11 家、高校 5 所、平台 4 个。

26 日　黄岩区政协举办以“文旅深度融合促全域旅游高质量发展”为主题的“请你来协商·崇和协商会”活动。

8月

4 日　区级河（湖）长述职汇报会暨总林长会议召开。

9 日　黄岩区三季度百日攻坚克难动员大会召开。

14 日　全区亚运安保誓师大会暨平安大巡防启动仪式举行。

15 日　“科创引领，沪台协同”创新匹配线下沙龙活动第一期“大国工匠”先进制造专家讲座在黄岩举行。

同日　黄岩区“地瓜经济”农业行业党委成立。

15—16 日　四川省甘孜藏族自治州新龙县委书记扎多率新龙县党政代表团到黄岩考察学习。

18 日　区委十四届四次全体（扩大）会议暨区政府全体会议举行。会议深入学习贯彻习近平总书记重要指示精神，全面落实省委十五届三次全会、市委六届四次全会部署，审议通过《中共台州市黄岩区委关于坚定不移深入实施“八八战略”以文化大传承大发展大繁荣赋能中国式现代化黄岩实践的决议》《中国共产党台州市黄岩区第十四届委员会第四次全体会议关于区委候补委员递补为区委委员的决定》，动员全区上下坚定不移深入实施“八八战略”，强力推进创新深化改革攻坚开放提升，以文化大传承大发展大繁荣赋能中国式现代化黄岩实践，为台州打造“三高三新”标志性成果、浙江奋进“两个先行”作出黄岩更大贡献。

23 日　区人大常委会召开“一府两院”半年度工作情况报告会。

同日　区委人才工作领导小组会议暨“引人留人”和青年发展型城市建设工作专班领导小组会议召开。

同日　“青聚永宁 共享青甜”高校青年人才座谈会召开。

24 日　黄岩邮政管理局成立大会暨揭牌仪式举行。

25 日　第五届中国乡村振兴战略推进大会暨 2023 浙江省乡村振兴战略论坛开幕式在黄岩区举行。

28 日　台州市永宁中学举行揭牌仪式。该学校由原台州市院桥中学、灵石中学、宁溪中学整合而成，按省一级重点中学标准建设，总投资 4.56 亿元，总用地面积 11.47 万平方米，总建筑面积 7 万多平方米。项目自 2020 年 9 月开工建设，2023 年 8 月正式建成投用。

同日　黄岩区幸福产业推介会召开。

31 日　黄岩区服务业重大项目谋划擂台赛举办。

9月

5 日　第八个黄岩区“中华慈善日”捐款仪式举行。

10 日　庆祝第 39 个教师节暨教育发展大会召开。

13 日　十四届区委召开第 39 次常委会会议暨区委主题教育领导小组第一次会议，传达学习中央、全省主题教育第一批总结暨第二批部署会议精神和市委主题教育动员大会精神，听取区委主题教育实施方案和区委常委会工作方案、工作计划安排等情况汇报，讨论研究主题教育相关工作。

14 日　全区学习贯彻习近平新时代中国特色社会主义思想主题教育动员部署会召开。

15 日　第四届穆勒光电技术研讨会在黄岩举行。会上，正式启动“台州院士之家”黄岩融合创新基地暨穆勒院士之家。

26 日　全区领导干部会议召开，传达学习习近平总书记在浙江考察时的重要讲话精神和全省、全市领导干部会议精神。

24—26 日　黄岩籍运动员黄雨婷在杭州亚运会女射击女子 10 米气步枪团体决赛、杭州亚运会射击女子 10 米气步枪个人决赛、射击 10 米气步枪混合团体决赛中连获三金并打破亚洲纪录和亚运会纪录，成为本届亚运会首个三冠王。

27 日　黄岩区“牢记嘱托、感恩奋进”现场学习活动举行。

同日　“绿色出行　共富微巴”启动仪式举行。

10月

6 日　黄岩区中医院与黄岩区疾控中心项目建设完工，并达到三乙标准。

10 日　黄岩区加强村级债务管理暨强村公司发展工作推进会召开。

12 日　浙江广电集团融媒体新闻中心“川源蹲点工作室”黄岩基层观察点挂牌仪式举行。黄岩是全省首批 12 个基层观察点之一。

同日　黄岩区创建全国文明城市暨首次“五看五比”文明竞赛工作会议召开。

13 日　区委理论学习中心组召开“深入学习贯彻习近平总书记考察浙江重要讲话精神”专题学习会。

同日　黄岩蜜橘成功上榜浙江省第二批名优“土特产”百品榜名单。

17 日　黄岩智能模具小镇上榜“省级绿色低碳工业园区”，为全省入选的十个园区之一。

15—17 日　区委学习贯彻习近平新时代中国特色社会主义思想主题教育第二期专题读书班举办。区四套班子领导参加。

18 日　浙东南智算经济产业园“算力点亮”活动开园仪式在黄岩区供水大厦举行。浙东南智算经济产业园包括：投资 13 亿元建设的 700p 智算中心，35000 平方米创新共享空间，11000 平方米北京数字科创飞地以及 350 亩的数字经济生产基地。

19 日　全省定向招工式“共富工坊”建设推进会在黄岩召开。

25 日　台州市强力推进创新深化改革攻坚开放提升工作例会暨县（市、区）工作交流会现场观摩黄岩东浦未来社区项目、官河水街项目。

30 日　浙江省茭白产业绿色高质量发展论坛在黄岩举行。

11月

1 日　全区强力推进创新深化改革攻坚开放提升工作例会暨“奋战四季度、决胜全年红”工作推进会召开。

2 日　市委书记李跃旗到黄岩宣讲习近平总书记考察浙江重要讲话精神，督导主题教育工作并调研“千万工程”推进情况。

3 日　“永·聚英才宁·创未来”台州·黄岩第七届全球高层次人才创业大赛决赛举行。

同日　浙江天宇药业股份有限公司上榜 2023 年度浙江省科技领军企业、科技小巨人企业名单。

3—5 日　2023 台州（黄岩）模塑产业博览会在黄岩模具博览城召开。

4 日　“宋韵衣裳·时尚新传”第二届全国宋韵服装时尚设计大赛决赛暨颁奖典礼在黄岩五洞桥举行。

11 日　2023 年浙江台州黄岩柑橘节开幕。

13 日　全区清廉黄岩建设推进会暨领导干部警示教育大会召开。

14 日　黄岩区第十六届运动会举行。

同日　黄岩区西瓜产业高质量发展论坛举办。

14—28 日　黄岩首届柑橘电商直播大赛举办。

18 日　第五届中国乡村振兴战略推进大会暨 2023 浙江省乡村振兴战略论坛——“三化十二制”与中国式城乡基层治理现代化研讨会在黄岩召开。

21 日　黄岩区企业综合服务中心揭牌启用。

同日　浙江凯华模具有限公司主导制定的《汽车内饰微发泡注塑模具》（T/ZZB 1180—2019）和浙江精诚模具机械有限公司主导制定的《挤出平模头》（T/ZZB 0240—2017）入选浙江省首批“浙江标准”名单。

23 日　黄岩区创新制胜暨制造业（新型工业化）高质量发展大会召开。会上宣读 2022 年度黄岩区制造业高质量发展优秀示范企业名单，为代表企业颁奖，解读《黄岩区制造业高质量发展专项政策》《黄岩区创新制胜专项政策》，企业家代表作交流发言。

24 日　中国少年先锋队台州市黄岩区第四次代表大会召开。

27 日　中共台州市委到黄岩开展学习贯彻习近平新时代中国特色社会主义思想主题教育正反面典型案例现场调研活动。

29 日　黄岩区“生态共富西部振兴战略”第三届项目比拼擂台赛举行。

30 日　省政府副省长柯吉欣一行到黄岩开展调研。市领导沈铭权、陈挺晨、苗文斌，区领导包顺富、林自国陪同。

12月

2 日　黄岩区永宁凤凰学院第二期结业典礼暨院士讲坛举行。

3 日　2023 台州马拉松在黄岩举行。这是台州马拉松首次在黄岩举办。

同日　全国政协常委、文化文史和学习委员会副主任，中国视听节目服务协会会长聂辰席一行到黄岩调研。市领导李跃旗、潘军明，区领导包顺富陪同。

5 日　黄岩区发布《台州市黄岩区模具产业标准体系框架指南》，这是国内首个模具产业标准体系建设指南。

同日　由区委统战部、区商务局、区投资促进中心、北城街道联合建设的新乡贤招商工作室正式揭牌成立。

8 日　区委主题教育调研成果交流会召开。省委第十巡回督导组副组长胡剑谨，区四套班子领导参加。

同日　浙江共青团持续提升青少年法治素养行

动暨浙江省青少年“三禁三防三自”主题活动在黄岩举行。

20日　全区主攻“一千双百”三大跃升行动暨2024年重点项目推进会召开。

25日　全区主题教育专题报告会召开。中央党校原校委委员、中央党校副教育长兼科研部主任韩庆祥作专题讲座。

同日　黄岩区“橘乡新事双月评”25周年暨“好人之星”颁奖典礼举行。

26日　全区基层干部座谈会暨村社党组织书记交流会召开。

31日　黄岩国家气象观测站正式启用。这标志着黄岩从此告别1994年撤市设区以来无国家气象观测站的历史。

区情概貌

地理位置

【位置面积】 黄岩区地处浙江省中部沿海，是以山区半山区为主、平原为次的内陆区域。黄岩地处台州中东部，东连椒江区、路桥区，南邻温岭市、乐清市，西接仙居县、永嘉县，北界临海市。距省会杭州207千米。全区总面积988平方千米。

【地形地貌】 黄岩区地形狭长，东西长54千米，南北宽25千米，地势西高东低。全区地貌可概括为“七山一水两分田”。中、东部平原，系温黄平原的一部分，西部为丘陵山地。境内丘陵与平原相间，河道纵横，水网密布。括苍山支脉自西入境，经宁溪、头陀至北城马鞍山，最高主峰大寺尖海拔1252.5米。境内江河溪流纵横，第一大河永宁江干流全长77千米，自西向东横贯全境，注椒江入东海；最大支流西江干流长22千米，自南向北流入永宁江。大型水利工程长潭水库设计总库容6.91亿立方米，灌溉黄岩、椒江、路桥、临海、温岭5个市（区）百万亩农田，解决200多万群众生活用水问题。

气　候

【概况】 2023年黄岩区气候总体呈现暖干特征。年平均气温高，年初和年末寒潮冷空气引发持续低温冰冻，部分农作物受冻；降水持续偏少，春夏对流性天气突发性、局地性强，梅雨形势不典型，梅中有伏，旱情升级，年内长潭水库水位频创20年新低；年内无正面影响黄岩区的台风，“杜苏芮”外围影响导致直接经济损失28.5万元，但降雨缓解旱情，影响利大于弊。年内影响生产生活的气象灾害事件强度一般。

【气温】 2023年度平均气温东部19.5℃，较常年偏高0.7℃；西部18.3℃，较常年偏高0.6℃。其中，东部8月，西部8月、11月、12月平均气温均较常年偏低，其余月份均较常年偏高。1月最冷，平均气温东部8.7℃，西部7.7℃；7月最热，平均气温东部30.1℃，西部28.7℃。全年东部站年极端最高气温39.2℃，出现在7月9日；西部站年极端最高气温40.3℃，出现在7月7日。根据自动站资料，全区年极端最高董岙41.9℃，头陀、上凤41.8℃，院桥、上垟41.7℃（其中头陀出现在7月8日，上凤、上垟出现在7月7日，董岙、院桥出现在7月

9日）。全年东部站年极端最低气温 -3.6℃，出现在12月22日，西部站年极端最低气温 -6.1℃，出现在12月23日，自动站资料显示：年极端最低大寺基 -13.8℃，富山 -9.8℃，白石 -10.4℃（除大寺基出现在12月22日,其余均出现在1月25日）。

【降水】 年度总降水量东部1274.3毫米，较常年偏少26.6%（461.7毫米），西部1613.1毫米，较常年偏少21.2%（435.0毫米）。其中,除东部4月、7月，西部3月、4月、7月较常年偏多外，其余月份均较常年偏少，年内降水时间分布中间多两头少，其中东部4—8月降水855.7毫米，较常年偏少18.5%（193.7毫米），9月降水仅78.2毫米，较常年偏少56.9%（103.1毫米）；西部4—8月降水1070.7毫米，较常年偏少16.5%（211.6毫米），其中8月份降水157.9毫米,较常年偏少62.6%（264.4毫米），9月份降水421.7毫米，较常年偏多93.2%（203.4毫米）。

【日照】 年总日照时数为1700小时，较常年偏多1.2%（20.9小时）。其中，1月、3月、5月、9月、11月、12月较常年偏多，其余月份均较常年偏少。

【主要的气候、天气事件】 寒潮冷空气接踵南下，低温冰冻影响持久：2023年1月下半月，受寒潮、冷空气相继影响，气温前期由异常偏高（上半月偏高3.7℃）急转成持续偏低。1月15—31日平均气温仅6.0℃，较常年偏低1.5℃；1月25日（正月初四）东部地区最低气温仅 -3℃—-5℃，西部地区 -5℃— -7℃，部分高山地区低于 -10℃，其中大寺基最低气温 -13.4℃。西部地区出现长达7天的低温冰冻天气。梅雨季非典型，时间晚、总量少，梅中有伏。

2023年黄岩区梅汛降水集中期6月17日开始，7月11日结束，出入梅时间均较常年偏晚。其间，降水过程偏少，强降雨以午后雷阵雨居多，全区平均梅雨量仅110.6毫米，不足常年四成。梅中有伏，东部35℃以上高温日数比常年同期偏多6天；西部35℃以上高温日数比常年同期偏多8.6天。降雨偏少旱情升级，7月长潭水位创20年新低，上半年黄岩区气温偏高，降雨持续偏少。5月下半月至7月底，气温异常偏高，蒸发量增大。全区气象干旱进一步升级，大部地区出现中到重度旱情。持续高温少雨，至7月26日长潭水位持续下降至23.8米，创20年来新低。“杜苏芮”送来及时雨，缓解旱情保供水：台风“杜苏芮”影响前，黄岩区气象旱情发展迅速，水库蓄水量严重不足。7月26—30日，在“杜苏芮”雨带持续影响下，全区出现暴雨到大暴雨，过程面雨量296.0毫米，长潭库区328.3毫米，永宁江流域239.3毫米，单点最大北洋五尖山440.1毫米。经评估，“杜苏芮”对黄岩区降雨影响位列1971年以来7月登陆福建台风历史第二，有效缓解气象旱情，增加水库蓄水量。冰雹大风强对流，气象预警保平安：在强盛发展的冷暖空气交汇之下，2023年黄岩区共发生3起雷暴大风事件。7月1日、9日和8月7日江口、头陀、上垟分别出现11级（30.7米/秒）、10级（25.5米/秒）和10级（26.0米/秒）灾害性雷暴大风。气象台发布强对流类天气预警100次，为人民生命财产安全保驾护航。国庆冷热大反转，夏秋换季瞬息转变：国庆前期黄岩区天气连晴，气温偏高，体感宛如夏季。10月1—5日白天最高气温达30—32℃，平均气温较常年偏高1.3℃。假日后期，在冷空气、台风“小犬”和降水的共同影响下，气温迅速下降。尤其是假日尾声，日最高气温跌至18.5℃，10月6日黄岩区正式入秋。厄尔尼诺背景下，年内秋季历史最暖：年内夏秋季节，厄尔尼诺事件不断发展加强，黄岩区气温持续偏高。秋季（9—11月）天气晴多雨少，雨量207.6毫米，较常年偏少43%，雨日23天，较常年偏少10.7天，平均气温21.9℃，较常年偏高0.9℃，为2004年以来最暖秋季。岁末强寒潮来袭，断崖降温一夜入冬：2023年12月上半月黄岩区气温异常偏高。下半月强寒潮、冷空气相继南下，开启速冻模式，黄岩区一夜入冬。14—17日气温断崖式下降，过程降温幅度达14—16℃。12月19日夜里，入冬以来第二股冷空气抵达。

黄岩区过程最低气温均创12月新低。大部分乡镇（街道）持续低温冰冻天数达到近6年来最长。

【气候对各行业的影响】 农业。2023年气温高，1月下旬和12月下旬出现连续低温冰冻天气，6月下旬后期至7月上半月连续高温、阶段性干旱、台风、局地暴雨皆对农业造成一定影响，其余时段天气条件较好，总体有利于农业生产。

粮食作物。春季气温回暖，降水条件适宜，春耕春播期天气条件较好，早稻于4月底前完成直播和移栽，后期天气总体较适宜，水稻长势良好，7月末受台风“杜苏芮”影响，部分地区早稻出现小范围倒伏，其余时段多晴好天气，8月上旬完成早稻收割，并及时移栽晚稻。8月多阵雨或雷雨天气，高温高湿有利于病虫害滋生和发展，黄岩区晚稻、玉米、豆类、红薯等虫害较严重。秋季气温高，多晴好天气，适宜作物生长和秋收秋种，至11月底晚稻基本收割完毕，早、晚稻产量和品质皆较好。

水果。1月下旬枇杷处于花期—幼果期，寒潮和冷空气影响下降温明显，持续低温冰冻，枇杷受冻严重，特别是白沙枇杷因处于幼果期受冻情况更为严重，导致严重减产，采摘期略偏晚。杨梅生长期内气候条件总体适宜，开花坐果率高。柑橘3月上旬春芽开放，早熟温州蜜柑10月下旬进入采摘期，其间积温多、日照正常、降水偏少，裂果、落果少，坐果率较高，柑橘产量和品质总体较好。11月上、中旬出现几次明显降水过程，对柑橘品质造成影响，因2023年柑橘产量皆较高，柑橘销售受影响，12月下旬低温冰冻影响，露天未采摘的柑橘果实被冻伤，部分橘树受冻。

蔬菜。1月下半月、12月下旬皆出现连续低温冰冻天气，芹菜、包菜、大白菜等露地蔬菜受灾较重，部分甜瓜、茄子、莴笋等大棚蔬果也因防寒措施不到位受冻，其余时段天气条件总体较好，蔬菜普遍长势较好，大部分蔬菜价格稳定。林业：2023年降水持续偏少，特别3月上半月连续晴天干燥，又处于春耕时节，农业生产陆续展开，因部分农民习惯焚烧秸秆、杂草等，烧灰还田造成森林火灾，所幸均无人员伤亡。

水利。自2022年下半年以来，黄岩区水库水位持续下降，2023年1—3月降水量较常年少近三成，长潭水库水位24米，蓄水率26.9%，5号台风“杜苏芮”带来丰沛降水，全区水库蓄水量明显上升，截至2023年8月4日14时，长潭水库蓄水量2.44亿立方米，蓄水率达到53.4%。截至2023年8月31日8时，长潭水库蓄水率55.9%，全区旱情基本消除。

旅游。2023年春节、五一、中秋、国庆等长假期间中雨以上天气较少，总体有利于出游。

园林。2023年春季物候总体提前，夏季高温干旱对物候影响较大，大部分秋叶变色期提前。冬季开花木本植物：2023年冬季（2022年12月至2023年2月）平均气温（9℃），2023年1月下半月接连受冷空气影响，平均气温较近五年低，梅、蜡梅等花期推迟9—10天。春季开花木本植物：冬季气温总体较近五年低，1—2月平均气温偏高，大部分早春发芽的植物，如垂柳、玉兰、女贞、杜英等芽开放期比近五年平均提前1—10天；春季（3—5月）平均气温（18.1℃）与近五年相比偏高，但3月气温偏低，部分植物花期推迟，如迎春花3月上旬开花，较近五年平均推迟10天，鸡爪槭、悬铃木、垂柳、柿、荷花玉兰开花较近五年平均提前2—10天；垂柳飘絮期在4月中下旬，比近五年平均提前8天，结束比近五年提前2天；除柑橘因花量偏少，花期（9天）较近五年缩短5天外，垂柳、柿、悬铃木、荷花玉兰花期10—31天，分别较近五年平均延长1—6天。秋季开花木本植物：10月6日入秋，入秋后气温明显下降，10月6—11日最高气温降至25℃以下，桂花于10月11日现蕾，10月14日始花，较近五年平均推迟1天，花期（7天）比近五年平均缩短3天。秋叶变色和果实成熟：2023年夏季平均气温（29.2℃），6月29日至7月12日连续14天高温，梅雨形势不典型，6月26日至7月15日降水量仅35.6毫米，同期蒸发量88.0毫米，出现中度气象干旱，高温干旱导致部分树木叶片晒伤、枯死、提前落叶。入秋后，气温较高，但除悬铃木叶变色始期与近五年平均持平外，鸡爪槭、柿、垂柳、银杏、玉兰等叶变色始期较近五年平均提前 5—20 天；柿和柑橘分别于 10 月下旬和 11 月中旬果实成熟，较近五年平均推迟 5—23 天。12 月中旬入冬后，下旬出现持续低温冰冻天气，但至年末垂柳等叶未完全变色，悬铃木等叶片干枯但未落尽。生活：2023 年气温高，城区日最高气温≥ 30℃的高温日数 113 天，日最低气温≤ 5℃的低温日数 33 天，全年人体感觉舒适和较为舒适的日数共 167 天，占 46%；感觉偏热或偏冷的日数共 68 天，占 19%；感觉很热或炎热的日数共 114 天，占 31%，出现在 5 月下旬后期至 9 月底；感觉很冷或寒冷的日数有 16 天，占 4%，主要出现在 1 月下半月和 12 月下半月。

建置区划

【建置沿革】 黄岩区故地在夏、商、西周时为东瓯地，春秋战国时属东瓯王国，秦时属闽中郡。汉初为闽越地，汉惠帝三年（前 192 年），重立东海（东瓯）王国，大唐岭南麓古城遗址为王国都城。建元六年（前 135 年），为东越王封地。元鼎六年（前 111 年）秋，东越王余善起兵反叛。次年，汉武帝灭东越。

西汉始元二年（前 85 年），在此设置会稽郡回浦县。东汉建武六年（30 年），撤回浦县，并入鄞县，属鄞县回浦乡。章和元年（87 年），在原回浦县境置章安县。永建四年（129 年），析章安东瓯乡置永宁县，黄岩属之。三国吴太元二年（252 年），析章安、永宁置临海县，直至两晋、南朝，黄岩均属之。唐上元二年（675 年），析临海县南置永宁县。武周天授元年（690 年），改永宁县为黄岩县，以县西黄岩山而得名，隶属台州。元元贞元年（1295 年），因户口 5 万户，升为黄岩州，下不领县。明洪武二年（1369 年）复为县。明成化五年（1469 年），析南部太平、繁昌、方岩三乡置太平县（今温岭市）。清代，属浙江省宁绍台道台州府。

民国元年（1912 年），撤道废府，各县直属省政府。民国 3 年（1914 年），省下设道，黄岩属会稽道。民国 16 年（1927 年）道废，各县直属省政府。民国 24 年（1935 年）8 月，浙江省政府正式设置临海行政督察区，置专员公署，次年改称第七行政督察区。民国 37 年（1948 年），台州划为第五行政督察区；同年 7 月，改称第六行政督察区，黄岩为其下辖县。

1949 年 4 月，黄乐县人民政府成立。6 月，撤销黄乐县，成立黄岩县人民政府，属台州专署。1954 年 6 月，撤台州专署，黄岩划归温州专署。1957 年 7 月，复置台州专署，黄岩归属。1958 年 12 月，台州专署再次撤销，黄岩又隶属温州专署。1962 年 5 月，恢复台州专署。1978 年 10 月，台州专署改称台州地区行政公署，黄岩归属。1980 年 8 月，将黄岩下辖的海门区、大陈镇、山东公社划出，设立海门特区（1981 年改椒江市）。1982 年至 1984 年，又将下辖的三甲、洪家两区和金清农场划归椒江市。1989 年 9 月，经国务院批准撤销黄岩县，设立县级黄岩市。1992 年，进行撤区并乡扩镇，将 55 个乡镇合为 26 个乡镇，1994 年 8 月 22 日，国务院批准撤销台州地区和县级黄岩市、椒江市，设立地级台州市和县级椒江区、黄岩区、路桥区，黄岩区下辖 8 个镇 8 个乡。原黄岩市所辖的路桥镇、金清镇、横街镇、蓬街镇、下梁镇、新桥镇、峰江镇、桐屿镇、黄琅乡、螺洋乡 10 个乡镇划出成立台州市路桥区。2001 年 2 月，撤销城关镇建制，设立东城、南城、西城、北城 4 个街道。2001 年 12 月，撤销澄江镇、新前镇、江口镇、高桥乡建制，设立澄江街道、新前街道、江口街道、高桥街道。

【行政区划】 2023 年，黄岩区下辖 8 个街道、5 个镇、6 个乡。分别是东城街道、南城街道、西城街道、北城街道、澄江街道、新前街道、江口街道、高桥街道、宁溪镇、北洋镇、头陀镇、院桥镇、沙埠镇、富山乡、上郑乡、屿头乡、上垟乡、平田乡、茅畲乡。

自然资源

【生物资源】 黄岩区自然资源十分丰富。东部属温黄平原，是富饶的鱼米之乡；西部是山区，拥有丰富的森林资源，全区森林覆盖率 70%，是全省首批绿化合格县。大寺基林场面积 2.4 万亩，蓄积木材 12 万余平方米。植物资源有针叶林、阔叶林、混交林、竹林、矮林灌丛等 40 多科 700 多种，花卉品种 145 种，药材近百种。

矿藏储量丰富。探明大型铅锌矿床储藏量 150 万吨以上，并含金、银、镉等多种金属元素。石矿含有辉绿岩、泡沫流纹岩、沸石、金刚石和大理石。

西部山区河床陡峭，水力资源丰富。主要分布在永宁江上游柔极溪、黄岩溪、半岭溪、小坑溪等流域。1998 年建成富山一级电站，其引水隧道至电站，落差 484 米，为省内第二高水头电站，装机两台 8000 千瓦电机组，平均 0.9 立方米的水能发出 1 千瓦时电，成为全省水利用率最高的电站。

【特产资源】 黄岩区土特名产可分两大类：水果类和其他类。水果类有柑橘、枇杷、杨梅、猕猴桃、梨、桃等，其他类有荸荠、茶叶等。其中，以柑橘和杨梅著称。

柑橘 黄岩是“中国蜜橘之乡”，柑橘种植历史悠久。全区柑橘种植面积 5.4 万亩，产量 6.5 万吨，年产值为 4 亿元。主栽品种为本地早蜜橘和温州蜜柑。黄岩蜜橘获得地理标志证明商标、中国十大名橘、最具影响力中国农产品区域公用品牌 100 强、中国名特优新农产品、浙江十大品牌柑橘、浙江省著名商标、浙江省农博会金奖等荣誉。

杨梅 黄岩在三国时期就种植杨梅。品种有水梅、刺梅、炭梅等。20 世纪 50 年代末，从江口乡东岙村选出大果型良种，大如乒乓球，味浓多汁，品质优良，被命名为“东魁杨梅”。现成为主栽品种。“东魁杨梅”荣获浙江省名牌产品和北京国际博览会名牌产品等称号。2001 年，黄岩被命名为“中国杨梅之乡”。

2010 年，“黄岩蜜橘”“东魁杨梅”“黄岩枇杷”获核准为地理标志证明商标，“黄岩蜜橘”被评为“中国十大名橘”，“本地早”获省十大名牌柑橘称号。

【城市名片】 中国蜜橘之乡、中国茭白之乡、中国紫莳药之乡、中国东魁杨梅之乡、中国枇杷之乡、全国武术之乡、中国模具之乡、中国节日灯之乡、精细化工王国、中国工艺品之都、中国塑料日用品之都、中国股份合作经济发祥地之一、全球最大的柑橘罐头加工中心、中国模具产业升级示范基地、国家火炬计划塑料模具产业基地、中国电动自行车及零部件产业基地。全国文明城市、国家卫生城市、国家森林城市、全国综合实力百强县（区）、全国经济林建设先进县（区）。

经济社会发展

【地区经济】 2023 年，全区实现地区生产总值 637.70 亿元，按可比价格计算，比上年增长 5.3%。分产业看，第一产业增加值 23.83 亿元，增长 4.1%；第二产业增加值 283.83 亿元，增长 2.1%；第三产业增加值 330.04 亿元，增长 8.4%。三次产业结构为 3.7：44.5：51.8。

【农业经济】 2023 年，黄岩区农林牧渔业实现总产值 31.83 亿元，比上年增长 5.5%。其中，农业产值 29.49 亿元，增长 5.5%；林业产值 0.4 亿元，基本持平；畜牧业产值 1.08 亿元，增长 22.7%；渔业产值 0.32 亿元，下降 17.9%；农林牧渔服务业产值 0.55 亿元，增长 5.8%。

全年粮食总产量 40572 吨，比上年增长 4.7%，增产 1807 吨。分品种看，早稻产量 3471 吨，增长 13.1%；晚稻产量 25909 吨，下降 7.1%；小麦产量 2520 吨，增长 30.3%；大豆产量 782 吨，减少

43.7%。经济作物播种面积200332亩，比上年增长1.5%；油料面积7963亩，增长42.6%；甘蔗面积2601亩，下降24.8%；蔬菜面积176810亩，增长2.3%；果用瓜面积4087亩，下降8.5%。蔬菜及食用菌产量36.02万吨，增长1.8%；果用瓜产量1.07万吨，下降3.4%。森林抚育面积1276公顷，比上年增长299.5%。林产品中竹笋干产量285.0吨，下降24.0%；栗子产量28.0吨，下降6.7%。

全年鸡鸭鹅蛋产量995吨，比上年下降22.2%。年末家禽存栏23.39万羽，下降7.8%；出栏17.42万羽，下降22.8%。猪牛羊禽肉总产量2992吨，增长45.8%；水产品总产量2020吨，下降14.0%。年末生猪存栏48425头，增长68.0%；全年生猪出栏31088头，增长65.8%。

全区有省级农业龙头企业6家，市级农业龙头企业21家（包含省级）。农民专业合作社585家。

【工业经济】2023年，黄岩区实现工业增加值259.11亿元，比上年增长2.4%。规模以上工业企业595家，实现增加值147.79亿元，与上年持平。增加值居全区前三的行业中，橡胶和塑料制品业实现增加值41.48亿元，增长1.6%；专用设备制造业实现增加值36.42亿元，增长2.0%；医药制造业实现增加值10.42亿元，下降8.4%。规模以上轻工业实现增加值74.80亿元，下降5.7%；重工业实现增加值72.99亿元，增长6.7%。轻重工业比例为50.6∶49.4。规模以上数字经济核心产业制造业和战略性新兴产业分别实现增加值6.37亿元和19.81亿元，下降38.5%和14.2%，高新技术产业实现增加值104.53亿元，增长1.1%。规模以上工业企业产品产销率为98.6%；新产品产值225.13亿元，比上年增长2.7%，新产品产值率为38.5%。规模以上工业企业研发费用18.66亿元，同比增长0.3%；实现利税总额52.59亿元，增长4.8%，其中利润总额36.05亿元，增长6.1%。亏损企业数87家，亏损面14.6%，亏损额3.94亿元。

【建筑业】2023年，黄岩区建筑业实现增加值24.74亿元，按可比价格计算，比上年下降0.9%。资质以上建筑企业完成房屋建筑施工面积1789.14万平方米，房屋竣工面积319.71万平方米。

【固定资产】2023年，黄岩区固定资产投资比上年下降3.4%。分产业看，第一产业投资下降88.3%；第二产业投资增长1.7%；第三产业投资下降4.2%。民间投资下降18.2%；交通投资、制造业投资、高新技术产业投资和工业性投资分别增长68%、9.5%、43%和1.7%。

【房地产投资】2023年，黄岩区房地产开发投资比上年下降15.5%。商品房施工面积461.18万平方米，下降7.5%。商品房销售面积71.14万平方米，下降11.5%。

【国内贸易】2023年，黄岩区实现社会消费品零售总额279.05亿元，比上年增长6.8%。其中，批发业实现零售额33.70亿元，增速1.6%；零售业实现零售额207.70亿元，增长7.5%；住宿业实现零售额3.03亿元，增长10.6%；餐饮业实现零售额34.63亿元，增长7.2%。从销售地区看，城镇市场实现零售额246.60亿元，增长6.7%；乡村市场实现零售额32.45亿元，增长6.8%。在限额以上批发、零售企业中，汽车类商品实现零售额37.64亿元，比上年增长6.9%；石油及制品类实现零售额16.74亿元，增长1.6%；食品、饮料、烟酒类实现零售额1.28亿元，增长7.7%。全年实现网络零售额181.30亿元。

全年新设市场主体16975户，其中新设企业3979家，新设个体工商户12975户。年末在册市场主体100448户，其中企业28751家，个体工商户71128户。拥有各类商品交易市场32个，其中消费品市场30个，生产资料市场2个。

【对外贸易】2023年，黄岩区实现外贸进出口总额261.29亿元，比上年下降4.8%，其中进口总额4.96亿元，下降53.0%；出口总额256.33亿元，下降 2.9%。外贸企业出口 80.97 亿元，下降 2.8%；“三资”企业出口 9.83 亿元，下降 13.6%；生产企业出口 165.53 亿元，下降 2.2%。共建“一带一路”国家出口 54.54 亿元。在出口总额中，一般贸易出口 201.52 亿元，下降 1.5%；加工贸易出口 11.46 亿元，下降 21.8%。主要出口产品中，机械电器出口 45.41 亿元，增长 2.5%；模具出口 32.43 亿元，增长 16.3%；工艺礼品出口 22.36 亿元，下降 22.6%；塑料制品出口 50.79 亿元，下降 3.0%；医化产品出口 30.08 亿元，下降 10.6%。分市场看，亚洲和欧洲为主要出口市场，出口亚洲 61.58 亿元，增长 8.2%；出口欧洲 56.08 亿元，下降 9.3%。全年新设立外商直接投资企业 16 家，当年实际使用外资额 2628 万美元。

【交通运输】 2023 年，黄岩区实现交通运输、仓储和邮政业增加值 14.03 亿元，比上年增长 16.2%。

全年完成旅客周转量 3620.93 万人千米，下降 47.8%。沿海港口货物吞吐量 230 万吨，下降 2.1%。拥有载客汽车 115 辆，货运车辆（营运）5130 辆。年末全区境内公路总里程 1134.3 千米，其中国道 52.92 千米，省道 125.1 千米，高速公路 21.01 千米。汽车保有量达 261550 辆，比上年增加 9890 辆。其中，私人汽车 234720 辆，比上年增加 8951 辆。新能源汽车保有量达 17839 辆。

【邮电业】 2023 年，黄岩区快递业务量达 2.13 亿件，比上年增长 3.9%；快递业务收入达 12.22 亿元，下降 12.1%；年末移动电话用户 95.28 万户，其中 4G 移动电话用户数为 28.56 万户，5G 移动电话用户数为 56.97 万户。固定电话用户 9.06 万户，宽带用户 34.46 万户。

【财政税收】 2023 年，黄岩区财政总收入 83.11 亿元，比上年增长 28.7%，其中一般公共预算收入 50.03 亿元，增长 22.1%。税收收入 43.64 亿元，增长 31.3%，其中企业所得税为 5.62 亿元，增长 20.3%；个人所得税为 2.23 亿元，下降 0.5%；增值税收入 21.27 亿元，增长 60.8%。一般公共预算支出 70.63 亿元，增长 3.7%，其中卫生健康支出 10.8 亿元，增长 3.5%；科学技术支出 3.95 亿元，增长 15.3%；节能环保支出 1.46 亿元，下降 15.7%。

【金融】 截至 2023 年底，黄岩区金融机构人民币存款余额 1637.87 亿元，比上年增长 18.1%。其中，住户存款 1127.73 亿元，增长 15.4%；非金融企业存款 354.5 亿元，增长 35.2%。年末金融机构人民币贷款余额 1466.14 亿元，增长 15.6%。其中，非金融企业及机关团体贷款 740.36 亿元，增长 22.7%；住户贷款 725.78 亿元，增长 9.2%。住户贷款中，消费贷款 43.16 亿元，增长 0.3%；经营贷款 266.53 亿元，增长 15.4%。

【科学技术】 截至 2023 年底，黄岩区新增国家重点扶持的高新技术企业 50 家、省级科技型企业 150 家。列入省级科技计划 29 项。新增省级高新技术研发中心 5 家，市级高新技术研发中心 34 家。专利授权量 6324 件，下降 15.5%，其中发明专利授权量 217 件，增长 13.6%。

【教育事业】 截至 2023 年底，黄岩区拥有幼儿园 97 所，在园学生数 18140 人；小学 34 所，在校生 44461 人；初中 21 所，在校生 20282 人；职业高中 2 所，在校生 5173 人。全区学前三年入园率达 99.28%，小学入学率、巩固率均为 100%，小升初比率 100%；初中入学率、巩固率均为 100%；初升高比率 99.03%；高中段教育毛入学率 99.70%，九年义务教育完成率达 100%，十五年教育普及率 99.67%。

全年全区拥有在教职工 7330 人，其中专任教师 5777 人。小学教师大专以上学历达 99.55%；初中教师本科以上学历达 98.04%。

【文化体育】 截至 2023 年底，黄岩区共建成农村文化礼堂 340 家，自办广播节目 2 套，自办电视节目1套。有线广播电视覆盖用户20.59万户，数字电视实际用户10.29万户。拥有国家级非物质文化遗产项目1项，省级11项，市级47项。新增45个“15分钟品质文化生活圈”、7家城市书房、5家文化驿站、1家乡村博物馆。确认宁溪传统糟烧1家市级非遗工坊和长潭胖头鱼制作、下浦郑米面、宁溪麦鼓头、沈宝山中药、章氏骨伤疗法5家区级非遗工坊。体育赛事全年夺得国际比赛金牌8枚，铜牌1枚；全国比赛金牌6枚，银牌8枚，铜牌5枚；全省比赛金牌60枚，银牌59枚，铜牌56枚；全市比赛金牌58枚，银牌42枚，铜牌35枚。新建笼式篮球场4个、笼式足球场4个、笼式门球场2个、社区多功能运动场4个、口袋公园5个、百姓健身房7个，建设完成黄岩辖区内60千米“环浙步道”。

【卫生事业】 截至2023年底，黄岩区共有医疗机构342家，床位数3635张；卫生技术人员5310人，其中执业医师和执业助理医师共2226人，注册护士2281人。产妇住院分娩比例达100%，婴儿死亡率0.16‰，3岁以下儿童系统管理人数7739人。全区有13063人次参加无偿献血，无偿献血占临床用血比例达100%，献血量为2612.6升。卫生户厕普及率100%。

【能耗环境保护和安全生产】 2023年，黄岩区社会用电量50.06亿千瓦时，增长6.0%。其中，工业用电量33.94亿千瓦时，增长8.2%；城乡居民生活用电量8.62亿千瓦时，下降6.4%。全年空气优良率96.2%，$PM_{2.5}$年均值21微克/立方米，比上年增长10.5%。地表水功能区达标率100%。城镇生活垃圾无害化处理率达100%。城镇污水处理率99.47%。全年共发生各类生产经营性安全事故4起，死亡2人。

【人口、就业、社会保障】 截至2023年11月30日，全区户籍总人口60.98万人，比上年末减少2577人，其中男性人口30.38万人，女性人口30.60万人。全年共出生2902人，死亡5172人。人口出生率4.76‰，人口死亡率8.48‰，人口自然增长率-3.72‰。全年城镇新增就业人数8754人。

【社会保障】 截至2023年底，黄岩区城镇职工基本养老保险、基本医疗保险参保人数分别为34.61万人、25.37万人；城乡居民基本养老保险、基本医疗保险参保人数分别为12.5万人、35.22万人。失业保险、工伤保险、生育保险参保人数分别为13.56万人、26.39万人、19.77万人。年末全区提供住宿的各类社会工作机构40个，床位3744张。社会福利院及敬老院10个，年末在院人数达2206人。直接医疗救助189355人次。城市居民最低生活保障人数459人，最低生活保障资金7435.09万元，低保对象月人均补助964.6元。农村“五保”对象集中供养率31.5%，城镇“三无”人员供养率达100%。

【人民生活】 2023年，黄岩区居民人均可支配收入61827元，比上年增长4.8%。按常住地分，城镇居民人均可支配收入73548元，增长4%；农村居民人均可支配收入41229元，增长6.3%。城镇居民人均可支配收入和农村居民人均可支配收入的比值（即城乡居民收入比）从上年的1.82降为1.78。低收入农户人均可支配收入20930元，增长11.1%。

2023年，黄岩区居民人均生活消费支出39314元，比上年增长7%。按常住地分，城镇居民人均生活消费支出46637元，增长6%；农村居民人均生活消费支出26443元，增长8.9%。年末城镇居民和农村居民人均住房建筑面积分别为45.18平方米和60.28平方米。城乡居民每百户家庭分别拥有家用汽车75辆和58辆，拥有空调206台和162台，拥有计算机65台和43台。

2023年末黄岩区城乡居民每百户家庭主要耐用消费品拥有量一览表

表1

指标	单位	城镇常住居民	农村常住居民
家用汽车	辆	75	58
助力车	台	86	98
洗衣机	台	94	91
电冰箱（柜）	台	102	101
彩色电视机	台	163	151
空调	台	206	162
移动电话	部	245	235
计算机	台	65	43

中国共产党台州市黄岩区委员会

综 述

【主题教育】 2023年，黄岩区把开展好第二批主题教育作为重要政治任务，成立由中国共产党台州市黄岩区委员会（简称“区委”）主要领导担任组长的领导小组，一体推进理论学习、调查研究、推动发展、检视整改、建章立制五大措施，形成各级领导干部真学真信、真抓真干、真改真立的良好氛围。主题教育工作先后96次被中央和省级主流媒体报道，9项特色工作入选市级以上典型案例，“三化十二制”工作被《浙江日报》头版主题教育专栏首篇报道，黄岩作为全省6个参会县市区之一在中央主题办专题座谈会上作交流发言。

【专班攻坚】 2023年，黄岩区发挥领导班子整体功能，区四套班子领导领衔“1+3+6+*N*”专班体系，开展“专班比拼、项目竞赛”活动，激发广大党员干部“盯争快谋”铁军精神，推崇“依法办成事”干事创业导向，掀起比学赶超、实干争先热潮。全年承办市级以上现场会52次，相关工作获市级以上领导批示54次、市级以上荣誉67项。

【推动产业发展】 2023年，黄岩区以永宁江科创带为核心，着力构筑“一带贯连、片区引领、多点联动”现代产业格局，加快推进中德科工（台州）创新园、台州梦创园二期、世界级模具小镇、绿色能谷小镇、浙东南智算经济产业园、台州青年科创湾等重大平台建设，布局精密制造、数字经济、新材料、新能源、生命健康、幸福产业六大产业集群。数字经济投资增幅和全社会单位GDP能耗下降率均排名全市第一。高新技术产业投资增长43%。强力推进“腾笼换鸟”，完成910亩工业用地盘活、107家低效企业销号工作，新增国家级专精特新“小巨人”企业1家、国家高新技术企业50家、省级科技型中小企业150家，创历年新高。扶持培育的“蓝色循环”海洋塑料废弃物治理项目，获2023年联合国“地球卫士奖”。高含金量推出“双百千万聚才创新创业工程”，新引进博士22名、大学生8603名，其中青年博士11名，数量居全市第一。新落地国省级引才计划专家7名、新增省级人才目录专家7名，数量居全市第一，新入选国家级引才计划专家5名、全市第二。落地台州学院江口校区，未来将吸引3万余名师生及新兴产业专业人才。全力招引聚集重大项目，全年累计引进落地亿元以上产业项目18个，特别是落地清陶能源项目，实现百亿项目“零的突破”。大力实施营商环境优化提升“一号改革工程”，纵深推进“五赋五降”十大改革攻坚项目，打造“永宁好办”系列品牌，营商环境事项一次性化解率达到100%，作为全省唯一单位参与《“办不成事”反映窗口运行规范》国家标准编写。在全国首创“个体户您好”集成服务改革，获央视《晚间新闻》和《新华每日电讯》头版点赞。获批国家级塑料制品产业知识产权快速维权中心。“大综合一体化”行政执法改革提质增效，综合评价指数排名全省第一，并作为唯一县级单位在全省大会上作经验交流。2023年，全区经营主体数量同比增长10.5%。

【城市有机更新】 2023年，黄岩区以“五大攻坚—永宁焕新”行动为主抓手，统筹推进十大重点片区开发，实施119个“永宁焕新”项目，全年拆除120万平方米，顺利攻克锦江小学区块、翻簧厂区块等一批历史遗留问题。竣工天长北路、横河等安置房项目共7456套，完成5064套房源分房。推动江口多村联改区块、院桥鉴洋湖城市湿地公园等市区融合片区开发，完成《黄岩区城市更新专项规划及老城片区复兴规划》编制，入选省级城市更新试点城市。持续推进“永宁精绣”行动，不断改善人居环境，新提升改造园林景观大道3条，新增口袋公园8个，完成永宁江、官河古道“一江一环”夜景亮化工程；2个风貌样板区、11个未来社区列入省级试点，其中宁溪—屿头县域风貌样板区、西桥秋月传统风貌区通过省级验收，南苑社区传统风貌样板区上榜“新时代富春山居图城市样板区”。“五水共治”工作捧回“大禹鼎”铜鼎。高标准推进“内畅外联”，建成通车余姚至温岭公路黄岩段院桥支线，打通“断头路”7条，持续推进甬台温高速改扩建及桥下地面道路工程、市域铁路S2线工程等省重点交通项目，交通投资增长率208%。基本建成黄岩水厂二期工程，城市内涝场景系统通过省级验收。着力提升县域商业体系，加快官河古道数字生活街区、青年东路数字街区、吾悦广场智慧化夜间经济圈、天佑城等商圈建设。

【助力乡村振兴】 2023年，黄岩区探索建立农村人居环境长效管理机制，打造宜居宜业和美乡村，入选省级全域幸福河湖建设项目县名单，山前村、沙滩村获评省第二批未来乡村，蔡家洋村、凤洋村、半山村入选省第三批未来乡村创建名单。半山村上榜全国乡村旅游精品线路，“‘台’好玩”古乡之旅共富游线入选省首批共富风貌游线。启动现代化美丽城镇建设，完成对15个小城镇的城镇体检和建设方案编制。加快农业现代化步伐，发展柑橘、中药材、杨梅等特色农业，建成中国黄岩蜜橘种源研究中心展示基地、浙柑所种质创新基地、“瓜果天下”二期，推进全市首个EOD项目“水美黄岩·芳养共富”、云尚小镇田园综合体、瓜果天下综合体等项目建设，瓜果农业科技园区列入省级农业科技园区创建名单，西甜瓜科创园入围省乡村振兴综合试点项目，黄岩区入选首批省“未来粮仓”建设示范点，入选首批全国农业科技现代化先行县，系全省唯一。深化强村富民改革，助力台州发布全国首个共富工坊建设运行标准，承办全省定向招工式共富工坊建设推进会，被国家发展改革委列为浙江共同富裕示范区典型经验首条。推广强村公司、飞地抱团等新模式，实现强村公司19个乡镇（街道）全覆盖，探索集约开发多级“共富园区”，加快院桥“一体两翼”、北洋“长潭湖畔”等重点片区打造，推进水库移民飞地抱团参与经开智创产业园项目。新培育闲置农房盘活利用示范村（自然村）2个，集体经济年收入30万元以上且经营性收入15万元以上行政村占比达86.8%。完成首次耕地保护“国考”目标。

【民生社会事业】 2023年，黄岩区99项省、市、区民生实事全部完成，其中省级民生实事项目完成率居全省第一。联合清华大学打造国内首个积极心理学科普体验及综合服务平台“永宁幸福中心”，承办第六届中国国际积极心理学大会，系统完善区、乡、村三级积极心理服务体系，心理健康促进行动获评2023年度健康浙江行动省级样板，相关经验做法2次获省委书记易炼红批示肯定。深化“永宁优教”行动，建成院桥中心小学第二校区、启智学校等6所学校；引进优质资源建设浙江师范大学附属黄岩实验学校，中考各项主要指标连续两年进入全市“第一方阵”。区医疗卫生中心建成投用，承办2023台州马拉松。积极探索中华民族现代文明县域实践，召开区委全会部署推进文化大传承大发展大繁荣，打造“黄岩，一座甜了千年的城”城市IP，加快推进南北文化轴建设，委羽山城市文化公园、孔庙保护提升、九峰山风貌提升等重要节点工程加速落地，桥上街、司厅巷成功申报省级历史文化街区。举办第二届全国宋韵服装时尚设计大赛、“2023橘花诗会”等系列活动，话剧《贤相杜范》获第十届东盟（南宁）国际戏剧节剧目最高奖——“朱槿花奖·优秀剧目奖”，上榜省“文艺赋美”工程十佳区县，系全市唯一。高标打造官河商圈2.0，策划推出“黄岩里·官河市集”等主题活动，入选省级夜间文化和旅游消费集聚区、全市唯一。图书馆新馆正式开馆，新增45个“15分钟品质文化生活圈”。完善涵盖“全方位、全时空、全要素”的风险闭环管控大平安机制，创新发展新时代“枫桥经验”，迭代“141”基层治理体系，在全市先行探索乡镇（街道）综合信息指挥室实战实效建设，“智治永宁·智慧调解”模式获全省推广，实现“平安黄岩”十六连创。围绕政治安全、社会治安、社会矛盾等重点领域，开展风险隐患“大排查大起底大整治”专项行动，护航亚运维稳安保攻坚战取得圆满胜利。

【从严治党】 2023年，黄岩区持续增强基层党组织政治功能和组织功能，迭代升级“三化十二制”，联合中央党校、西北政法大学深化理论研究、制度落实、提升影响，完善构建理论支撑体系，打造党建引领下的城乡基层治理方略，入选全国新时代“枫桥经验”指数百强样本县，台州唯一。实施党建联建机制，系统整合各类党组织资源力量，红色根脉强基示范村社动态感知模型被评为全省数字组工建设好模型，智能模具小镇“红模方”被评为省级示范区域性“两新”组织党群服务中心，黄岩区被省委组织部列为基层党建引领基层治理省级综合试点县（市、区），并在全市深化实施“红色根脉强基工程”暨党建引领基层治理现场推进会上作交流发言，抓基层党建和人才工作述职测评均获全市第一。落实“四个坚持、八个不”选贤任能导向，优化“选育管用爱”全链条体系建设，推进干部能上能下。着眼事业长远发展深化年轻干部成长“青橘计划”，制定《关于加强年轻干部政治能力建设的若干意见》，开展选调生能力提升“丰翼行动”，召开“持正确政绩观、建为民新业绩”年轻干部座谈会，相关工作在全市干部重点工作推进会上作经验交流。健全领导干部个人重大事项常态化分析制度，建立中层干部数据分析库，推动干部队伍干部工作系统性重塑。区委书记带头履行“第一责任人”职责，始终保持惩治腐败高压态势，以零容忍态度减存量遏增量。全年共处置问题线索764人次，立案334件，处分党员干部282人，移送司法机关15人，追回违纪违法所得2170.7万元。落实“三个区分开来”，建立健全容错纠错机制，推动澄清正名工作规范化制度化，实施澄清正名13件次，累计为13名党员干部及2个组织澄清正名。以党建统领为牵引，深化全过程人民民主，区委常委会专门听取人大、政府、政协、法院、检察院党组工作及落实全面从严治党主体责任情况汇报。区人大聚焦经济发展、法治建设、民生福祉开展专项监督、专题视察、专题询问，推动《台州市黄岩西部山区发展促进条例》立法前期调研工作，专项工作获省市人大常委会领导批示肯定6次，被评为全省人大信息工作成绩突出单位，系全市唯一。区政协以“系统提升年”活动为抓手，发挥专门协商机构作用，围绕党政中心工作组织开展协商活动80场次，在全国率先制定出台政协协商工作地方标准，持续推进“请你来协商”平台建设，全覆盖建成乡镇（街道）民生议事堂、村居协商驿站。

区委重要会议

【中国共产党台州市黄岩区第十四届代表大会第三次会议】2024年1月8—9日，中国共产党台州市黄岩区第十四届代表大会第三次会议召开。包顺富代表中国共产党台州市黄岩区第十四届委员会向大会作题为《深入学习贯彻习近平总书记考察浙江重要讲话精神 打造全面建设共同富裕区域标杆标志性成果 迈好走实中国式现代化黄岩实践》的报告。大会的主要任务是：坚持以习近平新时代中国特色社会主义思想为指导，深入贯彻习近平总书记考察浙江重要讲话精神，认真落实党的二十大、中央经济工作会议和省委十五届四次全会、省委经济工作会议，市六届三次党代会系列决策部署，总结2023年工作，部署2024年任务，动员全区上下牢记嘱托、感恩奋进，始终沿着“八八战略”指引的方向，聚力“三条路径”、奋进“三高三新”、主攻“一千双百”、坚定不移实施“六大战略”，奋力打造全面建设共同富裕区域标杆标志性成果，迈好走实中国式现代化黄岩实践。此次会议共有259名代表出席。中共台州市黄岩区第十四届纪律检查委员会以书面形式向大会作题为《全面加快纪检监察工作高质量发展 为打造全面建设共同富裕区域标杆标志性成果 迈好走实中国式现代化黄岩实践提供坚强纪律保障》的报告。

【中共黄岩区委常委会会议】2023年，黄岩区委全面落实“第一议题”制度，全年召开区委常委会会议22次，区委理论学习中心组学习会16次，带动各级党委（党组）学习贯彻习近平总书记系列重要讲话、重要指示精神，尤其是深学细悟习近平总书记考察浙江重要讲话精神，推动总书记系列重要指示批示精神在黄岩落地生根。

区委办公室工作

【概况】2023年，围绕区委中心工作，中国共产党台州市黄岩区委办公室（简称“区委办”）高质量做好参谋辅政、沟通协调、督办落实、服务保障等各项工作，有力保障区委工作部署落地落实。

【推进政治建设】2023年，区委办结合学习贯彻习近平新时代中国特色社会主义思想主题教育，建立健全第一议题制度，坚持室务会议带头学、理论学习中心组重点学、青年学习小组专题学、循迹溯源现场学等相结合，引导党员干部学懂弄通做实党的创新理论，深学细照笃行习近平总书记考察浙江重要讲话精神和15次到台州考察调研指示精神。把年轻干部学习摆在突出位置，每月精选“红色书单”，组织开展青年干部“守根铸魂·明德守法”专题学习和严守“政治关、道德关、品行关”大讨论，通过“党办青年说”“微党课”等形式常态化开展交流学习。年内，共召开理论学习中心组学习会6次、机关学习会31次，室务会议19次，下属5个党支部全年各开展主题党日活动12次。突出政治把关，协助党委把牢政治方向，及时对标对表、校准偏差，及时请示报告重大决策、重大事项、重要情况，办文办会办事坚持政治标准、考虑政治因素、注重政治效果，及时纠正违规的政策文件，确保各项工作始终沿着党中央和习近平总书记指引的方向前进。

【深入群众】2023年，区委办开展“我为群众办实事”活动，与院桥镇四联村和九莲村开展结对帮扶，助力村集体经济增收、村基础设施完善、低收入农户和困难家庭生活情况改善。持续深化“社区吹哨、党员报到”活动，与双江社区结对，常态化开展平安大巡防、卫生大扫除、党员“微心愿”等活动，全年累计开展34次。结合“大走访大调研大服务大解题”活动，成立九皋助企服务队，定期开展线上线下主动对接，为企业提供档案规范化管理、政策宣传解读等服务。

【充当参谋助手】2023年，区委

办大兴调查研究之风，紧盯共同富裕、积极心理、基层治理、工业设计、西部发展等重点领域，汇编形成各类调研专报、问题信息，为党委决策部署提供有力支撑。2023年开展各类调研100余次，形成《“一千双百”黄岩区域高质量发展的实践与思考》《黄岩区探索“工业上楼”新路径模式 拓展发展新空间 提升产业承载力》等调研报告60余篇。高质高效起草综合文字材料430余篇。高质量完成区十四届三次党代会报告和区委十四届四次全会报告起草工作，得到区委主要领导的肯定。全年信息共录用40篇，其中3篇被中办录用，《创新心理健康公共服务的黄岩实践》《黄岩区探索积极教育护航青少年心理健康成长》2篇专报获浙江省委书记易炼红批示肯定，《共富工坊建设工作经验做法》等专报获台州市委书记李跃旗批示肯定。编发《黄岩政研每日参阅》，围绕经济指标、各地动态、产业资讯和国际资讯等四大模块，每日搜集汇编各类信息，为领导科学决策提供服务，年内共印发279期。2023年在《浙江日报》发表新闻110条，在《台州日报》发表新闻1293条。

【加强服务保障】 2023年，区委办聚焦“制度＋人力＋技术”三位一体，在全区范围抽调人员建立精干高效的督查专员队伍，出台重要指标批示和重要会议精神月度抓落实制度、红黄白三色提醒督办单机制，创新“地上人工实地查核＋无人机巡飞查核”“天地”双轨实地复核模式，为攻坚破难、招商引资、巡视巡察、“七张问题清单”等重点工作深度赋能，持续推动党中央和省委、市委、区委各项重大决策部署落到实处。全年完成区委主要领导批示450余件，组织一线督查52次，编发督查专报、通报等198期，以强机制、大力度推动165项区委区政府月度重点攻坚项目落地落实，上榜七张问题清单省级典型案例3个。完善考核工作机制，全域提升党建工作质量。编制年度重大会议活动、重要文件清单，常委会会议常规议题清单，建立完善会议活动事先申请制度、规范性文件立项审批制度等一系列机制，提升办文办会办事整体效能。全年共组织各类会议、活动、调研、接待等500余场次，接待中央、省、市领导考察调研80余批次，接待中国科学院院士、工程院院士10余人，高质量承办第六届中国国际积极心理学大会、浙江省定向招工式“共富工坊”建设推进会、2023台州马拉松等重大活动，实现工作零失误、服务零距离、保障零差错。全年共收文1160件，起草办理文件通知350余件，向市级上报备案文件零错漏，启动1994年以来区委规范性文件清理工作。完成各类会议设备保障和技术支撑工作，完成亚运会和亚残运会期间通信服务保障，不断优化电子政务内网应用，稳步推进全区信创替代工作。深化推进党办工作数字化转型，率先实现会议“无纸化”。加强保密检查，对区级机关、乡镇（街道）、档案事务所、军工企业等100余家单位开展保密检查，开展各类保密培训5次，参加人员400余人次。举办2023浙江·台湾合作周台州分会场黄岩专题活动，开展黄台两地青创分享会、“台商台青看黄岩”等活动，完成区台联会换届工作，推进两地交流。

【完善作风建设】 2023年，区委办修订完善区委办公室制度汇编，完善《四办主任、秘书长联席会议制度》《区委办公室“三重一大”事项议事制度》《进一步完善因私出国（境）管理制度》等，规范办公室日常管理，刚性执行中央八项规定及其实施细则。严格执行《党政领导干部选拔任用工作条例》，紧盯“选育管用”四个环节，坚持正确的用人导向和价值取向，将责任心强、业务能力突出、作风过硬的干部选任到重要岗位锻炼，打造队伍稳、人心齐、干劲足的委办“生力军”。年内，1名正科级干部到台州市重要岗位任职，推荐2名干部到正科岗位，2名干部到副科岗位，3名中层副股干部到正股岗位，公开招考2名事业人员，实现办公室干部薪火相传、赓续传承。坚决守牢廉洁底线，落实机关党风廉政建设主体责任，扎实开展“廉情一刻”活动，把握节假日等重要节点，进行党纪法规解读、典型案例警示、先进典型宣传，并发送廉政短信进行温馨提醒，督促党员干部时刻绷紧廉洁自律这根弦。全年共开展“廉情一刻”活动69次，发送廉政短信10条，开展廉政谈话37次。

政策研究

【概况】 2023年，黄岩区委区政府政策研究室以习近平新时代中国特色社会主义思想为指导，全面贯彻落实党的二十大精神和习近平总书记考察浙江重要讲话精神，认真贯彻落实中央和省委、市委各项决策部署，紧扣区委区政府中心工作，以理论创新引领推动实践破题，为区域经济社会高质量发展贡献力量。

【助推高质量发展】 2023年，黄岩区委区政府政策研究室坚决贯彻落实区委区政府决策部署，聚焦主攻“一千双百”三大跃升行动、坚定不移实施“六大战略”、全面建设共同富裕区域标杆，全力助推高质量发展。做实重大项目前期工作，按照区委区政府的重要部署，做好中德科工（台州）创新园、台州学院江口校区等重大项目的对接沟通，全力服务推动项目落地。精编《黄岩政研每日参阅》《黄岩通讯》，聚焦财政金融、城市建设、产业发展等重点热点，收集整理每日重要资讯，为领导决策提供参考。全年印发279期58万余字；全年编辑《黄岩通讯》4册240余页22万余字，对外展示黄岩发展成就。开展专题调查研究，结合区域产城实际，围绕区委区政府中心工作，开展各类专题调研，形成调研报告32篇。其中，就贯彻落实省委书记易炼红“黄岩模具小镇的先进产业组织生态和工业智能化生产水平已达到工业5.0的水平，特色非常鲜明”调研讲话精神，开展模具小镇5.0提升专题调研；赴广东省东莞松湖智谷，开展工业上楼专题调研；赴吉林省吉林市、辽宁省沈阳市等地，开展模具钢产业专题调研等。

【党建工作制度化】 2023年，黄岩区委区政府政策研究室充分发挥全区党建工作中枢作用，全域提升党建工作质量。精准制定考核办法，认真研究、深入分析省、市对区党建考核办法的规则变化，积极向上对接沟通，制定黄岩区党建考核办法，确保发挥考核指挥棒作用。定期召开工作例会，由区委副书记主持，每月组织党建考核相关单位，召开工作分析会，分析党建考核中存在的问题，推动党建相关责任部门精准研判、积极对接。每月上报工作情况，针对党建工作现状，每月形成分析研判报告，上报区委书记、区委副书记再抓落实。

【落实财经工作】 2023年，黄岩区委区政府政策研究室紧扣市委、区委中心工作和决策部署，抓好整体谋划、统筹协调、工作落实，提升财经工作能力水平，推动经济高质量发展。召开财经委会议，听取2022年土地出让情况及2023年土地出让计划、2023年重大项目情况、三个“一号工程”相关情况、新一轮省级特色小镇谋划工作、永宁江科创新城实施方案、台州学院江口校区项目等议题，对工作情况进行研究部署。

（区委办　张宏魁）

组织工作

【概况】 截至2023年底，黄岩区中国共产党党员总数39163人，党组织数量2013个，其中党委64个、总支267个、支部1682个。

【主题教育工作】 2023年，区委组织部开展区委主题教育“牢记嘱托、感恩奋进”现场学习，召开基层代表座谈会，把学习贯彻习近平新时代中国特色社会主义思想与传承运用习近平同志在浙江工作期间留下的宝贵精神财富贯通起来。出台《黄岩区学习宣传贯彻习近平总书记考察浙江重要讲话精神实施方案》，全面形成传达学习热潮，推动习近平总书记重要讲话精神在黄岩落地生根。坚持一竿子到底查摆问题，推行“区领导领衔、一线抓两全”机制，完成调研报告32份，制定专项整治方案 88 个，形成“动态更新、跟踪管理、对账销号、质效评估”的工作闭环，将 53 项改革破题举措固定转化为长效制度，变“解决一件事”为“解决一类事”。

【高素质专业化干部队伍建设】 2023 年，区委组织部深化黄岩区年轻干部成长“青橘计划”，出台《关于进一步加强年轻干部选育管用工作的意见》，健全落实优秀年轻干部日常选用机制，加强优秀年轻干部常态储备。持续抓好源头工程，重点加强年轻干部政治建设，制定《关于加强年轻干部政治能力建设的若干意见》，从理论学习、政治历练、实践锻炼、关心关爱等方面细化政治能力提升路径，相关工作被《中国组织人事报》报道。强化年轻干部政绩观教育，召开“持正确政绩观、建为民新业绩”年轻干部座谈会，开展分层分类政治素质考察、优秀年轻干部专题调研、选调生能力素质提升“丰翼行动”等，推动年轻干部进一步树立正确政绩观。做实干部心理健康关爱，出台《黄岩区干部心理关爱“暖心十条”》，柔性引进彭凯平等 5 名心理学专家及团队，开设“幸福永宁积极心理学”培训班等心理健康教育系列“必修课”，形成以永宁幸福科学馆为核心的干部心理关爱网络，打造全方位、立体式、多维度的干部关心关爱服务体系。

【干部教育培训工作】 2023 年，区委组织部按照“因地制宜、规范统一”的原则，推动 19 个乡镇（街道）党校全覆盖。梳理提升 20 多个具有代表性的现场教学点位，打造“循迹溯源”“乡村振兴共同富裕”“特色产业”等 6 条主题线路，编撰形成《黄岩区党员干部研学手册》，山前村获评省级学习贯彻习近平新时代中国特色社会主义思想现场教学示范点，中共台属特委机关旧址、后庄村获评市级示范点。选送的案例《西瓜地里长“地瓜”——台州市黄岩区做大做强“地瓜经济”助推乡村产业提能升级》被省委组织部编入全省干部教育培训教材。

2023 年 4 月 26 日，黄岩区在中共台属特委机关旧址举行选调生“丰翼行动”启动仪式
（区委组织部　供图）

【干部监督工作】 2023 年，黄岩区委组织部建立领导干部个人重大事项常态化分析制度，对全体区管领导干部的 2023 年度个人重大事项日常报告、年度集中报告、有关亲属从业及从事经营性活动报告情况进行汇总分析、重点研判，为后续干部提拔使用、职级晋升等提供参考依据。开发中层干部选拔任用工作方案预审系统，强化年龄、学历、工作经历等情况的审核把关，“拓源优苗”做大做活年轻干部“蓄水池”。建立中层干部数据分析库，动态把握各单位中层干部选拔任用和年轻干部的培养情况，助力全区干部队伍干部工作系统性重塑。

【党管人才工作】 2023 年，区委组织部推进人才发展体制机制改革，开展首批“三新人才”评选活动，相关经验被《中国组织人事报》《浙江日报》等媒体报道。开展区域“双百千万聚才创新创业工程”，全方位打造引才、爱才、用才的良好人才工作生态。聚焦社会事业领域的高精尖缺人才，出台《台州市黄岩区人才流动编制周转池管理办法》《黄岩区卫

2023年8月16日，2023年度黄岩区“三新人才”评选决赛路演在台智汇·人才创新创业服务综合体举办　　　　（区委组织部　供图）

生人才引育专项政策（试行）》《黄岩区博士创新站建设管理办法》等政策，逐步弥补社会事业领域人才短板。开展人才引育，国家启明计划入选5人（县市区并列第二），省级引才计划标准化认定2人，新增在职高层次人才（省目录）C类5人。新增落地市“500精英计划”创业创新项目12个，新增亿元以上人才企业1家，新引进博士9名。有序推进人才平台建设，建成模塑产业工程师协同创新中心、院桥繁荣小微园人才创业园、黄岩院士之家会客厅地，黄岩人才天使梦想基金对4家人才企业实现资助690万元，统筹解决77名人才子女就读公办学校，实现人才和企业家子女就学政策覆盖面翻番。累计为20名人才提供共397万元房票兑现，26名人才拎包入住人才公寓。

【党的基层组织建设】 2023年，区委组织部实施“红动永宁”共享计划，健全机关企事业单位、社会组织服务资源与村社融合融通制度体系，推动五大类190项服务项目下沉至村社，引导村社党组织依托辖区党员志愿者、群众团体设计311项具有区域特色的自我服务项目，形成服务共享清单。以推进打造“15分钟党群服务矩阵”为目标，将全区65家建设达标、位置便利、设施齐全的党群服务中心和驿站纳入阵地共享清单，综合运用点单式、配送式、合作式、集中式等4种服务形式构建一体化服务体系，有效实现“资源下去、服务上来、群众满意”，有关工作被《光明日报》《浙江日报》等媒体报道。集中开展村级组织换届“回头看”，掌握村级组织换届后运行情况，从现任班子成员以及创业致富能手、回乡大学生等群体中挖掘可塑之才，累计储备后备人才1219人。高质量做好发展党员工作，2022年新发展党员453人，新储备入党积极分子1185人。探索党员档案提级管理，入库党员档案4281份。

【机关党建工作】 2023年，区委组织部实施“机关靠前服务　先锋聚力营商”专项行动，相关做法在省委办公厅《浙江信息》上刊发，获评全市“三拼三促创一流”最优营商环境十佳案例第一名，中央和国家直属机关工委《旗帜》杂志刊发黄岩走访调研服务信息。推动“社区吹哨、党员报到”工作，承办召开全市机关党建第三季度工作交流会暨双建争先助力现代社区建设现场会，“星火家园”及机关下沉服务工作被《中国组织人事报》《浙江日报》刊发，被市主题教育简报作为典型案例发文推广。实施“强四力提四感”专项行动，进一步提升机关党建工作显示度，微动漫作品《临时支部“不临时”》在第二届新时代全国机关基层党建新成就优秀短视频展示交流活动中获得铜奖。出台《关于纵深推进清廉机关建设的实施意见》，建立“五力五色十二廉”清廉机关建设考评指标体系，推动清廉机关建设走深走实。

【“两新”组织党建工作】 2023年，区委组织部聚焦模具、塑料、工艺品等核心支柱产业和传统特色产业，将变革型“两新”党组织深度融入产业链条，赋能企业高质量发展。聚焦外出农业产业，成立“地瓜经济”外出农业行业党委，推动党建融入服务链，破解生产服务难获取、产销渠道不畅通、外出瓜农融资难等难点堵点问题，相关做法被省委组织部评为全省三个“一号工程”典型案例之一。开展“星火之光”培育工程等系列活动，引导以快递、外卖小哥为主的新就业群体积极参与社会治理，深化城市联勤共治体系，从新业态新就业群体发展党员7人，其中传化洲锃公路港物流有限公司党支部书记殷雯被选为台州市工委兼职副主席、全国和全省工会代表。

（区委组织部　陈宏博）

宣传工作

【概况】 2023年，黄岩区宣传思想文化战线在区委坚强领导下，紧密服务中心大局，守正创新、积极作为，扎实推进宣传思想文化领域各项工作取得明显成效。市对区“党的思想建设”考核获评“优秀”等次；主流宣传并列全市第一；城市文明程度指数全市第一；文化产业增加值名列全市第二，规上文化企业产值占所有文化企业产值比重位列全市第三；重大网络舆情处置力指数排名全市前列。承办中宣部“全国优秀青年曲艺人才展演”复选活动；举办第二届全国宋服设计大赛，大赛被列入全省宋韵文化节主体活动。

【理论武装】 2023年，区委宣传部实施理论铸魂溯源走心工程，系统梳理研究习近平总书记对台州、对黄岩工作的有关批示、指示精神和重要论述。着重深化“循迹溯源学思想促践行”，坚持读原著、学原文、悟原理，开展区委理论学习中心组学习16次。围绕“一座甜了千年的城”主题IP，创新推出“理响甜甜圈”理论品牌。围绕“党的二十大精神”“主题教育”“八八战略”“习近平总书记考察浙江重要讲话精神”等主题，开展全区性基层理论宣讲1600余场，征集社科理论文章143篇。“青橘潮音”品牌获评“浙江省社科普及创新示范项目”。

【对外宣传】 2023年，央级传统媒体的稿件刊发数量创历史新高，同比增长325%，主流宣传考核分值已达上限。其中，《人民日报》《新华每日电讯》《光明日报》《经济日报》等中央级报纸单篇报道30篇、头版报道3篇，人民网、新华社客户端等中央新媒体平台共刊发稿件300余篇。承办“全国晚报社长总编看台州（黄岩）”活动。围绕央视跨年晚会、“走进同济　走近黄岩”校地合作十周年、杨梅节、柑橘节、永宁幸福科学馆开馆、上海台州周等重大活动开展主题策划和对外宣传，话题阅读总量超25.6亿人次。召开区级新闻发布会32场。在推特、脸书等海外社交平台推出对外宣传账号48个，宋韵黄岩宣传片《一眼千年》获“美丽浙江”国际短视频大赛二等奖，“老外看黄岩”系列短视频获国际合作奖。

【网络治理】 2023年，黄岩区委宣传部实施“护航亚运”网络安全除险保安行动，开展“护航2023”黄岩区网络安全攻防演练。“五彩护苗零距离”项目获首批省特色“护苗”工作品牌。承办全市深化“两表四办”工作机制暨第三季度重点网络舆情分析复盘会并作交流发言。全年未发生重大安全事故。

【文化文艺】 2023年，区委宣传部承办2024央视跨年分会场、中宣部“全国优秀青年曲艺人才展演”复选活动、2023橘花诗会、台州市影像季暨大学生电影季活动，举办第二届全国宋服设计大赛、第二届城市艺术节，引进《欢乐大猜想》《远方的家》《青春环游记》等知名综艺。话剧《贤相杜范》获中国—东盟（南宁）国际戏剧节最高奖“朱槿花奖·优秀剧目奖”，台州乱弹现代戏《我的乡亲陈芳允》首获浙江省艺术基金扶持，民族交响情景音乐会《宋韵台州》献演浙江省人民大会堂，原创喜剧《西望的田野》入选大凉山国际戏剧节，另有4个项目入选台州市文艺精品扶持。沙滩村农家书屋获评全国最美农家书屋（全市唯一）。白鹭湾村文艺赋能乡村振兴入选省典型案例（全市唯一）。1人获评市特支计划文艺人才。文化产业增加值名列全市第二，规模以上文化企业产值占所有文化企业产值比重位列全市第三。2023年前三季度，规模以上文化企业营业收入及20强数量，均排在全市第二。

【文明实践】 2023年，黄岩区城市文明程度指数居全市第一，文明城市创建市对区综合评估为三区第一。承办台州市志愿服务骨干培训会、第三届台州市新时代文明实践志愿服务项目大赛专题培训暨志愿者保险发布仪式、全市迎亚运城市文明大提升工作推进会。原创小品《橘子红了》获省农村喜剧小品大赛一等奖并登上2023浙江礼堂“村晚”舞台。深化最美典型选树，举办橘乡新事双月评25周年展览和“好人之星”颁奖典礼，推出“一线攻坚·身边的榜样”专栏，推选获评“浙江好人”2例、浙江省“新时代好少年”1例、“台州好人”7例，黄雨婷入围“最美浙江人·浙江骄傲”候选人。

【意识形态工作】 2023年，黄岩区建立健全意识形态风险隐患研判、各类论坛讲坛活动报备、重大舆情“直联直报”等工作制度，积极开展全区意识形态和文化安全风险排查。高质量完成省委、市委意识形态年度检查反馈问题整改落实，完成对19个乡镇（街道）、15个区级部门的意识形态工作责任制监督检查。召开乡镇（街道）党委（党工委）书记抓意识形态工作述职会。

（区委宣传部　孔祥翔）

统战工作

【概况】 2023年，全区统战部门认真学习贯彻习近平总书记关于做好新时代党的统一战线工作的重要思想，夯实基础，突出重点，培育亮点，推动黄岩统战工作创新发展。共成功承办全国、省、市相关会议、活动3个，2项工作在省、市工作现场会上作经验交流发言，相关工作分别得到5位省、市级领导的批示肯定。

2023年12月，黄岩区举办“橘乡新事双月评”25周年主题展览

（区委宣传部　供图）

【民主党派和无党派人士工作】 2023年，区委统战部在民主党派中开展“凝心铸魂强根基、团结奋进新征程”主题教育活动，举办纪念中共中央发布“五一口号”75周年暨“之江同心　橘乡同行”宣讲会。7月由农工党创作编排的情景剧《橘乡同心圆》，代表农工党浙江省委会参加“永远跟党走　建功新时代”——浙江省统一战线助力“八八战略”实施20年“之江同心·经典展示”演出活动，获得一致好评。打造“一党派一品牌”同心共富实践基地。开展民革“博爱共富”、民盟“教育兴学”、民建“精准扶贫”、民进“关爱儿童”、农工党“阳光之行”、九三学社“科教扶智”等品牌活动。2023年，各民主党派开展各式社会服务活动36场次。组织区各民主党派、工商联、统战团体等党外人士和区各相关政府部门负责人面对面就“S32绿化环境提升工程”“民生实事”等重点工作和热点议题进行座谈协商。指导乡镇（街道）每季度召开协商议事会，2023年党外代表人士参加乡镇（街道）协商民主议事会38次。开展民主党派

大调研活动，《民革台州市黄岩区支部发挥优势破“三闲”助力乡村奔共富》报告得到全国人大常委会委员、民革中央副主席、浙江省人大常委会副主任、民革浙江省委会主任吴晶的批示肯定。农工党区基层委《我市“千万工程”乡村基础设施建设绩效提升刻不容缓》得到市委书记李跃旗的批示肯定。2023 年，6 个民主党派共发展新成员 26 人。8 月 7—11 日，举办 2023 年黄岩区党外代表人士综合素质能力提升培训班。

2023 年 6 月 11 日，四川新龙县的 80 余名师生到黄岩区“润兰·石榴红家园”基地开展“台甘一家亲 石榴红满园”交往交流交融活动

（区委统战部　供图）

【民族和宗教工作】 2023 年，区委统战部深入实施“各族群众互嵌式发展计划”，新建东城嘉盛未来社区石榴红家园和智能模具小镇石榴红会客厅，新设“之江同心·石榴红”就业创业服务站，广西高校毕业生联络站、广西科技大学就业见习基地在民族同胞创办企业挂牌。开展“民族一家亲”、技能培训、普通话培训等系列活动 60 余次。打造“之江同心·黄岩永宁石榴红”铸牢中华民族共同体意识示范带，把全区 43 家阵地串珠成线、串线成链，该项工作在全省民宗系统同心共富重点项目对接恳谈活动中作项目推荐陈述，获全省二等奖。拍摄《把握“有形有感有效”丰富内涵　共建“润兰·石榴红”民族团结家园》《建强“石榴红”志愿服务队　助力实现民族工作“六共”目标》2 个民族工作宣传片，并在浙江新闻频道播出。6 月 8 日，“浙里石榴红　同心享亚运”2023 年台甘青少年互访式交往交流交融活动启动仪式在黄岩梦创园举行，新龙县 80 余名青少年到“润兰·石榴红家园”开展活动，该活动先后在央视新闻和省市主流宣传媒体播出。夯实基层宗教工作。开展黄岩区小庙小庵的整治与整合路径研究，全区小庙小庵整治 79 处。推进宗教中国化走深走实，重点指导广化寺、东林寺、基督教城关堂深化中国化建设。深化宗教领域“除险保安”工作，探索民宗领域执法事项会商制度，开展“护航亚运共筑平安”安全自查和巡查活动，亚运期间无安全事故发生。指导完成天主教爱国会换届工作。

【非公有制经济领域统战工作】 2023 年，区委统战部开展促进民营经济“两个健康”工作。深化清廉民企建设，成功揭榜省工商联研究制定清廉民企建设标准范式，组织 17 家模具协会副会长参加“廉模方”清风小镇黄岩模具行业行规共同签约，发出模具行业人才自律倡议书。《黄岩区工商联以“清”护航促“亲”作为打造清风模具小镇助推清廉民企建设》获省工商联党组书记徐国龙和市委常委、统战部部长陈挺晨的批示肯定。清风小镇作为全国民营企业诚信合规建设观摩交流活动的考察点。“行业协会赋能企业发展”入选区营商环境十大改革创新项目，创新建立企业财产保全信用评估机制，《黄岩区全链路贯通“企业信用评估体系”司法领域应用》获全国工商联副主席方光华批示肯定。深挖民企带富潜能，2023 年，组织 50 多家会员企业参与工坊建设，落实帮扶项目 23 个。承办全省工商联定向招工式“共富工坊”建设推进会，《黄岩区工商联以“联”聚势以“商”带富定向招工铺就“家门口”的共富路》获省工商联党组书记徐国龙批示肯定，《关于共富工坊建设工作情况的报告》得到市委书记李跃旗的批示肯定，新岙里“小橘灯”共富工坊获被认定为2023年定向招工式“共富工坊”省级示范点，“裕民坊”共富工坊、天空之城共富工坊获评全省定向招工式“共富工坊”优秀实践案例。实施“青蓝接力工程”，建立“青蓝接力”导师制度。组织新生代企业家赴浙江大学、深圳大学举办“双传承”研修班。指导完成上海黄岩商会、广东黄岩商会、杭州黄岩商会、黄岩区流通行业协会等商协会换届，成立黄岩区汽车配件协会。

【知新人士统战工作】 2023年，区委统战部承办台州市党外知识分子和新的社会阶层人士（简称“知新人士”）“凝心铸魂强根基，团结奋进新征程”主题教育分享会暨“之江同心·台州先行”爱国奋斗报告会。打造“一会一品”社会服务品牌，不断扩大知新人士的社会知名度和美誉度。区知联会连续19年开展“三送下乡”活动，区新联会连续16年开展“三精帮扶”活动，区网联会持续开展“网联在线”工作，区社联会连续6年开展“三进六送”同心社会服务活动。2023年，组织知新人士走访慰问困难残疾人家庭，开展“情暖童心 共筑成长”公益慈善活动，赴西部山村开展“文化润富”活动等，全年共计投入经费20余万元。建成区级知新人士同心阵地1家，知新书屋2家。

【海外统战工作和侨务工作】 2023年，区委统战部开展“侨聚橘乡·智汇永宁”系列活动，在巴西等5个国家设立首批海外工作站，新建海外引才工作站1家。新建、升级改造“同心·侨助工坊”4家，其中获评市一星级工坊1家、市二星级工坊2家。打造精品侨宿2家，突出培育侨宿电商助富功能。成功承办中国侨联主办的2023“亲情中华·侨连你我”——文艺轻骑兵进侨乡文艺演出活动。开展“助侨直通车·侨企大走访”活动，走访重点侨资企业。持续开展“真心为侨、倾心惠侨”活动，对归侨侨眷进行上门走访慰问。做实“三侨生”身份审核工作。关注境外局势，3批次即时协调联系26国307名华侨，协助做好相关工作。基本侨情调查工作在全市基本侨情调查工作推进会上作经验交流发言。成立欧美同学会。

【新乡贤工作】 2023年，区委统战部打造服务乡贤一件事项目，服务营商人文环境优化提升。建立新乡贤助调室对接企业服务机制。2023年梳理汇总服务乡贤一件事项目清单24条，汇总新乡贤助调室服务对接企业58家，22家新乡贤助调室共接待群众来访2602人，调处矛盾纠纷968件，使用助调基金9万元，有效助推基层社会治理体系的完善。《创新“123”新乡贤服务模式提升营商人文环境软实力》获区改革创新最佳案例三等奖。制定新兴产业新乡贤“地瓜经济”精品示范带、文化润富新乡贤精品示范带、黄岩西望新乡贤带富示范带，新建乡贤助乡兴实践基地1个。开展全区新乡贤信息大调查，汇总“贤二代”48人，“双

2023年2月13日，中国侨联主办“亲情中华 之江同心”——文艺轻骑兵进侨乡台州黄岩（宁溪镇）文艺演出　（区委统战部 供图）

一流”在读大学生、硕士、博士共计 252 人，其中清华大学、北京大学在读黄岩学生 9 人。完善“三必贺”“三必访”乡贤联系服务制度，做好乡贤走访慰问“暖心”活动。常态化开展新乡贤联谊活动，1 月 28 日举办“凝聚桑梓力量·同创共富标杆”黄岩在外乡贤新春联谊会，邀请 200 余名乡贤相聚一堂，叙乡情、话桑梓、谋发展。在上海、西安、杭州、成都等四地建立新乡贤驿站。

（区委统战部　潘晨洁）

机构编制

【概况】 截至 2023 年底，黄岩区共设置党政行政机构 35 个，其中党委工作机构 11 个、政府工作部门 24 个。共设置事业单位 191 个，全区共核定编制数 1 万余名。

【“大综合一体化”行政执法改革】 2023 年，中共台州市黄岩区委机构编制委员会办公室（简称“区委编办”）打造“大综合一体化”行政执法改革“黄岩模式”。优化编制配置，锁定编制 440 余个，占全区执法总编制的 74.9%，打造区级部门派驻乡镇街道人员“编制中心”。实行差异化保障，分配派驻人员编制数和实有人数，实现人员编制配置“供给侧改革”。完善下沉模式，动态调整下沉力量区域分布，实现执法力量配备与辖区内执法任务高度匹配。上半年，重新确定锁定下沉编制数及人员数，优化“1+8”执法队伍人员。调整文化领域派驻方式，补足城区执法力量缺口；农业执法队实现全员派驻式下沉，配强乡镇农业执法力量。

【“共同富裕”主题式机构编制质效评估】 2023 年，区委编办初步完成乡镇（街道）、6 家行政单位和“大综合一体化”行政执法改革领域的质效评估。评估形式多措并举，立足指标要点，检查剖析机构编制管理情况和使用效益，形成评估报告初稿 26 篇。全年根据报告整改职责边界模糊、机构设置不规范、编制使用不合理等问题 11 个。构建乡镇（街道）编制测算模型，聚焦数字化改革，研究探索编制测算模型，探索“核增或核减效益最大化”。

【机构改革】 2023 年，黄岩区把握机构改革精神，6 月底全市率先启动机构改革前期摸底工作，“全链式”排摸涉改单位，梳理黄岩涉改部门汇总表等。7 月，组建改革攻坚专班，开展模拟演练，每周分析研判。提前谋划涉改领域机构调整撤并、职能划转整合、体制机制优化思路，着重研究科学技术、金融监管、数据管理、社会治理、老龄工作等领域机构职责优化和调整。8 月，确定改革攻坚专员，在市委编办相关科室挂职，及时对接、传达省市改革意见。9 月，开展机构编制检查，实地排摸各单位内设机构设置、中层职数、编外人员聘用等情况，并形成整改建议。10 月，形成《台州市黄岩区机构改革方案（初稿）》。

【重点领域体制机制改革】 2023 年，黄岩区重塑高层次人才用编流程，建立引进用编补员绿色通道，提供全闭环的优质服务。统筹规范机构设置，降格 2 家正科级单位和 2 家副科级事业机构。将区永宁江事务中心、区流动人口服务中心降为副科级，并将区流动人口服务中心调整为黄岩公安分局所属事业单位；将区港航事业发展中心、区政府应急事务中心从降格为正股级。重新核定执法队伍编制，根据“大综合一体化”行政执法改革精神，对重新认定参公的执法队伍重新核定执法编制，核定区生态环境保护行政执法队事业编制 21 名，核定区农业行政执法队事业编制 19 名，并将执法队的非参公事业编制人员分流到相关的事业单位。

【编外用工管理】 2023 年，区委编办针对基层医疗机构编外聘用人员数量过多的问题，下达《关于明确基层医疗机构编外聘用人员核减任务数的通知》，基层医疗机构在“十四五”期核减任务数 80 余名。同时，督促卫健局加强编外人员总数管理，出台编外人员招聘、培训、考核等日常管理制度，进一步规范基层医疗机构编外管理。全年共核减编外聘用人员控制数200余名，提前完成省委编办下达“十四五”期间的核减任务。

【事业单位赋码登记】 2023年，黄岩区进一步规范机关群团统一社会信用代码赋码工作、事业单位登记管理工作、年度报告公示工作，实现“三个100%”目标。推进服务升级，完成年度报告工作。印发《关于做好2022年事业单位法人年度报告公示工作的通知》，制定《报告书填写模板》《工作指引》《常见错误及指导意见》《电子印章辅助手册》等各类指南。落实“首问责任”和“一次性告知”制度。实现“三级联审”，按要求完成244家事业单位法人年度报告公示工作，完成报告率及公示率“两个100%”。联办联结，推进事业单位法人设立、变更一件事联办和事业单位登记管理“集中攻坚”。开展“一件事”认领、应用、优化等工作，全力推动法定代表人、住所变更后社保、医保、公积金等同步变更。实现变更启动率100%。全年共完成设立登记2家，变更登记94家，证书补换领45家。

（区委编办　魏麟霁）

信访工作

【概况】 黄岩区信访局（简称“区信访局”）为正科级区委工作机关。2023年，区信访局立足中心、服务大局，聚焦源头治理、依法治理、系统治理，顺利完成杭州亚运会（亚残运会）信访安保工作，全面开展信访工作法治化建设，推动全区信访生态不断优化。

【接访与受理】 2023年，全年共接待群众来访1133批次1934人次，同比上升6.08%和21.55%，区级走访人次与四级（国家、省、市、县）走访占比为74.3%。初次来访307批577人次，初次来访一次性化解率为100%。共收到群众来信580件次，转到属地办理218件次，其中初次来信141件，初次来信一次性化解率为96%。共收到网上信访件7890件次，其中初次网上信访件7197件次，初次网上信访一次性化解率为98.38%。共收到“12345”群众来电29432件次。

【信访工作联席会议】 2023年，黄岩区进一步建立健全区、乡两级信访工作联席会议机制，覆盖19个乡镇（街道）。区级层面由区信访工作联席会议召集人牵头，围绕重点信访工作、重大信访任务、疑难信访案件等内容定期召开联席会议开展研究会商，有效推动各项工作落实。2023年，全区召开信访联席会议45次，以信访联席办名义出具协调会议纪要17份，以此推动化解126件信访事项。

【信访源头治理】 2023年，区信访局深入开展领导干部、信访干部大接访活动和“大起底大排查大化解”行动，落实区领导常态化接访机制和重点乡镇“每周四党政一把手公开接访”制度，有效推动一大批信访问题化解在基层。2023年，区四套班子领导在区社会治理中心值守接待群众来访992批次1463人次。

【信访积案化解】 2023年，区信访局开展信访积案清零行动，综合运用领导包案、专班攻坚、分类化解、全程督办等工作方式和专家会诊、法律援助、心理疏导、困难帮扶等化解办法，全面提升积案清零质效。2023年全区第三批国重件35件，“十大领域”突出信访问题20件，国家局重点交办件7件，以及第五批省重件5件均按期实现动态清零，工作成效走在全市前列。

【信访督查】 2023年，区信访局常态化开展信访督查工作，围绕信访事项办理、信访积案化解、重大信访任务、信访应急处置等工作进行日常督查检查，有效发挥信访部门“三项建议权”（完善政策、改进工作、追究责任）作用，推动全区信访系统不断压实工作责任，提升工作质效，有效降低风险隐患，维护社会和谐。2023年，区信访工作联席会议办公室共发出督查通报3期、督查建议9次，发出预警提示8次。

【人民建议征集】 2023年，区信访局贯彻执行国家和省、市、区关于加强人民建议征集工作的各项决策部署，发挥信访工作“汇聚民智”的重大作用，印发《黄岩区人民建议征集标准化建设实施方案》，推动“浙智汇”应用在全区推广使用，区、乡、村三级人民建设征集站（点）全面铺开。2023年，全区已建成各级人民建议征集站点132个，在“民呼我为”统一平台“浙智汇”应用上发布主题征集10条，专题征集11条。日常征集收到各类意见建议534条，全部落实转化。

（区信访局　汪志鸿）

党史工作

【概况】 2023年，黄岩区委党史研究室在“五推五化工作法”的基础上，以“数智牵引·矩阵联动”为总抓手，建立宣教矩阵，实现联动发力，力求宣教全覆盖，全力构建党史大宣教的工作格局。11月20日，中共浙江省委党史和文献研究室发文通报表彰全省地方党史三卷编写工作成绩突出集体，黄岩区委党史研究室是台州市唯一被表彰的单位。12月12日，在全市党史三卷推进会上作典型经验介绍。

【党史征研】 2023年，黄岩区委党史研究室按照省、市、区委对三卷编写工作提出要求，全力推进黄岩党史三卷（1978—2012）编写。截至年底完成4编、23章、78节、280目、约55万字（第一编6万字,第二编14万字,第三编12万字,第四编20万字）初稿撰写,工作进度为全市前列。12月8日通过初审。12月12日，在全市党史三卷推进会上作典型经验介绍。

【党史宣教】 2023年，黄岩区委党史研究室完善浙里办“黄岩党史学教”之黄岩区“五维一体”数字化党史学教多跨场景应用，尤其对“每日学党史”内容进行不断补充。2023年3月，区委党史研究室把69本党史故事——中共黄岩百年党史（图文版）小红书通过区人武部转赠送给新兵。2023年4月，区委老干部局与区委党史研究室联合举办“蝶变·老干部眼中的‘八八战略’”黄岩二十年征文比赛。2023年5月4日，黄岩区“八八战略”20周年宣讲骨干培训会召开，为全区“八八战略”宣讲员上专题辅导课。2023年12月，区委党史研究室与区委宣传部、区委直属机关工委、区社科联等单位联合举办“以‘三高三新’奋力推进中国式现代化黄岩实践”理论征文活动。调整、完善《黄岩党史小故事百例》。2023年，该书成为黄岩江口中学、东城小学等学校广播书稿。报送党史工作信息，其中浙江党史和文献网录用33篇，台州史志网录用50篇，“学习强国”学习平台“浙里学史·红色印记”录用12篇。办好《黄岩党史》期刊，挖掘本土党史资源，开展黄岩党史宣传。

【党史教育基地建设】 2023年，黄岩区委党史研究室重点对平田桐树坑革命纪念馆、上郑圣堂会师纪念馆、茅畲小学县委纪念馆、南城山前党史陈列馆等4个馆展板内容及内部设置进行部分更新、深化。2023年3月，区委党史研究室对平田桐树坑台属特委机关旧址纪念馆一楼展板进行更换。2023年4月26日，黄岩区选调生“丰翼行动”在黄岩平田中共台属特委机关旧址纪念馆举行，全区在村任职的20余名选调生参加。2023年4月，黄岩平田桐树坑红色旅游提升配套工程之“王槐秋革命地旧居”迁建完工。

【党史资政】 2023年，黄岩区委党史研究室在进行充分调查研究的基础上，撰写4篇研究资政文章。其中，《深化“千万工程” 共建和美乡村——关于20年来黄岩在“八八战略”引领下实施“千万工程”、建设和美乡村的实践探索、成效启示与未来走向》一文获全区论文征文比赛一等奖并在《黄岩通讯》上发表，《黄岩“三化十二制”的实践》一文获全区论文征文比赛二等奖。《“三化十二制”为和美乡村建设“护航”的实践探索与理论思考》《黄岩“八八战略”

全记录》分别在《台州史志》和《今日黄岩》上发表。《制度创新的力量》在《黄岩政研》上发表，得到区委书记的批示肯定。2023年3月27日，区委党史研究室主要负责人在区委组织部举办的理论学习中心组（扩大）学习会上以"深化'千万工程'、共建和美乡村"为主题，开展党史专题分享。完成省里下达的"八八战略"20年全记录近万字的研究成果——《深入推进"三化十二制"，全面建设新时代共富和美乡村》，同时编写"八八战略"系列党史资料。

（区委党史研究室　陈佳音）

对台工作

【对台交流交往】 2023年，黄岩区举办2023浙江·台湾合作周台州分会场黄岩专题活动，举行台州台湾青年梦创园揭牌仪式和黄台两地青创分享荟。开展"台商台青看黄岩"活动，邀请在浙台商台青参观黄岩沈宝山国医馆。践行"两岸一家亲"理念，做精做强"台胞台属之家"服务品牌，开展交流活动，促进融合发展和同胞心灵契合。促成台州市台资企业协会会长、台商吴发彬向永宁中学、黄岩灵石初级中学捐赠奖学奖教金和助学金17.5万元。浙江亿威实业有限公司董事长、台商邱慈意向沙埠中心小学捐资助学10万元。

【服务台胞台商】 2023年，区台办开展"大走访大调研大服务大解题"活动，以落实落细各类惠台政策措施为重点，建立健全机关工作制度，不断优化涉台营商环境。常态化走访台胞台企，通过送政策、送服务、解难题等举措，让台胞台企在黄岩投资经营发展。协调有关部门解决台胞台商在生产生活、医疗保险等方面的实际困难，为台胞在黄岩的生产、生活、出行提供更多便利。

（区台办　王雷）

全面深化改革

【概况】 2023年，中共台州市黄岩区委全面深化改革委员会办公室（简称"区委改革办"）会以习近平新时代中国特色社会主义思想为指导，全面贯彻落实党的二十大精神和省委、市委部署要求，围绕区委主攻"一千双百"三大跃升行动，营商环境优化提升"一号改革工程"。着力优化提升政务环境、法治环境、市场环境、经济生态环境、人文环境，打造"永宁好办""永宁善治""永宁护航""永宁助企""永宁政商"服务品牌。

【"个体户您好"集成改革】 2023年，"个体户您好"集成改革相关做法获副省长王文序批示肯定，入选2023年第三批营商环境优化提升"微改革"项目库和"一类事"省级指导目录先行先试地区清单，获得CCTV-1《晚间新闻》和《浙江新闻联播》专题报道，被"浙里改"微信公众号"竞跑者"刊发。

【黄岩区改革创新最佳案例评比】 9月27日，2023年黄岩区改革创新最佳案例评比活动在区文体中心举行。《"个体户您好"全

2023年9月27日，2023年黄岩区改革创新最佳案例评比活动在区文体中心举行。图为颁奖仪式　（区委改革办　供图）

生命周期一类事服务改革》《构建“宁好”全域刷脸办事服务体系》获得一等奖,《黄岩区以“三新人才”评选汇聚发展新动能》获最具人气奖。

【优化提升政务环境】 2023年,《黄岩区构建灵活就业“一件事”促群众更好就业创业》被评为2022年度浙江省优化营商环境县级优秀案例;黄岩区作为全省唯一县(市、区)参与《“办不成事”反映窗口运行规范》国家标准编写;“个体户您好”全生命周期一类事服务改革和瓜果产业全产业链综合服务集成改革两项工作,被列为台州市政务服务增值化改革试点;台州市“一件事一次办”向基层延伸推进会暨政务服务增值化改革部署会在黄岩召开。

【优化提升法治环境】 2023年,区委改革办推进中国黄岩塑料制品产业知识产权快速维权中心建设,获得国家知识产权局正式批示同意。“企业信用评估体系”司法领域应用相关做法获全国工商联副主席方光华,省委统战部副部长、省工商联党组书记徐国龙,省高级人民法院党组成员、副院长程建乐批示肯定;涉企社区矫正对象监管新模式获浙江省司法厅副厅长劳泓批示肯定。

【优化提升市场环境】 2023年,黄岩区成立台州市首个产业计量测试中心、浙江省首个县级技术机构承建的产业计量测试中心——浙江省模塑产业计量测试中心;《台州黄岩专利导航实现智能模具特色小镇精准补链强链》《浙江精诚模具专利导航出新品拓市场增效益》2个案例获评浙江省专利导航优秀典型案例。2023年国家高新技术企业上报52家,新增省级科技小巨人1家。

【优化提升经济生态环境】 2023年,黄岩区在省委改革办常务副主任金晓明到台州调研工作座谈会上作题为《改革赋能　降本增效　培植外出瓜果产业发展沃土》的工作汇报;在全省乡村振兴业务培训会上作题为《黄岩区开发公益性岗位推动低收入农户就业》的发言。深化“贷款码”融资服务模式,全区发放个体户信用贷款4.4亿元,联合举办“小微你好”暖企助企惠企专项行动,为1523家企业提供10.26亿元信用贷款。

【优化提升人文环境】 2023年,“廉模方”清风小镇被列为全国民营企业诚信合规建设观摩考察点;《黄岩区打造政府重大投资项目财经监督新样本》获省人大常委会党组书记、副主任陈金彪批示;《双线联动　共推环保设施开放》案例入选全国首部《环保设施向公众开放优秀案例集》。强化公办教育资源供给,新增义务教育学位1900个,解决公办学位区域不平衡的问题。公共租赁住房租赁补贴全年累计保障570户家庭,发放金额共143.10万元。

（区委改革办　傅志柯）

老干部工作

【概况】 截至2023年底,黄岩区有离休干部56人,其中抗战时期参加革命工作的4人,解放战争时期参加革命工作的52人。离休干部中,行政事业单位离休27人,企业离休20人,代管、易地安置的9人。全区有退休干部5530人,其中男性3224人,女性2306人。退休干部中,机关单位退休1765人,事业单位退休3765人。

【老干部党建思政工作】 2023年,黄岩区委老干部局开展学习贯彻习近平新时代中国特色社会主义思想主题教育。印发《关于引导全区离退休干部党员主动参加学习贯彻习近平新时代中国特色社会主义思想主题教育的通知》,以“三会一课”、主题党日等形式组织广大离退休干部开展专题学习。围绕贯彻落实中共二十大精神、共同富裕、喜迎亚运等主题,策划举办文体比赛、主题笔会、主题宣讲、草地音乐会等活动共14场。组织县处级中心组老干部赴嘉兴等地开展党性教育和实践活动。组织老干部管委会赴沙埠青瓷小镇开展“走看促”活动。举办全区干部荣退暨“银青结对”仪式，为100余名老干部颁发光荣退休荣誉牌，现场结对5对。举办全区离退休干部党支部书记培训班，开展离退休干部党支部规范化、示范性建设，实现党支部规范化全覆盖，新培树市级示范性党支部3家、省级“三强六好”（离退休干部党支部凝聚力强、引领力强、组织力强，组织设置好、班子建设好、党员队伍好、学习活动好、作用发挥好、制度坚持好）党支部4家。

【老干部发挥正能量】 2023年，黄岩区委老干部局主动搭建平台丰富载体，引导广大离退休干部持续发挥正能量。实施全市首个《老干部品牌工作室建设管理实施细则》，培树“汪姐”夕阳红服务队、徐凤华慈善公益工作室、黄岩区老科技工作者协会、扶正祛邪工作室、北城街道老干部解忧益站等品牌团队。新前街道退休干部党支部被评为省级“最美离退休干部党支部”，江口街道退休干部党支部书记陈荷生被评为省级“最美离退休干部党支部书记”，徐凤华慈善公益工作室被评为省级“最美银耀志愿服务团队”，金启正被评为省级“最美银耀志愿者”，《夕阳红济困扶弱“帮帮帮”公益行动》和《“爱心餐”志愿服务项目》被评为省级“最美银耀志愿服务项目”。全年共培育“银尚达人”20个人（团队），新增省级“银尚达人”2人、“银尚之家”1家、“乐活驿站”1个。“银尚达人”4类10件作品入选全省“八八战略”实施20周年成果展。

【老干部服务管理】 2023年，黄岩区委老干部局深化“连心日记”制度，深入推进离休干部“一人一策”精准服务。详细记录离休干部的身体、思想和生活状况，积极帮助协调解决老干部反映的各种问题，走访离休干部150余次，解难事50余件。融合家政服务、家庭医生签约、社区“四就近”（离退休干部就近学习、就近活动、就近得到关心照顾、就近发挥作用）等工作，为20余名离休干部开展适老化改造。常态化开展“夏季送清凉，冬季送温暖，节日送关怀”等活动，走访慰问离休干部、县处级退休干部及“银尚达人”800余人次，落实困难帮扶经费6万元。

【老干部活动阵地建设】 2023年，黄岩区建设、利用、管理老干部活动阵地，为老干部学习活动提供保障。牵头组建黄岩老年教育联盟，印发《中共黄岩区委教育工作领导小组关于组建黄岩老年教育联盟的通知》，组建由区委常委、组织部部长任主任，分管副区长任副主任的区老年教育联盟指导委员会，明确由12家单位组成老年教育联盟。东城街道家门口老年大学获评省级“家门口老年大学”优质教学点。黄岩老年大学精品云课堂课程《“金石与传拓”》被省“云上老年大学”录用，陈玲、潘美兰、叶敏等3名教师入选全省老年教育优质师资库名单。老年大学健身气功获得黄岩区第十六届运动会第一名，校合唱团获“第二届台州市合唱大赛”铜奖。老干部社团及老年大学志愿队开展送春联、送摄影、送文艺等下乡志愿活动10余场。

（区委老干部局　解文雅）

关心下一代工作

【概况】 2023年，黄岩区关心下一代工作委员会（简称“区关工委”）开展主题教育活动265场次，参与活动“五老”162人次，受教育青少年2.7万人次。举办“为青少年办实事”“微心愿”活动50次。开展法治主题活动120场次，受教育4.5万人次。

【主题宣讲教育】 2023年，区关工委开展“红心向未来·奋进新时代”主题教育活动主题宣讲活动162场次，受教育青少年13000人。动员“五老”在开展宣传教育150场次，服务青少年12000余人次。“五老育苗大讲堂”开展各类宣传教育12场次，服务青少年1000余人次。

【组织创建】 2023年，全区创建市级“五好”乡镇（街道）关工委3家，创建市级“五好”村（社区）关工委15家。全年各乡镇

（街道）关工委举办暑期度假班15场次，受益青少年800余人。

【法制帮教】 2023年，区关工委开展“法治关爱进校园”活动45场，受教育青少年1.5万人。全区60名法治副校长，10余名“五老”担任法治宣传员，在学校、村居举办法治讲座75场次，开展防诈骗、防溺水、反邪教等主题宣传80余场次，3万人次青少年受到教育。“五老代理家长”为法定代理人或者其他亲属无法到场的涉罪未成年人提供帮助15人次。开展“心怀感恩·向阳矫治”常态化矫正和心理咨询，受益56人次，开展“微心愿送书活动”，受益16人次。

【关工委商会和关爱基金工作】 2023年，乡镇（街道）关爱基金覆盖面100%，2023年新成立乡贤联谊会关工委2家。全区商会（乡贤会）共开展奖助帮困活动36场次，奖助师生196.8万元。

【关爱留守儿童】 2023年，六一儿童节期间，区关工委为三友学校的民工子弟学生送去2万元慰问金，黄岩义工协会组织30名贫困生至南京开展红色教育。各级关工委共组织开展“为青少年办实事”“微心愿”等活动50次，“红色教育”暑期实践活动55次，受益青少年4800人次。

【基地建设】 2023年，黄岩区新建区级青少年素质教育基地2家，在全区各教育基地开展主题活动50余次，受教育青少年4000多人次。举办帮教活动15场，帮扶矫正青少年100余人。义工之家青少年素质教育实践基地开展六一助学活动、方山环保活动、“文明志愿1小时”行动等实践活动100场次，参加青少年500余人，服务1500小时。各地关工委在“太阳花园地”开展各类活动100余次，服务青少年5000余人次。

【黄岩义工奉献爱心】 2023年，黄岩义工志愿者开展调查贫困生120余人，助学回访100余人次，新增结对学生32人。全年开展“迎新春·送温暖”困境学生助学慰问活动、“春、秋两季送助学金”活动、助学奖学金发放活动和“点点计划·关心下一代”暑期助学等活动23次，共资助贫困生315人，资助金额80余万元。承接4个政府购买服务、公益创投项目，总计21万元。

（区关工委　胡晓）

档案工作

【概况】 截至2023年底，黄岩区档案馆（简称“区档案馆”）馆藏档案共212个全宗，190606卷和486593件（其中中华人民共和国成立前旧政权档案有7个全宗7329卷），纸质资料21534册，录音录像22盒，照片2212张；开放档案1.36万卷。馆藏档案数字化率达95.67%，文件级目录数据362多万条，全文数字化1469.7万张。全年共接待档案利用者3644人次，提供档案资料4764卷（件）次。全年网上档案查阅服务和掌上档案查阅服务共计328次。

【党管档案工作】 2023年，区档案馆宣传贯彻省“两办”《关于推进新时代档案事业现代化先行的意见》，履行档案工作主体责任，充分发挥局长、馆长“一肩挑”的体制机制优势。与国企经开集团结成“党建共同体”，形成资源共享、优势互补、共同提高的党建工作新格局。

【档案资源建设】 2023年，区档案馆接收“三化十二制”相关图书资料19册，实物3件，视频7件，文书2件。红色档案征集7位抗美援朝老兵的照片、证书、纪念章等885件、口述档案7.94GB。退役军人立功受奖材料、革命军人证书等106件、口述档案25.4GB。接收7个爱国主义教育基地红色档案资料383件。重大活动档案视频档案173件，98.8GB，照片档案1672件，文书档案64件。收集黄岩籍亚运火炬手、运动员等相关网页11件，视频6件，文书1件。接收区府办、新冠防控指挥部等文书档案共4976件；纪委案件、社保、医保等业务档案共10336卷，195972件；农业农村局实物档案

2023 年 3 月 16 日，黄岩区档案馆在浙东浙南部队会师纪念馆开展红色口述档案采集工作（区档案馆 供图）

共 98 件。归集 29 家单位民营经济档案共计 798 件。归集四类档案（疫情防控档案、共同富裕、数字化改革、碳达峰碳中和）电子目录 739 条，数据 7.31GB。

【档案数字化改革】 2023 年，区档案馆推动档案科技项目工作开展，完成“基于 NLP 技术的人事任免档案自动整理项目”课题研究报告初稿。推广使用馆室一体化平台，增加浙政钉登录功能，优化平台使用效率，全区 90% 以上的机关、乡镇单位使用。加强数字档案室建设，区府办等 3 家单位获评“省级示范数字档案室”，区委政法委等 5 家单位获评“省级规范数字档案室”。

【档案法治建设】 2023 年，区档案馆深入推进“互联网 + 监管”和“双随机”执法检查，随机抽查 16 家单位。开展跨部门联合执法检查，联合任务率为 75%，抽查事项覆盖率为 100%。强化对档案服务企业的监管，对辖区内两家档案中介开展专项执法检查。全区 18 家机关单位、60 个行政村（社区）开展业务建设评价。实施机关档案分类方案、归档范围、保管期限表“三合一”制度，完成经开集团等单位的“三合一”审批工作。

【档案规范化管理】 2023 年，区档案馆开展“机关靠前服务 先锋聚力营商”专项业务走访服务活动，实地调研指导标力集团、凯华模具等民营企业，举办企业档案规范化管理培训会，指导润兰公司做好重要档案资源数字化副本移交工作，浙江凯华模具有限公司获评台州市“民营企业档案工作规范单位”。加强重点建设项目档案工作指导和事中事后监督管理，对接天翀集团、精诚模具、模塑中心等企业项目单位，开展中央内预算项目档案指导工作。将档案工作列入区委综合目标考核，督促指导各进馆单位档案规范工作，完成 2022 年度部门及乡镇（街道）档案工作考核工作。

【档案安全工作】 2023 年，区档案馆全面落实档案安全工作责任制，加强风险管控和闭环管理。开展馆藏重点档案抢救，争取省级经费和区级配套资金 26.4 万元，完成 216 卷民国档案的修复抢救。完善应急保障机制，落实档案安全防范各项责任措施，4 月开展消防演练和档案安全应急演练，提升突发事件的应急处置能力；规范档案接收保管、移交流转和查阅归位等业务流程，不断提升档案库房管理精细化、智能化水平。

【档案文化建设】 7 月，台州科技职业学院“档案实践教育基地”和“红色档案开发与利用研究中心”在区档案馆正式挂牌。组织开展“红领巾走进档案馆”主题实践活动；拍摄“我和档案的故事”——《传承》获全市二等奖；与文明办联合举办“橘乡新事双月评 25 周年”主题展览，并申报市级巾帼文明岗。开展形式多样的“6·9”国际档案日宣传活动，扩大档案工作社会知晓度和影响力。

（区档案馆 屠海丽）

台州市黄岩区人民代表大会

综　述

2023年，台州市黄岩区人民代表大会共召开区十七届人大常委会会议7次、区十七届人大常委会主任会议11次，听取和审议专项工作报告30个，开展专题询问1次，作出决议、决定10个，发出审议意见2份，备案审查规范性文件23件，依法任免国家工作人员51人次，为主攻“一千双百”三大跃升行动、坚定不移实施“六大战略”、全面建设共同富裕区域标杆，以实干实效实绩书写中国式现代化黄岩篇章。

重要会议

【区十七届人大二次会议】 台州市黄岩区第十七届人民代表大会第二次会议于2月14—17日在城区召开。此次会议实有代表282名，应到282名。会议主要议程有：听取和审议区人民政府区长徐礼辉关于黄岩区人民政府工作报告；审查区发展和改革局关于黄岩区2022年国民经济和社会发展计划执行情况及2023年国民经济和社会发展计划草案的报告；批准黄岩区2022年国民经济和社会发展计划执行情况的报告及2023年国民经济和社会发展计划；审查区财政局关于黄岩区2022年预算执行情况及2023年预算草案的报告，批准黄岩区2022年预算执行情况的报告及2023年预算；听取和审议区人大常委会主任张建新关于黄岩区人民代表大会常务委员会工作报告；听取和审议区人民法院院长徐乐盛关于黄岩区人民法院工作报告；听取和审议区人民检察院检察长陈晓风关于黄岩区人民检察院工作报告；选举产生黄岩区第十七届人民代表大会常务委员会委员2人；投票表决2023年黄岩区人民政府民生实事项目；其他事项。

代表们认真审议各个报告，肯定区人大常委会和“一府两院”一年来的工作，并对各项报告作出决议。

除选举事项外，本次大会的预备会议和各次全体会议有关事项的表决采用按电子表决器的方式通过。

会议期间，代表们就产业发展、教育医疗、民生保障、城乡建设等多个方面工作提出建议196件。

会后（2月17日），举行宪法宣誓仪式，新当选的区人大常委会委员向宪法宣誓。

【区十七届人大常委会会议】 2023年，区十七届人大常委会共召开7次会议。

第八次会议　1月17日下午，在区文体中心二楼3号会议室召开。会议听取和审议区政府关于2022年民生实事项目办理、2023年民生实事候选项目征集情况的报告，审议通过2023年区人民政府民生实事候选项目，提请区十七届人大二次会议票决；审议通过2022年度履职优秀区人大代表名单、办理区人大代表建议先进单位和先进个人名单；听取关于选举、补选的区十七届人民代表大会代表资格审查报告，表决通过该报告，确认新当选的10名区人大代表资格有效；表决通过关于召开台州市黄岩区第十七届人民代表大会第二次会议的决定；审议提出区十七届人大二次会议议程（草案）、区十七届人大二次会议主席团和秘书长名单（草案），提请区十七届人大二次会议预备会议选举；审议通过区十七届人大二次会议列席人员名单；审议通过区人大常委会工作报告稿，提请区十七届人大二次会议审议。

第九次会议　3月7日下午，在区文体中心二楼3号会议室召开。会议审议通过区人大常委会2023年工作要点、区十七届人大常委会代表资格审查委员会部分组成人员任职事项；审议并表决通过有关人事任免事项。

第十次会议　4月28日下午，在区文体中心二楼3号会议室召开。会议听取和审议关于2022年度法治政府建设情况的报告、关于黄岩区2022年生态环境状况和环境目标完成情况的报告，听取和审议东城、南城2个人大街道工委关于2022年度工作情况和2023年度工作计划的报告，书面审议西城、北城、澄江、新前、江口、高桥6个人大街道工委关于2022年度工作情况和2023年度工作计划的报告，表决通过有关人事辞职事项。

第十一次会议　6月27日下午和6月28日上午，在区文体中心二楼3号会议室召开。会议传达和学习全省基层人大工作座谈会精神；表决通过个别人大街道工委委员调整名单；审议并表决通过有关人事任免事项，并对新任命人员举行宪法宣誓仪式；表决通过有关代表辞职事项、关于个别区第十七届人民代表大会代表资格终止情况的报告；表决通过黄岩区人民代表大会常务委员会关于进一步优化营商环境的决定；听取和审议关于政府重大项目推进和完成情况的报告、关于后疫情时期提升基层医疗综合能力情况的报告、关于黄岩乡村振兴西部共富情况的报告、关于黄岩区排水设施运维体系建设情况的报告。

第十二次会议　8月28日上午，在区行政大楼三楼大会议室召开。会议听取和审议关于提请批准黄岩区2022年财政决算的议案、关于黄岩区2022年财政决算草案的报告、关于黄岩区2022年度本级预算执行和其他财政收支的审计工作报告、关于黄岩区2022年财政决算草案审查结果的报告，表决通过关于批准黄岩区2022年财政决算的决议；听取和审议关于黄岩区2023年上半年国民经济和社会发展计划执行情况的报告、关于黄岩区2023年上半年预算执行情况的报告、关于黄岩区多层次养老服务体系建设情况的报告；对区人民检察院部分员额检察官履职情况开展评议，并进行测评；表决通过有关人事任免事项，并对新任命人员举行宪法宣誓仪式。

第十三次会议　10月23日上午、10月24日上午和10月

2023年6月27日下午和6月28日上午，区十七届人大常委会第十一次会议召开　（区人大办　供图）

30日下午，在区文体中心二楼3号会议室和区文体中心多功能厅召开。会议听取和审议关于提请审议《黄岩区茅畲乡下街村历史文化名村保护规划》的议案、关于《台州市黄岩区茅畲乡下街村历史文化名村保护规划》编制情况的报告、关于区十七届人大二次会议代表建议办理情况的报告、关于区十七届人大二次会议代表建议督办情况的报告、关于2022年度黄岩区企业国有资产管理情况的报告、关于黄岩区推进全域旅游发展情况的报告、关于“三新”农村共富建设情况的报告、关于黄岩区城区市政道路体系完善与品质提升情况的报告、关于黄岩区技术工人“扩中提低”工作情况的报告；表决通过有关人事任免事项，并对新任命人员举行宪法宣誓仪式；听取和审议关于优化提升营商环境工作情况的报告，并就该项工作开展专题询问，会议要求将专题询问时提出的意见、建议整理形成审议意见，经主任会议讨论通过后，交区政府处理。

第十四次会议　12月28日，在区行政大楼三楼大会议室召开。会议听取和审议关于“十四五”规划纲要实施情况的中期评估报告，书面审议各专项规划中期评估报告；听取和审议关于提请审查批准黄岩区2023年地方政府债务限额及新增债务预算调整方案（草案）的议案、关于提请批准黄岩区2023年财政预算调整方案（草案）的议案、关于黄岩区2023年地方政府债务限额及新增债务预算调整方案（草案）的报告、关于黄岩区2023年财政预算收支情况及预算调整方案（草案）的报告、关于黄岩区2023年地方政府债务限额及新增债务预算调整方案、2023年财政预算调整方案审查结果的报告，表决通过关于批准黄岩区2023年地方政府债务限额及新增债务预算调整方案的决议、关于批准黄岩区2023年预算调整方案的决议；听取和审议关于2022年度本级预算执行和其他财政收支审计查出问题整改情况的报告、关于开发区高质量发展情况的报告、关于2023年规范性文件备案审查工作情况的报告；对在黄岩区台州市六届人大代表开展2023年度履职监督；表决通过有关人民陪审员任职事项、关于召开台州市黄岩区第十七届人民代表大会第三次会议的决定、有关人事任免事项、市代表补选事项、区代表辞职事项、关于个别区第十七届人民代表大会代表资格终止情况的报告、关于选举（补选）区十七届人大代表的决定；对新任命人员举行宪法宣誓仪式。

常委会日常工作

【坚持党的全面领导】　2023年，黄岩区人大常委会严格落实“第一议题”制度，全年共召开党组理论学习中心组（扩大）学习会13次。坚持每月向区委汇报工作进展及重点工作安排，保证人大工作始终在区委领导下进行。全年向区委请示报告重大问题、重要事项、重点工作7次，区委主要领导就人大工作作出5次批示。常委会班子成员下沉到多个区级工作专班，领衔多项重点工程，保障浙东芳养谷、“小橘灯”共富工坊、锦江小学改扩建以及王林王林施区块、红三区块、大树下地块等项目有序推进。

【助力经济社会发展】　2023年，黄岩区坚持在服务大局中找准履职切入点，助推中央和省委、市委、区委重大决策部署落地见效。听取和审议黄岩区国民经济和社会发展计划执行、“十四五”规划纲要实施情况中期评估的报告，依法审查批准政府债务限额及区级预算调整方案，对部分区级部门预算开展重点审查，推动构建经济发展新局面。作出《关于进一步优化营商环境的决定》，以图文直播和全程连线基层单元的形式，举行优化提升营商环境专题询问会，助力解决一大批社会普遍关注的问题，《靶向发力、高位推动，助力破解不动产登记难题》入选全省各级人大代表助力三个“一号工程”主题活动典型案例。围绕学前教育和托幼服务、妇女权益保障、技术工人“扩中提低”等议题，组织开展各类监督45次。全面落实民生实事项目人大代表票决制，全力推动

10个区级、124个乡镇（街道）民生实事项目落地见效。

【推进民主法治进程】 2023年，黄岩区所有基层单元均被确定为市人大基层立法联系点，积极配合省、市人大开展15部法规草案的立法意见征集。推动《台州市黄岩西部山区发展促进条例》的立法前期调研工作。发挥法律巡视“利剑”作用，重点就《中华人民共和国安全生产法》《中华人民共和国体育法》《浙江省全民健身条例》执法情况进行检查，配合省人大联动对多部法律法规执行情况进行检查。对27名常委会任命的政府部门正职和“两院”副职开展履职监督评议。监督落实《关于我区开展粮食购销和医疗卫生领域专项反腐败工作情况的审议意见》，不断巩固拓展正风肃纪反腐成效。

【提升代表工作质量】 2023年，黄岩区在全市率先把乡镇（街道）人大代表联络站经费列入财政预算。全年组织各类履职活动6800余次、“督政议事”活动917场次，收集民情民意6500余条，推动解决一大批关乎群众生产生活的热点难点问题。构建“基层单元＋共享法庭＋共联检察”共建融合机制，拓宽全过程人民民主渠道。充分发挥代表主体作用的相关做法，在全省乡镇街道人大工作培训会上作经验交流，经验类信息得到市人大党组副书记、副主任蒋冰风批示肯定。积极探索数字赋能人大工作，黄岩区政府重大投资项目人大“e”监督系统列入省人大财经数智应用省级示范·市县典型应用场景板块，相关经验被《浙江人大信息（专刊）》和《浙江信息》录用，得到省人大党组书记、副主任陈金彪和省人大党组副书记、副主任高兴夫批示肯定。

【夯实人大工作基础】 2023年，黄岩区组织常委会组成人员赴四川大学开展专题培训。汇编《黄岩区乡镇（街道）人大工作规范》，出台《黄岩区乡镇（街道）人大工作“强基指数”质效评价办法》等文件，促进乡镇（街道）人大履职行权不断规范。设立开发区人大代表联络站，召开开发区第一届选民议事会。全年100篇报道在市级以上媒体刊登，宣传稿件录用数量与质量创历年新高。《全过程人民民主视域下提升乡镇人大履职质效的基层实践和路径研究》被《浙江省人大工作研究会通讯》录用，并得到省、市人大主要领导批示肯定。参与市人大理论研讨会优秀论文评比，获一等奖1名、二等奖1名、三等奖3名。获奖数量和获奖层次为历年之最、各县市区之首。

【代表建议议案办理】 2023年，区十七届人大二次会议期间，区人大代表共提出建议196件，由政府系统承办的190件，占总数的96.9%。在区人大常委会和代表们的监督、支持下，经区政府和各承办单位的共同努力，190件人大代表建议已全部办复完毕。其中，已解决或基本解决的（A类）54件，占比29.3%；正在解决或纳入计划逐步解决的（B类）119件，占比64.7%；受条件限制或其他原因、暂缓解决或留作参考的（C类）11件，占比6%。6件建议被列为区政府重点督办建议。

2023年8月25日，人大“巡诊团”开展助推营商环境优化提升“一号改革工程”专题活动。图为第一站走进区行政服务中心

（区人大办　供图）

人大监督

【赋能法治政府建设】 2023年，黄岩区人大常委会听取和审议关于2022年度法治政府建设情况的报告，针对依法行政理念需进一步强化、执法监管职责边界需进一步厘清、行政执法规范需进一步提升、法治化营商环境需进一步优化等问题，要求强化法治思维，牢固树立“法治是最好的营商环境”理念，增强推进法治政府建设的责任感；深化改革攻坚，大力推进“大综合一体化”改革，健全跨部门跨领域联动执法机制；加强数字赋能，迭代升级数字化应用场景，提升“一网通办”率；规范公正执法，完善柔性执法机制，着力提升依法行政能力。

【助力政府重大项目建设】 2023年，黄岩区人大常委会听取和审议关于政府重大项目推进和完成情况的报告，针对重大项目谋划布局不够均衡、前期论证不够充分、管理组织不够到位、绩效评价不够规范等问题，要求提高站位，科学合理谋划重大项目计划；优化机制，推进重大项目实施提质增效；多管齐下，着力加强重大项目要素保障；强化监督，增强重大项目监管实效。

【护航全域旅游高质量发展】 2023年，黄岩区人大常委会听取和审议关于黄岩区推进全域旅游发展情况的报告，针对全域旅游发展理念不够深入、产业融合不够全面、要素保障不够完善、宣传氛围不够浓厚等问题，要求放大区位优势，提升文旅载体能级，积极适应消费新趋势，丰富全域旅游发展空间体系；加强统筹规划，聚焦产业融合发展，加快新模式新产品开发落地，优化全域旅游发展业态结构；聚焦要素保障，加强配套基础设施建设，提升智慧旅游服务支撑，构建多元化、便利化全域旅游公共服务体系；强化宣传推介，创新开展全方位营销，提高市场人气与活力，形成黄岩元素鲜明的高品质文旅品牌。

【促进乡村振兴西部共富】 2023年，黄岩区人大常委会听取和审议关于黄岩乡村振兴西部共富情况的报告，针对乡村产业培植不够有力，美丽乡村长效机制不够健全，要素投入支撑不足，工作合力有待加强等问题，要求精准谋划特色产业和项目，加大招商引资力度，推动农业产业全面提档升级；积极破解资金土地制约，创新人才培引机制，推动强村富民全面提质增效；开展和美乡村联建联创，厚植乡村人文内涵，推动和美乡村全面提亮美化；西部共富要做“实”，系统优化公共服务体系和产业布局，加强村集体经济“造血功能”，推动强村富民全面提质增效。

【关注生态环境保护工作】 2023年，黄岩区人大常委会听取和审议关于黄岩区2022年生态环境状况和环境目标完成情况的报告，针对生态环境质量基础不够牢固、环境系统治理能力有待完善、智慧环保平台作用发挥不足等问题，要求广泛凝聚共识，压实生态环境保护各方责任，切实扛起生态环境保护使命；聚焦关键领域，补齐环境保护工作短板，从源头推进生态环境问题治理；坚持系统思维，强化数字平台建设和数据共享，努力构建环境治理协同机制；守牢生态底线，加强问题整改。

【助推养老服务体系建设】 2023年，黄岩区人大常委会听取和审议关于黄岩区多层次养老服务体系建设情况的报告，针对养老服务设施建设管理较为落后、养老专业服务队伍薄弱、养老服务质量不高、医养康养结合发展不足等问题，要求充分发挥政府职能作用，合理界定各主体职责，建立健全养老服务业发展协调机制；科学统筹各类养老服务机构空间布局和设施配置，推进服务信息公开，做优做强梯次养老服务；着眼老年人全周期健康服务需求，强化政策及要素支撑，深入推进医养康养融合发展；加强养老专业服务队伍建设，创新运营管理模式，不断强化数字智慧应用，全面提高养老服务质量。

（区人大办　邱子娴）

黄岩区人民政府

重要会议

【区十七届政府第 20 次常务会议】 区十七届政府第 20 次常务会议于 1 月 8 日召开。会议听取黄岩区无欠薪工作汇报。审议《2023 年政府工作报告（审议稿）》《黄岩区 2022 年国民经济和社会发展计划执行情况及 2023 年国民经济和社会发展计划草案（送审稿）》《2022 年财政预算执行情况和 2023 年财政预算（草案）》《企业破产清算周转金管理和使用暂行办法（送审稿）》。研究《黄岩区空间发展规划》等三项规划编制有关事项；黄岩重大项目全流程服务平台、黄岩重大产业申报全过程咨询服务项目费用有关事项。书面研究林友青、王秀芳见义勇为记功有关事项。

【区十七届政府第 21 次常务会议】 区十七届政府第 21 次常务会议于 1 月 28 日召开。会议研究政府系统表彰表扬项目评选有关事项、黄岩区贯彻落实浙江“8+4”政策体系有关事项。

【区十七届政府第 22 次常务会议】 区十七届政府第 22 次常务会议于 2 月 10 日召开。会议听取 2022 年度法治政府建设工作汇报。审议《黄岩区加快推进制造业高质量发展若干政策（送审稿）》《黄岩区科创飞地管理办法（试行）（送审稿）》。研究浙东南智算经济产业园建设有关事项、2023 年促消费工作有关事宜、黄岩少体校危房改造及工程经费有关事项。

【区十七届政府第 23 次常务会议】 区十七届政府第 23 次常务会议于 3 月 2 日召开。会议听取黄岩区安全生产工作汇报。审议《2023 年政府工作报告目标任务责任分解方案（送审稿）》《黄岩区土地整治项目实施和管理办法（送审稿）》。研究台州青年设计创新湾项目有关事项、全区 60 岁以上老人“防疫包”物资采购有关事项、台州市黄岩区“12·8”年末汽车促销活动经费有关事项。

【区十七届政府第 24 次常务会议】 区十七届政府第 24 次常务会议于 3 月 30 日召开。会议审议《区政府 2023 年度重大行政决策事项目录（送审稿）》《黄岩区新一轮支持分布式光伏发展若干意见（送审稿）》《黄岩区普惠托育基本公共服务促共富工作实施方案（试行）（送审稿）》。研究十七届人大二次会议重点督办建议办理有关事项、区政协十五届二次会议重点提案分工领办有关事项、进一步完善黄岩区政府产业基金运作管理有关事项、长潭库区和平原 13 个乡镇（街道）农村生活污水提升改造工程有关事项。

【区十七届政府第 25 次常务会议】 区十七届政府第 25 次常务会议于 4 月 19 日召开。会议审议《台州市黄岩区全民健身实施计划（2021—2025 年）（送审稿）》。研究台州乱弹现代戏《陈芳允》创排及经费有关事项、2023 年度粮油生产工作有关事项、黄岩区鑫城天元商务广场周边退让地及人行道改造工程有关事项、兑付 2022 年度市场采购贸易第三批奖补资金有关事项、老年人助餐补助政策调整有关事项、幼儿托育机构补助经费有关事项。

【区十七届政府第 26 次常务会议】 区十七届政府第 26 次常务会议于 5 月 9 日召开。会议学习《浙江省行政合法性审查工作规定》。分析一季度经济形势、研究二季度经济工作。听取黄岩区安全生产和消防工作汇报。审议《黄岩区“招大引强、引凤来栖”工作实施方案（试行）（送审稿）》。研究区政府领导工作分工调整有关事项、城乡共富规划建设咨询合作课题有关事项、黄岩区 S325 沿线环境提升改造工程项目设计有关事项、2022 年度市级商务促进发展专项资金兑现有关事项。

【区十七届政府第 27 次常务会议】 区十七届政府第 27 次常务会议于 5 月 24 日召开。会议审议《黄岩区市政基础设施项目三年（2023—2025）建设计划（送审稿）》《黄岩区省补海洋（湾区）经济发展资金分配管理细则（试行）（送审稿）》《黄岩区支持企业上市挂牌和高质量发展 20 条（送审稿）》。研究与浙江师范大学合作办学有关事项、浙东芳养谷共富工坊产业园招商政策有关事项。

【区十七届政府第 28 次常务会议】 区十七届政府第 28 次常务会议于 6 月 16 日召开。会议审议《黄岩区医疗卫生人才引育专项政策（送审稿）》。研究租用国投未来社区展厅用作婚姻登记场所有关事项、与浙江省测绘科学技术研究院签订战略合作框架协议有关事项、黄岩区更新（新增）微公交车辆采购有关事项、区外事业编制人员交流调动至黄岩区事业单位有关事项。

【区十七届政府第 29 次常务会议】 区十七届政府第 29 次常务会议于 6 月 30 日召开。会议听取黄岩区安全生产和应急管理工作汇报。审议《黄岩区县域商业体系建设项目资金管理办法（2023—2024 年）（送审稿）》《黄岩区“村改社区”三年工作规划（送审稿）》《黄岩区文艺活动常态化运营方案（送审稿）》《关于加快黄岩区建筑业高质量发展的若干意见（试行）（送审稿）》。研究与上海音乐学院签订合作备忘录有关事项、黄岩区 2023 年迎峰度夏移峰填谷工作有关事项、主城区交通组织调整有关事项。

【区十七届政府第 30 次常务会议】 区十七届政府第 30 次常务会议于 7 月 27 日召开。会议分析黄岩区上半年经济形势、研究下半年经济工作。听取 2023 年度符合政府安排工作条件退役军人安置岗位情况的汇报。审议《关于公布区政府及区政府办公室行政规范性文件清理结果的通知（送审稿）》。研究三江口区域黄岩片区开发建设有关事项备忘录、追加 2023 年度民生实事项目资金有关事项、黄岩区未成年人成长关爱中心建设项目经费有关事项、黄岩区老旧柴油叉车淘汰替换新能源工作资金有关事项。书面研究孔祥朋、张军敏见义勇为记功有关事项。

【区十七届政府第 31 次常务会议】 区十七届政府第 31 次常务会议于 8 月 9 日召开。会议审议《黄岩区政府投资项目“双业主”负责制管理办法（送审稿）》《关于加快推进中药材产业发展若干意见（送审稿）》。研究官河商圈促消费活动专项资金有关事项、黄岩官河古道商圈打造有关事项、“三化十二制”城乡治理现代化研究项目有关事项、黄岩区委羽山庄老年公寓腾房方案有关事项。

【区十七届政府第 32 次常务会议】 区十七届政府第 32 次常务会议于 8 月 29 日召开。会议听取黄岩区生态环境保护工作汇报。学习《重大行政决策程序暂行条例》。审议《黄岩区贯彻落实省委生态环境保护专项督察意见反馈问题整改方案（送审稿）》《2023年黄岩区域块状产业产品质量阶梯攀登行动实施方案（送审稿）》《黄岩区促进律师行业高质量发展实施意见（送审稿）》。研究2022年度商务外经贸、电商政策资金兑现有关事项、“智慧停车”及“智能路网”项目建设有关事项、智能网联汽车创新应用示范项目建设有关事项。

【区十七届政府第33次常务会议】 区十七届政府第33次常务会议于9月13日召开。会议审议《黄岩区创建百万家庭奔富行动示范县工作方案（2023—2025年）（送审稿）》。研究黄岩区2023年下半年促消费活动经费有关事项、2022年度黄岩区推动商贸业提质扩容奖励扶持项目申报资金兑现有关事项、2023年度“稳生产拓市场促消费”（支持企业扩大销售）项目申报资金兑现有关事项、黄岩区生活垃圾分类示范社区创建经费有关事项、拨付新奥燃气有限公司2021年度供暖天然气购销差价有关事项、S325省道北院线至山头姜段（市域铁路S2共线段）拓宽改造工程有关事项。

【区十七届政府第34次常务会议】 区十七届政府第34次常务会议于9月28日召开。会议听取落实《浙江省促进民营经济高质量发展若干措施》和《台州市促进民营经济高质量发展三十条措施》情况的汇报。审议《黄岩区农贸市场更新提质四年行动计划（2023—2026年）（送审稿）》。研究黄岩区农贸市场资产盘活方案有关事项、区外事业编制人员交流调动至黄岩区事业单位有关事项。

【区十七届政府第35次常务会议】 区十七届政府第35次常务会议于10月26日召开。会议听取市城投集团委托黄岩区政府对东官河公司及东官河黄岩段剩余工程进行管理、关于央视《旅行加速度》重大活动情况的汇报。审议《关于加快黄岩区建筑业高质量发展的若干意见》调整办法。研究新前街道厚施路北侧和江口街道永椒路北侧、进港路东侧地块出让有关事项、黄岩区江口街道永椒路北侧、进港路东侧拟出让工业用地有关事项、支付2023年黄岩区项目前期费用有关事项、追加2023年度妇儿驿站建设经费有关事项、黄岩区广告位资产盘活方案有关事项。

【区十七届政府第36次常务会议】 区十七届政府第36次常务会议于11月17日召开。会议书面学习《中华人民共和国行政复议法》。分析前三季度经济形势，研究冲刺四季度、全年红经济工作。审议《黄岩区贯彻落实〈关于台州市促进民营经济高质量发展三十条措施〉的任务清单》《关于促进黄岩区注册会计师行业高质量发展的若干政策意见（试行）》《关于支持黄岩区物流行业高质量发展奖补政策的若干意见》。研究2022年度黄岩区工业企业综合绩效评价工作结果有关事项、区外事业编制人员交流调动至黄岩区事业单位有关事项、黄岩射击馆维修改造有关事项。

【区十七届政府第37次常务会议】 区十七届政府第37次常务会议于12月12日召开。会议书面学习《民法典合同编通则司法解释》。听取黄岩区国民经济和社会发展第十四个五年规划和二〇三五年远景目标纲要实施情况中期评估报告的汇报、黄岩区“五水共治”工作汇报、全区安全生产工作汇报。研究“青燕归巢”二期项目有关事项、黄岩东部片区水质提升与水量保障再生水利用工程有关事项、西城街道劳动南路西侧、九澄大道北侧等二个地块出让方案有关事项、黄岩区公共数据授权运营工作有关事项、黄岩区2023年财政收支情况及预算调整有关事项。

【区十七届政府第38次常务会议】 区十七届政府第38次常务会议于12月29日召开。会议传达学习习近平总书记关于低温雨雪冰冻灾害防范应对工作和地震救灾工作的重要指示精神。审议区政府民生实事候选项目及《黄岩区加快服务业高质量发展的若干意见（试行）（送审稿）》《关于深入实施知识产权和品牌、标准战略推动经济高质量发展若干政策意见（送审稿）》《黄岩区加快开放型经济发展的若干意见（送审稿）》《黄岩区国家教育考试劳务费支出管理办法（送审稿）》《关于支持企业稳岗促产实现“开门红”的通知（送审稿）》。研究“两节”期间区欠薪形势有关事项、2023年体育工作汇报、2023年体育民生实事项目建设经费有关事项、江口街道白云西路南侧、应家山路西侧等四个地块出让方案有关事项、方山下三期区块国有土地上房屋拆迁范围情况有关事项、院桥镇全域土地整治套式集中安置区（一期）集体土地上房屋拆迁范围有关事项、黄岩经开集团产业化转型及主体级别提升方案有关事项。

区政府办工作

【概况】 2023年，黄岩区政府办公室（简称“区府办”）围绕区委、区政府中心工作和决策部署，在服务大局上发力，在服务基层上下功夫，在服务群众上创先争优，进一步改进工作方法，完善工作制度，提高工作水平，完成各项工作任务。推进机关文化建设，支持工会开展各类文体活动，进一步提升机关凝聚力和战斗力。

【以文辅政】 2023年，区府办始终围绕浙江“两个先行”、台州“三高三新”等奋斗目标，聚焦主攻“一千双百”三大跃升行动、全面建设共同富裕区域标杆，深入调查研究，聚焦破解要素制约、产业升级、民生要事、基层治理等发展难题，深入基层开展调查研究，为领导决策想办法、出思路、提建议。信息报送。围绕区委、区政府中心工作，优化信息报送制度，增强参谋服务的前瞻性、针对性和实效性。全年共报送省市政务信息326篇，其中录用127篇、批示35篇，《黄岩全省首创“个体工商户您好”全面打造“增值式”营商服务新生态》《黄岩区创新“三步工作法”打造城乡风貌样板区》等多篇专报获得省政府领导批示肯定；共编发《政务信息》11期、《信息简报》46期。规范办文办会。完成政府各类政策文件和工作报告的收发、起草、办理、把关工作，对上级各类政策文件，认真研读后提交区领导审定，并督促相关部门贯彻落实；对区政府常务会议和专题会议资料、纪要审核把关，确保合法合规。同时，规范公文处理程序，提高公文处理质量和运转效率。按照精简文件和会议要求以及实际工作需要，压缩会议、发文数量和规模，2023年，区政府发文206件，同比减少1.44%，承办各类会议1108件，同比减少3.23%。

【服务重点工作】 2023年，区府办围绕上级决策部署和全区中心工作，对照《2023年〈政府工作报告〉目标任务责任分解方案》，跟踪推进情况，监督重点工作落实情况。特别是针对一些进度相对滞后的项目，加强各方协调联动，分析原因，提出有效举措，形成强大攻坚合力，确保如期完成。同时，按照区委、区政府决策部署，协助区领导督查数字经济产业、永宁江科创新城、重大产业项目申报、新能源未来汽车城等全区重点工作，确保各项工作有序推进。

【强化数字赋能】 2023年，区府办聚焦数据运营，助力数字经济。全面贯彻落实浙江省公共数据授权运营工作要求，成立黄岩区公共数据授权运营管理协调机制，明确公共数据授权运营试点工作职责任务，确定公共数据授权运营重点领域，联合区委网信办、区发改局、区经科局等有关部门开展授权运营工作，同时聚焦营商环境，优化政务服务，重点聚焦营商环境优化提升“一号改革工程”，畅通网上办事渠道，依申请政务服务事项办件高质量“一网通办”，全区2.0平台受件118万余件，一网通办率达97.60%；政务服务“一地创新，全省共享”涉企高频事项有效建议被省各业务部门采纳数16条，系统可用性保持在99.24%。

【议案提案办理】 2023年，区府办在两会议案提案交办前，提前进行预交办审核，明确办理责任，开展协调。在办理过程中，对各协办单位和主办单位的办理情况进行跟踪督办，解决办理内容交叉、部门职责不清等问题，加快办理进度。同时，和代表委员主动沟通交流，反馈办理进度，征询意见建议，提升代表委员对议提案办理的满意率。年内共办理人大建议190件、政协提案145件，主办市级议提案5件、协办23件，市级、区级办复率均为100%。

【聚焦民生实事】 2023年，区府办办好民生实事，全年省、市两级涉及黄岩区民生实事共89项，完成率分别达到201.78%、115.62%，其中省级民生实事完成率位居全省第一，省、市两级综合完成率达到163.05%，位居全市第一。

【政务透明公开】 2023年，区府办促进政务信息及时公开，全年公开规范性文件14件，发布政策解读文件材料29条；以多形式通过政府门户网站发布各类政府信息7569条，群众访问量90万人次；收到政府信息公开申请113件，流转办理上年案件4件，全年共完成依申请答复109件。

【加强外事管理】 黄岩区加强因公出国（境）管理，全年共审核呈报因公出国（境）3批次15人次；执行证照领缴制度，收缴率100%。做好外国人来华邀请核实单办理工作，全年共审核办理邀请外国来华50批次78人次。严格国际性会议管理，完成第六届中国国际积极心理学大会暨2023年中国心理学会积极心理学专业委员会年会、城乡融合推进乡村振兴中德学术研讨会、黄岩蜜橘起源与国际传播国际研讨会等国际性会议报批工作。

【地方志工作】 2023年，黄岩区完成《黄岩年鉴（2023）》出版，首次实现年鉴全彩印刷。因机构改革，《黄岩年鉴（2021）》未编纂，2023年地方志编纂室自加压力完成编纂《黄岩年鉴（2021）》。组建黄岩第三轮志志书编辑部，11月初步形成第三轮志志书目录大纲，12月22日通过省市评审。完成浙江省数字志馆“浙里有志”首期数据收入，完成《黄岩风物志》《黄岩年鉴》《黄岩方志期刊》电子化。院桥镇《鉴洋湖志》启动编纂。新增《黄岩集》《嘉定赤城志》《台学统》等藏书。

（区府办　陈鸿宇）

行政服务

【概况】 2023年，黄岩区人民政府行政服务中心（简称“区行政服务中心”）累计办件119.4万件，获评浙江省示范政务服务中心、2023年度台州市“无诈”单位、2023年度县（市、区）政务服务管理机构重点工作争先评优优秀单位等。机关党建、政务服务增值化改革、“办不成事”反映窗口等多项工作举措在全省全市领先。

【示范政务服务中心建设】 2023年，区行政服务中心优化外部环境和内部布局，构建“网办为先、窗口兜底、自助为辅”的政务服务新模式，完善“办不成事”反映窗口（兜底窗口）运行，参与《政务服务“办不成事”反映窗口运行规范》《政务服务统一咨询服务》2项国家标准编写。2023年11月17日，浙江省委改革办印发《关于公布2023年度浙江省示范政务服务中心（便民服务中心）的通报》，黄岩区入选15个县（市、区）示范政务服务中心，为台州市唯一单位。

【涉企服务】 2023年，区行政服务中心建设企业综合服务中心，“区行政审批大厅服务站”变更为“区企业综合服务中心”，升级规格为副科级事业单位，设置项目、政策、金融、人才、法治、科创、开放、数据、综合受理等9个板块窗口，打造“一站式”供给的涉企服务综合服务平台。梳理黄岩区涉企服务事项清单S2版268项涉企服务事项。创新应用“一类事”（涉企服务“一类事”，是指围绕企业全生命周期特定阶段或产业链关键环节）服务场景，全国首创“个体户您好”集成服务改革，获省领导批示肯定，被央视宣传报道，入选国家、省级相关优秀案例；探索实施“验登合一”高效审批模式，推进竣工联合验收与不动产首次登记同步测绘、同步审核、同步办理，实现验收即发证。

【便民服务】 2023年，区行政服务中心围绕个人从出生到身后、企业从设立到注销两个全生命周期，推进“一件事一次办”向基层延伸，实现乡镇（街道）19项可办、村（社区）13项可办、企业服务中心18项可办。3月，黄岩区构建灵活就业“一件事”促群众更好就业创业工作体系入选优化营商环境20个县级优秀案例。7月6日，全市“一件事一次办”向基层延伸推进会暨政务服务增值化改革部署会在黄岩召开。开通“宁聚力”政务服务车。组建以党员干部和窗口业务骨干为主要力量的“帮帮团”，把服务送到园区里、小区里，全年开展24场次。梳理“教你办”事项28项，录制教学示范视频，制作图文指南，提高“网上办”“掌上办”知晓率。

【基层服务体系建设】 2023年，区乡两级创建政务服务星级大厅，提升窗口形象。有五星便民服务中心6家，四星便民服务中心10家，三星便民服务中心3家，19个乡镇（街道）便民服务中心全部达三星级以上标准。11月17日，浙江省委改革办印发《关于公布2023年度浙江省示范政务服务中心（便民服务中心）的通报》，黄岩区宁溪镇入选示范便民服务中心。实施行政办事员智慧化管理考核，开展3次服务等级考评，共有9名行政办事员通过五级评级、6名行政办事员通过四级考级、7名行政办事员通过三级评级、13名行政办事员通过二级考级、24名行政办事员通过一级评级。开展行政办事员职业技能鉴定，取得职业技能鉴定证书中级38名，初级72名。

（区行政服务中心　柯艳）

2023年3月10日，区行政服务中心在黄岩电子商务产业园开展“宁聚力”政务服务车进园区活动　（区行政服务中心　供图）

机关事务管理

【办公用房管理】 2023年，黄岩区机关事务中心（简称“区机关事务中心”）推进办公用房数字化平台建设工作，召开党政机关办公用房数字化管理平台应用推进会，完成63个区级机关单位和19个乡镇（街道）全省办公用房管理“一张网”平台基础数据收集和导入工作。开展全区党政机关办公用房规范使用专项检查工作，掌握全区党政机关办公用房使用情况的最新动态。出台《黄岩区党政机关办公用房租用管理实施办法》，完成市场监督管理局、金融工作中心、政法委、行政服务中心等6家单位8处办公用房租赁申请审核工作。

【公车管理】 2023年，区机关事务中心优化公务用车全省“一张网”平台使用，构建公务用车标准化、信息化、平台化“三化一网”管理体系，推进“一车一档，一人一档”的工作，推动公务用车高效规范使用。完成2022年公务用车统计年报工作，健全56辆公务用车的出车次数、加油维保费用、里程等台账。保障区两会、党代会、第六届中国国际心理学大会、同济—台州黄岩校地合作十周年系列活动黄岩区主题活动、中国农业技术推广协会杨梅产业促进分会成立大会暨黄岩东魁杨梅采摘节等重大活动公务用车保障工作。

【节能创建】 2023年，区机关事务中心印发《2023年黄岩区公共机构节能工作要点》，执行能源消费总量和强度双控制度。开展公共机构节能宣传周和节能宣传月活动，促进低碳绿色发展。完成区机关幼儿园绿色食堂创建工作。推进行政大楼合同能源管理项目，加快建设大楼综合能耗监测平台，机关大院更换LED照明灯具2000余个，更换空调面板600个，实施日常用能精细化管理。

【安全保卫】 2023年，区机关事务中心健全完善《黄岩区机关事务中心突发事件应急处置方案》，重启区行政大楼维稳联动机制，与公安、信访等部门即时联动处置。聚焦亚运安保工作，及时更换干粉灭火器、消防安全出口指示牌等消防器材700余件，监控室完成加装校时服务器、可视门铃等设备，并实行全天候“定点执勤+动态巡逻”安保模式，确保机关大院安全稳定。协助市局在黄岩区召开全市机关事务系统安保工作现场会，深化安全隐患大排查大整治行动。多次召开安保人员会议，增强全体安保人员维稳的大局意识和责任意识，全力营造机关大院平安环境。

【膳食服务】 2023年，区机关事务中心持续开展“我们的节日”系列活动，推出元宵送山粉糊、端午送粽子、中秋赠月饼等活动。一楼大餐厅持续推出轻盐减脂餐、夏日特色饮品、小份菜供应等，并新增西点烘焙间，为机关干部提供周末糕点外带服务，满足广大机关干部个性化需求。新增智能留样柜、油烟罩灭火系统、燃气联动报警切断系统等设施强化食堂食品安全和消防安全，按动态就餐人数安排食材采购，落实原材料每日每样检测，杜绝源头浪费，不断提高膳食管理和服务水平。参加“黄岩特色小吃”进省委党校活动，为党校研讨班学员提供番薯庆糕、宁溪火烧等黄岩特色小吃。

【“公务餐”改革】 2023年，全省“公务餐”制度改革推进现场会召开后，黄岩作为试点县域，按照“一地创新、全域推广，市县一体、同步推进”的工作思路，先后制定下发《黄岩区“公务餐”改革试点方案》和《黄岩区“公务餐”管理实施细则（试行）》，明确“公务餐”订餐流程、收费标准、资金结算等相关规定，规范日常管理。区、乡两级42家行政事业单位食堂计38个公务用餐点全部启用贯通，并完成万余名与浙政钉相匹配人员的手机号码录入浙江省“公务餐”跨区支付云平台系统工作。2023年，有440余人次在黄岩体验公务餐。

【后勤保障】 2023年，区机关事务中心保障区党代会、两会、全国农业科技现代化先行县院区共建工作推进会暨农业科技下乡活动、中国农业技术推广协会杨梅产业促进分会成立大会等重大会议活动后勤服务，完成行政大楼及文体中心召开的各类大小会议服务1500场次8.5万余人次。按照第六届中国国际心理学大会等国际性重大活动后勤保障工作要求，开展票务订购、重要嘉宾接送、食宿安排等工作。

【大院管理】 2023年，区机关事务中心落实大楼设施设备巡查机制，建立完善的巡查记录表，对机关大院的水、电、电梯等实行专人维护制度，重新签订中央空调、舞台设备等维护保养合同10余份，完成各类大小维修服务400余起，保障行政大楼各项设施正常运转。完成区政府广场绿化提升工程，提升广场绿植景观带美化效果。

【政府采购】 2023年，区机关事务中心共组织实施采购活动31次，执行财政预算金额24507.60万元，实际采购金额23661.66万元，节约资金845.94万元，节约率为3.45%，财政公款竞争性存放采购4次，金额21.45亿元，降低财政支出，发挥资金使用效益。

【学前教育】 2023年，区机关幼儿园执行晨午检制度、消毒隔离制度、因病缺课追踪登记制度、保健培训制度等，保证全园师幼身心健康发展。组建“青葵成长联盟”，通过“执行教研组长”“小纸条教研”“第一备课人”等活动促进青年教师快速成长，并依托市区级“名师工程”建设，以一人一项目，支持名特优教师和骨干教师以科研推动教研，形成“雁阵”效应。基于本土文化，创新开发“花朝·花事”精品课程，获评区级精品课程；作为全国足球特色幼儿园，获省足球操一等奖等荣誉；打造机幼“慧心”啃读坊，作为全区唯一一家幼儿园获评台州市首批五星级啃读坊。

（区机关事务中心　陈宣中）

应急管理

【概况】 2023年，黄岩区应急管理局（简称“区应急管理局”）在区委区政府的坚强领导下，全面防范化解安全生产和自然灾害风险，组织开展重点行业领域及重点时段安全整治工作，守牢全区安全底线，坚决防范遏制较大及以上安全事故发生，为平安护航全国两会、杭州亚（残）运会营造良好社会环境。全区共发生生产安全一般事故4起，死亡2人，未发生死亡3人以上的较大及以上生产安全事故，安全形势总体稳定。

【安全生产隐患大排查大整治】 2023年二季度，深刻吸取金华武义“4·17”重大火灾事故教训，聚焦八大重点行业领域和三大重点专项，开展安全生产隐患大排查大整治行动，坚持排查全覆盖、整治全闭环、监管铁措施、惩戒铁手腕。全区累计检查各类企业（场所）223644家次，发现一般隐患393358条，重大隐患2935条。对各类企业（场所）责令停产11865家次，立案查处8618家，行政拘留64人。

【隐患专项排查整治】 2023年，突出全区重点行业领域，兼顾新业态新领域，聚焦可能导致群死群伤的重大事故隐患，开展全领域系统排查整治。2023年区级政府挂牌督办重大隐患8个，均完成整改。开展“园中园”“厂中厂”专项整治行动，摸排发现出租单位707家、承租单位2144家，出租面积334.6万平方米、建构筑物1574幢、租赁区域总人数31177人，累计发现隐患20382个。开展电气焊作业底数摸排行动，发现电气焊作业人员1127人，涉及电气焊企业316家，电气焊设备995台，检查电气焊企业478家次，发现问题隐患128处，整改128处。

【抓好“七张问题清单”填报整改工作】 2023年，持续梳理报送道路交通、消防、工矿、建设施工、城市运行、自然灾害防治等领域重大安全生产（自然灾害）问题清单，及时督促问题整改。2023年共有10条问题清单被省、市级录用，有力消除一批全区安全领域顽瘴痼疾，切实提升安全本质水平。

【开展护航亚运安全生产下沉服务】 按照“市下沉县、县下沉乡、乡驻点重点企业（场所）”工作要求，全区建立重点服务企业清单，汇总重点企业（场所）107家，明确服务部门，就行业领域重点风险隐患和重大问题，帮扶企业开展风险隐患排查整治，持续维护亚运期间全区安全生产形势稳定。

【落实省“最多跑一次”行政审批改革】 2023年，区应急管理局完成158件行政许可事项，包括烟花爆竹经营许可证（零售）核发105件、危险化学品经营许可延期47件、危险化学品经营许可4件、危险化学品建设项目安全条件审查2件等，完成53件其他行政服务事项，涵盖生产经营单位应急预案备案、危险化学品生产、储存、使用企业安全评价报告备案、烟花爆竹批发经营企业购销合同文本备案等。

【尾矿库和非煤矿山整治监管工作】 2023年，区应急管理局全面落实整改尾矿库检查发现的问题隐患，开展相应的安全防范工作。2023年，开展铅锌矿1#、

2#、3# 尾矿库执法检查 6 次，发现一般隐患 4 条。推进黄岩广发矿业有限公司作为数字化建设试点矿山企业，指导企业充分利用现代安全风险监测和信息化管理技术，积极开展安全生产数字化建设，实现视频监控、监测双重机制、人车定位、生产安全调度数字化管理，提升风险识别、风险管控和应急救援能力。

【安全生产行政执法】 2023 年，区应急管理局开展“双随机”执法、一线工作法、跨部门联合执法等，严肃查处工矿领域安全生产非法违法行为，全区安全生产领域共立案 253 起。健全安全生产行政执法与刑事司法衔接工作机制，严厉打击安全生产领域涉嫌犯罪行为，办理行刑衔接案件 3 件。

【应急救援体系】 2023 年，区应急管理局组织开展技能培训和联合演练，如防汛防台综合演练、综合性应急救援队伍应急能力集训、森林火灾应急演练等。2023 年，全区共开展 74 场（次）应急演练，演练共投入 40.5 万元，参与 2511 人次，其中应急管理部门牵头组织或参与的共 17 场（次）。实现乡镇综合应急救援队 100% 全覆盖，村社突击队 100% 全覆盖，成立以区森林消防队直属中队为主队的区级综合应急救援队伍，其他部门、行业领域各专业队为分队，共下设 17 支行业（领域）专业应急救援队。

【森林防灭火工作】 2023 年，区应急管理局强化监测预警，全面排查整改隐患，加强基础设施建设，确保灭火形势稳定。2023 年，共发布森林火险气象风险橙色预警 4 次，黄色预警 7 次。开展森林火灾隐患排查整治专项行动，共出动人员 4027 人次，排查整改各类隐患 352 处。向全区各级森林防灭火队伍发放高压水泵 21 台，高压水带 1380 条，扑火服 840 套、防火头套 400 个，头盔 570 副、扑火鞋 790 双、过滤式呼吸器 980 个、防爆手电 790 个，森林消防水罐车 5 辆等物资。

【应急管理投入】 2023 年，区应急管理局积极申报政府专项债项目，实施区应急能力提升工程。投入 9000 万元推进乡镇（街道）应急中心工程、消防应急救援能力、防汛防台应急救援能力、安全基础提升等方面建设，不断补齐安全应急保障基础设施建设和应急救援装备等方面短板。

【防御 5 号台风“杜苏芮”】 2023 年 7 月 26 日 11 时到 7 月 29 日 10 时，区面雨量 293.3 毫米，长潭库区 325.6 毫米，永宁江流域 236.5 毫米。区防指于 7 月 26 日 11 时启动防台风应急响应，7 月 29 日 12 时结束防台风应急响应。按照“应转尽转、应避尽避”原则，全区转移人员 3623 人，检查点位 7935 处，排查整改防汛安全隐患 1731 处，未发生灾情险情。

【防御 6 号台风“卡努”】 2023 年 8 月 1 日 8 时至 8 月 4 日 6 时，全区面雨量 7.5 毫米。其中，长潭区外 9.1 毫米，长潭区内 6.2 毫米。区防指于 7 月 30 日 18 时启动防台风应急响应，8 月 4 日 16 时结束防台风应急响应，未发生灾情险情。

【烟花爆竹安全监管】 2023 年，区应急管理局部署开展烟花爆竹打非专项治理工作，对沿街店铺、集贸市场、废弃厂房、出租房等场所进行检查，全年共检查场所点位 329 个。2023 年 11 月，首次采取公开摇号的方式，确定全区 2024—2026 年烟花爆竹零售点位资格。

【防灾减灾工作】 2023 年，区应急管理局加强避灾安置场所规范化建设，2023 年新建成规范化避灾安置场所 33 家，安置点全部按照标准配备防潮垫、行军床、一次性餐具、应急灯、应急生活包等物资，并落实相关管理制度。完成黄岩区地震灾害风险普查任务，并通过专家质检和验收。

【“数字应急”建设】 2023 年，区应急管理局开展省级“森防智哨监测预警项目”试点，着力推进基层森林防灭火体系规范化建设。硬件包括 5 台前端热感知远距离云台和 5 个前端热感知远距离球机，软件应用包括森林防火一张图、地图应用、森林防火移动应用、基础应用、与指挥中心系统深度融合等，实现林火预警智能化、火情定位精准化、风险管控常态化。

【宣传教育培训】 2023年，区应急管理局以“3·19”森林消防宣传日、“4·15”全省防汛防台日、“5·12”全国防灾减灾日、“安全生产月”等为契机，开展各类安全主题宣传活动进社区、进家庭、进企业、进农村、进学校等“五进”活动。2023年，共开展线上宣传200余次，阅读量破10万；线下活动12场，发放各类宣传册、宣传海报3万余件、宣传品超8000件，直接受益人数超1万人。持续开展企业百万员工大培训，完成百万员工大培训线上培训10026人（不含特种作业人员），生产经营单位主要负责人和安全管理人员线下培训2929人。

（区应急管理局　苏丽娇）

2023年6月14日，在黄岩区北门广场开展全国第22个“安全生产宣传咨询日”活动

（丁蕴蕾　摄）

大数据发展

【概况】 2023年黄岩区大数据发展中心（简称“区大数据发展中心”）创新工作举措，加大工作力度，推动数据要素市场化，提升政务服务水平，打造营商环境最优区，推进平台一体化智能化、数据高效归集共享，筑牢网络数据安全防线。

【公共数据授权运营】 2023年，区大数据发展中心贯彻落实浙江省公共数据授权运营工作要求，明确公共数据授权运营试点工作职责任务。建立健全工作机制，成立黄岩区公共数据授权运营管理协调机制，负责公共数据授权运营的具体工作。明确准入条件，确定公共数据授权运营重点领域，并向社会发布公告。统筹推进数据运营，根据《浙江省公共数据授权运营办法（试行）》相关规范要求，联合区委网信办、区发改局、区经科局等有关部门对申报运营单位及应用场景进行授权评估，开展数据授权运营工作。

【政务服务】 2023年，区大数据发展中心贯彻落实省委、市委、区委关于营商环境优化提升“一号改革工程”的决策部署，优化网上办事环境，畅通网上办事渠道。依申请政务服务事项办件高质量“一网通办”，全区2.0平台受件108万余件，一网通办率达97.48%，超期受理率1577件，仅占0.14%，超期办件491件，仅占0.05%。政务服务“一地创新，全省共享”涉企高频事项有效建议被省各业务部门采纳数14条，系统可用性保持在99.73%，持续提升政务服务水平，为企业个人全生命周期提供全链条、全方位服务。

【智治支撑】 2023年，区大数据发展中心依托市一体化智能化公共数据平台，开展城市治理“一网统管”领域，建立“一网统管”领域指标体系、全域感知网，推动“平台+大脑”一体建设、融合发展、数字赋能，有效提升城市治理体系和治理能力现代化水平，精准赋能“县域数治”变革。对接综治平台、公安立元平台等7个视频源平台和3个物联设备平台，累计汇聚3.6万个物联设备。推进预警指标上线，通过感知数据的共享交换、联动调用和全量分析实现问题事件高效智慧预警，推动基层决策更精准。

【数据支撑】 2023 年，区大数据发展中心依托 IRS 功能，实现全区数字资源统一配置、统筹管理，推动数据资源利用高质高效。强化数据归集，累计登记信息系统 94 个，编制应用目录 82 个，编制数据目录 2541 个、归集数据目录 1217 个、数据项 4.3 万条、数据量 11.1 亿条，承接省市回流数据集 167 个、数据量 4000 多万条，推动数字资源从“底数一本账”跃升到“配置一本账”。严格项目审批，最大限度减少重复建设，全年累计节约区级财政资金约 230 万元。推动数据共享，共申请批量数据 1008 条，调用接口 297 个、组件 199 个、云资源 120 项，开放目录 288 个、数据项 2942 个、数据量 9200 余万条，数据资源开放率 57.9%，数据共享满足率 100%。

【网络安全】 2023 年，区大数据发展中心进一步规范信息系统建设、政务网站管理，切实保障全区信息系统及网络数据安全。全年通过违规外联告警系统监测到 15 个单位 36 次政务外网违规外联事件；通过网络安全态势感知平台共捕获攻击次数 288.47 万次，处理攻击事件 904 次，拦截有害程序 5298 次，整治电子政务外网挖矿行为终端 76 台；同时通过天擎终端防护查杀病毒 54.76 万次，清理病毒数 35.28 万次，高危漏洞修复 10.27 万次。常态化开展设备巡检及安全演练，联合区委网信办对区内共发起 3 次网络安全和数据安全检查。全年未发生一起政务信息系统安全事件、设备故障事件、灾难性事件及其他安全事件。

【网站管理】 2023 年，区大数据发展中心持续加强黄岩区政务公开网站管理，规范网站信息采集、审核、发布等工作流程，确保发布信息权威性、及时性、准确性、严肃性和安全性。全年共发现整改 1095 个严重表述错误、235 个无效地址、2 个政策解读关联问题、12 个网站功能设计问题、677 个重点词；共核查外链 1084 条，其中非法外链 64 条均落实整改。开展政府网站和政务新媒体日常维护工作，遵循“谁发布、谁管理、谁负责”的原则，压实主体责任，强化日常监测，定期发布网站巡检报告和问题通报，督促各部门完成问题整改，确保政府网站安全稳定、高效运行。全年未发生政府网站安全事故。

（区大数据发展中心　杨金利）

招商引资

【概况】 2023 年，黄岩区投资促进中心强化项目意识、服务意识和创新意识，实施全员招商、全类招商、全链招商，招引重大产业项目。2023 年，新引进落地亿元以上产业项目 18 个。

【项目招引】 2023 年，黄岩区加强产业趋势研究，筛选重点领域细分赛道，重点围绕黄岩区智能制造、新能源、新材料、医药健康、数字经济等产业，实施产业链招商。重点聚焦新能源新材料及智能制造产业链，招引落地总投资 50 亿元的亿弘光伏项目和总投资 100 亿元的清陶锂电池项目。聚焦数字经济产业链，建设

2023 年 11 月 5 日，第六届虹桥国际经济论坛暨全球数字产业高峰对接会在上海举办。黄岩区与高端 OLED 功能性膜材产业化项目成功签约

（林曼馨　摄）

浙东南数字经济产业园，总算力为700P，总投资38.2亿元，通过算力招引高新技术企业，实现落地注册企业9家，包括寒武纪、智道网联科技、爱通行科技、觅久科技、封神科技、云端科技、数商智慧科技等，行业涵盖数字芯片、智慧交通、智慧医疗、软件开发等多个领域，将带动黄岩数字经济核心产业发展。同时，深化“一把手”外出招商机制。由书记和区长带队到北京、江苏、上海、广东等地开展上门招商，并主动介入重点项目，全程协调，牵头解决项目推进中的各种问题，加快项目签约、落地。2023年，由区领导带队上门招商29次，招引亿弘、清陶等重大项目。极开展境外招商。坚持“一把手”领衔，聚焦欧洲、日韩等国家和地区，组织开展境外招商引资。2023年，书记、区长带队分别到日本、韩国、德国、比利时开展境外招商，重点瞄准制造业企业，加大外资项目招引力度。

【落实项目推进】 2023年，黄岩区强化责任落实，加快推进项目签约、落地、开工。优化项目推进体系。建立区领导领衔招商项目、议事规程推进项目、定期外出招商三大工作机制，实施全流程全周期跟进服务，实现招商项目快速签约、落地。同时筛选重点招商项目，将项目当月进度和下月计划列入每月常委会汇报议题，分类推进，专班跟踪。实现“一对一”招商。制定“一对一”招商分解表，确定项目的责任单位和责任人，要求及时跟进，上报项目对接及进展情况，更新项目动态。

【完善招商机制】 2023年，黄岩区出台《2023年黄岩区“招大引强、引凤来栖”工作行动方案》，成立招大引强工作领导小组全面统筹推进招大引强工作，构建以区委、区政府统筹领导、区投资促进中心协调推动、区级有关部门积极参与、乡镇（街道）发挥主体作用的招商引资工作新体系。同时，开展“全员”招商。区领导领衔招商，靠前指挥谋项目、主动出击谈项目、积极协调落项目，确保人人有项目、人人盯项目。对区级部门和乡镇（街道）“一把手”每月招商工作进行量化考核，传导压力，进一步压实责任。

【专题推介】 2023年，黄岩区打造展示平台，以项目落地为导向精准邀约企业。以“招商推介＋高峰论坛”形式召开2023上海·台州周黄岩区绿色产业发展大会，实现14个重大项目集中签约，涵盖数字经济、新能源、新材料、文旅等多个领域，强化项目支撑、学术赋能，广泛开展多层面、多领域的交流合作。同时，通过第六届中国国际积极心理学大会现场举行幸福产业签约仪式、幸福产业推介会等大型活动，与9家企业进行项目集中签约。

（区投资促进中心　虞聪）

中国人民政治协商会议台州市黄岩区委员会

综　述

2023年，中国人民政治协商会议台州市黄岩区委员会（简称“区政协”）在区委的坚强领导下，坚持以习近平新时代中国特色社会主义思想为指导，深入学习贯彻中共二十大精神，认真贯彻落实习近平总书记关于加强和改进人民政协工作的重要思想以及习近平总书记考察浙江重要讲话精神，聚焦聚力区委主攻“一千双百”、坚定不移实施“六大战略”，以“系统提升年”为主线，以“五月活动”为抓手，以“五大提升”为重点，深化“十化工作法”，充分发挥专门协商机构作用，切实履行政治协商、民主监督、参政议政职能，为书写中国式现代化黄岩篇章贡献政协智慧和力量。

重要会议

【政协台州市黄岩区第十五届委员会第二次会议】 政协台州市黄岩区第十五届委员会第二次会议，于2023年2月13—16日在黄岩城区举行。会议认真听取并高度评价区委书记包顺富代表中共台州市黄岩区委所作的讲话，听取并赞同区长徐礼辉所作的政府工作报告，赞同区人民法院、区人民检察院工作报告及其他报告。会议审议批准区政协党组书记、主席王辉所作的区政协十五届常委会工作报告，审议批准区政协提案工作情况报告。会议期间，区委、区政府领导出席大会并参加“请你来协商·崇和协商会”、分组讨论等，与委员深入协商，互动交流，听取意见建议，营造良好的协商民主氛围。在委员发言大会上，10位委员分别代表各党派、团体和界别，就黄岩区营商环境优化、市区融合发展、产业引导基金建设、战略性新兴产业培育、共同富裕建设等内容作精彩发言，得到区委、区政府主要领导的批示肯定。在提案协商会上，区政协邀请区委、区政府和有关部门领导就政协提案进行协商座谈。2月16日，政协台州市黄岩区第十五届委员会第二次会议胜利闭幕。

【区政协常委会会议】 2023年，区政协常委会会议共召开5次。1月18日，区政协十五届五次常委会会议召开，传达省政协十三届一次会议精神，听取区委书记包顺富关于区委2022年工作情况及2023年工作思路的通报，听取区政府办公室关于年度提案办理及区政协常委会建议案办理情况的通报，审议通过有关人事事项，审议通过区政协十五届二次会议有关事项。2月15日，区政协十五届六次常委会会议召开，听取区政协十五届二次会议各组讨论情况的汇报，审议通过区政协十五届二次会议的决议（草案）、提案审查情况的报告（草案）。4月6日，区政协十五届七次常委会会议召开，传达学习全国两会精神，听取区委常委、常务副区长林峰关于区政府优化营商环境工作情况的通报，审议通过《区政协2023年度工作要点》《区政协2023年度协商工作计划》《区政协委员履职考评办法》，部署区政协“系统提升年”活动相关工作。8月24日，区政协十五届八次常委会会议召开，传达学习全省政协主席读书会精神、全市政协主席读书会精神、全市政协党建工作会议精神、市政协六届九次常委会会议精神、区委区政府全会精神，听取区委副书记、区长徐礼辉关于黄岩区上半年经济社会发展情况和下半年主要工作安排的通报，听取区人民法院代理院长赵勇、区人民检察院检察长陈晓风分别关于区人民法院、区人民检察院2023年工作情况的通报，审议通过《关于文旅深度融合促全域旅游高质量发展的建议案》，审议通过有关人事事项。11月10日，区政协十五届九次常委会会议召开，听取副区长徐雨薇关于黄岩区青年发展型城市建设情况的通报，听取区政协委员及青年代表围绕青年发展型城市建设的发言，审议通过有关人事事项。

履行职能

【政治协商】 2023年，区政协加大协商建言力度。紧扣区委“六大战略”“一千双百”等中心工作，积极开展全会协商、常委会会议专题协商、提案办理协商、专委会对口协商，多层次、宽领域、常态化的协商议政格局进一步形成。召开区政府区政协工作协商对接会，确定全年重点提案，交流重点工作及协商计划。深化“请你来协商”平台建设，聚焦“文旅深度融合促全域旅游高质量发展”“创建国家学前教育普及普惠区”等社会关注的议题，召开6次“请你来协商·崇和协商会”。组织委员围绕市域铁路S2线工程、库区农村建房用地、基层医疗卫生人才队伍、汽配行业发展、少体校新校区建设、历史文化村落保护、规模化畜禽养殖等主题开展协商36次。

【民主监督】 2023年，区政协拓宽民主监督广度。发挥协商式监督优势，聚焦“发展大事”和“关键小事”。围绕《关于推进黄岩县域商业体系建设的相关建议》《关于加快启动黄岩职教中心建设的建议》等16件重点提案、重要提案，组织开展面商督办，推动提案落地落实。聚焦“迎亚运盛会　助力全省三大提升行动”“深化‘千万工程’建设美丽乡村”等主题，组织在黄岩的省、市、区政协委员开展三级政协联动专项集体民主监督活动，集聚监督合力。围绕永宁江科创带建设、多村联改市区融合、城镇污水零直排区建设、乡镇（街道）法治化综合改革、交通道路环境优化、农合联“三位一体”改革、招商平台建设、文化馆新馆建设、中医院新院区建设等方面开展专项民主监督。

2023年11月26日，北洋镇在中德农场开展“民生议事堂”协商活动
（区政协办　供图）

【服务民生】 2023年，区政协切实发挥委员主体作用，服务发展、改善民生，委员全年开展履职为民活动3220人次。围绕工艺品产业发展、“垃圾革命”推进、村卫生室建设、教育政策落实、居家养老助餐网点全覆盖、“老省心”综合体建设、小橘灯共富工坊建设等开展调研视察。聚焦青年群体创业就业等9个方面主题，倾听青年声音，保障青年权益，成立首批9家政协助力“青年发展型城市”建设联络点。组织界别委员开展“六送下乡”、政协之友志愿者服务队开展各类公益活动。围绕黄岩游泳馆开放、自来水水质等民生关切问题开展专项民主监督，助推游泳馆重新开放、自来水水质提升，入选区“忠诚善担当·依法干成事”典型案例。

【履职平台】 2023年，区政协坚持创优履职平台，有效畅通联系群众渠道。深化建设履职学习平台。健全以政协党组理论学习中心组学习为引领、常委会会议集体学、崇学讲堂专题学等相配套的学习制度体系。举办3期“崇学讲堂”。在全区各乡镇(街道)建立“崇学书房”，设立“共享书架”“委员读书角”，在黄岩政协掌上履职平台设立“崇学书院”，全方位拓展线上线下学习平台。规范建设民生议事平台。高质量建成各乡镇（街道）民生议事堂（三位一体），其中市级示范点13个。完成347个村（社区）协商驿站建设。完成智能模具小镇、黄岩蜜橘科技小园等特色示范型协商驿站建设，实现村、社区、企业和园区等多种类型协商驿站全覆盖。各民生议事堂全年共开展协商活动80次，收集汇总意见建议165条，落实98条。民生议事堂（三位一体）工作的经验被作为典型在全市现场交流会上交流。精心培育委员工作平台。加强对委员工作室线上线下工作指导，调整完善海归创业等3家委员工作室。建成35家委员工作室，全年共开展线上咨询服务137次、线下各类活动32次。台州少数民族委员会客厅被省政协评为五星级委员会客厅，黄岩民营经济委员会客厅2.0版被省政协评为四星级委员会客厅。

2023年4月22日，区政协第6期“崇学讲堂”邀请北京师范大学副研究馆员肖亚男作题为《黄岩名人王彦威的一生》的主题讲座

（区政协办　供图）

重要工作

【主题教育】 2023年，区政协深化“循迹溯源学思想促践行”“一线督战强基础促发展”等活动，把理论学习、调查研究、推动发展贯穿主题教育全过程。区政协主席会议成员领衔的委羽山老年公寓区块、大有艺术中心区块、方山下未来社区等一批重点攻坚项目被有力有序推进。全面贯彻新时代政协党的建设总要求，不断夯实团结奋斗的共同思想政治基础。自觉将政协工作置于区委的坚强领导下，严格执行请示报告等制度，确保同心同频、同向同行。持续擦亮“同心向党·六力党建”品牌，实现政协党建与履职工作双融双促。建强委员履职临时党总支与10个履职临时党支部，推进基层党建“两个全覆盖”。落实“三联结对”制度，引导全体党员与委员凝心聚力、

创先争优。党建工作被作为典型在全市政协党建工作会议上进行交流。

【系统提升年】 2023年，区政协坚持推进系统提升，全面夯实履职能力水平。工作规范系统提升。紧扣中共二十大提出的"完善人民政协民主监督和委员联系界别群众制度机制"要求，按照市政协"两年"活动部署推进工作，民主监督与委员联系界别群众工作进一步加强。制定委派民主监督工作实施方案，全体区政协委员分成26个民主监督小组，委派到法检两院、区级职能部门和区属集团公司担任民主监督员，重点围绕政府为民办实事项目等开展民主监督，增强监督工作实效。制订委员履职"服务为民"实施方案，每名委员密切联系3—5名界别群众。创建政协协商工作标准，与中国标准化研究院合作，制定《政协协商工作规范》，构建全流程全链条全闭环协商工作体系，得到市政协领导及区委主要领导批示肯定，相关论文在市政协理论研讨会上交流。协商议事系统提升。聚力助推省委三个"一号工程"，分别开展数字经济创新提质、营商环境优化提升、"地瓜经济"提能升级三个协商议事月活动，专门协商机构的功能、渠道和作用发挥更加显现。实地调研区行政服务中心、跨境电商产业园、智能模具小镇、浙东南智算产业园等地，就不动产数字化改革、数字经济创新发展、院士之家"智创谷"建设等开展专题协商。制定助推营商环境优化提升专项行动实施方案，常委会会议专题听取并协商讨论区政府营商环境优化工作。围绕"办好营商环境几件实事""全要素协同推动制造业高质量发展"主题开展委员联组协商。实地调研在外西瓜产业发展情况，就破解发展难题、推动外出农业做大做强出谋划策。履职能力系统提升。开展"五问"大讨论活动，围绕问题进行自查自纠，总结经验、查找差距、对标对表、整改落实，锤炼过硬履职本领和工作作风。强化委员"履职在线"平台应用，推动"指尖上的协商民主"。举办区政协常委会组成人员培训班，分3批次举办政协委员履职能力提升培训班，通过理论学习与实地调研，拓宽视野、提升能力、增进共识。调研能力系统提升。贯彻落实中办《关于在全党大兴调查研究的工作方案》，大兴调查研究之风。主席会议成员带队赴各乡镇（街道）开展"大走访大调研大服务大解题"活动。各委员履职临时党支部、界别活动组分头召开习近平总书记关于调查研究重要论述精神学习交流会。全年形成常委会重点调研课题《以文旅深度融合促全域旅游高质量发展》等12篇高质量调研报告。

2023年7—9月，区政协围绕黄岩游泳馆开放、自来水水质等民生关切问题开展系列民主监督，相关事迹入选黄岩区"忠诚善担当·依法干成事"典型案例（区政协办 供图）

【书香政协】 2023年，区政协坚持激活文化动能，放大书香政协优势。重视文化文史工作。成立黄岩区文史研究馆。调研亟须抢救性修缮的区文保点，情况报告获区委区政府主要领导批示，抢修工作全面落实。完成临海博物馆馆藏近代黄岩名人书画、碑拓、古籍扫描影印编撰。完成历届政协40余册文史资料数字化工作，刊发《文史资料汇编》电子书籍。举办“‘八八战略’在黄岩的生动实践”主题书画摄影展。专题调研高台舞狮、传统银饰制作等非遗传承与保护技艺，助力提升黄岩区非遗文化影响力。营造浓厚书香氛围。围绕“八八战略”“千万工程”“浦江经验”及省、市、区委全会精神等开展专题学习。连续举办政协委员联组读书会、机关干部读书分享活动。在区图书馆举办《悲喜同源：陈其钢自述》赠书仪式，在老年大学、重点骨干企业等单位举办赠书活动。助力文化复兴战略。发挥政协资源优势和人才优势，聚焦创建国家历史文化名城目标，助推《黄岩“南北文化轴”历史城市景观体系再生概念设计》方案出炉。挖掘本土文化精神内核，协同举办贤相杜范840周年诞辰纪念活动。协力出版入选首批国家珍贵古籍名录的《台学统》及《宋韵黄岩》《千年永宁》文化日历。助力谋划乱弹剧《我的乡亲陈芳允》等一批文艺作品。

【履职成效】 2023年，区政协各项工作取得新进展新成效。区委、区政府领导对区政协工作和履职成果予以充分肯定，作出批示41件次。《人民政协报》《联谊报》等上级政协宣传媒体录用稿件35篇，新华网、“学习强国”学习平台、《浙江日报》等媒体录用60篇。区政协获2023年度全省政协联谊报宣传工作先进单位。社情民意信息“星火小组”编发社情民意信息219条，报送区领导7条，区领导批示4条，上报市政协78条。《丘陵山区微农机研发收益低　影响装备进程需关注》等信息被省政协录用。“黄岩政协”微信公众号发布新闻报道339篇。积极发挥政协统战功能，完善与各民主党派、工商联和无党派代表人士合作共事机制，加强同党外知识分子、非公有制经济人士、新的社会阶层人士的沟通联络，走访慰问民族宗教界、港澳台侨界代表人士，促进政党、民族、宗教、阶层、海内外同胞关系和谐，黄岩经济和社会发展的朋友圈更大更巩固。加强老干部工作，区政协之友联谊会顺利换届。

（区政协办　许超）

中国共产党台州市黄岩区纪律检查委员会
台州市黄岩区监察委员会

综　述

【概况】 2023年，在市纪委市监委和区委的坚强领导下，全区各级纪检监察组织深入贯彻落实中共二十大以及中央、省、市纪委全会精神，紧扣高质量发展主题主线，牢牢把握稳中求进工作总基调和“严”的基调，忠诚履职尽责、锐意担当作为，坚定不移推进正风肃纪反腐，党风廉政建设和反腐败工作取得新进展新成效。

【强化政治监督】 2023年，中国共产党台州市黄岩区纪律检查委员会、台州市黄岩区监察委员会（简称“区纪委区监委”）聚焦“国之大者”，强化政治监督。围绕三个“一号工程”、护航亚运等政治监督项目，实施监督、管理及销号，发现并纠偏问题74个。以优化营商环境为切口，构建“720° 全镜式护航”监督体系，围绕惠企利企政策落实、招投标领域、领导干部违规经商办企业等六大主题，从“监督+服务”“监督+回头看”两个维度做实做细专项监督；实施“您点我督”专项行动，开展公职人员向市场经营活动主体借入资金专项治理、党员干部违规吃喝问题专项整治，收集“点单”建议100余条，发现各类问题及线索51条，处理43人，处分36人。聚焦“关键少数”，强化精准监督。构建“一把手”和领导班子监督“1+3+5”机制，开展“一把手”日常廉政约谈220余次，监督检查170余次。开展2023年度全面从严治党主体责任落实情况检查，对24家单位党委（党组）进行实地检查。以“一把手”和领导班子监督“五张责任清单”为重点，制定出台“全面从严治党主体责任25条负面清单”，对照清单开展监督检查并整改落实。协助区委召开常委扩大会议，21个单位党委（党组）主要负责人述责述廉并接受现场评议，推动“四责协同”机制落实落细。聚焦政治巡察，强化利剑作用。修订《中国共产党台州市黄岩区第十四届委员会巡察工作规划》，推进新一届区委巡察工作，对16个机关单位、4个乡镇（街道）及下辖62个村级党组织开展常规巡察，反馈问题1210个，移交线索45条，处分60人，移送司法6人，挽回经济损失943万余元，推动建章立制195项。深化巡视巡察问题整改，完成省“重大巡视问题清单”问题销号，重大巡视问题清单指数排名全市前列，相关案例入选省级示范案例。配合市委巡察指导督导，深化巡纪联动、巡审联动、组办联动等工作机制，推动巡察监督和各类监督贯通融合。

【力行正风反腐】 2023年，区纪委区监委保持惩治腐败高压态势。深入整治粮食购销、招投标、

2023年1月16日，黄岩区纪检监察干部节假日通过查看公车停放情况倒查问题线索　　（区纪委区监委　供图）

国企等重点领域腐败问题，坚决清理腐败。全区共处置问题线索764件次，立案334件，其中乡科级干部23人，股级干部32人，村“两委”主职干部26人；留置12人，其中留置主要对象8人，同级管理干部6人；处理行贿人7人；移送司法15人；追回违纪违法所得2170.7万元。严肃查处区投资促进中心原负责人、沙埠镇人大原主席吴某斌，区发改局原党委书记、局长郑某光，区水利局原党组成员、副局长周某，区卫生健康局原三级主任科员叶某峰，新前中学腐败窝案等一批违纪违法行为。推进作风建设常态长效。坚决贯彻中央八项规定及其实施细则精神，紧盯违规吃喝、违规收送礼品礼金、违规发放津补贴、酒驾醉驾等突出问题，建立协作即查机制，严查背后的隐形“四风”问题，查处享乐主义、奢靡之风问题37起，处理40人，处分39人，通报典型案例3期10人。加强源头治理，稳步推进“公务餐”改革试点。聚焦贯彻执行中共中央和省、市、区各级党委决策部署不实不细、维护群众利益不担当不作为等问题，查处形式主义、官僚主义问题26起，处理32人，处分21人。聚焦“指尖上的形式主义”开展专项整治，删减贯通到乡镇、村（社区）政务应用9个，减轻基层负担。深化“三效合一”标本兼治。发挥党性教育、政策感召、纪法威慑综合作用，在全市率先出台《领导首谈工作规程》，促使主动投案19人，同比上升26.7%。运用监督执纪“四种形态”处理721人次，其中第一、第二、第三、第四种形态分别占比60.2%、31.1%、4.4%、4.3%。做实以案促治，制定《黄岩区纪检监察建议整改落实监督实施办法》，开展案例剖析99件次，制发纪检监察建议书99份。做细案件警示，召开全区领导干部警示教育大会，拍摄警示教育片《抉择》，制发警示教育建议书117份，开展谈话提醒2900余人次。做深回访教育，促使受处理处分人员从“有错”向“有为”转变，累计回访175人。深化落实“三个区分开来”要求，出台《黄岩区营商环境领域容错机制实施细则（试行）》，建立容错高频事项“白名单”，消除干部干事创业后顾之忧。

【完善基层监督】 2023年，区纪委区监委突出民生领域专项治理。开展漠视侵害群众利益问题专项治理，建立“群众点题、部门答题、纪委监督、社会评价”工作机制，督促职能部门开展12个专项治理。开展惠农补贴资金、困难救助资金、村集体“三资”、乡村建设盲目“造景”等乡村振兴领域不正之风和腐败问题专项整治，查处问题103起，处理125人，处分77人。突出信访办理提质增效。实施初信初访“三效”提升工作机制，规范信访举报件的受理和办理，办信周期同比减少8.3%，基层信访举报吸附率提升10.1%，遏制信访举报增量。组织重信重访整治，开展“化存量、防上行、提质效”专项攻坚行动，调处化解重点件20件。开展失实检举控告澄清正名和打击诬告陷害，为13名党员干部及2个组织实施澄清正名，严肃查处北洋镇村民陈某某利用互联网平台公开造谣诽谤案件。突出数字赋能深化监督。深入开展公权力大数据监督，健全完善红色预警闭环管理机制，推动公权力大数据监督与监督检查、审查调查等工作深度融合，提升数字监督成效，办结红色预警信息122条，查实80条，查实率65.57%；转立案问题线索27件，立案率79.41%。开展公权力大数据监督“后半篇文章”，监督推动主责部门开展专项治理，产生区域性领域性问题信息43条，发出纪检监察建议书9份，推动开展专项治理20项。纵深推进土地出让和产权交易试点场景建设，推动数据归集共享，构建有效监督模型。

重要工作

【推进清廉建设】 2023年，黄岩区清廉单元更加饱满。建立清廉黄岩建设工作专班，创新“一链三图五机制”专班运行体系，推进会、调度会、约谈提醒推动责任落地、任务落实。制定出台清廉建设“六力三清单”考评办法，推进清廉单元建设，“廉模方”清风小镇、“智廉医管家”、“廉食安”实践基地、“橘路清风”、金融“廉24法”等5个项目入选市级项目库，6个重点问题入选市级问题库，形成清廉建设理论成果30篇，获得中央、省、市级领导批示9次。示范标杆更加凸显。坚持“抓点位促单元、以单元带整体”，南城街道山前村获评第二批全省清廉建设成绩突出单位；“廉模方”清风小镇获评省清廉单元建设十大创新案例，并入选全国民营企业诚信合规建设现场观摩会参观点；区纪委区监委、浙江精诚模具机械有限公司获评省清廉民企建设示范单位；院桥市场监管所获评省清廉市场监管单元建设成绩突出单位；黄岩公安分局城东派出所获评全省第一批清廉公安建设示范单位；杜范清廉馆被省教育厅评为省廉洁教育基地，黄岩区实验小学、宁溪初级中学获评省清廉学校建设示范校；黄岩区被列入省清廉社会组织观察点等。持续深化“橘乡清风”廉洁文化品牌，打造杜范清廉馆，推出IP形象“清风君”和“清风君·永宁行”廉旅游览线路，运行“橘路清风号”公交专线，扩大廉洁文化影响力、渗透力。创新廉洁文化载体，拍摄廉政系列微电影9部，相关作品在第五届“玉琮杯”清廉微电影微视频大赛、首届省清廉国企短视频大赛中获奖，黄岩杜氏家训入选浙江廉洁家教家风版本展。开展“510我要廉”廉洁文化宣传月活动，组织“‘青’廉脱口秀”等特色廉洁文化活动300余场，依托“橘乡清廉传播大使”推动廉洁文化进村入户。

【队伍建设】 2023年，区纪委区监委深入开展学习教育。开展主题教育和纪检监察干部队伍教育整顿，区纪委常委会以上率下，带领各级纪检监察组织严格执行“第一议题”、理论学习中心组理论学习会等制度，搭建“青享会”“青廉考”“青廉鉴”等学习交流平台，在全市纪检监察系统业务大比武中多次获奖。举办廉政报告会、违纪违法案例警示展、家庭助廉座谈会，组织纪检监察干部旁听职务犯罪庭审、参观廉政教育基地，扎实推进领导干部领衔调研课题，形成大学习、大讨论、大调研热潮。推进检视整治。对中共十八大以来涉及纪检监察干部问题线索进行大起底，处置问题线索4件，立案2件，留置2人，严肃查处区纪委区监委派驻第一纪检监察组原副组长王某，茅畲乡原党委委员、纪委书记、监察办主任朱某成等严重违纪违法案件。强化干部监督管理。健全纪检监察干部监督管理制度，新增、修改制度8项，汇编《清风手册》，督促严守“九个严禁”、外出请假报告、执纪执法行为规范等纪律规定，进一步严肃日常行为规范。层层抓实“一岗双责”，签订党风廉政建设责任书47份，廉洁自律承诺书162份。开展纪检监察干部违规吃喝情况专项抽查和联合督查9批次306人次。

（区纪委区监委　梁含嫣）

民主党派·工商联

中国国民党革命委员会黄岩区支部委员会

【概况】 2023年，中国国民党革命委员会黄岩区支部委员会（简称“民革黄岩支部”）现有党员25人，其中高级职称7人，占总数28%。女性党员8人，占比28%；律师3人，企业高管8人，医药卫生界3人；市政协委员、区人大代表和区政协委员共9人，人大、政协身份的党员总占比36%。

【学习宣传】 2023年，民革黄岩支部以习近平新时代中国特色社会主义思想为重点，分别在9月1日和10月12日理论学习中心组成员开展2次集中专题学习。4月1日，联合市直二支部在宁溪举办专题学习会。4月28日，牟财国等5名党员在党派活动中心参加统战部举办的“五一口号”75周年“之江同心 橘乡同行”宣讲会。4月30日，党员张荣清等赴温岭坞根革命烈士纪念碑参加红色教育之旅活动。8月7—11日，党员凌敏燕和陶才力到浙江工商大学参加黄岩区党外人士培训班学习活动。8月18日，支部党员和民革支委会赴浙东南部队会师纪念馆开展爱国主题教育。11月8—11日，凌敏燕参加台州市民主党派履职培训班。

【参政议政】 2023年，民革黄岩支部在政党协商、政协协商等各类协商活动中提出意见建议，为党委、政府决策提供有益参考。7月14日，支部主委林斌牵头组织区政协民主监督员一行11人到区司法局开展民主监督活动；7月27日，张丹丹到台州市民政局参加“提升养老服务水平”项目里“新增老年助餐点位185个”和“新增‘老省心’综合体30个”项目的民主监督活动；8月17日，副主委陈锋参加“区政府民生实事”党外人士重点协商会议；8月30日，党员应丰蔚参加区人大组织的宁溪文旅发展及朱溪公路项目民主监督活动。2023年度共提交区两会大会发言材料2篇、团体提案6篇、个人提案10篇、大调研2篇（1篇被录用为市政协大会发言），内容涵盖科创走廊、法制工作、生态保护、旅游发展、城市道路、产业提升、公益文化建设等方面。

【社会服务】 2023年1月12日，民革黄岩支部联合市直一支部到江口村“三送下乡”活动。4月2日，支部联合市直二支部到黄岩西部美丽乡村考察活动。7月23日，民革党员彭陈明在澄江党群服务中心给30余家企业的人力资源部门负责人讲授公司治理专题。8月30日，支部联合民革市直一支部区支部、台州学院支部开展“之江同心·山海同行”星火筑梦助学活动。9月28日至10月8日，民革党员钟艺在台州书画院开个人书法展。10月22日，民革市委会、民革黄岩区支部举办重阳节送医下乡和送慰问品等社会服务活动。11月14—16日，主委林斌带队部分党员参加民革市委会举办的天台临海实地调研活动。12月23日，钟艺参加民革浙江省委会庆祝“八八战略”实施二十周年书画展。

【组织建设】 2023年3月13日，民革黄岩支部完成换届工作。先后获民革浙江省委会2022年度民革全省社会服务工作先进集体、民革省委会2022年度示范支部等称号；支部被民革市委会评为2022年度先进支部，张丹丹、张巧巧、叶华杰3名党员被市委会评为先进党员。

【联络联谊】 2023年，民革黄岩支部注重与省内外兄弟民革组织的联络联谊，5月19日至20日民革杭州市委会专职副主委朱铮带领杭州市政协民革界别和农林界别联合课题组一行12人到黄岩考察调研。8月11—12日，民革省委读书会专家组等6人到黄岩考察调研。11月19日，民革重庆市九龙坡区综合五支部友好支部结对仪式。

（民革黄岩支部　卢启维）

2023年1月23日，黄岩区支部在江口街道开展“三送下乡”迎新春送祝福活动

（民革黄岩支部　供图）

中国民主同盟台州市黄岩区总支部委员会

【概况】 2023年，中国民主同盟台州市黄岩区总支部委员会（简称“民盟黄岩总支”）有盟员82名，其中女盟员36名。教育界盟员28名，占34.14%；医药卫生界盟员11人；科学技术界盟员43人。中级以上职称78人（其中高级职称28人）。民盟黄岩区总支部获2021—2022年度民盟浙江省委会社会服务工作先进集体、黄河主委获2022—2023年度民盟浙江省委会优秀盟员等称号，民盟浙江省委会和民盟市委会领导多次赴黄指导工作，民盟浙江省委会专职副主委毛伟民到黄岩参加民盟助力乡村振兴实践基地揭牌仪式，对黄岩民盟工作给予肯定，并给予关心、支持。

【主题教育与思想共识】 2023年，民盟黄岩总支举办理论学习中心组学习会、每月一次学习会、培训会等各类会议22次，深入学习中共二十大精神、《中国共产党统一战线工作条例》、《中国民主同盟章程》等内容。贯彻落实习近平总书记系列重要讲话，开展“凝心铸魂强根基、团结奋进新征程”主题教育，结合主题教育开展“习近平总书记考察浙江重要讲话精神”宣讲；深入开展“走基地、悟初心”活动，进一步推进基地创建工作。

【参政履职】 2023年，民盟黄岩总支参加区委、区政府《党代会工作报告》和《政府工作报告》征求意见会，区重点协商会、有关部门举行协商会、专题座谈会，就民生实事、乡村振兴、加快黄岩区企业成长转型、有效落实“双减”政策、提出意见建议；深入调查研究，完成《关于办好家长学校支持家庭教育的建议》等团体调研报告4件，其中《中小型企业成长转型现状及建议》调研报告被列入民盟浙江省委会的调研课题；收到盟员个人调研文章12件，社情民意信息12件，上报12件；通过撰写政协提案履行职能，建言献策，2023年提交区政协团体提案3件，区政协个人提案4件。提交市人大个人议案2件，市政协个人提案1件。

【打造服务品牌】2023年，民盟黄岩总支开展农村教育烛光行动，组织郑丹婷等名师到平田小学开展支教，发挥名师示范引领作用，并提升农村偏远和薄弱学校教师队伍教学、教研能力，促进基础教育均衡发展。帮助黄岩区平田小学申请民盟省委会红十字烛光博爱专项基金10万元，通过“雏鹰·关爱之家”开展相关活动，提升学生综合素养；助力平田乡村振兴。开展民盟浙江农林大学总支部、民盟台州市黄岩区总支部、平田乡三方校地合作，编制《黄岩区平田乡乡村振兴概念规划》规划方案，组建帮扶团队，助力平田乡发展铁皮石斛等特色农业，打造旅游旺乡，建设和美乡村。春节前夕，慰问15名困难家庭学生，添置冬衣和其他生活用品。6月17日，联合平田乡卫生院开展送医下乡服务活动。开展助农、助困、助医等各项活动7次。总支部设立乡村振兴基金，资助平田乡村振兴实践基地3.4万元；开展义务植树，植树节到台州市绿心方山牛游塘、北洋杨恩村开展义务植树；和黄岩区司法局联合开展“黄丝带”帮教行动。

【彰显组织活力】2023年，民盟黄岩总支修改《参政议政、反映社情民意信息的奖励办法》，补充完善《民盟黄岩区总支部工作制度》；结合主题教育活动，开展“星级支部”考评，规范总支部组织生活，引导各支部围绕建盟日等重要时间节点开展主题活动，明确基层组织盟务工作方向和重点；发挥“浙江省盟员传统教育基地”王启东展示馆作用，在基地内深化“盟员之家”内涵，提高其使用率和影响力。新建教育支部、经济支部、科文卫支部盟员之家；继续开展盟员履职考核，坚持老盟员月例会制度，坚持开展“五必访”，走访慰问老盟员、生病盟员。

（民盟黄岩总支　卢震）

2023年6月17日，民盟黄岩区总支医疗服务队志愿者到平田乡卫生院开展“送医下乡”服务活动　（民盟黄岩区总支　供图）

中国民主建国会台州市黄岩区总支部委员会

【概况】2023年，中国民主建国会台州市黄岩区总支部委员会（简称“民建黄岩总支”）共有4个支部，现有会员97名，企业界会员44人，占45.3%。经济部门会员26人，占26.8%。其他行业会员27人，占27.8%。本科及以上学历62人，占63.9%。会员中有市人大代表1人，区级部门正科级2人，副科级3人，乡镇（街道）副级1人，区人大代表2人，区政协委员16人，其中区政协常委3人。

【思想建设】2023年，民建黄岩总支深入学习贯彻中共二十大精神、中共浙江省委十五届三次、四次全会等重要会议精神。定期组织召开理论学习中心组学习会、专题学习会，认真学习习近平总书记系列重要讲话精神，学思践悟习近平新时代中国特色社会主义思想。按照“凝心

铸魂强根基 团结奋进新征程”主题教育活动要求，积极开展中共二十大精神宣讲、组织会员参加“山海毅行”“凝心铸魂强根基、团结奋进新征程”主题教育暨“同舟共济 薪火相传”接力跑等活动，进一步提升“政治三力”、汲取精神力量。

【参政议政】 2023 年，民建黄岩总支在区政协十五届三次会议上提交 10 件团体提案。委员周挺代表民建黄岩区总支作题为《推进“工业上楼”，构建“都市型工业”新业态》的大会发言，获区委书记包顺富、区长徐礼辉批示；民建黄岩区总支提交的《关于加快民营经济高质量发展助推共同富裕的建议》、会员何斌初提出的《关于加快推进西部山区“水美黄岩 · 芳养共富”EOD 模式项目的建议》被评为 2023 年度区政协优秀提案。会员共撰写各类信息 20 篇，其中 4 篇被民建中央录用，15 篇被民建省委会录用。组织调研小组围绕区委区政府的中心工作开展调查研究，形成调研报告《推进工业上楼，构建“都市型工业”新业态》。会员王奋远参与的“数字化转型背景下民主党派参与营商环境建设的路径探究”专题调研课题被省委会采用。各支部围绕持续优化营商环境、电商赋能新机遇、以文旅融合促进全域旅游高质量发展、加快高等教育发展等课题开展调研活动并形成调研报告 4 篇。参加区政协、各乡镇（街道）举办的协商议事会、民生议事堂等党外代表人士重点协商座谈会，围绕构建“三农”工作、农合联“三位一体”综合服务体系建设、委羽山文化公园建设、城乡风貌样板区建设、现代社区建设、推动养老服务升级增进民生福祉等区委区政府的重点工作、热点问题、民生工程等议题积极建言献策，高标准履行参政议政职能。

2023 年 2 月 13—16 日，民建黄岩区总支人大代表、政协委员参加黄岩区两会（民建黄岩总支 供图）

【服务社会】 2023 年，民建黄岩总支与宁溪镇牌门村进行结对，开展助力共富行动，并设立“永宁思源 · 共富基地”，于每年春节前组织会员走访该村困难户并送上慰问金及慰问品；企业家会员捐资建成“同心书吧”，打造文化粮仓，筹集价值约 10 万元的 3000 余册图书。会员黄获企业台州市海瑞塑胶灯饰有限公司立足当地乡村产业特点和资源禀赋，在上垟乡沈岙村设立同心“民建促共富”基地，定期派出专业技术人员前去指导；会员程官军为甘肃地震灾区捐款 2 万元；会员叶群英企业与台州市弘善公益协会联合开展“助困志愿行”活动，为多户困难家庭提供助困款及生活物资，向困难家庭学生资助 5 万元助学金；会员董祖国于 2015 年后每年向宁溪 1 位学生资助 2400 元；会员柴力 2019 年以来每年向 3 名云南贫困大学生每人资助 6000 元。

【组织建设】 2023 年，民建黄岩总支全力推进党派阵地建设，各支部均建设完成“支部会员之家”。成立青年工作委员会，建成“青年驿站”，为青年会员搭建相识共事、学习成长的平台。选派优秀骨干会员参加民建省委会、市委统战部、区委统战部等组织的各级各类培训，提高会员政治判断力、政治领悟力、政治执行力。组织会员参加市委会“花染岁月、民建相约”花艺活动，民建黄岩区总支妇女委员会组织会员赴金华参观民建中央爱国主义教育基地——施复亮故居、浙江民建之家，回顾中国民主建国会与中国共产党肝胆相照、荣辱与共的峥嵘历史；民建黄岩区第一支部与市直六支部联合开展“台州民建赋能黄岩双循环跨境电商园企业”支部交流及社会服务活动；民建黄岩青年工作委员会与台州市民建青年工作委员会、黄岩区团区委在“青年驿站”（东禅巷酒厂文创园）联合举办咖啡知识讲座。年内发展考察7名优秀会员，为民建黄岩区总支注入新鲜血液。

（民建黄岩总支　郑佳宁）

2023年10月29日，民进黄岩区基层委员会组织退休会员赴鉴洋湖国家城市湿地公园参观调研　（民进黄岩基层会　供图）

中国民主促进会黄岩区基层委员会

【概况】 2023年，中国民主促进会黄岩基层委（简称“民进黄岩基层会”）下设教育、科技、艺术、综合、医卫5个支部，现有会员93人，其中文化、教育、出版界会员59人，占63.4%，经济、科技、医卫会员34人，占36.6%；具有中高级职称会员80人，占会员总数的86%。

【学习宣传】 2023年，民进黄岩基层委定期召开学习会、培训会，积极安排会员参加统战部、民进各级组织的各类学习培训活动。3月，组织部分女会员前往宁溪乌岩头，开展系列手工活动，学习传统民俗，传承非遗文化；8月，组织部分骨干会员赴杭州参加黄岩区党外代表人士综合素质能力提升培训班、安排专职干部赴青岛参加民进全省专职干部培训；9月，举办《汇聚磅礴力量　同心勇立潮头——习近平同志在浙江工作期间关于统战工作的探索与实践》《习近平总书记考察浙江重要讲话精神》等专题学习会、宣讲会，并向会员们传达“凝心铸魂强根基、团结奋进新征程”主题教育动员会精神，并部署民进黄岩区基层委员会主题教育工作方案、“作风建设”主题年推进工作和“同心同廉”工程实施方案，与各支部主委签署“同心同廉·清廉民进”承诺书。组织退休会员及部分骨干会员赴鉴洋湖国家城市湿地公园就湿地公园管理建设和生态环境保护工作开展参观调研，并召开深入学习贯彻习近平总书记考察浙江重要讲话精神专题学习会；组织2023年上半年新入会会员参加2023年台州市民主党派履职培训班。

【职能履行】 2023年，民进黄岩基层委积极履行职能。

协商监督　2023年，民进黄岩基层委参加市、区协商会、座谈会、研讨会、通报会、民主监督活动共计40余次，就“优化营商环境”“S325绿化环境提升工程”“黄岩游泳馆开放整改事宜”“推进便民服务中心建设”“外来务工人员子女就学难题”“居家养老助餐点位”“全区胃癌、肺癌、结直肠癌、前列腺癌高危人群免费筛查、市民免费接种二价国产HPV疫苗和流感疫苗”“助推数字经济创新提质‘一号发展工程’”“留住本土优质企业”“助推古村文旅发展”等政治生活中重大事项、经济社会发展的重大问题和党委政府的重要决策提出意见建议，得到重视和肯定，许多意见建议被采纳，发挥参政党作用。

两会建言　民进黄岩基层委共提交市政协团体提案1件，个人提案6件。其中，由孙荷银执笔的《深化农业“双强”行动，推进农业现代化建设》被列为市政协大会发言；尤芊执笔的《关于提升人口和人才集聚优势，助力“三高三新”目标的建议》和温明霞执笔的《加强心理疏导及人生观教育，保障青少年身心健康成长》被列为市政协重点提案。提交区政协团体提案8件，个人提案1件。其中，孙荷银执笔的《关于深化农业“双强”行动　助力农业现代化建设的建议》和王蓉执笔的《关于加强专精特新中小企业培育的建议》被列为区政协大会发言，并得到区长徐礼辉的批示；沈琳执笔的《关于进一步优化城市长效治理机制的建议》被列为区政协重点提案。

社情民意信息工作　2023年，民进黄岩基层委共收到10篇社情民意信息。其中，孙荷银、林杏云执笔的《建议完善药械采购和定价的监管方式，从源头解决医疗腐败问题》和王蓉执笔的《我省专精特新中小企业培育走在前列　但创新深化上仍存隐忧亟须破解》均被民进浙江省委会录用。汪洋执笔的《建议将HPV疫苗接种纳入浙江省适龄女性接种国家免费项目》被省委会、市政协、专报省政协录用。

社会调研　2023年，民进黄岩基层委以“黄岩区光伏产业发展现状及对策建议”为重点课题，成立调研小组，由主委孙荷银带队多次到相关企业及部门开展调研，并完成调研文章《向光而行　共伏发展》。为积极响应台州市民主党派自主调研课题计划，民进黄岩区基层委员会全年上报3个课题，分别为孙荷银执笔的《打造国内一流光伏全产业链基地　助力台州新能源城建设》、王蓉执笔的《我省专精特新中小企业培育走在前列　但创新深化上仍存隐忧亟须破解》以及武祥执笔的《提升乡村基础教育教师数字素养　推动台州乡村教育高质量发展》。

【社会服务】2023年，民进黄岩基层委立足基地建设，夯实社会服务品牌。围绕教育“双减”主题，为留守儿童拓展更丰富的素质教育内容，6月，在茅畲逸夫小学召开“同心共富乡村行·茅畲站”社会服务工作推进会，与茅畲乡领导和学校领导共商2023年助飞“小山鹰”社会服务活动计划和“茅畲站”启动仪式活动方案。7月，民进“同心共富实践基地”揭牌仪式暨助飞“小山鹰”成长活动十周年庆在茅畲小学顺利举行，民进市委会主委陈金华和区委统战部常务副部长郑毓共同为基地揭牌。活动中展示暑期公益课堂成果：诗歌朗诵《与我翅膀　必将飞翔》和红色情景剧《革命妈妈张学英——智取老爷岗》。该公益课堂由科技支部的姜玉华联合台州科技职业学院人文教育学院的学前教育学生一起打造。7月底，基委会组织茅畲逸夫小学的学生们到沈宝山国医馆参加“制中药香囊　传中医文化——黄岩民进医卫支部助飞‘小山鹰’”社会服务活动。9月底，民进黄岩区基层委员会在茅畲乡“九溪艺苑”开展“迎中秋　庆国庆”书画笔会活动。10月，民进黄岩基层委组织医卫专家会员在茅畲乡卫生院开展“同心守护健康　共创美好生活”义诊活动，服务群众150余人次。11月，组织会员参加台州民进医卫专家服务团成立会议暨互联网医院义诊活动。12月，“开明优学　同心共富”浙江民进教育专家团助力黄岩项目在黄岩东浦中学启动，民进省委会副主委陈忠、专职副主委薛鸿翔、台州市副市长李昌明、民进台州市委主委陈金华、黄岩区委书记包顺富等省、市、区领导受邀出席活动。通过送教育、送卫生、送文化、送科技等“五送下乡”服务，发挥民进黄岩区基委会医卫、教育、科技等人才集聚优势，拓宽社会服务活动内涵和服务范围，使黄岩民进社会服务活动走深走实。发挥专业特长，创新各类服务活动。会员在立足本职工作的同时，投身各类社会公益服务活动。民进黄岩区基层委员会艺术支部持续开展书画笔会、音乐朗诵、联谊交流、静态艺术展览等活动，全年共举办11次书画摄影展。其中，支部会员黄建立举办心向林泉——黄建立国画作品展，民进台州市主委陈金华参观该画展并表示高度赞扬。支部主委王坚多次为教育局教工书画培训班免费授课、举办各乡镇（街道）“文耕乡野”公益书法讲座以及参加政协“清廉文化”之旅等活动。会员沈扬发挥自身剪纸特长，参加“圆梦青苗·以艺育美”浙江省乡村未成年人美育课堂志愿服务剪纸教学，多次在头陀镇、沙埠镇、屿头乡、新前街道、西城街道等乡镇（街道）进行文耕乡野剪纸教学。民进黄岩基层委科技支部会员温明霞以“农业产业服务委员工作室”为依托，为群众提供柑橘栽培技术咨询和专业培训，线上咨询服务完成率达100%，线下开展技术培训20次以上，受训人员达1000多人次，发放科普资料2000余份，还赴温州平阳等地开展现场咨询及社会化服务活动。民进黄岩基层委医卫支部沈琳等支部会员，以沈宝山国医馆为依托，持续开展关老爱幼活动：在端午节带上端午香包前往黄岩朗高康复护理院、黄岩区残疾人康复和托养中心开展慰问活动；在重阳节赴黄岩区社会福利院慰问老人并送上节日祝福；举办“小小中医师”中医药文化体验营等。

【组织建设】 3月，民进黄岩基层委向入会40周年及90周岁以上的民进会员颁发“民进浙江省委会成立60周年纪念章”，并传达民进浙江省委会的亲切问候。4月，民进黄岩基层委响应市委统战部与民进市委会的号召，组织会员参加“同心·山海毅行”活动，在中国柑橘博览园的永宁江绿道进行10千米徒步比赛，进一步增强党派成员的凝聚力和向心力。9月18日，民进黄岩基层委召开选举会议，会议通过等额无记名投票的方式，选举孙荷银为民进黄岩区第一届基层委员会主任委员，王蓉为民进黄岩区第一届基层委员会委员、副主任委员。为提升基层组织战斗力和凝聚力，7月，医卫支部在沈宝山国医馆举行“开明嘉苑”揭牌仪式，浙江省政协副秘书长、民进省委会专职副主委兼秘书长薛鸿翔，台州市政协副主席、民进市委会主委陈金华，中共黄岩区委常委、统战部部长管江志出席活动，薛鸿翔和管江志共同为“开明嘉苑”揭牌。同时，民进黄岩区基层委员会在台州科技职业学院建立科技支部会员之家，在茅畲逸夫小学建立教育支部会员之家，并挂牌民进浙江省委会基层组织活动场所“开明嘉苑”。年内考察通过4名优秀新会员。

（民进黄岩基层委　管芬霜）

中国农工民主党台州市黄岩区基层委员会

【概况】 截至2023年底，中国农工民主党台州市黄岩区基层委员会（简称“农工党黄岩基层委”）有党员162名，其中女党员80名，占50%；医药卫生界党员72名，占44%；教育界党员31人，科学技术界党员29人；中高级职称138人（高级职称77人，中级职称61人）。全年发展7人加入本党组织（其中区三院医生2名，中医院医生和检验师各1名，长友护理院管理人员1名，初中教育集团教师1名，台科院教师1名）。基层委被省委会评为2023年度宣传工作先进集体。建议直通车《我市“千万工程”乡村基础设施建设绩效提升刻不容缓》（张凌执笔）获得市委书记李跃旗重要批示。

【开展红色宣传教育】 2023年，农工党黄岩基层委组织党员骨干参加农工党省委会副主委章月影来台州开展的“凝心铸魂强根基，团结奋进新征程”主题教育宣讲。综合一、二支部、科技支部、台一医、中医院等支部先后联合组织党员赴新前一精公司、上垟乡、宁溪下周等地开展“凝心铸魂强根基、团结奋进新征程”主题教育社会实践活动，并举行“之江同心”宣讲会。组织党员创作情景剧《橘乡同心圆》，代表农工党省委会参加浙江省统一战线助力“八八战略”实施20年“之江同心·经典展示”活动，在浙江卫视演播大厅演出。2023年1月《团结报》第5版人物周刊刊登党员符贝贝撰写的文章：《果园里的“守望者”——记农工党党员、正高级农艺师黄茜斌》，

2023年7月31日，由农工党黄岩基层委选送的原创情景剧《橘乡同心圆》，代表农工党浙江省委会参加浙江省统一战线助力“八八战略”实施20年“之江同心·经典展示”终场演出 （农工党黄岩基层委 供图）

报道黄岩农工党党员黄茜斌长期扎根农村、致力科技兴农、助推共同富裕的先进事迹。黄茜斌事迹被编入浙江省委统战部主编的浙江省民主党派优秀人物集第三册。反映郑丹红志愿服务事迹短视频《光明天使在行动，慈善公益暖人心》，参加全市“豪气台州，澎湃有我”短视频大赛，获得一等奖。符贝贝被农工党中央刊物《前进论坛》聘为特约撰稿人。组织举行宣讲报告会，主委管康华作纪念中共中央发布“五一口号”75周年主题宣讲。组织党员赴省革命传统教育基地郭凤韶故居参观学习；新党员参加市委会赴南京农工党创始人邓演达纪念馆开展的思想教育活动。

【组织建设】 2023年，农工党黄岩基层委根据“四新”“三好”要求，推进基层基础工作的标准化、规范化。聚力队伍建设，夯实基层基础。1月，沈洁当选为省政协第十三届政协常委。黄岩多名党员获省委会表彰：符贝贝被评为宣传思想工作先进个人和参政议政工作先进个人，卢云张被评为反映社情民意信息工作先进个人，李雪军被评为社会服务工作先进个人，牟奕被评为参政议政工作先进个人。2023年底，符贝贝被省委会评为2023年度宣传工作先进个人，翁闵被省委会评为2023年度参政议政工作先进个人。各支部继续开展“三焕三新”活动，通过“焕发新活力”“焕新新动力”“焕醒新生力”，增强凝聚力。科技支部代表全市农工党基层组织参加全市民主党派示范支部建设交流会，作题为《助推产业振兴乡村共富》的交流发言。科技支部联合台一医支部、中医院支部赴上垟乡、头陀镇开展丰富多彩的社会服务活动；综合一、二支部联合组织党员赴新前开展主题教育调研活动和宣讲活动；台科院支部组织党员在黄岩院桥镇上桥洋村策划导演端午宋韵沉浸式演艺活动。5月，基层委召开全体党员大会。各支部先后设立农工党员之家，并先后进行换届选举，产生新一届支部班子。新设立卫生综合支部。根据工作需要，基层委增补章燎颖为基层委委员，任命张富国为秘书长。开展老年节系列活动，组织老党员赴头门港经济开发区、白沙湾、椒江太平山等地参观。举行女党员联谊活动，参观革命教育基地。组织党员参加台州市各民主党派举办的主题趣味运动会获得季军。

【履行职能】 2023年，农工党黄岩基层委负责人先后参加中共黄岩区委、区政府和有关部门举行的区《党代会工作报告》《政府工作报告》征求意见会及各项专题座谈会、重点协商会。基层委2023年区政协大会发言得到区委、区政府领导肯定，并作出三次重要批示。区委书记包顺富和区长徐礼辉在管康华代表农工党发言《持续优化营商环境 加速民企蝶变升级》上批示，区长徐礼辉在书面发言《关于进一步完善村级医疗卫生及医疗康复能力建设的建议》上批示。台科院支部调研课题《浙江省深化中高职一体化人才培养改革的现实路径》被省委会立项并结题。主委管康华、副主委蔡志伟、委员卢云张等参加市委会主委沈洁带队的统一战线助推数字经济创新提质“一号发展工程”专项民主监督工作。张凌、杨京燕、符贝贝、李健、卢云张、朱雪平、牟奕等党员分别参加市委会参政履职工作课题调研专班。按照统战大调研要求，开展村级卫生工作调研。组织担任人大代表、政协委员的农工党员以及各支部骨干党员等，对黄岩区模具产业、未来社区建设和交通重点建设项目开展考察调研活动。主委管康华、副主委张凌、副主委李雪军先后参加区党外代表人士重点协商座谈会、第四期智库论坛，就黄岩区村级卫生工作、“S325 绿化环境提升工程”、胃癌、肺癌、结直肠癌、前列腺癌高危人群免费筛查和为市民免费接种 HPV 疫苗、流感疫苗等建言献策。党员上报社情民意信息 40 多条，其中省委会录用 6 条，市委直通车录用 1 条，市政协录用 5 条，区政协录用 11 条。8 月 1 日，区委书记包顺富在方曦撰写的区政协社情民意信息《促进汉服国潮“网红”变“长红”亟须破解产业发展产供销堵点》上批示。

【两会议政】 2023 年 2 月，市政协副主席沈洁、委员管康华、张诚和市人大代表黄茜斌、陈绍荣出席台州市政协六届二次会议和台州市人大六届三次会议。基层委被录用为农工党市委会团体提案 5 篇、个人提案 1 篇。市人大代表提交 3 件议案。市人大代表陈绍荣和蔡志华等执笔提出的建议《加大专精特新企业培育力度　推动实体经济高质量发展》被列为市人大重点建议案。15 名担任区政协委员的农工党党员和 1 名区人大代表出席政协黄岩区第十五届第二次会议和黄岩区第十七届人大第二次会议。基层委提交区政协团体提案 12 件、大会发言材料 2 篇、个人提案 16 件。章燎颖、郑丹红、翁闵、李雪云等 4 名党员被评为优秀委员。团体提案《关于全力打造宋韵黄岩的建议》和委员提案《加强社区居家养老服务的建议》（李雪军）、《优化法治营商环境的建议》（李雪云）等提案获评优秀提案。基层委还被区政协评为反映社情民意信息工作先进单位（二等奖），方曦、李雪云被评为反映社情民意信息工作先进个人（二等奖）。基层委团体提案《关于持续优化营商环境加速民企蝶变升级的建议》和李雪云委员提案《关于开展线上查档进一步完善营商环境的建议》等 2 件被列为区政协重点提案，团体提案《关于进一步加强村级医疗卫生工作的建议》被列为区政协专委会督办重要提案。

【社会服务】 2023 年，农工党黄岩山基层委致力民生服务，打造“惠民农工”，开展“环境与健康宣传周”“学雷锋创典范”等社会服务活动 10 多场次，服务群众 3000 多人次。同心社会服务区基地建设持续巩固发展，以打造民生微单元为目标，开展送医送药、扶贫帮困、农技指导等同心服务活动，促进民生改善、助推共同富裕。组织农工党员到横屋村等地走访大病、慢性病的困难家庭，为他们体检，指导他们尽快康复，并捐赠大米、食用油等物资。新设立农工党员黄茜斌科技兴农工作室和农工党黄岩优质水果实践培育基地。实践基地占地 106 亩，其中红美人柑橘种植面积达 80 亩，还有金秋水蜜桃、台湾长果桑、台湾红水晶火龙果等各若干亩。基地年内开展以柑橘高品质栽培技术、肥水管理等主要内容的农民培训 5 场，培训农户 200 多人次。郑丹红心系群众，每月都组织多场次的为民公益活动。区文明办设立郑丹红好人工作室。台科院支部组织党员参与民间团体“为爱行走”公益团队，为藏区新龙县如龙小学的孩子们提供御寒的校服及学习和生活用品等，共筹款 10 万多元，其中翁闵个人捐助 5000 元，已连续坚持 3 年。王观岳连续 23 年反映九峰公园补正楹联问题，被采纳实施并完成。党员积极参加农工党中央消费帮扶贵州省大方县活动，共消费帮扶 2000 多元。方曦等党员还为甘肃抗震防冻捐助。

（农工党黄岩基层委　章全锭）

九三学社黄岩区基层委员会

【概况】 截至 2023 年底，九三学

社黄岩基层委下辖第一支社、第二支社、第三支社等3个支社，共有社员55人，主要分布于医卫、教育、科技等行业及政府部门，其中，大学以上学历48人（含博士2人、硕士5人），占87%；中高级职称50人，占91%。社员中有市人大代表2名，市政协委员2名，区政协委员8名，担任正科级实职1名。

【思想建设】2023年8月25—27日，九三学社黄岩基层委组织社领导班子和部分骨干社员赴九三学社浙江省委传统教育基地——周尧昆虫博物馆和宁波四明山革命根据地开展社史和优良传统教育现场学习。10月21日，联合台科院支社和市直四支社等结对支社，赴台州科技职业学院开展主题教育学习活动，听取台科院支社主委王秀萍教授作《以中国式现代化全面推进中华民族伟大复兴》专题报告。12月19日，组织社员观看以民主党派创始人为主题的大型原创话剧《马叙伦》。发挥“黄岩九三学社”微信公众号思想宣传阵地作用，讲好“九三”故事，2023年微信公众号累计关注量达社员总人数的225%，全年发表文章25篇。

【参政议政】2023年，九三学社黄岩基层委聚焦党委政府中心工作和人民群众关心的热点难点问题，深入开展调查研究，积极参政议政，提高议政建言质量和水平。

协商议政　九三学社黄岩基层委区委区政府中心工作以及2023年度重点调研课题，深入开展调研，形成《打造千年永宁农产品公用品牌，助力黄岩农产品知名度复兴的建议》《关于加强后疫情时代乡村卫生院建设的建议》等3篇调研报告。2023年，九三学社黄岩区基层委分别参加党代会工作报告、区政府工作报告、主攻“一千双百”重点项目建设、S325绿化环境提升工程、区政府为民办实事等主题的政党协商会议，提出意见建议。参与九三学社市委组织的助推数字经济创新提质“一号发展工程”专项民主监督。

2023年8月25日，九三学社黄岩区基层委组织社员，赴九三学社浙江省传统教育基地——周尧昆虫博物馆开展现场学习

（九三学社黄岩基层委　供图）

建言资政　在区政协十五届二次会议上，陈耀代九三学社作题为《持续推进城市更新，不断提升城市品质》的大会发言。李贵撰写的《关于培育黄岩常住人口的建议》被录用为大会书面发言。会议期间，九三学社黄岩区基层委共提交团体提案9件、个人提案3件，内容涵盖经济发展、城市建设、文旅融合、民生事业、社会治理等多个方面，为区委、区政府决策提供参考。严永冬执笔的《关于推进中小学研学基地建设的建议》被评为优秀提案。

反映社情　九三学社黄岩基层委完善信息工作机制，高度重视反映社情民意信息工作。《关于建立亚运会期间传染病快速处置体系的建议》等4条信息上报市政协；《关于将委羽山道文化公园建成台州重点赏梅基地的建议》转报区主要领导，得到区长批示；《关于设立省名优“土特产”生鲜类专用快递消费券的建议》《中小微企业反映三孩政策下育龄妇女生育造成企业用工成本激增，亟须出台相关税收及规费优惠政策》《创新婚育文化制度促进生育水平提升》3条信息被区政协录用。张晓晖社员被区政协评为反映社情民意信息工作先进个人。

【社会服务】 2023年，九三学社黄岩基层委按照“基层所需、党派所能，尽力而为、量力而行”的原则，创新社会服务内容和形式，挖掘整合各类资源，做精做细、做深做实社会服务品牌。

加强基地建设　九三学社黄岩基层委联合相关单位开展形式多样的社会服务，做深做实黄岩启智学校社会服务基地工作。6月1日，联合区妇联在启智学校开展以“品缤纷美食，享快乐童年”为主题的庆“六一”文艺会演暨美食节活动。9月15日，联合市直四支社、市博物馆、市社联会、黄岩政协之友志愿者服务队等多家单位和社会团体，开展“迎亚运·走进启智学校”公益活动，为同学们送上“台博君”爱心书包、体育器材、文具及生活日常用品，并为学生进行健康体检。

开展医疗下乡　九三学社黄岩基层委发挥特长，持续开展送医送药送健康活动。6月10日，组织社内医疗专家走进北洋镇瑞岩村，开展“同心·送健康助共富”活动。社员朱碧宏为村民作题为《脑梗死的预防》的健康科普讲座。10多位医疗专家现场坐诊为村民答疑解惑，免费测量血压、血糖和赠送药品，联系社员企业浙江东亚手套为村民赠送爱心手套。12月2日，邀请社市委医药卫生专委会、市中心医院支社在沙埠镇开展“之江同心·山海同行送健康”公益义诊活动，服务群众600多人次，发放健康宣传资料500多份，赠送药品、医用口罩等物品价值近万元。

组织助企调研　九三学社黄岩基层委深入开展助企行动，精准提升社员参政议政能力水平。11月30日，市政协副主席、社市委主委李立飞亲自带领新社员支社到黄岩开展“新社员助企调研行”活动，面对面倾听企业诉求，分析问题症结，协调发展难题，助力优化营商环境。先后走访浙江荣信模塑和浙江长珑车灯，详细了解企业生产经营情况，并对政策落实、要素供给、物流运输、进出口贸易等方面遇到的问题进行探讨。

【组织建设】 2023年，九三学社黄岩基层委以创建示范基层组织为抓手，切实加强领导班子和社员队伍建设，努力提升组织活力。

重视班子建设　九三学社黄岩基层委积极参加各种培训班、学习会、大讲堂以及网络学习等，以多种形式自觉锤炼、提升“五种能力”。九三学社黄岩区基层委班子坚持每季度一次召开工作碰头会，研究部署下一阶段工作。根据九三学社市委的部署和区委统战部的要求，召开领导班子民主生活会和述职评议会，开展批评和自我批评，大家态度诚恳，达到红红脸、出出汗的良好效果。6月18—19日，市委统战部在玉环鸡山首次组织召开全市民主党派示范支部建设交流会，九三学社黄岩区基层委代表全市九三学社基层组织作题为《以加强自身建设为统领，开启党派基层工作新局面》的交流发言。九三学社省委对2023年度的工作进行表彰，九三学社黄岩区基层委喜获全省组织建设先进基层组织、社会服务先进集体“双先进”荣誉。

提升社员效能　8月7—11日，杨玲萍、李贵社员参加在浙江工商大学举办的黄岩区党外代表人士综合素质能力提升培训班；11月8—11日，曹雪丹社员参加市委统战部举办的2023年台州市民主党派履职培训班。朱碧宏被社省委评为全省社会服务先进个人。8月，市卫生健康委在庆祝第六个中国医师节评选表彰优秀医师活动中，应小明、卢彩玲获“台州市优秀医师”称号，朱碧宏获“台州市优秀青年医师”等称号。

激发组织活力　2月4日，派出30多位社员及家属参加在仙居朱溪镇杨丰山举行的2023年台州市新年登高健身活动。3月5日，邀请市直四支社、台科院支社等结对支社在屿头柔川“两岸三度”联合举办“庆三八”团结联谊活动。4月15日，为纪念中共中央发布“五一口号”75周年，全市各民主党派在中国柑橘博物馆—永宁江绿道举行“山海毅行”活动，社基层委派出11位运动员和2位医疗保障人员代表社市委参加毅行活动。9月3日，为纪念九三学社生日，喜迎亚运盛会，会同市直四支社、台科院支社联合举行“喜迎亚运盛会　邂逅千年永宁”官河古道毅行活动。12月30日，组队参加“山海同行·九三助共富”2024年全国新年登高健身大会（台州站）活动。

（九三学社黄岩区基层委　张晓晖）

黄岩区工商业联合会

【党史学习教育】 2023年，黄岩区工商业联合会（简称“区工商联”）加强党史学习教育工作。

用活党建载体　2023年，中共台州市委直属机关工作委员会发文公布第六批“台州市机关党建示范点”、第三批“市级机关先锋党支部”。区工商联党总支部成功获批第六批“台州市机关党建示范点”。台州市黄岩区新生代企业家联谊会被认定为2023年全国“四好”商会，台州市黄岩区工艺品玩具和婴童用品协会被认定为2023年浙江省“四好”商会。组织全体党员干部、退休老党员、新企联和行业协会党支部党员前往仙居上张乡姚岸村红色教育基地，开展“学思想　强党性　重实践　建新功”主题党日活动，并举办学习贯彻习近平新时代中国特色社会主义思想主题教育专题党课。

紧抓思政教育　2023年，区工商联开展红色教育活动，组织会员企业家赴大陈岛参加“践行‘八八战略’助力‘两个健康’台州市民营经济人士理想信念教育活动”。组织召开学习贯彻习近平新时代中国特色社会主义思想主题教育动员部署会，学习贯彻习近平总书记重要讲话精神，认真贯彻落实中央主题教育工作会议精神和省委、市委、区委主题教育动员部署会要求。强化思想政治引领，深入学习贯彻中共二十大精神，组织召开4场宣讲报告会，200多位企业家参加活动。

【政商关系构建】 2023年，区工商联组织开展“政企面对面”系列活动。举办“永宁好办·政企双月谈”主题恳谈会，与政协联合举办“请你来协商·崇和协商会”，与商务局联合举办全区外贸工作座谈会、涉外纠纷专题法律讲座，与税务局联合召开以“落实税费优惠优化营商环境”为主题的“贯彻二十大　再创新辉煌”政企恳谈会。共126家民营企业代表参加各场恳谈，收集问题共26个提交相应职能部门闭环处理解决。深化“清廉民企”建设。民营企业诚信合规建设观摩交流团到黄岩“廉模方”清风小镇参观考察，全国工商联、国家部委领导，浙江省、台州市有关领导，各省市工商联领导、法律部负责人，商会和企业代表共180多人分3批进行参观。组织20多位民营企业家参加台州市工商联举办的企业合规专题培训班。康恒再生能源有限公司、添运工艺品有限公司、汇宝科技集团、法奥塑模有限公司、浙江得力佳文具、南达塑模有限公司等6家清廉民企荣获2023年台州市级清廉民企示范点称号。

【共同富裕建设】 2023年，区工商联助力共同富裕。高质量承办全省工商联定向招工式“共富工坊”建设推进会，省委组织部副部长、省委“两新”工委书记赵雄文，省委统战部副部长、省工商联党组书记徐国龙出席会议并讲话。与会人员实地参观黄岩区5家共富工坊。结对帮扶。西安市黄岩商会、上海黄岩商会、杭州黄岩商会、义乌黄岩商会、广东省浙江黄岩商会、西部联合商会、南城商会、模具行业协会、电子商务协会、工艺品玩具和婴童用品协会、新生代联谊会等先后走访慰问11个村，共结对帮扶资金约16.6万元。《黄岩区工商联以“联”聚势以“商”带富　定向招工铺就“家门口”的共富路》得到省委统战部副部长、省工商联党组书记徐国龙批示肯定。新岙里“小橘灯”共富工坊被认定为2023年定向招工式“共富工坊”省级示范点，黄岩“裕民坊”共富工坊、天空之城共富工坊获评全省定向招工式“共富工坊”优秀实践案例。

【民营经济发展】 2023年，区工商联推进行业诚信自律。召开“廉模方”清风小镇黄岩模具行业行规签约仪式，区经开集团、区工商联、智能模具小镇分管领导，区模具协会副会长以上代表20余人参加签约，以模具行业为试点，推动其他行业良性互动，引导企业诚信自律、守法经营，促进各个行业良性循环和健康发展。搭建平台纾困解难。联合区司法局召开黄岩区深化“千所联千会”机制现场推进会，深入推进法律服务合作机制，规范保障商会“和”睦同心、企业诚信向廉“合”规经营，推动亲清政商关系落到实处，9家法律服务单位代表以及14家商协会代表参加会议。指导各商会开展与律所的联系对接，借助专业人士能力提高依法办会水平，切实帮助民营企业依法防范风险、依法化解矛盾、依法维护权益。增强招商工作实效。全年共申报5个项目，台州市丰榕贸易有限公司、浙江民业供应链有限公司、台州市沅森贸易有限公司、浙江增睿鑫贸易有限公司项目都在黄岩注册成立，业务开展顺利。高端模具及硅胶透镜生产基地项目在区常务会议上已通过项目投资协议，由前期办负责项目推进，落实土地出让。赴新疆、山东等地开展招商引资，积极宣传黄岩招商引资政策，引导区外商会回乡投资。

【整体素质提升】 2023年，区工商联开展教育培训，提升会员综合素质。邀请省社会主义学院教授陆聂海为全体会员作《中共中央 国务院关于促进民营经济发展壮大的意见》辅导报告。在十届三次执委（理事）会议上区人民法院党组书记介绍《厚植法治沃土，优化营商环境——共同构建企业财产保全信用评估长效机制》，着力提升会员素质，保障会员权益。实施“青蓝接力工程”，加强新生代企业家教育培养。组织新生代企业家赴浙江大学华家池校区、深圳大学参加台州市黄岩区新生代企业家“双传承”研修班；组织参加丝绸之路第八届中国城市戈壁挑战赛，继获得三连冠后再次荣获全国亚军；组织新企联党支部在三门亭旁红色文化教育基地开展“传承红色根脉、汲取奋进力量”迎七一主题党日活动，深入学习贯彻党的二十大精神，引导广大党员筑牢理想信念、锤炼党性修养。

【自身组织建设】 2023年，区工商联加强队伍建设。召开区工商联（总商会）十届三次执委（理事）会议，增选4名执委。新成立汽车配件协会，帮助指导流通行业协会、西安市黄岩商会、新生代企业家联谊会、广东省浙江黄岩商会、上海黄岩商会、杭州黄岩商会、高桥街道商会、黄岩安徽商会成功换届。关爱会员企业。丰富会员企业文化，成功举办第六届“丰立智能杯”篮球联赛、第四届“丰立智能杯”乒乓球联谊赛和第一届“丰立智能杯”羽毛球联谊赛。组织会员企业分批赴杭州康大夫体检中心、台州第一人民医院和台州恩泽医院开展免费健康体检。注重交流合作。与武汉市工商联就招商引资、招才引智开展交流调研，与武汉临空港经济技术开发区年轻一代商会进行交流座谈。组织新生代企业家联谊会赴临沂开展考察交流活动。

（区工商联　葛灵霞）

群众团体

黄岩区总工会

【概况】 2023年，黄岩区已建工会组织1672家，其中单建工会1525家，联合工会147家，覆盖企业6403家，发展会员133060人。

【组织建设】 2023年，黄岩区总工会开展集中建会攻坚行动，实现全区各级工会建设。全年新建工会60家，其中单建工会56家，联合工会4家，覆盖企业85家，吸收会员5426人。推进新就业劳动群体的建会入会工作，全区建成新业态工会组织125家，其中单建工会96家，联合工会28家，工会联合会1家，覆盖企业852家，覆盖会员13771人。

【劳模管理】 2023年，黄岩区总工会构建劳模工匠培育体系，全年共推评市级劳动模范11名、市级模范集体2个。开展黄岩区第五届劳动模范和模范集体评选活动，评选出41名区级劳动模范和12个区级模范集体。在13个镇（街道）选育76名本地工匠，为第四届“黄岩工匠”夯实基础。完成“浙江工匠”“台州工匠”遴选推荐工作。开展劳模工匠“共富联盟”助企活动62场次，提供模具设计、劳动法律培训咨询、职工权益维护等服务，培训职工2519人，服务职工9600余人次。

【劳动竞赛】 2023年，黄岩区总工会举办劳动竞赛和技能比武活动，承办市工业机器人应用与维护、工业手绘2项市级一类竞赛，围绕机械模具、医化、消防等行业举办41项区级职业技能竞赛。创建张忠市级高级技能人才（劳模）创新工作室，黄岩交通建设发展集团有限公司被授予“台州市五一劳动奖状”称号。2023年，黄岩区总工会开设优秀产业工人工商管理本科班，为79名学员全额报销学费。开展2023年度转岗、再就业职工技能培训活动，开设短视频直播带货、艾灸健康护理等15场培训课程，培训职工504人，培训后实现转岗、再就业职工398人。

【维权帮扶】 2023年，黄岩区总工会动态完善全区镇（街道）以上工会法律服务队伍14支，组织开展线上线下“尊法守法·携手筑梦”法律服务活动63场。开展劳动法律监督排查化解工作，提供法律体检服务132场。继续深入开展劳动争议巡回调解工作，调解站入驻户外劳动者驿站服务站4家，调处劳动争议案件29起，追回资金约66万元，调处率达到100%。深化能级工资集体协商工作，全区单建工会企业开展集体协商950家，覆盖职工75500人。培育出10家能级工资集体协商先行示范企业和澄江街道工艺品行业集体协商先

2023 年 6 月 17 日，由黄岩区总工会主办的 2023 年度转岗再就业职工就业技能培训首场培训项目——“抖音直播带货”在黄岩区总工会职业培训基地开班

（区总工会　供图）

行示范点。开展两节送温暖活动，走访企业 297 家，慰问职工 950 户，发放慰问款物合计 50.28 万元。开展农民工平安返乡活动，累计帮助 4812 人。继续开展困难帮扶活动，总计为 15 户建档困难职工家庭发放帮扶救助金 20.09 万元。

【普惠服务】 2023 年，黄岩区总工会开展职工疗休养工作，全区参加疗休养职工 12863 人，安排疗休养资金 3909.965 万元。做好稳岗就业服务，通过开展“春风行动”“民营企业就业服务月”等活动召开专场招聘会 15 场，累计为 405 家企业发布招聘岗位 5651 个。开展心理健康服务，在全区各大企业新建台工心港 8 家，举办职工心理辅导讲座 5 场，惠及职工 245 人。开展提升职工生活品质试点工作，培育区级产改企业提升职工生活试点 32 家。全面推进户外劳动者服务站点建设，全区户外劳动者服务站点总数达 27 家，全年惠及户外劳动者群体 28600 人次。开展惠“新”行动服务月活动，惠及新就业形态劳动者超 300 人次。

【职工文化】 2023 年，黄岩区总工会以“红五月”“迎亚运”氛围营造等重点工作为主题，开展 3 个系列 11 项文体活动。承办“阅读经典好书·争当时代工匠”全市职工主题读书活动，引导全区职工提高文化素养。组织“迎亚运　新业态趣味运动会”“迎亚运　千万职工来健身”“全区卫健系统乒乓球赛”“全区职工电子竞技大赛”等多项赛事。举办黄岩区第 44 届元宵灯谜活动，共计参与职工群众达 16279 人次。开展 4 期共 20 个班次“多才多艺　共创共富”职工文体艺术培训活动，涵盖“礼仪”“茶艺”等短期艺术兴趣班和“八段锦”“太极拳”等艺术季度班，1000 余名职工参加培训。

【关爱女职工】 2023 年，黄岩区总工会打造“妈咪暖心小屋”，新建妈咪小屋 3 家。截至 2023 年底，全区共建有“妈咪暖心小屋”46 家，其中中国移动黄岩分公司和台州市第一人民医院“妈咪暖心小屋”被评为市级示范小屋。持续开展女职工“两癌”免费筛查活动，并在省总工会第七届女职工委员会第四次全体会议上作经验交流，获省总工会党组成员、副主席胡柯肯定。联合各基层工会举办交友活动 12 场次，惠及 602 人。开展暑期“橘小伢”爱心托班活动 18 场次，其中服务新业态职工子女 3 场次，托管职工子女 641 人次。举办“魅力飞扬”女职工公益系列培训活动，开设拉丁舞、古埙等季度培训课程。落实积极生育支持措施，黄岩城市建设投资集团有限公司大国璟托育部入选市级示范性爱心托育用人单位。

（区总工会　汪子意）

共青团黄岩区委员会

【概况】 2023 年，共青团黄岩区委员会（简称“团区委”）全年承接省级试点 5 个，完成团省委数字化改革试点项目评审验收，先后承办浙江共青团持续提升青少年法治素养行动、浙江省“心灵花园”体验服务活动等各类省市活动10余场；护航青少年心理健康成长有关做法得到省委书记易炼红批示肯定，相关工作获得《朝闻天下》、《中国青年报》、《中国共青团》杂志、《人民网》、《浙江新闻》、《浙江日报》、青春浙江等中央、省级主流媒体宣传报道35次。

【主题教育行动】 2023年，团区委推出北城街道后庄村基层团支部“三三”学习法、黄岩区第一职业技术学校“三部曲”学习法和黄岩公安分局“三学三强化”青警学习法三个点位，推进全区团员青年主题教育工作。组织开展“感恩奋进·承诺践诺”工作，完成全区青年干部承诺践诺2089条。相关做法在市主题教育简报（第18期）青年干部“明德守法、完善自我”专栏上录用，并在区委主题教育领导小组第二次会议暨主题教育工作推进会作交流发言。

【青年理论宣讲】 2023年，团区委组织团员青年学深悟透中共二十大精神、八八战略等重要内容。举办“八八战略”在身边青年理论宣讲骨干培训班，在官河水街、村社区开展“理响甜甜圈”各类宣讲活动168场次。围绕清廉建设，联合区纪委举办“这young”说清廉脱口秀大赛。

【丰富育人载体】 2023年，团区委全面推进“家门口的少先队”建设，建成20个社区少工委，新增红领巾e站1013阵地10家；承办2023年台州市少先队鼓乐队展评活动，两所学校获浙江省首届少先队鼓乐队大赛一、二等奖。获“全国优秀少先队集体”称号1个，选树2023年度“全国红领巾中队”3个、“浙江新时代好少年”1人，省“红领巾奖章”集体四星章1个，省“红领巾奖章”个人四星章5人。黄雨婷入围“最美浙江人·浙江骄傲”候选人。

【强化基层建设】 2023年，共青团台州市黄岩区第十七次代表大会召开。中国少年先锋队黄岩区第四次代表大会召开；召开黄岩区“八八战略”在身边主题团日活动暨后庄村第六次青年大会。制定班子成员片区联系机制，落实“大脚掌”走基层，细化基层团组织主题团日活动常态化制度化的指导意见。深化落实青马工程，2023年黄岩区“青年马克思主义者培养工程”培训班走进大陈岛、“2023年黄岩区青年企业家青马工程创新研修班”专题培训班走进武汉大学。

【打造青年黄岩】 2023年，区十四届二次党代会将“打造青年黄岩”“聚焦打造青年发展型城市”写入报告；成立由区委书记和区长任双组长的黄岩区“引人留人”和青年发展型城市建设工作专班，聚焦青年发展型城市建设，推出“双百千万聚才创新创业工程”，召开黄岩区青年工作联席会议第四次全体会议，发布《黄岩区青年发展型城市2023年工作要点》；创新举办“青聚永宁·共享青甜”高校青年人才座谈会，区委书记与青年大学生代表面对面座谈。区委区政府主要领导全年参与指导青年工作20余次；联

2023年2月5日，黄岩团区委联合黄岩区大学生联合会举办“青燕归巢·团聚青春”元宵座谈会　（团区委　供图）

合区政协成立首批 9 家政协委员助力“青年发展型城市”联络点。11 月，区政协十五届九次常委会会议召开，围绕青年发展型城市建设开展专题协商议政。

【“青燕归巢”行动】 2023 年，“青燕归巢”数字化平台在全省 11 个地市和 109 所高校全面推广，累计服务大学生 96.8 万人次，获央视新闻《朝闻天下》、人民网、《浙江日报》关注报道。紧盯黄岩大学生，先后组织举办“情系家乡”——“青燕归巢·团聚青春”元宵座谈会、“青燕归巢　未来可期”晚会等活动，为黄岩大学生拍摄的专题 MV《千年永宁》获全区“最佳作品奖”。对接清华大学、同济大学、浙江大学等 30 余支高校团队到黄岩开展暑期社会实践活动，吸引全省 20 所高校学生赴黄岩参加第六届浙江省大学生乡村振兴创意大赛黄岩区文化赋能专项赛。承办 2023 年“来台州　向未来”百名学子看台州（黄岩站）寻访活动暨“千人千岗”暑期社会实践项目风采展示大会，相关经验做法获《中国青年报》报道。

【青少年关心关爱】 2023 年，团区委抓住省级共青团助力“双减”试点契机，连续 10 年发起“七彩课堂”活动，推出“七彩课堂”服务点位 18 个，服务青少年近 5000 人次；连续 10 年发起“微爱圆梦”点亮心愿行动；发起“我有一棵梅，长在大平田”活动，

2023 年 5 月 26 日，“我有一棵梅，长在大平田”2023 为爱圆梦 · 点亮心愿活动启动仪式在平田小学顺利举行　（团区委　供图）

以杨梅为公益桥梁，为西部困难儿童筹措成长爱心款 10 万元；加强山海协作，向甘孜新龙县捐赠近全新衣物 1 万件，与新龙团县委签订合作协议，打造黄岩—新龙“爱心小屋”；承办浙江共青团持续提升青少年法治素养行动暨浙江省青少年“三禁三防三自”主题活动、浙江省“心灵花园”体验服务活动，实现青少年法治宣传教育更加常态化、专业化、制度化；聚焦重点青少年帮扶，构建以“团干部 + 社工 + 志愿者”的工作模式，推动重点青少年帮扶面达 100%。新增市级“双零社区”9 家；依托永宁幸福中心，开展“心海护航”系列行动，《黄岩区探索积极教育护航青少年心理健康成长》等有关做法得到易炼红书记批示肯定。“黄岩区探索积极教育护航青少年身心健康”案例经过团省委推荐，被成功纳入二季度“七张问题清单”典型案例。

【青少年志愿服务】 2023 年，团区委完成区青年志愿者协会换届，发布黄岩青年志愿服务五大项目；承办台州共青团助力争创全国文明典范城市暨台州市青年风尚“焕新 36 计划”启动大会。先后为启航 2023 央视跨年晚会、启航 2024 央视跨年晚会黄岩分会场、第六届中国国际积极心理学大会等 30 余场现场会、大型活动提供志愿服务；连续第七年发起春运“暖冬行动”“团暖冬日”系列活动；连续第五年发起暑期志愿服务专项行动；开展关爱快递从业青年“暖蜂行动”；注册成立区益企爱青年社区发展基金会，募集资金 200 余万元；推动黄岩首家“公益咖啡馆”在屿头乡沙滩老街落地建成，打造一家以 3C（挑战 challenge、创新 creation、机会 chance）为主题的公益平台。

（团区委　徐逸帆）

黄岩区妇女联合会

【概况】 2023年，黄岩区妇女联合会（简称“区妇联”）以“红船女儿心向党·巾帼建功新时代”为主题实施“巾帼五共”行动。组织“巾橘畅响”宣讲团开展宣讲160余场次，参与人数7000余人；开展家庭教育指导服务40余场次，3800余人次参与；开展暑期儿童关爱系列活动121场次，发放传单等2600余份，服务托管4500余人次，发动300余名志愿者走访结对165人次；建立亲子阅读基地45个，“社区绘本妈妈”志愿者队伍授课184场，参与人数达3500余人；调解案件541起，群众满意率达100%；为2035名低保低边女性免费投保女性健康公益保险。黄岩官岙茭白专业合作社副理事长蒋良珍被评为浙江省“三八”红旗手；南城街道妇联获评为浙江省妇联系统先进集体；李运玲等3人被评为浙江省妇联系统先进工作者。

【巾帼共心与思想引领】 2023年，区妇联举办“巾帼心向党　奋进新征程”黄岩区庆祝“三八”国际劳动妇女节113周年暨巾帼共创“三进三服务”助力发展主题活动、“巾帼助富　向光而行”女性创业分享会等活动。组织“巾橘畅响”宣讲团开展中共二十大精神、学习贯彻习近平新时代中国特色社会主义思想主题教育以及中国妇女十三大精神宣讲160余场次，参与人数7000余人。完成央视跨年晚会和中国国际积极心理学大会等活动志愿服务工作。“红韵九溪·爱心妈妈团”关爱留守儿童志愿服务和自闭症儿童美育疗法分获台州市“和合姊妹”巾帼志愿服务项目大赛一、二等奖，“瓜田守望计划”项目获浙江省志愿服务项目大赛优胜奖。引导妇联干部用好“循迹溯源学思想促践行”成果，赴东城街道双浦社区和北城街道后庄村开展现场教学。

2023年6月2—4日，区妇联在官河水街举办“‘童’心出发，跟着研学基地游黄岩”大型游园会　（区妇联　供图）

【巾帼共建与民生服务】 2023年，区妇女儿童服务中心选址定于东城街道东浦未来社区，建筑面积4000平方米，截至年末正对接后续手续。印发《2023年黄岩区儿童友好城市建设工作清单》《黄岩区儿童友好城市建设三年行动计划》，完成22个儿童友好试点单元建设。开展儿童友好周活动，整合黄岩研学基地举办“‘童’心出发，跟着研学基地游黄岩”大型游园会，吸引3000多户亲子家庭参与丰富的线下活动；举办41场“永小宁”儿童友好观察团活动，如“童”商共议，邀请政协委员与孩子们共议城市发展等。《全力打造“幸福科学馆”积极赋能儿童及家庭心理健康》入选省21个儿童友好实践案例。为中国社会福利基金会和黄岩区社会福利院搭建桥梁，捐赠的300箱奶粉发放至困难儿童手中。联合女企业家协会、爱心妈妈团等爱心机构和人士赴茅畲逸夫小学、启智学校等开展“‘益’起同行　共享‘六一’”系列活动，赴72名困境儿童家中回访。升级提升“家+合”区级婚调室，调解案件541起，群众满意率达100%，19个乡镇（街道）实现婚调室司法备案全覆盖，黄岩区婚调委驻新前街道工

2023 年 4 月 18 日，区妇联在朵云书院举办“阅想童年 伴爱成长”活动
（区妇联 供图）

作室被评为市级示范型婚调工作室。开办全区“培养法律明白人”婚调员培训班，提高区级婚调员工作能力。排查化解家庭婚恋矛盾纠纷 141 件，开展各类普法活动 30 余场。

【巾帼共创与女性提质】 2023 年，区妇联召开农商杯“庭院小美促乡村大美巾帼行”暨和美庭院“三百”行动大比拼推进会，助力建成和美庭院 4800 户，执委争创和美庭院 2398 户，村庄覆盖率达 100%。开设“听见你的声音”妇女创就业微视频专栏，挖掘推荐创业优秀女性。以“巾帼共富工坊”为平台，为浙江麦歌服装有限公司等企业对接共富工坊，院桥镇新岙里巾帼共富工坊被评为首批省级巾帼共富工坊。成立黄岩区女创业者协会，提供互助协作、交流发展平台。区女企业家协会换届，成立“橘惠”公益基金，助力“焕新家”等困境妇儿关爱项目。对接永宁幸福中心、心超会等优质社会资源赋能女创业者和女企业家成长转型，实地考察官河古道，举办官河古道商圈项目推介会，通过线上线下双向对接的形式，及时掌握企业意向投资情况。联合心超会开展“招大引强 助企服务”活动，以视频直播的形式举办女性创业赋能企业模式云分享会。

【巾帼共美与家风涵养】 2023 年，区妇联推出“永宁幸福家”家庭教育品牌，联合永宁幸福中心面向全区妇女儿童提供专业家庭心理服务。召开妇儿驿站“橘惠益家”社会服务项目评审会，统筹打造妇儿驿站建设，并按要求争取每家 5 万元经费支持。开展“少年儿童心向党 关爱守护伴成长”暑期儿童关爱系列活动，举办亲子活动、心理讲座等 121 场次，发放传单等 2600 余份，服务托管 4500 余人次，发动 300 余名志愿者走访结对 165 人次。深化“橘萌”亲子阅读项目，建立亲子阅读基地 45 个，“社区绘本妈妈”志愿者队伍授课 184 场，参与人数达 3500 余人。联合区人民法院设立“家庭教育指导服务联动工作站”，开设《积极心理学 开启幸福家庭的密钥》名师讲堂，线上线下多平台参与达 10 万余人次。开展以“家教伴成长 协同育新人”家庭教育指导服务 40 余场次，3800 余人次参与。2 名区家研会成员入选省家庭教育讲师团，东城街道九峰社区等 9 所家长学校被评为市级示范型家长学校，选送的参赛选手获台州市家庭家教家风宣讲比赛一等奖。

【巾帼共联与素养提升】 2023 年，区妇联召开区妇联执委综合能力提升培训班，通过“理论教学 + 实地调研 + 交流讨论”相结合的方式进一步提升执委的政治素养和履职能力。全面分析掌握村（社）妇联执委运行和履职情况，为全区 344 个村（社）2398 名妇联执委精准“画像”，调整妇联执委 16 人，新任妇联执委 16 人。开展“大走访大调研大服务大解题”，走访市、区女企业家协会会员企业 18 家，解决流转诉求 13 起。在台州市鉴洋湖城市湿地公园保护中心成立妇委会，成立天宇药业妇联、区房地产行业经纪人妇联和黄岩区跨境电商产业巾帼联盟。持续为2035名低保低边女性免费投保女性健康公益保险。

（区妇联　许樱子）

黄岩区科学技术协会

【概况】 2023年，黄岩区科学技术协会（简称“区科协”）助推院士创业项目1个，新建省级博士创新站1家，省级科普教育基地1个、市级科普教育基地2个。在省市科协各类会议作典型经验交流4次。全区科学系统有学（协）会21个、企业科协41个、乡镇（街道）科协19个。获得中国科协2023年全国科普日活动优秀组织单位、中国科协2023年表现突出的科普中国组织单位、省科协2023年全国科技工作者日活动优秀组织单位等荣誉称号。

【承接高层次论坛】 2023年9月，首届台州光电功能材料与器件应用高峰论坛活动在黄岩区举行。中国光学工程学会台州工作站揭牌仪式，工作站第一批意向入孵项目完成签约。依托台州黄岩院士之家平台，26名院士专家成为黄岩区政府特聘的光电产业发展咨询委员会顾问。全省跨越式建设科技小院助推乡村振兴现场会在黄岩区举行。200多名高校专家教授200多人汇聚一堂，共同谋划科技小院跨越式发展工作。黄岩区科技小院助力乡村振兴建设在全省现场会上作书面经验介绍。举办第五届中国乡村振兴战略推进大会暨2023浙江省乡村振兴战略论坛。完成中国农业机械学会现代农业黄岩服务站建设。第四届穆勒光电技术研讨会在黄岩区举行。来自国内外的光电产业专家学者及相关企业代表聚焦材料合成、应用场景、产业前景等进行交流探讨。

【博士创新站院士合作项目】 2023年，黄岩区博士创新站院士合作项目持续开展。

“一家三站”三大智力平台建设　2023年，台州黄岩院士之家会客厅利用黄岩九峰公园报春园闲置房产进行修缮改造，在9月举办第四届穆勒论坛期间，台州院士之家黄岩融合创新基地暨穆勒院士之家正式启动。

开展百名院士进台州活动　2023年累计开展各种形式的院士行活动5次，到访院士12人次，外出拜访院士7人次。10月中旬，非洲科学院院长、中国工程院外籍院士Felix Dapare Dakora到黄岩区考察，该院士领衔的院士创业项目（利用生物科技改善土壤质量）落地黄岩区。中国工程院院士、同济大学教授吴志强团队和黄岩城投集团的黄岩官河水岸元宇宙街区设计院士合作项目，获得2023美国缪斯设计奖（The MUSE DesignAwards）建筑设计——翻新类别金奖和2023德国红点设计品牌传播大奖。吴志强院士和团队的《台州梦创园》项目获2023德国标志性设计奖·创新建筑奖。

推进“千博助千企”专项活动　2023年，黄岩区出台《黄岩区博士创新站建设管理办法》。在“千博助千企数智平台”上，共发布89条企业需求，新建站6家区级博士创新站。由浙江省柑橘研究所的副研究员温明霞博士建站的黄岩甜口福家庭农场博

2023年9月15日，“台州院士之家”黄岩融合创新基地暨穆勒院士之家启动

（区科协　供图）

士创新站获评省级博士创新站。推动“科创中国平台”广泛应用，指导20家企业加入“科创中国”科技服务平台，为企业在技术研发、人才需求等方面“牵线搭桥”。推荐黄岩智能模具小镇申报“科创中国”浙江省级创新基地。

【科普宣传】 2023年，区科协履行纲要办职责，联合协调成员单位开展科普宣传活动，共计发放《四季科普》《营养与健康》和各类农作物种植指南等手册1.5万多份；组织“银龄赋能”老年人智能手机使用培训活动95场次，参加超过4100人次；依托区农函大、学（协）会组织开展农民素质培训20多场；开展科普教育基地提质扩面行动，沈宝山被授予“浙江省药品科普基地”这也是截至2023年底台州市唯一一家省级药品科普基地，永宁幸福科学馆、沙埠青瓷展示馆成功申报台州市科普教育基地。在东浦中学打造以“北斗”为主题的科普场馆，在茅畲中心小学打造以“人工智能”为主题的学校科普馆。2023年组织开展科普活动和讲座进文化礼堂活动150多场，科普讲座40多场。组织重大科普活动，以“我们的节日”为主线，在全国营养周、“5·30”全国科技工作者日、科技活动周、全国科普日期间开展形式多样的科普宣传活动和科技下乡活动。9月16日，举办台州市暨黄岩区2023年全国科普日主场活动启动仪式。

【少年科学院和科普进校园活动】 2023年，区科协开展青少年科普工作，少年科学院黄岩分院落户台科院。完成科技教育进10所中小学校活动，培训在校学生320人。承办台州市2023青少年信息学竞赛活动、第24届黄岩区青少年科技创新大赛，黄岩区学生参赛作品荣获多个荣誉奖项。开展橘乡科普行、科普大篷车校园和科技小制作进学校、文化礼堂活动。通过科普大篷车的展品和反邪教展板宣传崇尚科学，反对邪教活动。全年共组织科普大篷车校园行33场，科技小制作进学校、礼堂活动共计54场，参加人数1万多人。开展老科学家科普讲师团进校园活动，邀请石磊、刘定生、原魁等5位中科院老科学家科普演讲团成员走进学校开展科普活动。

2023年9月17日，黄岩区科协开展“橘乡科普行”系列活动

（区科协　供图）

【学会工作】 2023年，区科协开展“百家学会智汇台州”活动，组建科技专家服务团进企业专项活动。对接浙江生命健康学会联合体、省生物医学工程学会、省营养学会、省智能农机学会等智力资源，省级学会专家“黄岩行”调研交流活动。组建“小微你好”科技服务团开展“双服务双走进”精准服务活动。开展“双百双千”科技赋能行动，继续推进“五有学会”创建活动，发挥区级学（协）会开展多种形式的产学研用协同创新工作，通过政府购买服务的方式，支持学协会开展工作。有705名专家在82个村（居）文化礼堂、农场、医院、学校等场所开展科技赋能活动。

【服务科技工作者】 2023年，区科协多措并举服务科技工作者。建立黄岩区科技工作者之家，搭起科技交流平台。开展学术交流、植树、参观红色基地等活动。举办科技工作者座谈会、黄岩区高层次人才中秋茶话会等活动。开展主题为“点亮精神火炬”全国科技工作者日系列活动，在九峰公园西大门广场举办2023年“全国科技工作者日”暨全民营养周活动启动仪式；在今日黄岩、黄岩发布等有关媒体刊发区委区政府《致全区科技工作者的一封信》；举办以“宋韵有约　幸福永宁”为主题的黄岩区第九届公益交友大会；组织召开2023年科技工作者座谈会，并开展走访慰问活动。积极开展选树宣传活动，联合区委宣传部、区经科局开展“最美科技工作者”评选活动，共评选出15位黄岩区2023年“最美科技工作者”。做好科技人才举荐服务，田生科获台州市最美科技工作者荣誉称号。在《今日黄岩》开设专栏，宣传展示黄岩区科技工作者风采。

【“三长”项目】 2023年，区科协开展黄岩区“三长项目”的评选和市级“三长项目”的申报和推荐工作，评选出区级“三长项目”11个、市级“三长项目”2个。

【强化自身建设】 2023年，黄岩区构筑以区科协机关和乡镇科协为主体，学会和企业等科协组织为辅的组织架构，切实健全广泛高效的科普社会动员机制。深化推进乡镇（街道）、村（社区）科协组织服务能力建设，拓展基层科协组织服务活力再提升，扩大科协组织覆盖面和工作覆盖面。落实全面从严治党主体责任，提升科协党建工作质量，学会党建工作在省科协2023年地市科协学会党建工作交流会上作经验交流。学会建设工作在全省学会工作交流会上作书面交流。

（区科协　高佳佳）

黄岩区归国华侨联合会

【概况】 黄岩区归国华侨联合会（简称“区侨联”）是区委领导的由全区归侨侨眷组成的区一级人民团体，是正科级独立单位。区侨联的基本职能是“群众工作、参政议政、维护侨益、海外联谊”。黄岩区侨务资源丰富，截至2023年底，黄岩区登记在册的侨务工作对象4000余人，海外人员主要分布在美国、加拿大、澳大利亚和非洲等40多个国家和地区。有侨资企业70余家，行业主要分布在塑模、汽车配件、酒店、房地产、工艺品、机械设备等领域。有区级侨社团3个，黄岩籍侨胞担任海外市级以上侨社团会长的有5人。承办中国侨联主办的2023“亲情中华·侨连你我”——文艺轻骑兵进侨乡文艺演出，创建省级“侨界创业创新基地”1家，省三星级“侨助工坊”1家，市二星级“侨助工坊”2家。

【共同富裕】 2023年，在2022年结对5个集体经济相对薄弱村的基础上，发动侨商侨企再与4个村开展结对帮扶活动，以资金和智力扶持的形式帮助结对村转型发展。对原有2家“同心·侨助工坊”进行升级改造，新建2家“同心·侨助工坊”，带动就业320多人次，人均月增收2300多元，不断提升工坊助富能力。重点把悦境龙仕翔轻奢酒店和九溪云谷度假酒店打造为精品侨宿，实现具有侨背景的民宿品质化、品牌化管理，突出培育侨宿电商助富功能，带动地方服务业发展和产业链配套。

【双招双引工作】 2023年，在巴西、刚果（金）、柬埔寨、缅甸、印度尼西亚等5个国家设立首批海外工作站，为黄岩区20余家企业赴海外投资提供翻译、地接、仓储、市场拓展等服务。建立海外引才工作站1家，培育引才大使1名，共向区委人才办推荐有回国工作意向的海外博士以上人才23人，其中1人入选国家“启明计划”、1家企业被评为台州市500精英计划创业C类人才企业。留学生企业高端OLED功能性膜材产业化项目落地精诚集团，总投资15亿元，项目在首届浙江海外社团联谊大会上现场签约；招引台州卡蒂尔婚礼艺术中心落户黄岩，总投资1亿元，该项目已经投入运营；招引留学生回归项目林耀科技落地黄岩，至年末，项目用途正在协商。

2023 年 9 月 6 日，区侨联协助天宇药业赴肯尼亚设厂（区侨联 供图）

【组织建设】 2023 年，黄岩区第九次归侨侨眷代表大会召开，选举产生新一届区侨联领导班子，谋划此后五年侨联事业工作布局。提升区乡两级“侨家小院”建设，深化“一乡一品”，选树星级“侨胞之家”，开展基层侨联组织片区协作交流活动，加快基层侨联组织“进园区、进企业、进社区、进楼宇”，畅通为侨服务“最后一公里”。优化队伍建设，改进干部管理方式，加大侨联干部理论和实践学习力度。

【参政议政】 2023 年，在政协台州市黄岩区第十五届二次会议期间，6 名侨界委员积极参政议政，向会议递交 6 件个人提案。组织侨界政协委员开展“侨助共富”分享会、“侨话共富”建言活动，共开展各类分享会 5 次、收到“共富”意见 20 余条。鼓励支持侨界人士代表参加各类基层协商民主议事会议，为主攻“一千双百”、坚定不移实施“六大战略”、全面建设共同富裕区域标杆等区委中心工作建言献策。

【为侨服务】 2023 年，区侨联开展“助侨直通车·侨企大走访”活动，共走访重点侨资企业 22 家，搜集各类问题 22 件，现场解决 5 个问题，其余 17 件均协调解决，开展涉侨法律服务 5 次，帮助解决涉侨矛盾纠纷 2 起，形成“诉求反映—协调办理—结果反馈”的服务闭环。持续开展“真心为侨、倾心惠侨”活动，在春节、端午、中秋等传统节日期间，通过现金、物资慰问，召开座谈会等形式，共走访归侨侨眷 200 名、困难侨眷 3 名，发放礼品慰问金共计 3 万元，帮助他们解决困难和问题，在基本侨情调查工作的基础上，建立完善海外高层次人才数据库；诚挚邀请海内外有识之士、侨界社团杰出人才到黄岩区参观、考察、讲学、创业；关注海外侨胞和新侨回国后的发展动态和诉求，提供优质服务和平台。

（区侨联 施璎桉）

黄岩区文学艺术界联合会

【概况】 2023 年，黄岩区文学艺术界联合会（简称“区文联”）践行“团结引导、联络协调、服务管理、自律维权”方针，开展主题文艺活动，推动人才培养、推进精品创作，发挥文艺在助推共同富裕中的积极作用。区文联获评浙江省文联系统先进集体。

【艺术乡建引领文化共富】 2023 年，区文联学习贯彻省、市文联《关于开展“艺术乡建”助力共同富裕的指导意见》文件精神，组织区级文艺家协会、文艺名家工作室分别与各乡镇（街道）结成对子，以文艺赋能乡村振兴。举办“艺术乡建 文艺助共富——浙江五地作协交流暨沙埠小镇端午诗会”，推动沙埠镇历史文化资源的挖掘和延伸，助力青瓷小镇建设。举办台州市乡村艺术季文艺作品巡回展，与椒江、路桥文联联动，送书画、摄影进乡村。指导乡镇（街道）推进“艺术乡建”工作，充分发挥示范村的引领工作。宁溪镇白鹭湾村、屿头乡沙滩村、茅畲乡下街村、沙埠镇横溪村入选首批“台州市艺术乡建特色村”，《白鹭湾村版画艺术赋能经济腾飞》入选 2023 浙江省艺术乡建典型案例（台州唯一，全省仅16家）。

【讲好黄岩故事】2023年，区文联举办“墨香秋韵”上海闵行、浙江黄岩两地“文化走亲”美术作品交流展，宣传黄岩特色、地域文化和发展成就，推动两地的文化艺术交流。开展“美丽乡村”主题创作采风，邀请多名来自全国各地知名画家到黄岩，描绘黄岩自然风光与人文魅力，助力黄岩文旅事业发展。承办2023年橘花诗会暨全国知名作家、诗人黄岩乡村行走活动，邀请全国各地文学工作者、知名作家、诗人到黄岩采风，探索咏橘文化、儒释道文化、宋韵文化、青瓷文化，以文学作品的方式宣传推介黄岩。开展金秋十月“散文百家走进橘乡黄岩”澄江行暨海宁、乐清、黄岩三地协作交流活动，围绕“黄岩，一座甜了千年的城”等主题，挖掘乡村振兴中的典型事迹，助推乡村振兴。

【文艺展演活动】2023年，黄岩区发挥品牌文艺活动引导创作、催生精品、锻炼队伍、发现人才作用。先后举办高杰山水画作品展、孙开桐山水画展、潘晓群写生作品展、朱贵东书法作品展、钟艺书法作品展、毕雪锋书法篆刻展、李建华中国画作品展，推出蔡婧晗、陶吉等青年书法家个人展，举办王海音原创歌曲作品暨笛子独奏音乐会、陶梦个人演唱会等名家民团展演活动，丰富群众的精神文化需求。承办中曲协“送欢笑到基层”走进黄岩专场演出、艺术乡建——浙江省十一县市中国画作品联展等国家级、省级的系列活动。举办“学精神·迎亚运·展风采”文艺志愿服务活动、曲艺小百花　竞放黄岩城——黄岩区“童心‘艺’起迎亚运·曲艺赋美赞家乡”首届少儿曲艺展演、联合承办“听海寻音”王海音原创歌曲作品暨笛子独奏音乐会等。围绕“一座甜了千年的城”主题，举办全区短视频大赛和全市摄影比赛。

【文艺惠民活动】2023年，区文联立足农村实际，利用农村文化礼堂和各类农村艺术阵地。组织各协会及名家工作室举办写福送春联、摄影进万家温暖全家福、免费为环卫工人拍摄“新年夫妻照”“轻轻叩响大师的门”钢琴音乐会等文艺志愿活动。据统计，送春联的书法志愿者达152人次，受益的群众6000余人次，并组织9场摄影惠民志愿服务活动，参加服务的摄影志愿者达53人次，服务群众500余人。举办文艺星火赋美工程——黄岩区第三十七届迎春美术书法摄影作品展、跨界——沈利亚、王坚、吴庆扬视觉艺术展、2023元宵民乐专场音乐会、茅畲乡“九溪艺苑”揭牌仪式暨“翰墨迎国庆　诗书颂中秋”书画笔会等活动。

【繁荣精品创作】2023年，区文联加强青年人才培养，挖掘优秀青年文艺创作人才，面向全区遴选出第二批“黄岩区青年文艺人才培养对象”9人。对新加入中国文联序列国家级或省文联序列省级协会的会员实施创作经费补助，兑现奖励扶持资金51万元。用好优秀群众文艺团队专项扶持经费，调动发挥文艺团队的工作积极性。开展报告文学《康巴汉子》创作，《黄岩文学》全年共编发4期，文学新人不断涌现。在黄岩乌岩头、布袋山设立浙江省美术创作基地，邀请上海师范大学摄影专业教授林路举办摄影讲座，为文艺创作搭建平台。黄岩区选送的《新前采茶舞》作为全市唯一的民间舞蹈参加第三届浙江省民间艺术精品展演，话剧《贤相杜范》获第十届东盟国际戏剧节剧目最高奖。小品《橘子红了》荣登浙江省文化礼堂2023“我们的村晚”；黄岩美术家协会金僧富作品《圆梦太空》入选第十三届全国水彩·粉画作品展；黄岩区摄影家协会柯国盈作品《意外》获第十一届全国农民摄影大展评委推荐奖；杨柯作品《台州刺绣》入选第五届全国青年摄影大展，区摄影家协会选送的《二十年拍摄全家福活动组照》先后入选平遥国际摄影节、丽水国际摄影节；黄岩书协共有7人次入展、2人次入选“浙江书法奖·陆维钊奖”第十届浙江省中青年书法篆刻大展，6人获浙江省年度书法篆刻百家。据不完全统计，2023年全区共有315件作品在省级以上获奖和发表。共有27人加入国家级和省级文艺家协会会员。

【强化自身建设】 2023年，区文联加快网上文联建设，大力发展网络文艺，实施网络文艺精品创作和传播计划，促进优秀文艺作品多渠道传输、多平台展示。推出“春天送你一首诗”合集、“我们的幸福生活——温暖全家福”线上主题展。

（区文联 张妙婷）

黄岩区残疾人联合会

【概况】 2023年，黄岩区残疾人联合会（简称“区残联”）共有机关工作人员19人，内设办公室、综合科，下设黄岩区残疾人事务中心1个事业单位及5个专门协会，各乡镇（街道）、村居（社区）均设有残联组织，各乡镇（街道）残联均配备专（兼）职理事长和残疾人专职委员。截至2023年底，全区共有持证残疾人18569人。

【残疾人社会保障】 2023年，黄岩区残疾人社会保险做到应保尽保，实现一、二级重度残疾人城乡居民基本医疗保险全覆盖，共2707人，补助166.48万元。实现残疾人重大疾病及人身意外伤害商业保险全覆盖共18495人，保费共184.95万元，后续新增免费参保239人。为1031名灵活就业残疾人发放养老保险补贴217万元。落实浙江省困难残疾人家庭大病保险项目参保752人。

【残疾人康复服务】 2023年，黄岩区完成康复救助孤独症儿童44人，提前超额完成省定民生实事任务。开展辅具适配工作，完成实物配发151人，货币补贴67人，补助金额4.24万元，辅具适配率100%。完成白内障免费复明手术补贴37例，金额3.8万元。为148名0—8周岁残疾儿童开展基本康复服务，补助98.04万元。开展精神病残疾人免费门诊服药7260人次，金额15.72万元，住院533个疗程，金额30.78万元。

【残疾人教育助学】 2023年，黄岩区做好残疾人及残疾人子女教育救助工作。为364名残疾学生和118名困难残疾人家庭子女实施教育救助，补贴125万元。对23名残疾人大学生实施学费和住宿费减免救助，共24.98万元。

【残疾人就业创业】 2023年，黄岩区实现新增稳定就业残疾人49人，提前超额完成省定民生实事任务的119.5%。常态化做好残疾人就业帮扶和推介，实现新增残疾人就业160人。开展按比例安置残疾人就业联网认证工作，审核用人单位256家，安置残疾人就业1648人。对35家超比例安置残疾人就业企业给予奖励139.104万元。党政机关、事业单位、国有企业按比例安置残疾人就业1人。为25名残疾人发放就业贴息资金8.4万元。培育区级种养大户7户、市级13户，补助12.5万元。组织开展农产品营销直播带货、西式面点等培训，免费培训残疾人243人。

【残疾人文化】 2023年，区残联紧紧围绕丰富残疾人文化生活这一目标，以农村文化礼堂为平台、以“四万工程”建设为主抓手，精心组织全国助残日、国际残疾人日等残疾人重要节日活动，举办喜迎亚残运会·百场文体活动进社区暨农村文化礼堂活动50场次，开展特殊艺术进农村文化礼堂巡演8场次，组织无障碍观影37场次、“红色听书”等活动，惠及600多名残疾人，为广大残疾人提供更丰富的精神食粮。

【残疾人体育】 2023年，区残联挖掘培养省体育后备人才4人。组织参加省第十一届残运会，斩获6枚金牌、5枚银牌、3枚铜牌。举办黄岩区第十六届残疾人运动会，设象棋、羽毛球、乒乓球、飞镖、跳绳5个项目，参赛残疾人160人。开展康复体育进家庭活动，共为20个家庭发放体育器材23件。

【残疾人社会宣传】 2023年，区残联充分利用“全国助残日”“残疾预防日”“国际残疾人日”等残疾人节日，加强现代文明社会残疾人观、扶残助残政策以及“助残模范”“自强模范”先进事迹等宣传。全国助残日期间，组织开展黄岩区第二届最美助残人评选活动，评选最美助残人6人，并在“全国助残日”启动仪式上进行颁奖，发动新闻媒体对助残事迹进行宣传报道，进一步传递榜样力量，弘扬扶残助残传统美德。

【残疾人居住品质提升】 2023年，区残联继续实施省残工委促进残疾人共同富裕先行先试——残疾人居住品质提升项目，落实《黄岩区残疾人居住品质提升先行区实施方案》，印发《关于2023年度黄岩区无障碍进家庭和辅具适配工作的通知》，完成48户无障碍家庭改造和17户困难残疾人家庭居住环境提升。

【助残共富】 2023年，区残联会同黄岩区税务局，进一步深化“税力助残　共富黄岩”项目，制定8个方面20项“助残任务清单”，落实各项残疾人就业税费优惠政策、做好残保金征收工作，举办残疾人专场招聘会5场、新建3个工疗工坊、新安置残疾人就业30人，切实帮助残疾人就业增收，实现共同富裕。

【助残公益联盟】 2023年，区残联根据《推进助残公益联盟建设助力全国文明典范城市创建实施方案》文件精神，进一步推进黄岩区助残公益联盟运行，全年共动员30家单位加入，实施助残公益项目13个，参与助残83人次，受益残疾人350人，帮扶物资或服务折合款项9万多元。

（区残联　王雅楠）

黄岩区慈善总会

【概况】 2023年，黄岩区慈善总会慈善总收入2053.78万元，其中募捐收入1654.99万元（包括物资捐赠2.5万元）；拨出慈善救助款物合计人民币2436.06万元，其中物资支出2.5万元，惠及困难群众3.3万余人次（单位）。2023年，黄岩区慈善总会被浙江省民政厅评为全省品牌社会组织（全省慈善系统3家）。

【慈善宣传】 2023年，黄岩区慈善总会《慈风善雨洒山村》《愿孩子们心中闪烁北辰》等文章刊登于《慈善》杂志；《汇聚慈善力量　助推共富行动》《愿孩子们心中闪烁北辰》两篇文章于“中华慈善日”期间刊登在《今日黄岩》。

【慈善募捐】 2023年，黄岩区“中华慈善日”暨“慈善一日捐”活动捐赠收入157万元；一般性捐赠收入373.74万元；定向捐赠收入1043.13万元（其中物资捐赠2.5万元）。9月5日，黄岩区举办以“携手参与慈善，共创美好生活”为主题的第八个黄岩区“中华慈善日”捐款仪式。同时，借助互联网公益平台进行项目化筹资，线上“浙里捐赠”的“2023年黄岩区中华慈善日”专项募捐同步开展。区慈善总会和平田乡、团区委联合举办“我有一颗梅，长在大平田”公益活动，平田乡乡贤黄金道捐助30棵优质罗幔杨梅产品，由23个爱心人士和爱心单位认捐6万元，用于资助平田小学和平田中心幼儿园。妇联慈善分会与女企业家协会为安老、助孤、助学、提升儿童综合素质等项目和公益活动，募集到42.4万元。

【慈善救助】 2023年，黄岩区慈善总会在助困、助医、助学、助老、优抚、赈灾等领域开展慈善救助。助困：与区民政局联合实施“善居工程”，根据38户低保低边特困家庭实际情况，着重对居住空间（含客厅、卧室、厨房、卫生间、楼梯过道等）及其使用功能进行基础改造，改造基础标准为1.6万元/户，并动员社会、企业、个人向“善居工程”实施对象家庭捐赠家具、家电等基础生活用品；元旦春节期间，与市慈善总会联合慰问各乡镇（街道）因病致贫家庭、特困群众、困难职工、困境儿童共616人，共支出68.2万元；与妇联慈善分会共同救助396名困难妇女，共支出26.83万元；与市慈善总会联合开展“迎七一”慈善活动慰问52名困难党员，共支出6.9万元。助医：贫困家庭“尿毒症”患者助医项目资助421名患者，共支出173.7万元；“幻方慈爱基金”儿童大病救助项目资助4名困难重症儿童，共支出5.71万元。助学："共圆大学梦"助学项目与市慈善总会共同资助96名贫困大学生，共支出38.65万元；浙江万向集团"四个一万工程"资助19名困难学生，共支出4.06万元；2023年"爱玛"助学基金救助500名（优秀）困难学生，共支出50万元。助老：资助运营良好老年食堂（助餐点）15个，每个安排3万元资金助推老人助餐服务行动；春节"慈善年夜饭"项目慰问606名敬老院在院老人，共支出4.84万元；元旦春节支出16万元慰问160名特困老人。优抚：与市慈善总会、区双拥办共同实施"迎八一·同心筑梦"慈善拥军慰问项目，慰问20户困难退役军人家庭，共支出4万元。赈灾：慰问26名甘肃地震灾区在黄务工人员，共支出2.6万元。乡村振兴：资助5个共建共富基地项目共45万元；黄岩区众小满共富工坊被评为"台州市共富基地"（一类），黄岩区上郑乡下庙村共富基地被评为"台州市共富基地"（二类），分别获得台州市慈善总会8万元、5万元资金补助。公益活动：联合黄岩区中医院开展"新冠截断扭转方"中药汤剂赠送活动，先后在城区、新前街道、屿头乡、上垟乡、上郑乡发放中药汤剂，共发放8万余份，受益2.3万人次。

【慈善信托】 2023年，黄岩区成立两单慈善信托基金，信托基金总额320万元。黄岩区慈善总会作为委托人、主受托人，与浙商金汇信托股份有限公司签订慈善信托合同，约定将300万元作为慈善信托资金，用于开展对口支援、山海协作、助老、助学、助困及其他符合《中华人民共和国慈善法》规定的公益慈善活动，受益约4000人。宁溪镇乡贤联谊会为委托人，与黄岩区慈善总会、浙商金汇信托股份有限公司签订慈善信托合同，约定将20万元慈善信托基金交付于主受托人黄岩区慈善总会、次受托人浙商金汇信托股份有限公司，用于开展助学等符合《中华人民共和国慈善法》规定的公益慈善活动。

【慈善义工】 2023年，黄岩慈善义工助老助学、环保文艺、便民服务等方面组织466次公益活动，参与义工2550人次，服务时间11269小时，受益38672人次，包括防疫志愿支援、一碗暖心腊八粥活动、爱心早餐活动、爱心小屋、爱心凉茶、"社工进礼堂"服务项目、"圆梦""雨露"助学项目、"迎国庆　美好中秋　添彩亚运"公益助残活动、童迎亚运彩绘未来、"暖心助老　爱满重阳"助老活动、"惠听助老"项目、"垃圾分类"环保活动等。慈善义工协会会长陈美玲被浙江省民政厅评为社会组织领军人物。

【慈善组织】 2023年，各乡镇（街道）新建19个村级慈善工作站。村级慈善工作站共新增自筹160余万元善款。该项专项资金先后资助50余个村级助老、助困、助医、共富基地、基础建设等各类慈善项目。

（区慈善总会　叶佳佳）

黄岩区红十字会

【概况】 截至2023年底，全区19个乡镇（街道）全部建立红十字组织，村（社区）红十字会实现全覆盖，发展团体会员12家，会员18990名（青少年会员未作统计），志愿者13210名。县级监事会工作规范化建设、县级红十字会信息公开透明度建设两项工作获评省级试点，监事会工作、"两捐"工作等在省会作典型交流发言，组织参加红十字总会2023年红十字生命教育应急救护知识竞赛活动，获单位组织奖一等奖。协助省红十字会参加总会和应急部举办的第七届全国红十字应急救护技能大赛活动，获二等奖。

【"两捐"工作】 2023年，黄岩区红十字会规范捐献工作流程，加强服务保障，"两捐"人数不断增长，全年实现造血干细胞新增入库110人份，反悔率为0，超额完成任务。新增造血干细胞捐献3例，累计捐献达23例；人体器官捐献4例，累计25例，继续保持高增长态势。退伍军人张斌等志愿者，捐献造血干细胞。

【应急救护培训】 2023年，乡镇街道红十字应急救护培训基地实现全覆盖，提前完成省红十字三年规划工作任务。推广“一心六全”工作法，重点推进交通、学校、养老等行业、领域取证培训。应急救护培训列入区民生实事项目，全年累计应急救护普及培训124161人次，新增持证培训12968人，进度大幅超预期。在全区各大中小学、机关大楼、商场酒店等地继续增设配置40台AED（自动体外除颤仪），加强对人员的操作培训和点位管理，以便为心搏骤停者获得黄金抢救时间。针对外贸出口型企业必须配备红十字救护员要求，开设企业应急救护培训“绿色通道”，实行“妈妈式”服务，主动为企业“送课”。

【人道资源动员】 2023年，黄岩区红十字会创新筹资方式，加强与爱心企业、人士的沟通联系，完善反馈服务机制，推动形成多元化、多渠道、可持续的筹资工作格局。发挥理事单位、各乡镇街道工作合力，参与全国红十字系统“5·8”人道公益日、“99公益日”网络筹资活动，累计募得善款110余万元，参与3万人次，两项数据较往年均取得大幅度增长，该项工作位居全市前列，受到省红十字会通报表扬。

2023年7月4日，区红十字会在江口救援基地开展暑期防溺水安全实践课 （虞佳莉 摄）

【救灾救助】 2023年，黄岩区红十字会完善江口老站坊码头红十字应急救援培训基地建设，购置冲锋舟、摩托艇、救生绳等救援设备，并实现物资装备科学规范管理，为救援队伍技能提升提供保障。招募吸收有技能特长的热心爱心人士加入，不定期开展业务培训，不断发展壮大救援力量。开展跨部门合作与交流，参与全区2023年防汛防台实战化演练、中国中央电视台跨年晚会值勤保障、江口美食节安全护卫、台州马拉松保障等大型活动数十起，与当地政府建立合作互信关系。承接总会“中非合作论坛搜索与救援能力建设研修班”活动，获得上级红会领导和外国友人的肯定。连续12年开展“红十字博爱送万家”活动，2023年慰问上郑、茅畲、宁溪等地150余户困难家庭，发放款物价值4.7万元；拓展“蔚蓝天空”青少年帮扶活动，帮助贫困青少年“爱心圆梦”；与发改局等单位合作，积极参与东西部对口扶贫援助，向四川新龙县提供帮扶资金35万元。

（区红十字会　朱斌）

法　　治

政法委与综治

【概况】 2023年，区委政法委紧紧围绕平安黄岩创建主线目标和杭州亚运会、亚残运会维稳安保重要任务，一体推进平安建设、维稳反邪、基层治理。2023年，全区未发生较大及较大以上安全生产事故，刑事警情数同比下降6.18%，纠纷警情数同比下降15.31%。平安黄岩“十七连创”目标完成。

【平安建设】 2023年，区委政法委坚持深化除险保安工作机制，分阶段推进平安建设四大百日攻坚行动、基层基础提升行动、亚运安保行动、冲刺收官行动等系列行动。实行每周召开例会、每月晾晒、每季分析和常态化暗访督查，累计印发晾晒通报10期、督查通报17期。2023年度，区乡两级除险保安“区级督查+部门检查+属地排查”共计排查各领域重点点位33万余个，发现整改隐患49万余条。举行黄岩区亚运安保誓师大会暨平安大巡防启动仪式。针对老年人等群体制作宣传片，实现平安宣传覆盖各角落全人群。

【维护稳定】 2023年，区委政法委聚焦平安护航亚运“六个坚决防止、三个满意”要求，开展基层基础大排查、大整治专项行动。完善重大决策事项社会风险评估体系，新增风险评估专家63人，全年完成备案93件，相关风险事件零发生。

【基层治理】 2023年，区委政法委推进“141”基层治理体系向实战实效迭代升级，构建全域感知、全域指挥、全域监督综合信息指挥体系。研发“智治永宁”系列场景并全面推广、实体运行。2023年10月，台州市乡镇（街道）综合信息指挥室实战实效现场会在黄岩区召开。探索新时代“枫桥经验”黄岩实践，区人民法院预防化解涉企模具类纠纷工作法、南城街道“三化十二制”预防化解纠纷工作法入选100个全省新时代“枫桥式工作法”。黄岩作为全市唯一入选2023全国新时代“枫桥经验”指数百强的样本县。

【法治建设】 2023年，区委政法委深度研发“人民调解+行政调解”数字法治揭榜项目，“无争议事实确认模板”等三大功能模块集成融合至省矛调系统向全省推广。协助市扫黑办打处以朱某某为首的黑社会犯罪组织。开展重点行业领域专项整治，查处各类案件770余起，罚没420余万元，刑拘6人。组织开展“护苗行动”，积极构建未成年被害人综合司法救助体系。在省委党校举办全区政法系统全体中层以上干部政治轮训班，提升政法队伍的综合素质能力。探索“区法学

会 + 乡镇党校”新路径，有效增强一线政法平安干部法治信仰、法治意识和法治思维。

（区委政法委　周辛）

公　安

【概况】 2023 年，黄岩公安分局共接有效警情 106895 起，同比上升 7.59%。其中，刑事类警情 2074 起，同比下降 5.47%；治安类警情 17207 起，同比上升 5.38%；纠纷类警情 13216 起，同比上升 7.45%；涉黄举报线索 222 起，同比上升 5.21%；涉赌举报线索 3079 起，同比下降 16.06%；交通类警情 54012 起，同比上升 13.56%。全年共立（受）案件 9760 起，同比上升 22.88%，破案 6111 起。全区共打处各类违法犯罪嫌疑人 6366 人，同比上升 51.72%，其中刑事打处 1664 人、行政打处 4702 人。

【刑事犯罪打击】 2023 年，黄岩区公安分局常态化推进扫黑除恶斗争，侦破部督、省标大要案 5 起，获部厅 3 次贺电表扬。破获案损百万元以上省督案件 2 起，发起省集群战役 5 起，打击各类电信网络诈骗嫌疑人。

【黄赌毒违法犯罪整治】 2023 年，黄岩公安分局坚持“以防为主、以打为要、以治为基”，紧盯黄赌毒等突出违法犯罪，出台《全区公安机关黄赌整治工作机制》《黄赌整治倒查追责办法》《黄赌警情处置工作规范》，建立健全常态督查暗访、人员查控等机制，聚焦治安乱点重点整治区域，开展定期清查、线索梳理、收网打击工作。全年共侦破黄赌刑事案件 58 起，采取黄赌强制措施 182 人，查处黄赌治安案件 616 起，涉黄行政处罚 256 人，涉赌行政处罚 1698 人。

【维护社会稳定】 2023 年，黄岩公安分局深入践行矛盾纠纷“可控有解”理念，利用“一图一网一机制”精准管控平台，对矛盾纠纷当事人逐一进行风险程度评估，通过联通基层治理“四平台”定向推送矛盾纠纷至属地乡镇（街道），协同开展化解工作，全年化解矛盾纠纷 1.7 万余起，化解率达 97.6%，实现“民转刑”命案“零发生”。

【护航经济社会发展】 2023 年，黄岩公安分局坚持“无事不扰、有事必应”，线上推广“企安宝”为企服务平台，线下在模具小镇等企业密集区域设置 4 个“为企服务警务站”，进一步畅通警企联系渠道，协助化解涉企纠纷 829 起，化解率 99.3%。坚持“包容审慎、宽严相济”执法理念，落实“最多查一次”、“捕前羁押必要性审查”、涉企舆情“白名单”等机制，对 10 名企业主慎用强制措施，涉企“挂案”清理达到 100%。

【公安政务服务数字化改革】 2023 年，黄岩公安分局主动融入“永宁好办”政务服务品牌，在全省率先构建“全域刷脸”办事体系，用 1687 个“刷脸办”事项实现公安政务服务增值，项目获区“改革创新最佳案例”一等奖。

【法治建设】 2023 年，黄岩公安分局聚焦执法主体、执法机制、执法监督和执法环境四个环节，谋划出台并严格落实派出所办理刑事案件负面清单、刑事案件进案管中心、未成年被害人“一站式”办案、全域案件一地受理、“一支笔”审批等制度，推动执法机制、体制全面重塑，实现侦查办案的一体化、专业化、闭环化，执法质量和效能稳步提升。全年 6 起行政复议案件、11 起行政诉讼一审案件、4 起二审案件实现“零撤变”“零败诉”，执法公信力不断提升。

【基层基础治理】 2023 年，黄岩公安分局以派出所工作标准化建设为主抓手，建立警情、案件、风险、执法、队伍“五必盯”机制，推动“两队一室”高效履职、“主防”工作闭环落地。研发“社区警务”应用平台，精准指引、全程监管、多维评价社区警务工作，实现社区民警平均周驻村时间达 32 小时，同比上升 27.6%，辖区群众熟悉率达 81.55%。建立实行“四联”勤务（党建联建、警保联勤、村企联防、警民联动）、互联网+社区警务等模式，发动和指导全区347支村居巡逻队等力量参与社会治理。梳理制定事项权责清单，指导帮助全区19个镇街完善非警务警情闭环处置机制，全市非警务事项协同处置工作现场会在黄岩召开。

【智慧警务】 2023年，黄岩公安分局推动前沿技术与警务工作深度融合，精心打造“租安心”“数智橘警”等20余个创新项目，6个项目入围省厅优秀创新案例，为全市最多，“超识”应用获省厅最佳技术变革奖。视频侦查工作在全国打响品牌，承办公安部视觉侦查现场交流会，为全国唯一一个承办部级刑事技术类交流会的县级分局，上级领导和全国同行评价“黄岩视图发展理念全国领先”。

【安保维稳】 2023年，黄岩公安分局紧扣亚运安保主线，统筹推进“护航亚运”系列专项整治行动、夏季治安打击整治行动，高质量完成杭州亚运会、“2023台州马拉松”等重大安保任务，安保维稳成效卓著。破获2起10年以上本地命案积案，获副省长杨青玖表扬肯定。侦破利用微信定位侵犯公民个人信息案，获省公安厅副厅长黎伟挺批示肯定。

【公安队伍建设】 2023年，黄岩公安分局坚持领导干部带头学，严格落实“第一议题”、党委理论学习中心组学习制度，分批开展中层干部勤政培训、全警业务轮训，全面铸牢忠诚警魂。调整中层干部133名、民警轮岗190名，优化“争第一、争荣誉”8项工作机制，创新开展中层干部“晾晒式”述职，以360项具体指标构建民警履职评价体系，浓厚比超氛围。纵深推进勤廉公安建设，完成“过问请托事项报备”市局试点工作，并在全市推广。推进“橘警强兵计划”，在全市首创“数智练兵”平台，推动民警警体技能合格率同比提升38%，获省厅政治部主任熊国和批示肯定。实施爱警暖警行动，围绕“吃住行消”打造“一站式”便警服务中心，落实表彰奖励、典型培育等激励性举措，着力解决异地团圆、就医就学等问题。

（黄岩公安分局　何凯）

2023年11月20—22日，黄岩区举办第四届全国刑事影像与视频侦查技术学术交流会

（黄岩公安分局　供图）

检　察

【概况】 2023年，区人民检察院批捕各类刑事犯罪304人，提起公诉949人，同比上升49.8%和16.7%，案件审结率88.3%。黄岩检察工作在全市年度绩效考核中获评优秀基层院。其中，刑事执行、文化教育、理论调研等工作名列第一，刑事检察、民事检察、未成年人检察和检察信息等工作全市前三。

【刑事检察】 2023年，区人民检察院注重开展深层次违法行为监督、个案监督、类案监督，实质化运行侦查监督与协作配合机制，监督立案率、监督撤案率、纠正漏捕漏诉率同比分别上升16.05%、11.11%、6.33%。对侦查取证不规范、强制措施适用不当等问题，提出书面纠正违法意见，采纳率为100%。加强刑事审判监督，审查刑事裁判733件，纠正确有错误的刑事裁判3

件，刑事抗诉率、刑事审判活动违法监督采纳率均为100%。深化刑事执行监督，纠正减刑、假释、暂予监外等执行不当38人，同比上升22.6%，刑事执行检察工作居全市第一。

【民事检察】 2023年，区人民检察院坚持“精准监督、能动履职”，办理各类民事诉讼监督案57件，提出再审检察建议13件。做实民事执行监督，助力法院破解“执行难”，推动涉嫌拒执刑事立案8件，案件履行完毕10件，履行金额180万余元，陈某华等民事执行监督系列案获《检察日报》报道。持续推进生效裁判监督，深挖涉“套路贷”虚假诉讼案件线索，制发再审检察建议7件，法院均裁定再审并撤销原审判决。开展诉讼主体适格专项领域监督，制发再审检察建议6件。依法履行支持起诉职能，帮助诉讼能力偏弱的弱势群体起诉维权4件，在一起交通肇事支持起诉案中，助力被害人追回赔偿款65万余元。

【行政检察】 2023年，区人民检察院发挥行政检察“一手托两家”功能，整合海量行政执法数据，通过数据分析、碰撞、挖掘办理各类行政检察监督案件16件，纠正案件数28件，居全市前列。推深做实行政争议实质性化解，开展护航民生民利、道路交通安全领域专项监督，办理“土地执行难”系列案26起。通过跨省协作、指纹鉴定等方式助推民政局撤销冒名婚姻登记，工作成效被《浙江法治报》报道。落实行政处罚与刑事处罚双向衔接，对不起诉案件开展行政处罚必要性审查，精准监督“不刑不罚”。

【公益诉讼检察】 2023年，区人民检察院履行“公共利益代表”职责，关注生态环境和资源保护、食品药品安全、特殊群体保护、个人信息保护等民生热点问题，办理公益诉讼案件40件。综合运用沟通磋商、诉前检察建议等方式开展前端治理，提出诉前检察建议13件，诉前整改率100%，办理的督促长潭水库小水电站生态流量泄放行政公益诉讼案获评最高检长江经济带生态环境警示片案件办理专刊典型案例。扩大公益诉讼朋友圈，聘请37名志愿者为“益心为公”志愿者，拓展案件线索来源。

【数字检察】 2023年，区人民检察院充分发挥数字检察驱动法律监督提质增效作用，着力推动“业务数据化”向“数据业务化”转变。完成数字检察专项监督40项98件，2个专项监督入选台州市数字检察重点项目清单。构建的“投资型”非法集资犯罪类案监督数字模型，成功监督非吸及其关联洗钱、妨害信用卡管理等金融犯罪案件5件8人，获省、市院肯定，在全市推广。通过数据建模碰撞，排查出服刑人员领取优待金线索，向相关职能部门制发检察建议并追回补助金。

【服务民营经济】 2023年，区人民检察院全面服务保障三个“一号工程”，构建“法治安商护企”十大法律监督专项行动。依法审慎办理涉企刑事案件40人，对犯罪情节轻微的涉企犯罪不起诉27人，同比上升35%，1件涉企不起诉文书获评全省刑事检察优

2023年8月24日，区人民检察院、区人民法院联合举办法治夏令营活动
（区人民检察院 供图）

秀法律文书。惩治非法集资犯罪和金融领域洗钱犯罪，办理最高人民检察院挂牌督办的卢某某等人非法吸收公众存款、集资诈骗案。深化涉案企业合规改革，创新引入“合规有效性量化评估”机制规范合规整改，助力企业实现“司法康复”。以“地方特色支柱产业保护”为切入点，创建“模法服务”数字化应用场景，打造“企航永宁”系列品牌特色活动，相关成效在《浙江法治报》头版刊载。构建刑事执行与服务民企“双赢”模式、“模法服务”项目获区改革创新奖。

【诉源治理】 2023年，区人民检察院扎实推进检察信访工作法治化，接收、接待群众来信来访218人次，检察长接待化解10件次，做到七日内回复率、三个月内答复率“两个100%”。邀请听证员、人民监督员参与公开听证等监督检察办案活动161次。着眼于类案溯源、犯罪预防、综合治理等，向职能部门制发社会治理类检察建议11件，采纳率、回复率100%，1件检察建议获评全省刑事检察优秀法律文书。推动构建“党委领导、人大监督、政府支持、多方配合”的检察建议工作格局，就打击非法集资、个人信息保护等工作与多部门联动出台机制5项。当宽则宽、宽严相济，做到“治罪”与“治理”并重，不捕率31.6%，不起诉率21.8%，认罪认罚从宽适用率86.4%，有效减少社会对抗。深化“一轴两翼”法治决策工作，针对办案中发现的基因检测、金融管理等领域存在的问题向省委提出治理建议，为党委政府提供法治参考。

【共联检察】 2023年，区人民检察院依托乡镇（街道）人大代表联络站构建起全区“19+1”“共联检察”网络格局，同步打造线上平台并嵌入人大基层单元建设应用场景，结合公开听证、法治宣传、信访化解等活动，以“线上+线下”“站内+站外”“输入+输出”多向发力推进共治、共建、共享。全年开展法治宣传18场，社会治理活动12场，参与信访化解7次，院领导进站开展活动和工作督导32次，听取群众建议、控告申诉等165件。“共联检察”工作获《浙江法治报》宣传刊发5次。

【接受监督】 2023年，区人民检察院扛牢全面从严治党管检政治责任，落实防止干预司法“三个规定”。创新打造“队伍健康码”“检务督察360”强化“廉政体检”，做实严管就是厚爱，有关做法得到浙江机关党建网点赞。落实重大事项向党委请示报告制度，自觉接受人大及其常委会监督，向区人大常委会专题报告检察公益诉讼工作情况，接受区人大常委会对检察官的履职评议。自觉接受民主监督和社会监督，向区政协、各民主党派、工商联和无党派人士通报检察工作，定期公开案件程序性信息1369条，不断提升司法公信力。

（区人民检察院　张丹丹）

法　院

【概况】 2023年，区人民法院全年新收各类案件11212件，同比下降0.03%，累计结案11509件，同比上升2.46%，员额法官人均结案255.8件，无一瑕疵案件，综合和重点工作考评居全市法院首位。集约协同智办、司法警务辅助人员管理机制改革被列入省级试点，“预防化解涉企模具类纠纷工作法”获评全省新时代“枫桥式工作法”，党委领导下的诉源治理模式被人民日报内参部专题调研并报道，立案庭获评全国法院先进集体。

【刑事审判】 2023年，区人民法院审结刑事案件750件，判处罪犯998人，其中，危险驾驶罪、盗窃罪、开设赌场罪三类案件合计占比49.3%。发挥刑罚威慑作用，审结故意伤害、抢劫、放火、贩毒等暴力犯罪案件93件138人，判处3年以上有期徒刑40人；重拳打击各类经济犯罪，审结诈骗、侵犯公民个人信息、非法吸收公众存款等犯罪案件110件，依法追究160名被告人刑事责任，为人民群众追回血汗钱1000余万元；审结生产、销售有毒、有害食品罪5件8人，守护“舌尖上的安全”；加强未成年人司法保护，审结校园欺凌、侵害儿童等犯罪案件34件，在东浦中学设立“和·少年”共享法庭，选派优秀法官担任法治副校长，筑牢未成年人保护防线。深化打击虚假诉讼专项行动，对虚假诉讼行为人训诫并责令具结悔过44人，罚款51人42.1万元，追究刑事责任7人，切实维护司法权威。

【民商事审判】 2023年，区人民法院一审审结民商事案件6469件，涉案标的21.3亿元。妥善处理涉及基本住房保障纠纷案件96件，以示范诉讼一揽子化解2批次700余户逾期交房违约纠纷，推进房地产领域风险防控。会同区妇联成立家庭教育指导服务联动工作站，共建家庭教育指导及家事纠纷化解联动机制，审结婚姻、继承、抚养、赡养等案件741件，发出人身安全保护令4份，为妇女、儿童、老人筑起“法治护盾”。推进移风易俗，弘扬优良家风，审结7起涉彩礼案件，兼顾传统伦理和新时代风尚，化解一起女儿诉父母返还彩礼纠纷，弥合家庭裂痕。坚持保护劳资双方合法权益，高效审结劳动争议案件114件，开展根治欠薪专项行动，在一被执行企业的拍卖款分配中，对尚未取得生效法律文书的劳动工资债权作预留分配，保障劳动者权益。围绕“美丽黄岩”建设，健全生态司法保护多元共治格局，开展多样化普法宣传，邀请人大代表参与辖区古树名木保护案件回访工作，被《人民法院报》刊载。推动劳动争议“调裁审执”一体化纠纷解决机制纳入人劳系统省级试点，强化诉调衔接，统一裁审标准，实现劳动争议“只进一扇门”，降低当事人诉累。联合区自规局、司法局强化不动产登记司法协作机制，以调解、出具协助文书等代替诉讼，妥善处理8起纠纷，为当事人节省诉讼费10万余元。

2023年8月11日，黄岩法院宁溪法庭开展生态环境法治普法宣传活动 （蔡函格 摄）

【行政审判】 2023年，区人民法院关注行政争议实质性化解，助推“行政诉讼人大e监督”应用复用工作，录入行政案件94件，实现全周期、闭环式监督；制发预警告知书71份，鼓励引导被诉行政机关自行纠错、协调化解。完善司法救助和法律援助制度，发放救助金39.6万元。助力法治政府建设，成立“重大项目服务站”共享法庭，保障区委重点工作规范高效。发挥司法大数据辅助决策作用，涉企行政诉讼案件分析报告获最高法院副院长邓修明、贺小荣批示肯定。

【案件执行工作】 2023年，区人民法院执结执行案件7141件，执行到位金额5.8亿元，同比提升35%，全年民商事案件实际履行率75.7%。开展“春剑”“盛夏”“秋收”“暖冬”等涉民生专项执行行动，传唤被执行人112人，司法拘留53人，执毕案件48件，增强民生权益保障。加大失信惩戒曝光力度，通过曝光车进村居、公交车电子屏曝光等方式全年曝光失信被执行人3000余人次，敦促被执行人主动履行。持续开展打击拒执专项行动，司法拘留154人、罚款1687人，以涉嫌拒执罪移送公安39件44人，判决24件25人。持续深化执行分段集约“一件事”改革。运用数字化手段重塑全流程相互协作、全过程可视监管的执行体系，推进指挥中心实体化运行、执行事务分段集约、司法警察编队管理三大改革，执行完毕率、执行标的平均到位率同比分别提升13.78%、14.91%。构建被执行人车辆查控、处置、管理全流程在线平台，协同公安部门建立车辆处置协作机制，城区内查扣用时提速至0.5小时，相关做法被《法治日报》刊载报道。搭建涉执诉求管理平台，涉执诉求处理效率同比提升27.5%，案访比同比下降69.1%，经验做法被《法治日报》《人民法院报》刊发推广。

【审判管理】 2023年，区人民法院以审判质量管理指标体系试点为契机，健全“日监管—周调度—月小结—季讲评—年考评”审判管理机制，定期召开指标数据分析会，强化落后指标专项提升、个案跟踪管控，实现长期未结案件清零，相关指标提升至全市第一。以治理“程序空转”问题为抓手，优化办案流程，推动民商事审判领域下诉的合并，创新打造执前督促催告履行团队，减少执行案件增量。全年案件质量综合指数全省排名提升42位，位居全省前列、全市第一梯队。聚焦案件多发、高发领域发送司法建议32份，采纳落实率达93.8%，弥合社会治理薄弱环节，围绕预付式消费监管制发的司法建议获评“全省法院优秀司法建议”。举办“司法业务技能大比武”，评选十佳业务标兵、优秀庭审、裁判文书等，培养高素质法官队伍。优化锻造“精品工程”，发挥典型案例示范引领作用，打造全链条培育机制，入选全省法院十大最佳案例分析，13篇调研成果获省级以上荣誉。

【优化法治营商环境】 2023年，区人民法院聚焦保障三个“一号工程”出台相关制度文件、发送司法建议，多次得到区主要领导批示肯定。依法平等保护各类市场主体权益，审结涉企纠纷2367件，涉案金额13.4亿元。组建助企服务队，院领导带队走访企业32家，与行业商会、企业代表开展座谈5场，帮助解决实际困难；会同区商务局深入摸排辖区1090家外贸企业法律需求，特邀涉外法律专家共同开展“法护永宁·畅行天下——民营企业涉外法律护航专题活动”，为企业“出海”保驾护航。在全省率先设立国际商事特设共享法庭，入驻区贸促会，共促涉外商事纠纷多元化解。探索数字化“企业信用评估机制”，通过科学评估“企业信用值”对19家企业依法不予采取保全措施，案涉金额3200余万元，被省委改革办“浙里改”推介，获全国工商联副主席方光华、省高院副院长程建乐批示肯定。发挥破产审判“积极拯救”和“及时出清”功能，审结企业破产案件39件、个人债务清理案件30件；在区政府大力支持下，设立1亿元企业破产清算周转金，帮助破产企业复工续建。

【诉源治理】 2023年，区人民法院擦亮党委领导下的诉源治理模式“金名片”，助推区社会治理中心建设，探索“共享法庭+”基层单元融合场景建设，诉前指导调解1.05万件，化解矛盾纠纷5220件。建立完善涉众型纠纷府院联动机制，发挥先行调解示范作用，妥善化解3批次1438起涉教育、健身、美容等领域预付卡纠纷，为200余件商品房预售合同纠纷提供化解方案。聚焦省级特色“模具小镇”集群发展优势，建立“模具行业专家评估机制”，聘任13名行业专家深度参与涉模具纠纷源头化解，“预防化解涉企模具类纠纷工作法”获评全省新时代“枫桥式工作法”。党委领导下的诉源治理“黄岩模式”作为浙江样板，被最高人民法院公众号、《人民法院报》头版特稿推介，人民日报内参部到黄岩专题调研并报道。

【法院接受监督】 2023年，区人民法院开展“请进来、走出去”活动，每季度向人大代表、政协委员发送《永宁法苑》刊物，邀请代表委员见证执行、旁听庭审、参加专题开放日146人次，院领导带队走进19家人大代表联络站开展与代表“面对面”活动。深化“共享法庭+人大代表联络站”诉前解纷一体共建模式，释放“民主+法治”叠加效能。支持配合检察机关依法履行法律监督职责，落实检察长列席审委会制度，办理检察建议49件。深化司法民主，陪审员共参审普通

2023年8月24日，黄岩法院联合区检察院开展“浙里花开·守未”“浙里春风·青橘”法治夏令营活动 （蔡函格 摄）

程序案件459件，陪审率达96.83%；开展法官与律师互评，推广“司法公正在线”应用，答复律师及当事人意见123条，以全方位监督促进工作提升。输送法治服务，组建“法护永宁”宣讲团，法官参与民法典、涉企风险、劳动争议等主题法治宣讲30余场，开展“浙里春风”法治夏令营活动、“中小学生安全教育日”法治宣讲，覆盖全区19所中学9700余名学生。

（区人民法院 杨雅蓓）

司法行政

【概况】 2023年，区司法局内设机构10个（全面依法治区委员会办公室秘书科、办公室、法治督察科、政府法律事务科、行政复议与应诉科、普法与依法治理科、人民参与和促进法治科、公共法律服务与律师管理科、法律援助中心、组织人事科），直属行政机构1个（区社区矫正管理局），基层司法所10家。现有行政编制65人，实际在编人数64人（其中政法专项编制62人，行政职工2人），事业编制6人，专职社区矫正工作者34人，聘用人员18人。

【法律服务机构】 2023年，全区共有律师事务所16家，律师221人。其中，执业律师118人，公职律师97人，公司律师6人，较上年度增长21.42%。浙江银马律师事务所获全省司法行政系统公共法律服务工作成效突出集体；引进浙江航向律师事务所在黄岩区设立分所；律师万人比增长实现新突破，2023年底律师万人比达3.1，较2022年底提高0.4。共有基层法律服务所9家，基层法律服务人员37名。

【法治政府基础建设】 2023年，区司法局贯彻落实《法治政府建设实施纲要（2021—2025年）》，始终把法治政府建设作为依法治区的重点任务和主体工程抓紧抓实。全力守牢合法性审查关口。执行行政决策事项法治审核制度，审核区政府常务会议议题298件、列席常务会议19次。落实重大决策事项管理，社会公布《2023年度重大行政决策事项目录的通知》并适时调整。加强行政规范性文件管理，从源头规范行政行为，全年审核区政府规范性文件18件。完善政府法律顾问制度，聘请区内4家（永宁江、星固、银马、鼎联）和区外2家[法校、京衡（宁波）]律师事务所律师组成法律顾问团队担任区政府法律顾问，充分发挥法律顾问“法治参谋”“法治助手”作用。全力推动行政争议实质性化解。发挥行政复议化解行政争议“主渠道”作用，提升复议公信力，实现复议纠错率、诉讼败诉率“双下降”。2023年收到行政复议申请167件，为2022年同期的1.59倍；行政诉讼收案70件，复议诉讼比值为1.34，复议后败诉率为0。推进执法司法改革。完成“大综合一体化”行政执法改革各项指标任务，“大综合一体化”行政执法改革年度综合评价指标排名全省第一。全域推行“首违不罚+公益减罚+轻微速罚+学法轻罚”，梳理214项轻微违法不予处罚事项清单，同类型违法行为同比下降32%。全面落实“三项制度”，深化法治监督领域建设，完成行政错案“以案治本”法治监督专项行动；组织全区执法人员参与行政诉讼案件庭审旁听，从源头预防和化解行政争议。开展“双随机”执法专项监督暨执法体验活动，完成道路交通安全和运输执法领域等突出问题专项整治。完善行政执法辅助人员管理制度，联合出台《黄岩区行政执法辅助人员管理办法》。北洋、宁溪行政执法协调监督工作室命名为市级“品牌工作室”。

【法治黄岩（社会治理体系建设）】2023年，区司法局强化党对法治黄岩建设工作的领导，发挥立法、执法、司法、守法普法4个协调小组职能作用，推进县域法治化进程。深化工作实践，加大法治建设力度。深入开展习近平法治思想学习，宣传贯彻“八进”活动，出台《2023年法治黄岩建设工作要点》，开展法治建设满意度提升工作。抓好关键少数，完善第一责任人述职。完善区委常委会、区政府常务会议学法常态化机制。邀请著名法学家、中国法学会副秘书长江必新为全区领导干部授课。持续开展党政主要负责人履行推进法治建设第一责任人职责工作，全区45个部门19个乡镇（街道）党政主要负责人均做专门述法并现场测评。深化涉企风险防控，严打涉企经济犯罪。发布全省首个《关于涉企刑事案件一体化办理的实施办法》，出台《企业破产清算周转金管理暂行办法》。开展“11087”平安护航行动，打击涉企经济犯罪，开展涉企案件追赃挽损。

【基层普法宣传】2023年，区司法局完成省、市“八五”普法中期评估检查。全面落实“谁执法谁普法”普法责任制，明确56个部门普法主要任务和重点举措。推进“法律明白人”培养工程，培育“法治带头人”582名，“法律明白人”1325名，“学法用法模范户”4696户。

【社区矫正数字化改革】2023年，区司法局搭建涉企社区矫正对象外出审批“绿色通道”，推动涉企社区矫正管理从“属地管理、严控外出”向“属地主管、异地协管、就地帮教”转型升级，提升司法服务企业的精准度和匹配度。先后制定出台6个制度文件，系统化解刑事执行难题，其中涉企案件一体化办理机制、社区矫正对象一体化帮教机制等均为全省首创。4年来全区未发生社区矫正对象（被判处管制、宣告缓刑、假释和暂予监外执行的罪犯）脱管、漏管现象，重新犯罪率保持为零。

【加强人民调解队伍专业化】2023年，区司法局紧盯金融、就业、房地产领域风险，加大“民转刑”“刑转命”重大矛盾纠纷案件排查调处力度，2023年全区各调委会成功调解各类矛盾纠纷10086件，涉及金额6.8亿元，其中疑难复杂案件437件，引导司法确认2565件。加强人民调解员队伍专业化建设，开展“线上+线下”业务培训12场次。

【完善法律服务体系】2023年，区司法局出台行业激励政策。紧扣政策激励和宣传引导，印发《黄岩区促进律师行业高质量发展实施意见》，对律师事务所、律师壮大规模、提升业务水平、培育人才引进等方面提出明确的奖励激励措施。健全常态管理机制。严格执行“双随机、一公开”监管要求，联合市监等开展法律服务行业执业情况专项检查活动19次，推进律师行业两年“回头看”，持续引导法律服务人员做好执业风险防范、舆情防范和应对处置。提升法治赋能效用。优化“15分钟公共法律服务圈”建设，将推进村（社区）法律顾问工作作为完善公共法律服务体系的重要抓手，以政府购买服务方式为全区347个村（社区）配备法律顾问，实现法律顾问全覆盖。建立村法律顾问“e服务微信群”，全区配备19台公共法律服务自助机，引导使用12393人次。强化法援保障群众合法权益。拓展服务渠道，进一步扩大法律援助覆盖面，打破管辖壁垒，实现法律援助市域内100%通办，全力维护弱势群体的合法权益。2023年共办理法律援助案件787件（民事362件、刑事425件），较2022年同期增加356件，为当事人挽回经济损失1100余万元。

（区司法局　陈烨青）

军　事

人民武装

【概况】 2023年，黄岩区人民武装部（简称“区人武部”）在军分区党委机关和区委区政府领导下，以习近平新时代中国特色社会主义思想为指导，认真贯彻习近平强军思想，坚持以军事斗争准备任务为牵引，突出维护核心、看齐追随，聚焦应急应战、练兵打仗，各项任务圆满完成，全面建设保持比较好的发展态势。

【主题教育与教育实践】 2023年，区人武部围绕第二批主题教育和“学习强军思想、建功强军事业”教育实践活动，以学原著读原文悟原理为主要抓手，结合党委中心组理论学习和每周一夜学时间，严格落实必读书目学习，用党的最新理论成果武装头脑，确保绝对忠诚、绝对纯洁、绝对可靠；开展“挖掘红色资源、传承红色基因”活动，完成浙东浙南两军会师“三个一”成果（一本红色历史册、一部红色录像片、一场红色故事会）；严明政治纪律和政治规矩，全面开展军地交叉地带“五查五纠”清理整治、“严禁违规喝酒、严防酒驾醉驾”教育整顿和倾向性问题纠治，部队保持高度集中统一和纯洁巩固。

【战力稳步提升】 2023年，区人武部完成国防动员日常联合管控方案拟制，军地联合参加“台州—动员2023”国防动员演练，首长机关战时组织指挥能力得到提高；持续加强情报侦察，陆上报情位全市第二；结合年度民兵训练认真开展新大纲试训论证，形成“三个一”试训成果（1套训练过程规范，1份任务行动训练清单，1个清单组合式训练大纲使用规范）；全年组织民兵教练员、民兵干部骨干、基干民兵分队训练，参加军分区第六届岗位练兵比武，获得2个团体项目第一（陆上方向伪装遮障、侦察报情）、基础课目主官第三以及个人项目第二、第三（战斗运动）的好成绩，军事训练质效进一步提升。

【推进国防动员准备】 2023年，区人武部全面推进民兵建设“十四五”规划任务落实；11月作为军分区“代表队”接受省军区民兵工作综合考评，获得全省第一的好成绩，被省军区表彰为民兵工作先进单位；协调地方国动办出台《国防动员委员会工作规则》，形成军队指挥共用、国动委指挥协调、政府分级实施的动员资源指挥运用方式，进一步规范军地各司其职、密切协同的国防动员新格局；高质量推进征兵工作，完成新兵征集任务（含女兵），其中大学生占比85.41%，应届高校毕业生占比69.7%。

【巩固夯实基层建设】2023年，区人武部持续深化融合抓建成果，3月普通民兵融合抓建成果在全省推广普及，得到军委国防动员部和省军区充分肯定；全力推进村（社区）民兵连融合抓建和普通民兵预建党组织建设向纵深发展，在全区19个乡镇（街道）331个村（社区）推广；以建设一支“精优强廉”专武干部队伍为出发点，制定《黄岩区专职人民武装干部年度绩效考核实施办法（试行）》，严格落实军地联合考核，完善专武干部晋升交流机制，2023年调整交流使用专武干部，推荐专武部部长分别交流到区应急管理局、茅畲乡党委任职，协调增加院桥镇、平田乡、茅畲乡等单位专武干部编制，确保专武干部专武精武。

【有效创新治军管理模式】2023年，区人武部坚持每月组织安全检查、每季分析安全形势，重大节假日严密组织隐患排查治理，大力开展“安全大检查”“条令法规学习月”“百日安全”等活动，严格落实安全保密教育，组织全员政治考核，认真开展风险评估，周密制定防范措施，着力强化法规意识和底线思维；参加后装保障分队现地保障演练，持续开展资产累积性难题“两年攻坚行动”，完成资产盘亏盘盈处置，严密组织后勤重点行业领域各项清理整治活动，隐患得到有效遏制；有序推进部机关正规化建设管理，立足承担市区两级民兵训练任务，打造全省一流的现代化、智能化、信息化的民兵训练基地（国防动员训练中心）。

【推进党建系统建设】2023年，区人武部扎实落实党管武装七项制度，着力解决统一规范专武干部兼职工作领域和3项经费保障问题；突出加强班子建设，加强民主集中制学习，每季度落实按纲形势分析，学习习近平主席重要讲话精神和上级通知精神，抓好各类大项活动研究部署，严密组织党委纪委换届选举，严肃认真召开主题教育专题民主生活会和组织生活会；巩固巡视巡察反馈问题整改成果，组织纪检监察干部队伍教育整顿活动，提升纪检监察工作规范化、法治化、正规化建设，切实筑牢思想防线。

（区人武部　张雨兴）

经济管理

发展与改革

【发展规划】 2023年，黄岩区发展和改革局（简称“区发改局”）顺利开展黄岩区“十四五”规划纲要实施情况中期评估。综合研判区“十四五”规划纲要实施取得阶段性成果，总体呈现“三稳四进”（经济综合实力平稳提升、科技创新能力稳步加强、文化发展水平稳固向好、民生福祉、对外开放、生态环境、社会治理等目标扎实推进）态势。35项主要指标平均实现度为56.13%，符合“时间过半、任务过半”的时序进度要求。推动18个区级专项规划按时完成中期评估工作，积极运用评估成果加快“四个重大”实施进度，做好“十四五”规划后半篇文章。

【开展项目投资】 2023年，黄岩区完成固定资产投资221亿元，同比增长–3.4%。结构性指标：交通水利和能源投资，高新技术产业投资、制造业投资分别增长134.6%、43%、9.5%。方山下未来社区一期、九峰山风貌提升工程等9个省扩大有效投资“千项万亿”项目，总投资293亿元，年度计划投资23亿元。项目开工率100%，全市并列第一，完成投资39.2亿元，年度投资完成率168.5%，全市第一。清陶能源、金宇机电、宏鑫科技3个项目被列入省发改委省重大产业项目（实施类）清单项目，数量居全市第一，获得用地指标奖励309.08亩，在2022年252亩的基础上再创历年新高，奖励指标居全市第二。清陶10GWh固态锂电池项目被确定为省特别重大产业项目，是黄岩区历史上第一个特别重大产业项目（全省仅17个）。

【推进服务业发展】 2023年，黄岩区服务业高标推进，先后于8月31日召开服务业重大项目谋划擂台赛，10月13日召开服务业发展大会，有效实现服务业增加值增速8.4%，排名全市第二，占地区生产总值比重51.8%。规上、限上服务业企业从2022年底189家增至269家，体量近乎翻倍。《打造高能级科创平台 赋能高质量发展（黄岩科技服务创新发展区）》入选全省现代服务业创新发展区典型案例，台州市唯一。《聚力打造科创服务新平台持续擦亮“模具之都”金名片（黄岩模塑工业设计有限公司探索科创发展新模式）》入选全省服务业高质量发展典型案例，“蓝色循环”海洋塑料废弃物治理模式获联合国“地球卫士奖”，打响“黄岩科创”品牌。

【完善行政审批】 2023年，黄岩区推进“涉水审批一件事”改革，降低市场主体审批成本。完成经开区能评编制，院桥镇、澄江街道水评价报告、水土保持报告审查批复，形成整体性、区域性评估成果，节省企业时间15天以上，有效提高审批效率。推动政务服务增值化改革，着眼“项目+增值”，在优化基本审批服务的基础上，推动服务扩面增效、增值赋能。聚焦项目领域，针对企业群众办事需求重塑审批服务模式，提供联合报装、踏勘、验收，执行验登合一等改革举措，推广“中介超市”应用，为一般企业投资项目提供实时政策咨询、审批全流程帮办代办、沟通协调、批后对接等服务，加强部门联动，构建线上线下融合的“增值式”政务服务体系，促进营商环境整体质量不断提升。深入实施投资审批改革，持续优化“拿地即开工”审批模式，为新出让工业企业、招引项目等提供专人服务，在项目业主拿地等待期间对工程规划许可、施工许可等相关事项并联审查，提供指导意见，定期召开项目疑难问题推进会，帮代办服务覆盖率100%，实现审批模式上的“再提速”。

【国动人防】 2023年，黄岩区修订完善《黄岩区人民防空预案》，编组和训练专业力量，确保指挥信息系统保障。完成供水类重要经济目标防护导则研究工作，提高城市供水防护能力。改造新百合家园老旧小区项目，打开老旧人防工程利民惠民新视角。加强宣传阵地建设，全方位打造国防教育宣传体系，人防体验馆被评为省级法治宣传教育基地和市级爱国主义教育基地。

【能源低碳】 2023年，黄岩区新增分布式并网8.38万千瓦，持续推进西部农光与重力储能项目，上郑乡农光项目被列入台州市2024年度重大项目。统筹规划充电桩建设，新建18座充电站142个充电桩。组织建立各乡镇助企服务队，设立电力服务专窗，推动1800余户企业参与入市交易。强化用能要素保障，2023年共对16个固定资产投资项目开展节能审查或备案，支持企业用能1.84万吨标煤。开展全域居民节能活动。全省首创居民“节能消费券”，引导居民侧匹配参与需求响应，通过政企合力创新促进节能降耗，释放负荷资源，累计节约电量达673万千瓦时，最大降低高峰用电负荷2万千瓦。

【社会建设】 2023年，区发改局完善公共服务扶持政策，出台《黄岩区“一老一小”整体解决方案》，形成《黄岩区积极生育支持若干措施（初稿）》，印发《公共服务优质共享“弱有众扶”专项实施方案》。撰写申报《黄岩区山前村“一老一小”融合服务场景》，入选省公共服务“七优享”工程专班优秀案例集。牵头区财政局、区民政局、黄岩农商银行以“家庭”共富为切入点，探索“财政+金融”双引擎模式，加快推进家庭型共富“扩中”“提低”，入选建设全省高质量发展建设共同富裕示范区第三批试点。协同清华大学、区幸福专班以积极心理学为基础，开展精神共富研究，落地全球首个“永宁幸福科学馆”和城市一级中心“永宁幸福中心”，相关经验获省委书记易炼红批示肯定。

【落实民营经济体制改革】 2023年，区发改局出台《黄岩区贯彻落实〈关于台州市促进民营经济高质量发展三十条措施〉的任务清单》，开展宣传落地。模具小镇年度省考核连续良好，上榜省级绿色低碳工业园区，5家科创平台入驻小镇科创中心，完成“智能模具”特色产业风貌区建设项目。小镇创建工作得到省委书记易炼红的调研肯定。全面放宽落户条件，实行“零门槛”落户。推行新型居住证制度，深化积分制运用，印发黄岩区浙江省居住证互认转换实施方案，提高流动人口公共服务的范围与质量，人口市民化水平不断提升。城镇化率64.8%，比上年提高0.9个百分点。实施“一号改革工程”，突出降低用地、用能、金融成本和创新、数字、人才赋能等“三降三赋”改革攻坚，开展以“永宁助企”为主题的优化经济生态环境工作。

【推动产业发展】 2023年，区发改局以推动战略性新兴产业项目实施为抓手，精一新材料等18个项目已完成年度投资12.36亿元。持续推进凯华模具、赛豪实业省级工程研究中心建设，培育丰立智能、天宇药业等工程研究中心建设，做好项目储备。推进赛豪实业两业融合试点建设，申报省级试点。蓝景科技“蓝色循环”海洋垃圾综合利用产业平台，入选2022年数字赋能促进新业态新模式典型企业。制定黄岩区碳达峰实施方案，争取省绿色转化财政专项激励政策资金3亿元。开展试点建设，新增省低碳村试点16个，宁溪镇获批省低碳乡镇试点，智能模具小镇、中能铸业分别获批省减污降碳协同试点和标杆项目，智能模具小镇、丰立智能分别入选省级绿色低碳工业园区和工厂。

【价格管理】 2023年，城区非居管道燃气价格下降13%，为企业减负750万元；小微企业电力接入工程惠及3811户，为企业减负703万元；投资界面延伸到建筑红线10户，为企业减负549万元。联合市监部门开展多轮转供电、燃气安装、行业协会乱收费监督检查，完成黄岩热电蒸汽成本调查。新增一个农资价格监测点，每周对本区农民常用的农资商品价格进行监测预警公布。完成东官河停车场、天荟广场南侧停车场等11个停车场的收费标准的核定。出台北洋中心卫生院、富山乡卫生院养老服务收费试行标准。制定佛岭水库原水价格标准。全年受理案件303份，其中，消防大队1件、纪委监察委3件、公安部门299件，涉案总金额约1002万元。7月1日开始开展价格认定网上协同办理，至10月，黄岩区价格认定工作全面实现线下至线上转移。

【对口支援】 2023年7月17日，区长徐礼辉率队赴新龙开展考察对接，并提出要坚持互动互联、共建共赢、真心真情，努力走出一条具有两地特色的携手发展之路。2023年，黄岩区共计拨付财政帮扶资金1235万元，募集各类社会帮扶资金和物资折款达371万元，实现消费帮扶购销帮销3900万元，举办2场线上招聘会，搭建“云招聘”平台，以“互联网+”方式推送就业岗位1000多个。举办劳务协作培训班10次，培训农村劳动力人数576人次，其中脱贫人口176人次，培训乡村振兴干部244人，专技人才656人。共建农业产业园1个，引导1家企业入驻园区。促成20对村企结对，2对社会组织、2对学校、1对医院的结对关系，并帮助打造拉日马镇扎宗村乡村振兴示范点和2个援建车间。

（区发改局　杨姚姚）

市场监督管理

【概况】 2023年，黄岩全区在册市场主体100448户，新增市场主体16975户，其中新增企业3979家。新增注册资本176.73亿元，同比增长22.36%。企业开办零成本政策为企业节省成本200多万元，助推全区个体户数量突破7.1万户，惠及初创主体近2万户，为7203户个体户办理“一类事”集成服务2.14万项。

【营商环境优化】 2023年，区市场监督管理局在全国首创“个体户您好”集成服务改革，除开展涉个体户政务服务事项一窗集成之外，还线上线下结合上好“入市第一课”，为群众提供多元增值服务。创设创业模拟体验区，提供个性化创业辅导服务，形成创业的合理预期；开发数字化平台，收集、量化、标签化个体户相关政策，形成政策库，精准匹配推送政策，同时配套人才招聘、税务指导、营业转让等多元服务；分行业打造3D标准装修模型，经营者扫描“装修码”可分行业了解经营场所的建筑装饰材料；梳理编制行业、场所负面清单、合规性要求以及准入准营“案例集”，提升市场主体合规经营意识。相关做法获副省长王文序批示肯定；入选2023年第三批营商环境优化提升“微改革”项目库和“一类事”省级指导目录先行先试地区清单；获得CCTV-1《晚间新闻》和《浙江新闻联播》专题报道；被浙里改《竞跑者》刊发。

【商事登记改革】 2023年，区市场监督管理局贯彻落实上级部门在企业开办、简易注销、准入准营一件事等方面的改革举措，进一步降低市场准入门槛。创新设立“股权转让一类事”“个体户孵化发展一类事”“个转企一类事”等“一类事”专窗，集成办理涉及的多部门审批事项，改群众跑模式为部门跑模式，群众办事更加便捷。在册市场主体数突破10万户，企业开办、企业注销两项工作指标在营商环境无感监测中连续11个月居全省最优值，企业简易注销登记数量占比、告知承诺应用率、电子执照下载率等多项考核指标均居全省前列。

【企业信用监管】 2023年，区市场监督管理局完善“双随机、一公开”监管和“互联网+监管”模式，运用企业信用风险监测预警等模型，利用“通用+专业”融合，对风险等级高、失信黑名单、重点监管对象、信用评分低等检查对象提高抽取比例和频次，调低信用评分高、风险等级低检查对象抽取比例和频次，实现对不同信用风险程度的企业差异化监管，提高监管精准性和问题检出率，关联信用规则“双随机”任务占比达到100%。在全省四个季度改革晾晒综合指标中，跨部门联合“双随机”监管率排名均居全省前列，成为全市唯一有3个季度排名优秀档次单位。

【质量技术管理】 2023年，区市场监督管理局构建“标准—产业—品牌”发展路径，首次荣获2022年度“关于推进质量工作成效明显的地方”省政府督查激励项目。获批成立全市首个全国专业标准化技术组织（挤拉模分标委），成立全省首个县域主导的省级模塑产业计量测试中心。建成模具产业质量基础设施一站式服务平台，为模具及相关企业提供全链式服务，累计为2499家企业提供服务10201次，解决质量问题548个，获评全省示范点。在全市首获省标准创新重大贡献奖，2023年新增“品字标”企业5家，以黄岩企业为主和参与制定的国际标准2项，实现国际标准“零的突破”，国家标准11项，创建国家级标准化试点3个，省级标准化试点2个，数量为历年新高。

【知识产权】 2023年，黄岩区深化知识产权全链条集成改革，创成国家知识产权强县建设试点县，获批筹建国家级知识产权快速维权中心。全年新增国家知识产权示范企业和优势企业3家，荣获首届浙江省知识产权奖3项，新入选浙江省专利导航典型案例2件，“黄岩蜜桔”获评全省首批地理标志富农最佳实践案例。区政府同台州市中级人民法院签订知识产权协同保护战略合作框架协议，知识产权纠纷快处专项行动获营商环境优化提升“一号改革工程”专项行动试点。

【食品安全】 2023年，黄岩区创建省级食品安全示范区，建立全省首个食品安全党政同责指挥中心，全区1400余名包保干部对1.2万家食品生产经营单位精准分级、动态包保。全省率先出台《食用农产品抽检不合格行刑衔接相关问题的实施意见》，率先试点餐饮、农贸市场等关键领

2023年8月14日，区市场监督管理局联合区实验小学开展食安科普宣传活动
（区市场监督管理局　供图）

域“食责险”小额先行赔付机制，实现校园和养老食堂投保全覆盖。探索校园“食安智治”新路径，实现AI智管、设备智控、风险智防，生成数字台账10万余条、在线警示370余次，全市校园食安智治暨落实食品安全“两个责任”工作现场会在黄岩召开，选派2名业务骨干完成亚运食安护航工作。

【药械、化妆品监管】2023年，区市场监督管理局打造全省首家银龄安康药房和台州首家“全天候”智慧药房、儿童友好药房，服务老人儿童8680人次，售出药品近2万盒，有关工作获省药监局局长王状武批示肯定，被中国新闻网等省级以上主流媒体报道6次，获评全省药品安全创新治理成绩突出集体。数字赋能激活网销医疗器械智慧监管新机制，全市率先贯通“浙造器械·医疗器械网络销售监管智治平台”应用。

【特种设备】2023年，区市场监督管理局开展特种设备领域风险隐患大排查大整治、护航亚运、城镇燃气特种设备安全等专项检查，共出动执法2598人次，检查特种设备使用单位1300多家，下发安全监察指令书89份，立案55起，行政处罚126.37万元。推进“浙江特种设备在线”系统各项应用落实落地，常态化保持电梯扫码维保率、锅炉扫码上岗率、叉车扫码作业率95%以上；全面推进企业主体责任落实，全区特种设备生产单位、使用单位配备（质量）安全总监、（质量）安全员100%。

【放心消费】2023年，区市场监督管理局完善基层所规范化消费纠纷调解室硬件建设，梳理消费纠纷处置工作流程图以及放心消费和消费维权工作各项制度，推进“放心消费在黄岩”行动，打造“放心贷”专项金融产品，推动放心消费单元提质扩面，共培育放心消费单位2466家，其中无理由退货承诺单位689家，放心工厂368家；培育放心消费商圈2个，放心消费乡村2个，建设消费维权服务站21个；实现全区大型商超消费维权站全覆盖，全年共接收投诉举报8735件，调解成功率72.09%，为消费者挽回经济损失107.36万元。

【监管质效】2023年，区市场监督管理局开展民生领域“铁拳、亮剑”专项执法，全年共办结各类违法案件569件、罚没款519.93万元，其中大要案173件、移送公安6件，入选省局典型案例4件。在全省率先出台“认罚择轻”制度，2023年全局万元以上大要案适用“认罚择轻”制度165件，占同期办案量的95%以上，行政处罚案件零争议、零复议、零诉讼。建成全市首家展呈式基层法治宣教平台“黄岩区市监·法治共享空间”，获评台州市第三批法治宣传教育基地。

（区市场监督管理局　张守驰）

2023年9月27日，区市场监督管理局在瑞人堂新春北路店进行药品安全检查

（区市场监督管理局　供图）

财　政

【概况】2023年，黄岩区实现地区生产总值637.70亿元，按可比价格计算增长5.3%。其中，第一

产业增加值23.83亿元，增长4.1%；第二产业增加值283.83亿元，增长2.1%；第三产业增加值330.04亿元，增长8.4%；三次产业结构比为3.7：44.5：51.8。按常住人口计算，人均生产总值89627元，增长5.4%。全区固定资产投资增速下降3.4%。社会消费品零售总额279.05亿元，增长6.8%。外贸进出口总额261.29亿元，下降4.8%。居民人均可支配收入61827元，增长4.8%，其中城镇常住居民人均可支配收入73548元，增长4%，农村常住居民人均可支配收入41229元，增长6.3%。

【财政收支管理】 2023年，黄岩区财政总收入83.11亿元，增长28.7%；一般公共预算收入50.03亿元，增长22.1%，其中税收收入43.64亿元，增长31.3%；一般公共预算支出70.63亿元，增长3.7%。全区财政收支平衡。强化收入征管，完善综合治税长效管理机制，加大收入征管力度，培育优质可持续财源。全区一般公共预算收入占地区生产总值的7.8%、占财政总收入的60.2%，税收收入占一般公共预算收入的87.2%。组织非税收入，全区完成非税收入69.78亿元，下降38.39%，其中纳入一般公共预算管理的非税收入6.39亿元，下降17.1%。争取上级资金和政策支持。全年争取上级各类资金35.23亿元，其中，转移支付资金13.34亿元、债券资金21.89亿元。

【财政支持经济发展】 2023年，黄岩区落实各项助企惠企政策。落实稳进提质财政惠企政策资金3.30亿元。围绕先进制造业集群培育、现代服务业高质量发展等8个重点领域，统筹安排资金27.14亿元支持“8+4”经济政策落地，全年省级转移资金总拨付率为91.98%。加大政府采购对中小企业的支持力度。全年政府采购金额6.22亿元，其中，中小企业合同授予额4.97亿元，占比79.9%。完善“无感检测”体系，优化营商环境“10+N”考核五项考核指标均达满分。保障科技创新投入。全年科技支出3.95亿元，增长15.3%。支持科技型企业“双倍增”、关键核心技术攻坚行动和高能级创新平台建设，推动实施“工业4.0”示范区、数字经济“一号发展工程”。助力消费市场复苏回暖。发放消费券3450万元，拉动整体消费13.06亿元。

【保障民生支出】 2023年，黄岩区民生支出57.57亿元，增长4.2%，占一般公共预算支出的81.5%。支持医疗卫生发展。全年卫生健康支出10.80亿元，增长3.5%。推进区医疗卫生中心整体迁建工程、区北城医院改造提升等项目建设。完善社会保障体系。全年社会保障和就业支出9.32亿元，增长2.7%。全区城乡居民基础养老金标准由280元/人·月提高至310元/人·月。城镇新增就业1万人，筹集保障性租赁住房2107套。支持文旅发展。全年文化旅游体育与传媒支出1.72亿元，增长27.3%。推进乡村旅游发展，黄岩区列入全省文化产业赋能乡村振兴试点。支持教育发展。全年教育支出15.89亿元，增长8.0%。助推学前教育普惠健康发展体制机制进一步健全，实行“企建公管”模式，落实学前教育财政经费保障机制和成本分担机制。支持乡村振兴。全年农林水支出5.83亿元，增长17.8%。落实“一事一议”财政奖补项目24个，改善农村人居环境和村容村貌，受益群众3.9万余人。推进省级乡村振兴东魁杨梅集成创新示范项目建设，建设方案获得世界级设计大奖（WLAAwards2023）及荣誉奖（IFLAASIA-PACLAAwards2023）。

【深化财政数字化信息化改革】 2023年，黄岩区推进财政电子票据改革。全年财政票据使用单位326家，涵盖非税收缴、医疗、捐赠、社会团体及往来等财政票据种类。开通省票费智管平台。2023年6月20日，省票费智管平台开通仪式在黄岩举办。全年通过票费智管平台缴费13万次，缴费总额8030万元。推进非税资金划拨业务实施电子凭证库应用工作。推进非税收入电子化缴款业务全覆盖，在中国工商银行、中国农业银行、农村商业银行、中国建设银行、中国银行开通电子凭证库业务，实现资金退付、

2023 年 6 月 20 日，浙江省票费智管平台开通仪式在黄岩举办

（区财政局　供图）

上解、返还、缴库等非税收入资金业务。全年通过电子凭证库完成业务 151 笔，金额达 1.80 亿元。

【防范财政风险】 2023 年，黄岩区防范支付风险。强化库款保障管理，加强库款预测研判，建立大额支出月报制度，制订库款调度预案，实时监测库款余额，防范化解债务风险。推进隐性债务化解，超额完成化债目标。完成化债 20.13 亿元，任务完成率达 101.4%。

【国有资产管理信息化建设】 2023 年，黄岩区优化完善“资产云”服务平台。按照省厅统一部署，优化软件资产管理，重点推进公物公益仓、软件和数据资产管理，将其融入预算管理一体化。2023 年，完成预算管理一体化资产管理模块和资产共享云用户注册及组织关系构建。

【政府采购数字化共建共享改革试点】 2023 年，区财政局推广应用浙江省政府采购预警监控系统。构建事前预警、事中监控、事后分析的政府采购业务全链路在线监管，依靠大数据计算能力分析，科学预判采购行为的合规性，实现预警分类分级管理。设立预警数据可视化动态监管大屏，实现数据可视化展现。2023 年，黄岩区预警记录共 4553 条，其中提醒预警 4528 条，黄色预警 24 条，橙色预警 1 条。

【财政资金竞争存放性工作】 2023 年，黄岩区开展财政资金竞争性存放工作。修订《黄岩区财政性资金公款竞争性存放管理办法》《黄岩区行政事业单位公款竞争性存放管理办法》，完善财政资金竞争性存放综合评分法指标体系，增加和修订 4 项指标和分值。全年组织竞争性存放招投标 4 期，累计存放金额 21.45 亿元，其中财政资金 10.68 亿元，行政单位公款 10.77 亿元。

【加大财政监管力度】 2023 年，黄岩区细化支出标准。明确预算支出标准的制定主体和分类依据，结合省统一搭建的预算支出标准数据库框架，推进预算支出标准在预算管理工作中的应用。开展预算绩效评价。开展人才经费项目财政重点绩效评价，促进合理配置财政资源，提高财政资金使用效益。建立健全乡镇财政全过程预算绩效管理机制，推进乡镇预算绩效管理工作。

（区财政局　陶芳蕾）

税　务

【概况】 2023 年，国家税务总局面对新冠疫情防控转段后的经济发展形势和税收改革任务，围绕“税收现代化服务中国式现代化”目标，实现各项工作稳进提质。

【税费收入】 2023 年，黄岩区税务局共计完成各项税收 72.53 亿元（不含海关代征增值税消费税），比上年增收 16.02 亿元，增长 28.35%。办理出口退税 16.32 亿元，比上年减少 0.98 亿元，减少 5.66%。组织社会保险费收入（不含职业年金）

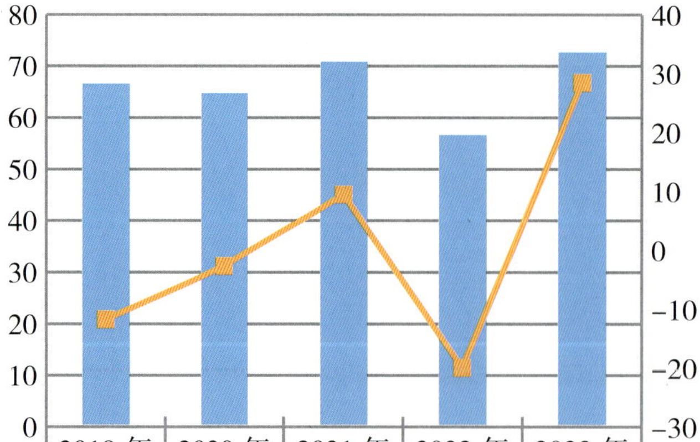

	2019 年	2020 年	2021 年	2022 年	2023 年
税收（亿元）	66.45	64.63	70.69	56.51	72.53
增幅（%）	-11.8	-2.74	9.38	-20.05	28.35

图 1　2019—2023 年黄岩区税务局税收收入情况图

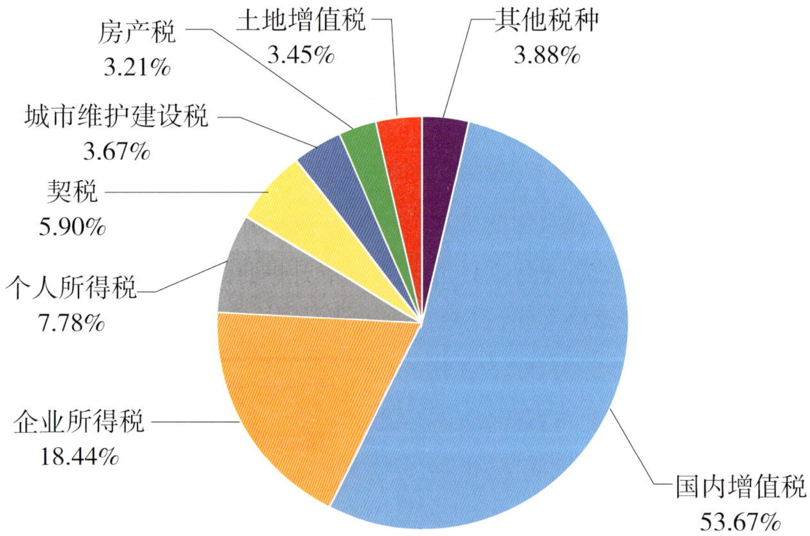

图 2　2023 年黄岩区税务局税收收入分税种结构图

41.21 亿元，比上年增长 0.99 亿元，增长 2.47%；组织非税收入 44.58 亿元，比上年减少 21.15 亿元，减少 32.18%。

【办税服务】 2023 年，黄岩区税务局推进“非接触式”办税。开展税收营商环境指标提升工作调研，关注网上办税率和掌上办税率。2023 年网上综合办税率 98.19%，重点事项“掌办率”70.61%。开展数电票试点等工作，深化数电票“预先服”工作，安排专人每日督促完成电子专票网格化服务，保障网格化服务及时、有效开展。

【税费政策落实】 2023 年，黄岩区税务局完善税惠政策落实闭环工作链条，拓展更高精度“政策找人”，定制推送“电子红利卡”。2023 年，新增减税降费及退税缓费 12.99 亿元。放大政策激励效应，助力创新企业成长梯队建设，政策落实“一户式”管理、高新认定全周期辅导，全年新认定高新技术企业 52 户，重新认定 46 户。

【税种管理与征收管理】 2023 年，黄岩区税务局为推进成品油综合智治平台应用建设，进一步完善平台基础数据，同时督促加油站依法建立健全进销存台账等信息，督促加油站如实申报缴纳税款，采集黄岩区 19 户加油站进行信息，掌握加油站加油设备、油品销售情况、卸油数据等内容。把控成品油经销企业身份归类管理、异常发票解锁和成品油经销企业库存调整等事项。完成 15 个土地增值税清算项目审核工作，实现 2023 年必清项目清零。个人所得税汇算等工作走在全市前列，获台州市税务局局长康忠立批示肯定。放大留抵退税风险全生命周期管理“揭榜挂帅”项目成效。组建专班护航数电发票平台上线，基本实现数电发票全覆盖。

【税务法治】 2023 年，黄岩区税务局深入规范行政处罚裁量标准，执行税务行政处罚裁量基准和“首违不罚”清单，定期对全局行政处罚情况开展筛选抽查。进一步落实“三项制度”（行政执法公示制度、执法全过程记录制度、重大执法决定法制审核制度），牵头协调做好行政执法公示平台信息发布。统筹推动枫桥式税务所创建，融入地方社会矛盾综合治理中心。

【税收经济分析】 2023 年，黄岩区应征税收累计增幅自 3 月以后始终保持 5.0% 以上的增长，与台州市全市均值相比具有比较优势。2023 年黄岩区入库税收总体呈倒“V”走势。受缓缴税款跨年结转入库以及同期大规模留抵退税造成低基数的影响，2023 年上半年黄岩区入库税收低开高走，于 5 月达到全年最高增幅 49.4%。自 6 月开始，随着上述因素影响的消除，增速逐月放缓，全年累计入库同比增长 28.3%，仍保持在较高区间。剔除增值税留抵退税因素后，累计同比增长 7.0%。

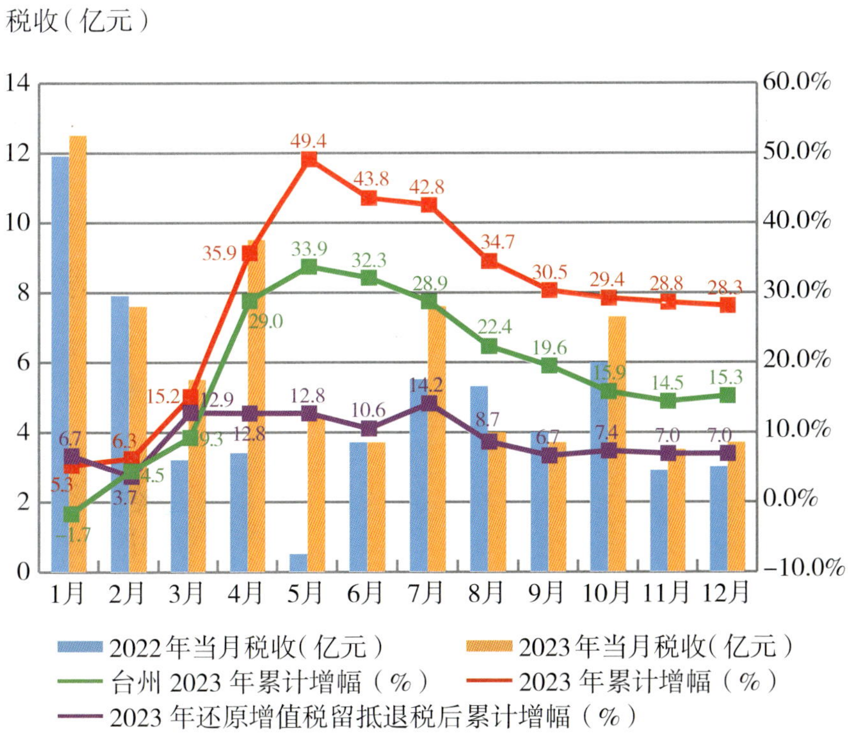

图 3　2023 年 1—12 月黄岩区税务局入库税收分月走势图

2023 年 3 月 13 日，国家税务总局台州市黄岩区税务局走访企业并进行税务宣讲　　（汪禹序　摄）

【大数据与风险管理】 2023 年，黄岩区税务局对塑料行业税务风险模型开展升级完善，利用大数据实现从经验式执法向科学精确执法转变。通过在大数据平台上编写语句，提取增值税申报表中 45 项数据进行分析，更快发现企业的涉税异常情况。该模型完成语句的编写，并提取异常企业进行下发、核实和反馈。

【税务纪检】 2023 年，黄岩区税务局加强“一把手”和领导班子监督、专项监督和日常监督。推动一体化综合监督，深化“纪税协作”“税警协作”，促进各类监督贯通协同、形成合力。2023 年，通过“税企亲清”开展入户执法“数智”监督 9 次，开展明察暗访 13 次，发出工作提示函 13 份。联合区纪委实地走访 3 户企业，对税费优惠政策落实情况开展监督检查。

【税收宣传】 2023 年，黄岩区税务局提升税收宣传工作影响力，纳税服务品牌“税小橘”获评台州市纳税宣传辅导最具影响力品牌。黄岩区税务局与台州市路桥区税务局联合制作的税收宣传系列片《如愿》获台州市纳税宣传辅导优质作品二等奖。创新制作的税收影视作品《故园久未归》，获第十届亚洲微电影艺术节“中国税收”单元“优秀作品奖”。

（区税务局　包天昊）

统计管理

【概况】 2023年，区统计局获评台州市统计工作综合考核先进单位、全省统计局系统共同富裕统计监测体系建设成绩突出集体。叶凌汀获评全省统计局系统共同富裕统计监测体系建设成绩突出个人。

【统计基础建设】 2023年，区统计局稳步推进统计工作，夯实基层基础建设。主体培育工作取得重大突破。2023年11月，共提交月度入库单位64家，较上年增长3倍，总量位居全市第三。其中，规上工业6家，建筑业10家，限上批零住餐44家，限上服务业4家；落实区委、区政府“招大引强、引凤来栖”工作部署，引进3家企业，均于7月入统。统计基层网格化建设进一步提升。乡镇层面，完成东城街道办事处“统计之家”的升级改造及“统计调查之家”筹建工作，在新前街道进行“统计调查之家”试点；行业层面，商务“统计之家”选址在黄岩区跨境电商产业园，设计效果图定稿；企业层面，选取区内代表性上市公司“公元股份有限公司”建设“统计之家”，并完成筹建。深化“统计e家”线上应用，上传学习资源数91个，开展走访调研531次，活动管理288次。强化业务培训。举办“统计e家云课堂”，利用腾讯视频等媒介开展各类线上培训5次，开展集中性业务培训37次。向省统计局推荐优秀师资2人，优秀培训课件2个，独立编印培训资料《黄岩规上工业统计手册2023版》。

【经济普查】 2023年，区统计局推进经济普查工作，摸清新时代家底。完成“五经普”市级综合试点。6月25—28日，在黄岩区北城街道成功开展综合试点，探索《黄岩四下单位和个体经营户评估参考手册》（试点版）在普查登记环节的应用，经台州市经普办向全省推广；推进各五经普阶段工作。完成数据处理程序开发工作。9月中旬，数据处理程序完成优化并向全市推广，并投入正式应用中完成清查工作。完成首轮单位清查、查遗补漏、行业编码、数据审核及验收等重点工作。根据省、市经普办清查数据质量专项核查要求，在全区范围内抽取一定比例的普查区，对已上报单位及个体户开展数据质量核查工作。9月中下旬，黄岩区经普办作为台州市代表之一，参加浙江省第五次全国经济普查领导小组办公室主任会议，就单位清查工作开展情况及存在问题，单位查遗补漏工作建议等进行经验交流。做好全方位宣传工作。利用“黄岩发布”“望潮”“橘传媒”“掌上黄岩”等定期发布普查动态信息，以视频播报、图文结合等形式让社会公众充分了解第五次经济普查。联合台州市经普办、台州新闻传媒中

2023年9月20日，主题为“经济大普查 数说新时代”的第十四届“中国统计开放日”暨黄岩区第五次经济普查宣传活动在黄岩官河水街顺利开展

（区统计局　供图）

心开展“人间烟火”主题宣传视频拍摄，并制作“360行助力五经普”系列海报。9月中下旬完成宣传周活动，9月20日区经普办以“经济大普查　数说新时代”为主题在黄岩区“官河水街”开展第十四届“中国统计开放日”活动，并在现场拍摄《360行助力五经普》专题视频。

【统计创新】 2023年，区统计局推进改革促统，致力统计现代化改革工作。推进农业现代化改革试点，先行先试，完成农业规模户直报前三季度报表，发现整理上报过程中的各种问题。推动共同富裕试点课题任务。共同富裕综合评价体系结合中共二十大报告中最新的共同富裕要求和台州民营经济特色指标，构建多维度比对模型，形成《黄岩区共同富裕指标体系构建与测度研究》；县级碳排放统计核算方法研究得出适合黄岩区碳排放核算的个性化统计模型，形成《黄岩区能源活动碳排放统计核算方法的探索》；探索建立规下工业评估模型，科学估算规下工业整体的营业收入增长情况，形成理论成果《黄岩区规下工业营收估算方法研究——基于用电、税收、社保数据关联分析》；完成家庭精准画像试点课题成果《黄岩区扩中家庭精准识别研究》，构建形成可视化家庭图谱，获评省统计系统最佳理论成果；“统计e家”线上应用“数联党建”特色功能模块已成功上线运行，形成可学习、可借鉴的统计智慧党建模板，强化党建对基层统计网格化管理的引领推动作用，获评省统计系统最佳实践成果。

【统计服务】 2023年，区统计局推进服务兴统工作，强化监测参谋。加强对数据的动态监测。建立每日提醒制度，进行常态化落实，并将持续实施；加强全区和乡镇重点指标情况监测，创新统计产品，印制主要经济指标进度数据手册6期；加强对重点行业与重点企业监测，编印《规上工业分企业数据情况表》；加强对投资项目纳统工作的指导，编印《固定资产投资项目开工入库申报工作流程》，为相关部门和乡镇（街道）投资入库工作提供参考；加强对四上单位入库工作的指导，编印《统计入库负面清单》，对入库注意事项进行明确，指导各部门和乡镇（街道）做好入库相关工作；加强指标和经济走势分析与预判，共撰写分析53篇，信息32篇，专送9篇，编印季度黄岩区经济运行情况汇编3期。

【统计法制】 2023年，区统计局推进依法治统工作，发挥统计监督职能。推进统计造假屡禁难绝专项治理行动。制订《黄岩区开展统计造假屡禁难绝专项治理行动实施方案》《黄岩区防治统计造假专项治理行动自查自纠工作方案》，在8月21日全区统计业务能力提升培训班开班仪式上，局长王云青对防惩统计造假相关批示精神进行再学习再部署；加大执法检查力度，2023年完成执法检查企业84家，立案5家，警告并罚款5家，罚款1.5万元。结合重点检查和专项检查，对39家工业企业“产销率”重点检查，并对10个投资项目开展专项检查。开展权力干预、“数据寻租”、执法不严、入库退库等自查自纠工作，3月以来，每月均开展数据核查，开展8次自查自纠工作，累计核查507家次；提升统计监督职水平。与区审计局联合制定《关于建立统计监督与审计监督协作机制的意见》，推动统计监督与审计监督统筹衔接，增强监督合力。

【统计文化】 2023年，区统计局推进机关党建工作。开展主题教育，开展学习贯彻习近平新时代中国特色社会主义思想主题教育、“学思想　强党性　重实践　建新功”悦读荟活动、青年干部“明德守法、完善自我”专项行动。将政治理论学习与统计业务能力提升相融合，通过多种学习方式，全面推进“学习型”机关建设。全年共开展党组理论学习中心组学习12次、“第一议题”学习12次、机关会学习10次，领导干部上党课6次，举办“荟统微课堂”17期、“青橘思想荟”10次，赴红色基地学习3次；围绕“学思践悟二十大　数海扬帆勇争先”主题，开展“统计局长谈二十大”“读金句·谈共鸣”等活动，推送微信文章《忠实践行“八八战略” 奋进黄岩统计新征程》在全市统计局系统“学思想 强党性 重实践 建新功·悦读荟”微信作品评比中荣获一等奖；拍摄青年宣讲“微品”——《数语二十大 统计青年说》在全市统计系统微信作品评比中，荣获二等奖，展播作品荣获优秀组织奖；参加全市统计局系统“奋进新征程·建功新时代”主题演讲比赛，荣获三等奖；积极参加全市统计分析育先锋技能大比武活动，2名机关干部获评“台州市统计分析技能十大先锋”；在全区统计系统开展“岗位大练兵、业务大比武”系列活动，组织“迎亚运·统计的‘荣耀’”电子竞技比赛、“统计的‘镖’准”飞镖比赛、“统计的‘诉说’”诗歌朗诵比赛、“统计的‘数’说”调研成果展示大赛等活动。领办“做优数库智库 服务发展大局”书记项目，制订“荟统微课堂”安排计划，共开展6场次、17名专业人员参与的“一人一课”活动；在杭州市举办“聚势‘统’行、数智赋能”全区统计业务骨干培训班；开展“统计服务助万企”“永宁企管家”等活动，定期走访重点企业145家次；以“一支部一品牌”创建活动为抓手，拓展深化“统计服务先锋”党建品牌，响应“大走访大调研大服务大解题”活动主题，发挥统计工作优势，深入开展以统计法规进企业、统计实务进企业，统计调研进企业等“三个进企业”组团式“三服务”升级版；建立统计靠前服务领导小组，开展“主动靠前优服务，精准助企促发展”活动，组建区统计局统计靠前服务领导小组，整理针对规上工业、贸易业、服务业等相关专业的统计入库指引清单。以加强廉政文化载体建设为切入点，组织开展“‘画’青莲·‘话’清廉”油画创作、“匠心‘统’行 廉以调查”等主题宣传活动，引导统计干部职工树牢“廉政”意识；通过机关会开展廉政学习教育5次，发送“闲时一刻”信息35条，组织观看警示教育片，以身边案例进一步警示党员同志知敬畏、明纪律、守底线；重视廉政风险防控体系建设，将重要廉政风险点排摸与统计业务工作实际紧密结合，班子成员结合分管科室，科室内成员结合岗位职责，共排摸重要廉政风险点45个，制定有针对性的防控措施56条。

（区统计局 杨燕林）

审计监督

【概况】 2023年，区审计局共完成审计（调查）项目15个，查出主要问题金额13.58亿元，其中违规金额211万元、管理不规范金额13.54亿元。审计处理处罚金额211万元。移送司法机关、纪检监察机关和有关部门处理事项4件，移送处理人员1人，移送处理金额53.84万元；审计促进整改落实有关问题金额146万元。审计提出建议44条，被采纳44条；促进被审计单位制定、完善规章制度15项。向社会公告审计结果8篇。黄岩区财政局具体组织的2021年度本级预算执行和决算（草案）情况审计和黄岩粮食收储有限公司2016至2020年资产负债损益审计获得全市表彰审计项目。

【财政审计】 2023年，区审计局实施黄岩区财政局具体组织的2022年度本级预算执行和决算（草案）情况审计，以及3个乡镇2022年财政决算审计。坚持以财政审计为主导、依托大数据平台，融合“核心+专题+政策”实施模式，重点关注科技经费管理使用、优化营商环境政策落实、新冠疫情防控资金使用等内容。通过审计及时推动支付民营企业、中小企业账款2345.99万元，修订完善公款竞争性存放管理办法等一系列制度。

【经济责任审计】 2023年，区审计局对6个单位9位领导干部开展经济责任审计，重点关注领导干部贯彻落实国家重大经济政策，履行经济责任过程和效果，重大经济决策效益，领导干部廉洁从政等情况，推动领导干部权力使用规范。完成全区130多家单位年度经济责任报告表的报送审核工作，强化对领导干部经济责任监督。联合区委组织部印发《领导干部离任经济事项交接办法》，召开经责联席会、领导干部离任经济事项集中交接会等，打通从审计报告到领导干部评价使用、责任追究的“最后一公里”。

【民生审计】 2023 年，区审计局实施共同富裕涉农相关政策和资金专项审计调查，围绕乡村帮扶和乡村建设两大重点任务，重点关注低收入农户增收帮扶情况、村级集体经济发展质量和可持续情况、乡村建设项目建设管理和绩效情况等内容。通过审计，补发“雨露计划”补助 11.4 万元，取消重复补助对象的省级异地搬迁补助享受资格。

【自然资源资产审计】 2023 年，区审计局实施黄岩区新前街道领导干部自然资源资产任中审计。开展审前调查研究，分析街道区位特征、资源禀赋和发展定位，选定河道保洁、污染整治事项为重点审计方向；用好数据资源，向黄岩区生态环境分局、黄岩区自然资源和规划分局、水利局等部门收集被审计乡镇（街道）的水质监测、信访案件、生活污水检测等相关信息及数据，结合疑点开展实地勘察分析，提升审计效率。

【内部审计】 2023 年，区审计局坚持把内审工作作为审计监督的重要一环，对黄岩区教育局、黄岩区水利局、黄岩区农业农村局、台州市黄岩城市建设投资集团有限公司、浙江台州黄岩农村商业银行股份有限公司等 5 家单位的内部审计业务开展指导和监督。组织召开黄岩区内部审计工作会议，表彰 2022 年先进工作单位，总结 2022 年工作成绩部署 2023 工作计划，强化对内审工作的指导监督，促进内部审计监督与国家审计监督形成合力。

【审计整改】 2023 年，区审计局坚持高站位引领，11 月 6 日，常务副区长牵头召开全区审计整改工作会议，部署全区审计整改工作，明确整改报送时限和整改要求。发挥重大审计问题清单的整改引领作用，健全完善党委监督和政府督查协调配合机制，压实全链条闭环整改，运用“回头看”和实地督查相结合等方式，联合区委办督查室在 2023 年 8 月、10 月，两次对黄岩区江口街道“非粮化”问题展开实地督查，强化整改落实。

【加强干部队伍建设】 2023 年，区审计局全年选派审计干部参与项目评优、质量检查、巡视巡察、挂职锻炼、交叉审计等共计 11 人次。同时，选派 8 人次做好结对村“第一书记”和“永宁企管家”结对帮扶工作。鼓励青年审计干部积极参加计算机考试、执法证考试、各类职称考试，1 人获得审计师中级职称，6 人通过审计署计算机初级，3 人取得审计执法证。按照《中层（股级）干部选拔任用工作流程》的程序要求，提拔副股干部 2 人。

（区审计局　王月树）

经济开发区

综　述

【概况】 黄岩经济开发区于1992年设立。1994年经省政府批准为省级经济开发区，规划面积9.02平方千米。2005年12月，通过国家发展改革委清理整顿审核，成为全国第二批通过审核的省级开发区；2021年，为贯彻落实省委省政府《关于整合提升全省各类开发区（园区）的指导意见》，将全区12个省级以下工业园区整合纳入浙江黄岩经济开发区，形成永宁江科创带核心区、中部高端制造分区、南部新兴产业分区3个片区，总规划面积约为78.15平方千米。截至2023年底，黄岩经开区入园规上工业企业404家，工业总产值约446亿元，工业增加值约116.8亿元。

外东浦未来社区航拍图（摄于2023年11月29日）
（经开区管委会　供图）

【区域产业规划与布局】 2023年，黄岩经济开发区结合产业布局，并依托河网骨架、交通干线及行政界线等，形成永宁江科创带、永宁智芯、乐居生活活力区、健康产业提质升级区、模塑产业数字发展区、新兴产业创新培育区、未来产业转移承接区等"一带一芯五区"的产业发展总体空间布局框架。

发展与管理

【产业发展】 2023年，黄岩经济开发区推进小镇东融南拓，招引优质企业，推动模具制造更智能、更精密、工艺材料更高端。建成智能模具小镇科创中心，提供产业服务。针对爱玛电动车产业带动作用，引进、建设爱玛电动车产业园区。探索老旧工业基地与城市发展有机结合，建设外东浦未来社区，以原模塑工业设计基地为基础，保留一部分工业厂房加以改造。打造台州青年设计创新湾，导入并做大工业设计等工业服务产业，形成产业集群。跟随新兴产业发展形势，加快创新平台建设，谋划绿色能谷小镇和新材料产业园。

【园区服务】 2023年，黄岩经济开发区建设数字化智慧园区管理平台，打造“智慧安防”“智慧化运营”“智慧楼宇”等数字化管理服务应用，通过线上投诉、线下物业管理等场景运用，提升开发区运行效率和公共服务水平，为入驻企业提供更便捷舒适的发展环境。在老园区推进重要路段修复及绿化改造，结合智慧路灯、智能公交站台、充电桩等，打造智慧绿色道路，对4条道路品质提升，打通5条断头路，新建3条道路，总投资2.3亿元。推进园区“污水零直排区”建设和环境综合整治工程，打造宜居宜业的绿色生态园区。

【招商引资】 2023年，黄岩经济开发区加快延伸模具、塑料等特色产业链条，加速促进工业设计与制造业深度融合，台州梦创园一期招引上品设计等名牌工业设计企业入驻。积极谋划绿色能谷小镇和新材料产业园，为新产业招引和发展壮大不断努力。谋划并推动中德科工园建设，借鉴德国职业教育“双元制”模式，中德联合办学，导入德国科工院资源，校企深度合作，改造传统产业。

【基础设施和征迁安置】 2023年，黄岩经济开发区参与城市更新“五大攻坚”“永宁焕新”行动，将工业用地拓展与人居环境建设结合，城市更新与产业发展结合。外东浦区块继续征迁扫尾，签约率达97.03%，腾房率达97.39%，拆除率达75.14%；王林、王林施区块完成征迁并拆除完成，后浦西区块完成签约和拆除；参与江口九村联改中的两个村的征迁工作。完成4个出让区块共130亩商住用地的征迁扫尾、报批等事项。未来社区完成邻里中心、祺祥街东延等配套建设，王西、天长北路外迁安置房结顶；8号立交实现主线贯通；净土岙安置房完成验收。此外，山下郎、洋头等5个立地安置小区的配套基础设施均基本完成。

（黄岩经开区管委会　童榆轩）

农业·林业

农村工作

【概况】 黄岩区全年争取到浙江省2023年县城承载能力提升和深化“千村示范、万村整治”工程（深化“千万工程”方向）试点，获评全国农业科技现代化先行县（全国仅24个）、2022年度林长制工作考核优秀县（市、区），被列入省畜牧业重点县、省种植业重点县，成功创建全国现代农业全产业链标准化试点基地，“黄岩茭白”被列为全国第一批茭白现代农业全产业链标准化试点产品（2021—2023），黄岩蜜橘科技小院入选“中国农村专业技术协会科技小院”，黄岩“千万工程”“小橘灯”共富工坊等经验做法被央媒推广，查获生产、销售假兽药案工作获农业农村部领导批示认可，农业科技现代化工作被省委办公厅、省政府办公厅录用，农业“地瓜经济”做法被省委办公厅录用并向全省推广。举办全国农业科技现代化先行县院区共建工作推进会暨农业科技下乡活动、国家现代农业全产业链标准化工作推进会、浙江省乡村振兴战略林业论坛、全省茭白产业绿色高质量发展论坛、2023台州黄岩柑橘节、中国农业技术推广协会杨梅产业促进分会2023年会暨黄岩东魁杨梅采摘节、同济—台州黄岩校地合作十周年系列活动等多场活动，并在“科创中国”现代农业产业创新论坛·乡村人才振兴分论坛、全省乡村振兴业务培训会、全省土壤健康行动现场推进会、全省“一标一品一产业”融合发展现场推进会上作典型发言。

2023年3月7日，绿沃川空中草莓登上《人民日报》“视觉专题”《高质量发展成色更足》 （孙金标　摄）

【农村居民人均可支配收入】 2023年，黄岩区农村居民人均可支配收入为41229元，同比增长6.5%。

【农村生活垃圾分类处理】 2023年，黄岩区行政村生活垃圾分类“三化”处理全覆盖，创建富山乡畴路村、北洋镇小里桥村为省级高标准农村生活垃圾分类处理示范村，建成市级示范村5个。

【保护利用历史文化村落】 2023年，黄岩区继续实施第十批省级历史文化村落保护利用重点村1个（茅畲乡下街村）、一般村5个。

【农村指导员工作】 2023年，黄岩区完成第十三批农村指导员（第一书记）选派；6月14—16日，组织全区农村工作指导员进行业务培训；及时挖掘、提炼指导员工作中好做法、好经验，在《台州日报》、今日黄岩等媒体上进行宣传，树立一批典型示范，营造指导员干事创新的良好氛围。

【乡村治理】 经农业农村部、中共中央宣传部、司法部联合评审，2023年11月，北洋镇小里桥村获评全国乡村治理示范村（第三批）。

【盘活利用闲置农房】 2023年，黄岩区完成高桥街道瓦瓷窑村、江口街道江口村闲置农房盘活利用重点村工作。协同乡镇（街道）对已盘活闲置农房重点村进行推广，举办“台州黄岩沙埠青瓷宋韵文旅艺术节”“沙埠音乐节”等活动促进带动村经济发展。

【宅基地管理】 2023年，农民建房“一件事”系统有效运行至12月，在资料妥善移交“浙建事”后正式关闭。指导农民建房审批流程按照一个窗口对外受理、多部门内部联动运行的有效机制在各个乡镇（街道）全面运行。协助信访与拆迁补助政策处理，共参与信访案件、人大提案回复30余次；参与集体土地征收方案研讨、集体土地上的房屋资格认定等。

【“三位一体”改革】 2023年，黄岩区优化农村“三位一体”服务协调机制，积极开展产业农合联星级管理，同步提升服务平台和服务实体建设质量。完善现代农业生产服务体系、农村现代流通服务体系，推进农村信用服务体系建设。

【乡村综合集成改革】 2023年，黄岩区按照“党建联建引领、数字改革推动、城乡一体规划、全域土地整治、高端要素注入、集体统一流转、村民全体持股”七要素思路，打造集成改革标志性成果，深化院桥“一体两翼”、北洋“长潭湖畔”2个乡村综合集成改革试点片区建设，其中重点打造“一体两翼”片区，试点片区各项目按计划有序实施。

农村经济

【集体经济巩固提升】 2023年，黄岩区村集体经济总收入7.82亿元，村均收入239.19万元，其中村均经营性收入201.36万元；集体经济年收入20万元且经营性收入10万元以上的行政村占比100%，集体经济年收入30万元且经营性收入15万元以上的行政村占比86.87%，经营性收入50万元以上的行政村占比39.06%。

【清廉村居建设】 2023年，黄岩区清廉村居建设工作获得台州市副市长李昌明批示肯定；南城街道山前村清廉村居工作获评浙江省委办公厅发文通报表彰第二批全省清廉建设成绩突出单位；164个行政村达到清廉村居标准，占比达到55%；19个村居作为代表村居，开展清廉村居“一镇一品”品牌化创建。

【农村集体“三资”监管】 2023年，围绕村经济合作社运行不规范、村经济合作社领域不正之风和腐败、村经济合作社监管监督责任等突出问题，结合白条抵库和“浙农经管”资产台账不完整等问题，黄岩区327个村社开展村经济合作社领域突出问题专项治理工作，组织检查32次，查出问题5件并完成整改；跟踪处理市专项治理平台热线反馈问题

2起，经区乡村三级跟踪协调，已解决到位。

【新型农业经营主体】 2023年，黄岩区农民专业合作社585家，市级及以上示范性合作社34家，其中国家级示范性合作社2家、省级示范性合作社8家；家庭农场407家，区级及以上示范性家庭农场59家，其中省级示范性家庭农场16家，市级58家；台州市黄岩平田高山家庭农场入选浙江省农业农村厅首批省级共富家庭农场典型名单。

【谷物油料作物种植】 2023年，黄岩区粮食作物播种面积91410.28亩、单产443.84千克、总产40571.94吨。按统计分类，谷物：种植面积64130.83亩、单产499.70千克、总产32046.34吨。其中，稻谷54652.31亩、单产537.57千克、总产29379.60吨。早稻种植面积8767.80亩、单产395.83千克、总产量为3470.54吨；单季晚稻种植面积33847.35亩、亩产584.73千克、总产量为19791.54吨；连作晚稻种植面积12037.16亩、亩产508.22千克、总产量为6117.52吨。豆类：面积10013.65亩、单产165.33千克、总产1655.57吨，其中大豆面积4745.38亩。薯类面积17265.80亩、单产397.90千克、总产6870.03吨。油料：种植面积7963.26亩，其中油菜籽面积7062亩。

【经济作物种植】 2023年，黄岩区甘蔗种植面积2600.77亩、单产4045.59千克、总产量10521.66吨；特种农作物：花卉567亩；设施草莓种植面积607亩；中药材种植面积为4955亩，产量为164.8吨，产值为4373万元。

【蔬菜种植】 2023年，黄岩区蔬菜播种面积10.04万亩，同比减少3.08%；总产量18.03万吨，同比增长2.79%；总产值8.74亿元，同比增长3.43%。

双季茭白　夏茭：面积1万亩。受青壮劳动力短缺、机械化程度低、用工成本持续上涨及粮经争地等影响，茭白种植规模有萎缩趋势。夏茭主要品种为浙茭2、3、7、8号和龙茭2号，平均亩产量2202千克/亩，同比下降0.79%；亩产值12004元/亩。同比增长5.11%；平均批发价格为5.45元/千克，同比上涨5.94%。秋茭：秋茭种植面积1万亩，据调查秋茭亩产824.3千克，同比减少4.93%，单价4.6元/千克，同比增长7.66%。秋茭于7月中旬开始定植，主要品种为浙茭3号、7号、8号、10号和龙茭2号。

大棚番茄　面积2000亩。调查统计显示，每亩产量5545千克/亩，同比下降6.12%；平均单价4.92元/千克，同比上升23.6%；亩产值27291.5元/亩，同比上升18.87%。

红茄　越冬红茄：面积约1000亩。据调查，黄岩区越冬红茄，亩产量3670千克/亩，同比上升19.4%；亩产值22613元/亩，同比上升4.3%；单价为6.16元/千克，同比下降12.7%。高山茄：据调查，2023年黄岩区富山高山红茄种植面积828亩，亩产量3338.5千克，同比提高92.9%；均价为1.6元/千克，同比减少57%；亩产值5184元，同比减少16.7%。

甜瓜　2023年，黄岩区种植面积111.3亩，亩产量1579.76千克，同比增长8.8%；单价4.76元/千克，同比减少2.8%；亩产值7524.4元，同比上升5.46%。

西瓜　2023年，黄岩区西瓜种植面积972亩，较上年同期下降36.2%；总产量2564.9吨，同比下降37.4%；总产值890.9万元，同比降低41.4%。

食用菌　2023年，黄岩区食用菌品种主要有香菇、金针菇、秀珍菇和平菇，总规模94.5万棒（袋），同比减少4.4%；总产量652.5吨，同比减少6.8%；总产值830.75万元，同比减少2.45%。

【种子管理和技术推广】 2023年，黄岩区种子市场秩序稳定规范，生产用种数量供求平衡，种子价格总体与上年保持基本持平。种子质量管理方面：强化市场日常监管，确保市场主体经销行为、种子标签标志符合法律法规，并配合区农业综合行政执法大队开展种子市场专项检查，检查市场销售种子的标签和使用说明是否合法合规、完整规范，溯源二维码信息是否完整及其追溯网址是否真实有效等；检查种子经营主体是否具备资质并按规定备案，备案品种是否齐全、台账信息是否完整等；检查主要农作物种子是否存在未审先推等情况，注重对不合格种子企业和经营业户查处的时效性，杜绝假劣种子下地，保障种子市场运行平稳，确保生产用种安全。其中，出动检查25人次，未发现种子违法销售事件。储备种子管理方面：规范落实风险（救灾）种子储备工作。2023年，黄岩区风险救灾种子储备4万千克，委托浙江勿忘农种业股份有限公司和浙江杭州种业集团两家单位代储杂交稻。代储品种数量分别为“中早39”2万千克、“中浙优8号”2000千克、“旱优73”2000千克。2023年，市场供种充裕未动用储备种子。认真组织实施水稻新品种试验和示范展示，全面落实主导品种推广面积任务，分别在北洋镇、上垟乡、茅畲乡等地设立水稻新品种展示点，加快水稻优质品种示范推广。加强西甜瓜新品种选育推广平台建设，加快推进品种创新推广。引进西甜瓜新品种142个，其中引进甜瓜新品种63个，西瓜新品种79个。全区2家种子种苗生产持证企业生产经营状况良好，其中黄岩灵华种子有限公司企业生产经营收入1580万元以上，以销售西瓜苗、红茄苗、番茄苗等为主，全年共销售种苗1360万株以上。黄岩区农发种子有限公司全年经营收入约800万元，主要种子销售品种为西瓜辉煌、西瓜双喜等。

畜牧业

【概况】 2023年，黄岩区生猪存栏48425头，其中能繁母猪0.51万头，猪出栏31088头；家禽存栏23.39万羽；家禽出栏17.42万羽；牛存栏1025头，其中奶牛113头；羊存栏2541只；兔存栏6723只；蜂存箱7867箱；肉类总产量2992吨；禽蛋产量995吨。

【生态畜牧业】 2023年，黄岩区建成国家级生猪产能调控基地1家（台州黄岩鑫农农业有限公司）市级生猪产能调控基地2家（台州市黄岩能信生猪养殖场、台州市富发养殖场）。

【动物防疫】 2023年，黄岩区免疫猪瘟7.74万头次、口蹄疫6.61万头次、高致病性猪蓝耳病3.14万头次、牛羊口蹄疫0.51万头次、小反刍兽0.33万头次，免疫家禽禽流感鸡19.43万羽次，鸭6.688万羽次，鹅及其他禽类0.09万羽。犬类集中免疫14027只和电子芯片10175只。抗体监测猪口蹄疫免疫抗体监测403份，猪瘟免疫抗体监测403份。禽流感免疫抗体监测4757份，鸡新城疫免疫抗体监测226份，羊口蹄疫抗体监测935份，小反刍兽疫抗体监测845份，抗体合格率均达到省定要求的70%以上。疫病监测布鲁氏菌病监测368份，血吸虫病监测534份，结果均为阴性。“非洲猪瘟”监测603份，均为阴性。

【检疫监管】 2023年，黄岩区产地检疫生猪34218头，家禽30900羽，牛67头，马4匹，犬4只，猫8只。全年屠宰检疫生猪36.06万头，屠宰环节无害化处理病死猪2202.57头（病变产品无害化处理按照90千克折合1头计算），病害产品13.06万千克。开展调运备案监管工作，加强对外调动物及产品的登记备案，按照日常监管常态化要求，开展动物卫生工作。

【无害化处理监管】 2023年，黄岩区巩固无害化处理监管长效机制，全年养殖环节无害化处理病死猪38430头。

【畜牧投入品管理】 2023年，黄岩区“瘦肉精”尿样检测3020批次样品18019个。屠宰环节非洲猪瘟检测3507批次360388头，出具报告3507份。

【水产品生产概况】 2023年，黄岩区水产养殖面积1498亩，稻渔综合种养面积825亩；渔业总产量2020吨，其中捕捞产量630吨，养殖产量1390吨，渔业总产值3790万元，渔业总产量和总产值同比减少14.04%和17.61%；推广稻渔综合种养、生态健康养殖等技术模式；实施“三项记录”制度；推行初级水产品合格证使用；开展初级水产品质量安全专项整治活动，共抽检初级水产品44批次。

特色产业

【农业农村化】 2023年，黄岩区共有设施大棚面积2.48万亩，其中玻璃大棚50亩、连栋大棚4134亩；喷滴灌面积0.89万亩，其中一年生喷滴灌面积0.64万亩、多年生喷滴灌面积0.25万亩。

【农业龙头企业】 2023年，黄岩区有农业龙头企业17家，其中国家级1家（浙江黄罐食品股份有限公司），省级5家（黄岩柑橘果品副食品综合市场、浙江联盟食品工业有限公司、浙江台州一罐食品有限公司、浙江诚远食品有限公司、市下控股有限公司），市级10家。销售额上亿元农业龙头企业6家，实现销售收入26.23亿元，出口创汇1.14亿美元，建立基地3.21万亩，带动农户5.67万户。

【农业特色产业小镇】 2023年，黄岩区高桥米面农业特色产业小镇是第一批台州市级农业特色产业小镇创建名单之一。年内，通过米面小镇米面自动化工厂、未来乡村·数字下浦郑、米面小镇科创活动中心、米面小镇滨水绿道与重要节点景观改造提升、米面小镇一纵二横主干路路面与景观改造提升等项目建设实现城乡融合、产村融合、农旅融合，打造成为米面主题型的农业特色产业小镇。

【发展区外农业】 2023年，黄岩区茅畲乡、平田乡等乡镇有大量瓜农在外种植西瓜，全年有5.2万名瓜农在海南、江苏、陕西、甘肃等24个省、市承包种植107万亩（超过全区耕地面积总和），打造黄岩“红耘”西瓜品牌，创造产值近143亿元，是区内农业产值的4倍多，带动全国10万名群众共同致富。

农业机械化

【项目建设】 2023年，黄岩区头陀镇店头新村完成一条氮磷生态拦截沟渠建设任务，市（五水办）对区考核项目，建设长度为1035米，主要建设内容包括硬质沟渠生态修复、土质沟渠生态修复、小微水体生态化改造、绿色防控植物建设、配套环保设施建设等。

【沼气工程安全处置】 2023年，黄岩区对全区的26处沼气工程进行全面现场排查并拟定安全处置方案，到现场进行安全生产技术指导60人次、发放宣传资料100多份，在用的2家进行更换输气管道和脱硫器。其余24家进行再利用，将沼气池外盖和密封盖钻洞排气改为三隔池，铁丝网围墙高度为2米及个别无法利用的进行填埋复耕。

【秸秆综合利用】 配合开展无秸秆焚烧乡镇（街道）创建，建立多级联动巡查机制，全面禁止秸秆焚烧等行为。引导和扶持农民开展秸秆综合利用，科学还田、高效离田水平不断提升，积极探索农作物收储运体系建设，发布“黄岩三农”微信公众号1期，农民信箱宣传短信推送42万条，黄岩发布3期，黄岩广播电台每天轮回播放秸秆禁烧宣传；出动人员228人次，秸秆禁烧告示村村张贴。2023年，主要农作物秸秆综合利用率达96.85%。

农机化服务

【概况】 2023年，黄岩区拥有农业机械总动力46501千瓦，其中拖拉机及配套325台，9212千瓦（其中大中型拖拉机107台，7170千瓦，小型拖拉机218台，2041千瓦）；种植机械业机械6626台，14143千瓦（其中水稻插秧机66台，1039千瓦，谷物联合收割机152台6616千瓦）；农产品初加工机械722台，5552千瓦（其中谷物干燥机116台，批次烘干能力920吨）；畜牧机械156台，283千瓦；水产机械140台，195千瓦。主要农作物耕种收综合机械化率77.16%，其中主要粮食作物水稻耕种收综合机械化率86.88%。全区各类农业服务组织和农户购置农业机械投入790.69万元，享受中央财政补贴235.14万元，享受地方财政补贴41.15万元。开展中央农机报废更新补贴新政策，全区报废老旧高能耗高污染低效率农业机械48台，享受中央财政补贴10.91万元，享受地方财政补贴12.45万元，促进农业机械更新换代，优化农业机械结构。

【驾驶员培训及安全管理】 2023年，黄岩区对58台拖拉机和联合收割机完成年检工作，检验率为100%；驾驶员培训2人，均通过拖拉机和联合收割机驾驶证考试，考试通过率100%。

农业技术服务

【规范农业标准】 2023年，黄岩区被列为省级农业标准化基地建设（“一县一品一策”）示范县、全国现代农业全产业链标准化试点基地、黄岩茭白被列为全国第一批茭白现代农业全产业链标准化试点产品（2021—2023）。成功举办国家现代农业全产业链标准化工作推进会（2023年11月2—3日），首次发布黄岩区茭白全产业链标准化综合效益评价结果；全国绿色食品原料（黄岩蜜橘）标准化生产基地作为当年17个全国绿色食品原料标准化生产基地之一符合创建条件，正式进入为期两年的创建期；组织开展农产品质量安全监测。完成部级定量抽检10批次、省级定量抽检213批次、市级定量抽检167批次、区级定量抽检610批次，完成定性检测36653批次，地产食用农产品抽检合格率达99.18%。

【高标准农田建设】 2023年，黄岩区新建和改造提升高标准农田1.07万亩，超额完成省厅下达1.05万亩的建设任务。全区累计建成高标准农田14.10万亩，完成粮食生产功能区整治优化7.21万亩。启动2023—2027年粮食生产功能区储备区划定工作，当年完成粮食生产功能区储备区划定406亩，超额完成市局下达380亩的考核任务。2023年9月，率先开展县级高标准农田业务整训，完成整训225人次。2023年11月，台州市黄岩区农业农村局荣获台州市唯一的浙江省高标准农田建设先进集体称号。台州市黄岩区宁溪镇政府荣获浙江省粮食生产功能区“非粮化”整治优化先进集体称号，黄岩区北洋镇王倩荣获先进个人称号。

【重大植物疫情防控】 2023年，黄岩区做到新发疫情不蔓延危害，已有疫情不暴发成灾，危害损失控制在3%以内的目标。开展柑橘木虱的春季、夏季、秋季和冬季防治；2023年柑橘黄龙病发病株数6756株，病株率0.11%，普查率、病树挖除率100%；柑橘木虱防控面积22.5万亩次，发生区化学防治平均为4次以上，虫口减退率92.6%；建立多个植物疫情防控示范区，面积3100亩。做好柑橘无疫种苗基地建设的服务工作，对柑橘苗取样送检，送样60批次，合格率达100%。通过综合防控技术，有效地控制柑橘黄龙病发生蔓延的速度。植物疫情调查监测：设立10个疫情监测点，主要监测柑橘黄龙病（木虱）、红火蚁和扶桑绵粉蚧等外来有害生物，落实专人负责，并建立疫情监测档案。

【植物检疫宣传】 2023年9月，黄岩区以全国植物检疫宣传月为契机，利用电视台、农民信箱、微信群、宣传窗、村务公开栏、手机短信等各种形式，通过农民信箱端口向全区人民发送植物检疫、法规知识19万条次；在黄岩电视台连续播放9次《植物检疫是农业生产安全的保护伞》等系列检疫动画宣传短片；发放资料900余份。

林 业

【概况】 2023年，黄岩区千万亩森林质量精准提升省任务2000亩，包括战略储备林1200亩和美丽生态廊道800亩，黄岩区深度挖掘，保质保量完成项目施工，超额完成省级任务，共完成落地上图4532亩，完成率226%，其中战略储备林建设2631亩，完成率219%，美丽生态廊道建设1901亩，完成率237%。黄岩区2023年“一村万树”示范村建设完成3个（东城街道王西社区、西城街道罗家汇村、宁溪镇牌门村），完成省市计划任务的100%。按照《浙江省新一轮“一村万树”示范村建设验收办法》，采取外业检查和资料核查结合，三个村的必备指标达标，量化指标测评得分90分以上，合格率100%，并于12月1日通过市级核查。同时，黄岩区成功创建“浙江省生态文化基地”1个（黄岩区平田乡桐树坑村）、“浙江省自然教育基地”1个（浙江梵地生态农业科技有限公司）、创建“一亩山万元钱”高质量基地1个（台州市黄岩天德家庭农场），并申报“全国生态文化村”1个（黄岩区宁溪镇乌岩头村）。

【名果产业】 2023年，黄岩区新发展水果良种441.83亩，全区柑橘产量65554吨，杨梅产量39480吨，枇杷产量14815吨。开展黄岩区精品水果产业提升项目及省级乡村振兴集成创新项目，建设果园运输道、操作道、连栋避雨大棚、杨梅罗幔钢架、果园水肥一体化设施、杨梅驿站，促进园区提档升级。开展市级培训2场次、现场培训4场次，受训果农750余人次。举办2023年台州黄岩柑橘节、2023年黄岩橘花节、中国农业技术推广协会杨梅产业促进分会2023年年会暨黄岩东魁杨梅采摘节及高山杨梅节等活动，黄岩蜜橘种源研究中心与华中农业大学、浙江省柑橘研究所等科研院校合作开展黄岩蜜橘育种工作。启动浙江黄岩蜜橘筑墩栽培系统申报全球重要农业文化遗产。黄岩蜜橘入选浙江名优土特产名录。“蔡家洋牌”“晨湖牌”黄岩蜜橘荣获浙江省农博会金奖。

2023年12月25日，台州市黄岩区平田乡桐树坑村被认定为浙江省生态文化基地　　（区农业农村局　供图）

【森林资源管理】 2023年，黄岩区加强森林资源管理，开展森林督查工作。按照“十四五”期间省政府下达的黄岩区年森林采伐限额，进行林木采伐管理；全年完成20个森林督查案件销号，林地（公益林）占补全部完成；浙江省林业空间管理平台数据更新和森林督查结束并上报省林业局审核，全区森林覆盖率56.34%，同比上升0.09个百分点，林木蓄积量440.75万立方米，同比增长3.74%；全年林木采伐作业设计实行在线申报、在线发证，自动提取浙江省林业空间管理平台数据，重要因子自动校验，审批数据上传“一张图”数据库，发放林木采伐许可证161份，发证蓄积2752.37立方米，出材量1343.82立方米。加强林地管理，做好占用林地审核审批。按照省林业局部署，实现征占用林地落地上图，林地审批数据统一传输到浙江省林业空间管理平台，完成各类占用林地审核审批42起，面积

48.2359公顷，收取森林植被恢复费765.18万元。加强自然保护地建设和管理。开展黄岩区补充林地库建设和湿地现状逐地块调查，补充林地库面积28公顷。新命名省级森林人家1个、浙江森林氧吧1个。完善公益林和天然林管理。根据《浙江省林业局关于开展2021年浙江省林草生态综合监测评价和省级以上公益林优化工作的通知》文件要求和有关技术规程，优化后省级以上重点公益林面积565926亩，其中国家级公益林375089亩，省级190837亩；全年省级以上重点公益林集体和个人补偿资金计1867.56万元，集体补偿资金发放完成，惠及农户3.8万户；按照省委办公厅、省政府办公厅印发的《关于加强天然林保护修复的实施意见》，停止天然林商业性采伐，全区国有天然林签订管护协议，集体天然林配备护林员，实现全区天然林管护全覆盖，发放国有天然林停伐管理资金（中央林业草原生态保护恢复资金）101.35万元。推进林长制工作，组织召开区级总林长会议，签发黄岩区2023年第一号总林长令。全区共设立林长、警长743名，其中各级林长676人、林区警长67人，护林员269名，推动林长制工作落实落细。

【植树造林】 2023年，黄岩区中央造林任务共计379亩。黄岩区锚定中央造林任务，深度挖掘，结合健康森林建设，围绕因松材线虫病害而退化的小班，以大寺基林场大寺基林区60号小班和64号小班为作业小班，委托中国林业科学研究院亚热带林业研究所为设计单位，实地踏勘，拿出科学、高效、可行的设计方案，为黄岩区完成中央造林任务打好基础。完成退化林修复共437亩，超额完成任务，完成率115%，共补植枫香、木荷、青冈、檫木四万多株。11月21日，黄岩区国家造林任务通过市级核查。

【野生动植物保护】 2023年，全区农业农村局开展全区野生动物救护和野生动物肇事公众责任保险工作。完成野生动物救护和野生动物肇事公众责任保险政府采购，积极开展野生动植物保护宣传，2023年3月组织开展“世界野生动植物日”、在城区九峰公园西广场拉横幅4条、展板5块、野生动物标本80余件、发放宣传资料3500余份，4月开展全省“野生动植物保护宣传月”暨“爱鸟周”活动，在鉴洋湖湿地大会堂现场开展讲解野生动物救护知识，放映科普宣传片视频，展览东北虎、金钱豹、黄腹角雉等90余件野生动物标本活动。2023年救护国家重点保护野生动物中华穿山甲、领角鸮、斑头鸺鹠、白鹇、红隼等共计109只；省级保护野生动物白鹭、斑鸫、棕背伯劳、牛背鹭等共计82只。组织开展“清风行动”集中打击破坏野生动物资源的违法行动，出动执法人员85人次，对全区各乡镇（街道）的农贸市场及周边进行巡查监测，发现非法捕鸟网5张，当场收缴并进行烧毁处理。

【自然保护地】 2023年，黄岩区完成自然保护地生物多样性调查，完成2个大样地和9个小样地建设。

【古树名木保护】 黄岩区登记的古树名木有1016株，其中一级古树13株，二级古树102株，三级古树901株；散生古树511株，古树群12处共505株。实地勘察，对濒危衰弱的古树名木进行抢救复壮，落实打药防虫、修剪病枯死枝、堵树洞、树势复壮等工作。年内开展体检2次，并对有病虫害发生的古树名木进行防治，共保护古树名木4棵，投入古树名木保护资金15275元。开展科普宣传，积极响应古树名木文化公园建设，通过展板、画册、横幅、视频展播等宣传载体，向广大市民介绍黄岩区古树名木现状，科普古树名木保护知识，讲解古树名木相关法律法规和古树名木保护办法。2023年选送的九峰公园柏木古树文化公园被评为浙江省第二批古树名木文化公园。

（区农业农村局　汪弋炀）

工业·建筑业

工业经济

【概况】 2023年，黄岩区595家规模上（主营业务收入在2000万元以上）工业企业实现工业总产值为585.2亿元，同比降低4.7%；实现营业收入596.7亿元，同比降低4.8%；利税总额为52.6亿元，同比增长4.8%；实现出口交货值147.7亿元，同比降低7.4%。

【数字经济开发与升级】 2023年，黄岩区经济信息化和科学技术局（简称“区经科局”）迭代升级模具（塑料）产业大脑，定制开发智能深孔加工软件，推广30家企业使用，报价效率提升85%，人员效率提升30%，与区内龙头企业凯华、公元建立合作推广计划。3月在台州市国资系统数字化评比中获得最佳应用。新转入数字经济制造业企业3家，新增数字经济服务业企业2家，新引进中小企业数字化服务商2家。开展数字经济、数字化改造相关培训12场次。完成5G基站数428个。黄岩以模具制造行业入选2024年度省级中小企业数字化改造财政专项激励试点。

【工业性投资】 2023年，黄岩区实现工业性投资37.85亿元，同比增长1.7%。全年共备案技改项目216项，比上年同期增加51项，总投资38.38亿元，同比增长34%。全年共备案亿元上技改项目4个，总投资11.79亿元，较上年同期减少20.3%。2023年零增地技改项目18项，总投资约3.2亿元，土建投资2.15亿元，新增建筑面积14.35万平方米。

【规模企业培育】 2023年，黄

新华每日电讯 2023年2月23日 星期四
新华财经 5

“模具之乡”如何打破“模式之困”
“制造之都”探信心系列之二
本报记者王俊禄、顾小立、郑梦雨

安徽丁集：婚纱小镇『绣出』幸福产
新华社合肥2月22日电（记者马姝瑞、汪海月）

2023年2月23日，黄岩《“模具之乡”如何打破“模式之困”》被《新华财经》专题报道（来源：新华每日电讯）

岩区产值超亿元的制造业企业有115家，营业收入超亿元的制造业企业有121家，其中产值5亿元以上制造业企业15家（含10亿元以上5家）。分别是公元股份（33.51亿元）、爱玛车业（17.66亿元）、金宇机电（13.97亿元）、联化科技（12.37亿元）、利民实业（11.28亿元）、诚远食品（8.74亿元）、天宇药业（8.34亿元）、拱东医疗（7.94亿元）、宏鑫科技（7.71亿元）、精诚模具（7.18亿元）、精细化学品（6.28亿元）、公元新能源（6.26亿元）、聚丰机车（6.0亿元）、高澳卫浴（5.48亿元）、凯华模具（5.1亿元）。2023年，完善小微企业配套保障机制，全年新增71家小升规企业（含6家月度上规企业）。模具制造行业增速领先，位居各行业之首，达到8.4%，食品饮料、电动车及汽摩配、机械电器、塑料制品、医药化工、工艺美术行业增速分别为-2.1%、-3.6%、-5%、-7.9%、-10.6%、-18.6%。新增国家级专精特新“小巨人”企业1家（宏鑫科技），省级专精特新中小企业36家，创新型中小企业142家，省级隐形冠军1家（江鑫机电），国家级单项冠军示范企业2家（丰立智能科技、凯华模具）。

【提升企业精准服务质量】 2023年，区经科局继续实施“万名干部助万企”精准服务提质扩面行动，助企服务员增至324名，结对企业扩展至381家，累计派出干部3525人次，走访企业3695家次。发放留黄过年消费券250.74万元，惠及4179人。利用“浙企之家”（原企业码）等平台宣传贯彻惠企政策，推广全区所有规上工业企业完成“政策树”平台注册登录，归聚市、区政策8类331个，举办线下活动9场，受理企业诉求708件，办结满意率100%。核实办理拖欠账款29.33万元。开展“小微，你好”专项活动199场次，服务企业7614家。

【土地资源综合利用】 2023年，区经科局按照区政府《关于完善黄岩区重点工业性项目供地工作的意见》继续落实工业用地向特色产业重点项目倾斜的政策，全区工业项目新供地共10宗，净地面积739.62亩。深化“亩均论英雄”改革，涉及工业企业2916家，全面执行差异化要素配置政策，减免AB类企业城镇土地使用税3605.9万元，对D类企业征收差别化电价353.36万元。制定《黄岩区低效工业用地企业有机更新三年行动方案（2023—2025年）》，盘活7个重点片区共929亩工业用地，完成107家低效企业销号工作，腾出用地1069.2亩，腾出用能6902.4吨标煤。整治提升医化行业和铸造行业，关停注销铸造企业16家，产能并入中能铸造公司，4家医化行业企业关停注销。

【产业转型升级】 2023年，区经科局加强行业调研及规划落实工作，重点做好产业集群培育工作，将模具与塑料、医化、电动车三大产业列入培育对象。加强企业安全生产监管工作，特别是把民爆行业安全生产放在重点位置上来。积极推进小微企业创业园建设，制定《黄岩区小微企业创业园入园管理指导意见》，院桥繁荣科创园、高桥联丰堂绿色产业园陆续完成综合验收，新增省级四星级园区1家、三星级园区1家，省级数字化示范园区1家，市级示范园区1家。推动企业绿色制造体系建设，新增国家级工业产品绿色设计示范企业1家（公元股份），省级绿色园区1家（智能模具小镇），省级绿色工厂1家（丰立智能科技），市级绿色工厂8家，国家级绿色工厂1家（凯华模具）。精诚模具的年产200套光伏封装POE胶膜精密模头生产线数字化技改项目、汇源模具的年产300套精密多腔PET病毒采样管模具生产线数字化技改项目等2个项目被列入浙江省2023年度生产制造方式转型示范项目计划实施名单。塑料用模具产业集群入选省级中小企业特色产业集群名单。模具博览城入选2023年省级服务型制造示范平台1家。

【中小企业创业创新】 2023年，黄岩区顺安塑业有限公司企业、浙江万隆模具有限公司企业、滨海模塑集团有限公司、浙江广环工贸有限公司等4家被认定为市级企业技术中心。台州市熠纬汽车科技有限公司被列入省级工业设计中心。西诺控股集团有限公司认定为国内首台（套）装备。

【企业现代化技术改造与实施】2023年，区经科局继续实行《关于推进“机器换人”加快企业现代化技术改造的实施意见》，明确“机器换人”专项奖补措施。新增“机器换人”314台。新认定省级智能工厂、数字化车间4家。

（区经科局　李星雨）

2023年6月21日，中环·尚东悦庭项目通过竣工验收

（区住建局　供图）

建筑业

【概况】2023年，黄岩区出台《关于加快黄岩区建筑业高质量发展的若干意见（试行）》，进一步加快推进建筑业发展方式转变，促进和扶持建筑业做大做强。全年建筑业省内产值107.07亿元，同比增长8.89%。

【建筑工程简介】2023年，黄岩区住房和城乡建设局（简称“区住建局”）以加快推进建筑业建造方式和工程建设组织实施方式转型为抓手，优化建筑业结构，推进绿色发展，强化数字化引领，深入实施建筑业科技创新行动，推进政府工程规范建设，健全质量安全体系，推动质量安全标准化，加快建筑企业强基固本和治理能力现代化建设。完成新开工装配式建筑93.33万平方米，其中装配式住宅和公共建筑（不含场馆建筑）面积达83.98万平方米；可再生能源应用面积200.64万平方米，既有公共建筑节能改造4.18万平方米，完成太阳能光伏建筑一体化装机容量137.14兆瓦；办理工程质量安全监督手续70项，竣工验收项目91个；办理市政工程质量安全监督手续33项，受监市政工程竣工验收41项；通过消防验收项目33个，检查合格的消防验收备案项目12个，未抽中的消防验收备案项目81个，通过消防设计审查项目32个；完成公开招标128项，中标价30.48亿元。

【确保质量安全】2023年，区住建局认真开展质量安全大检查和专项治理行动，全面开展防汛防台检查、消防安全专项检查、脚手架支模架专项检查、季度安全生产大检查等，黄岩区建筑施工领域安全生产形势总体平稳可控。大排查大整治行动共检查在建项目176个，发现各类安全隐患1160条，对24个项目停工整改，对465名关键岗位人员进行记分，总记分835.8分；台风“杜苏芮”来临时共转移施工现场住宿人员1921人，排查工地33个，发现隐患19个，指导项目加固临时设施、工棚、围挡、脚手架，动员7组企业应急抢险队伍共计109人及应急装备随时待命。

（区住建局　周吉超）

商业·贸易

商业贸易

【概况】 2023年，黄岩区实现限上社会消费品零售额63.75亿元，同比增速6.3%；限上批发业销售额584.74亿元，同比增速53.2%；限上零售业销售额73.73亿元，同比增速13.8%；限上住宿业销售额2.4亿元，同比增速15.4%；限上餐饮业销售额2.28亿元，同比增速11.5%。外贸出口额256.33亿元，同比增长-2.9%。实际对外投资额26378.33万美元。

【对外贸易】 2023年，黄岩区推进地瓜经济一号开放工程。贯彻落实地瓜经济提能升级一号开放工程精神，出台《黄岩区地瓜经济提能升级一号开放工程实施方案》，并成立专班进行常态化运行，黄岩区成功获批省级国际营销体系创新试点（全产业方向）。助力企业拓市场。推进“百展千企”拓市场增订单行动，支持企业出境参加国际展。加强外贸服务保障，组织外贸企业参与境外展会、市场采购等线上、线下培训座谈20余场次。举办两场中国（台州）“一带一路”跨国采购对接活动——模具、塑料制品及工艺品专场活动。举办台州市首场工贸联动拓市场对接会。组织参加广交会、华交会等国际性重点展，设立“黄岩中国新能源电动车及零部件产业基地展示区”和“中国塑料日用品之都——台州黄岩”展示区。推进外贸重点项目。深化“两国双园”项目，加强与西非国家的经贸往来。推进在天荟广场设立一座以进口轻奢、药妆、宠物用品、母婴用品等商品为主的进口展销中心，扩大黄岩区日用消费品进口份额。

2023年12月12日，黄岩区召开“一带一路”跨国采购会

（区商务局　供图）

【升级商贸业态】 2023年，黄岩区招引工作全面开花。成功招引百亿产业园、华坤集团产业园等大型项目落地，逐步壮大批发业纳统规模。持续推动零售业规模化，以产城人车融合发展的理念积极拓展市场，打造新能源未来汽车城，拉动零售业提质升级。优化社区商业布局。官河水街美食街区的打造以宋韵为魂，使十里官河再现江南胜景，并形成“十里官河、千年宋韵”新地标，再现“浙东小运河”商贸水岸昔日的繁华景象。合理优化社区商业布局，加快推进“一刻钟城市便民生活圈”建设，不断提升群众生活品质，成功引进罗森便利店。大力开展促消费活动。开展额度总计3450万元的促消费活动，预计拉动消费近4亿元。各乡镇、商贸综合体、特色街区等在同时期开展系列促消费活动，如宁溪花灯璀璨点亮夜经济，吾悦广场和奥特莱斯开展美食节活动。

【提升电商经济共富质量】 2023年，黄岩区把握园区职能。充分发挥黄岩“双循环”跨境电商园区服务和资源整合功能，吸引一批跨境电商企业在黄岩落户、创业。黄岩“双循环”跨境电商产业园获评省级跨境电子商务产业园。招引区外企业、服务机构回黄岩开展跨境电商事业18家，培育新增跨境电商出口额500万元以上企业3家。落实工坊建设。锚定数字经济新赛道，以乡村振兴，产业先行为发展思路，深度挖掘当地农产品特色，促进农产品产业提质增效。全区建成省级电商直播式“共富工坊”2家，市级电商直播式“共富工坊”18家。强抓电商培训。积极开展电商人才培训活动，通过系统培训，进一步提升黄岩本地电商人才能力。黄岩区共举办平台对接招商会、电商人才培训会、交流沙龙会等活动合计51场。

【保障商务安全】 2023年，黄岩区保障粮食储备安全。有序推进16800吨原粮及3400吨成品粮政府储备轮换，食用油增储280吨并轮换335吨。小麦收购量达3804吨，创历史新高。深入开展“浙江粮仓”“未来粮仓”等数字化建设。完成东城粮库“浙江粮仓”平台搭建，以及院桥库分仓视频监控上联省平台。“粮食库存数量全过程动态监管研发与应用”成功入选浙江省“未来粮仓”第一批建设示范试点。保障散装水泥行业安全稳定。规范散装水泥行业市场秩序，加大非法搅拌站、重点工程挂靠站违规等问题处置力度，拆除北洋非法混凝土搅拌站。

（区商务局　应诗瑶）

供销合作

【概况】 2023年，区供销合作社社有企业营业总收入18003万元，增长率9.63%。社有企业利润总额749万元，社有资产增值保值率9.20%。2023年，黄岩区供销社获评全省供销社县域流通服务网络建设优秀单位、县（市、区）供销社综合业绩考评优秀单位，“供富大篷车”项目获评全省“供富大篷车”最佳实践案例，并成功申报2024年度全省农村“三位一体”改革实施县。

【农村“三位一体”改革】 2023年，区供销合作社重塑“三位一体”服务体系，重点围绕群型合作经济发展，创新“三纵三横”合作，纵向切入黄岩高山果蔬、外出瓜果产业、西部共富工坊等三个特色产业，横向开展产地合作重建基层组织，销地合作建立共富联农联盟，信用合作实现信用贷、特色保险等多渠道协同。推动通用性服务资源向区域农合联聚合、专业性服务资源向产业农合联聚合，在富山、宁溪建成供销高山果蔬农事服务中心，供销西部共富工坊服务中心，在屿头、上郑形成“国企+社企+村集体”“社企+家庭农场合作社”等多种形式的共富联合体示范点，进一步扶持建设乡村产业综合体。开展特色农产品产业链拓展，依托合作经济大讲坛，结合农民生产实际，邀请专家教授为会员开展杨梅、蜜橘、粮食等多产业生产指导服务和合作经济素质提升培训。全年共计开展培训5期，培训会员500人。实施“品牌”战略，推行“品牌+企业（合作社、协会）+ 农户”模式。推出一批黄岩麒麟西瓜“红耘”商标、“富山600”高山果蔬、“黄供优选”等产业品牌，扶持“鹿宁宁”“鹿西西”“众小满”等一批地方特色品牌。参与农产品展销活动，组织和参与展销活动，拓宽农产品销售渠道，打响黄岩特色农产品品牌，截至年底参加或举办相关农产品展销会6次。

2023年8月16日，区供销成立工作小组，到河北泊头实地考察帮助瓜农纾困　（区供销社　供图）

【数字农合联平台推广应用】2023年，区供销合作社完成数字农合联基础平台数据采集、录入等工作，实现农合联会员全覆盖和“生产、供销、信用”三大服务数字化。打造“瓜果天下”场景应用，获评全省农业农村数字化改革首批“优秀应用”、2022浙江数字乡村“金翼奖”十佳应用，入选全省“一地创新、全省共享”“一本账”S0，“瓜果天下”工作上榜2022年度全省乡村振兴最佳实践案例。

【农合联内生机制推动产业合作】2023年，区供销合作社重点围绕外出农业，以新型瓜农联合会为抓手，按照“瓜果大楼+西甜瓜产业园+数字化平台”融合发展思路，实现“数据在黄岩、总部有集采、区外有基地”总部经济，推进国企农业板块联合瓜果产业农合联“走出去”。结合“大走访大调研大服务大解题”活动，牵头、配合开展多轮外出调研和走访活动，走访11个省市，帮助瓜农纾困。牵头开展黄岩5万多名外出瓜农的调查及总部全产业链服务的摸排工作，推动全国25个省域黄岩麒麟瓜主要产区的产供销一体化服务网络建设。推进成立区“地瓜经济”农业行业党委，同时在河北高碑店成立黄岩区首个异地党支部——新型瓜农联合会华北区域党支部，并以此为基础，成立新型瓜农联合会华南区域功能性党支部。召开新型瓜农联合会换届大会和西瓜产业高质量发展论坛，完成瓜农联合会换届工作，按照“三位一体”建立五大联盟，邀请省社领导出席，并与交旅集团、区瓜农联合会签订“黄岩麒麟瓜”品控标准合作协议。联合“明康汇”公司，推进区域公用品牌设计，获得财政资金支持29.1万元。

【农合联平台金融惠农】2023年，黄岩区开展新型特色农业保险工作，对农合联会员保险补贴，主要是杨梅采摘期降雨气象指数险和高山蔬菜种植保险2个险种，其中杨梅采摘期降雨气象指数保险，参保户数1678户，参保亩数27477.9亩，参保费3846906元；高山蔬菜种植保险，参保户数273户，参保亩数2923.5亩，参保费584700元。开展惠农贷款和担保工作，其中蜜橘贷总授信约6亿元，贷款户数1347户。浙江省农业融资担保有限公司黄岩服务点在保余额17019万元，在保笔数278笔。

【网络助力乡村振兴】2023年，区供销合作社开展供销电商运营中心建设，在三位一体农事服务中心开展1+N+X共富直播（“1”即供销社，“N”即合作社，“X”即共富工坊）和供销线上电商平台运营，并与台科院合作开展共富课堂培训。

【农资供应】2023年，黄岩区供

销合作社全力抓好农资供应工作，保障粮食生产安全，发挥黄农农业科技有限公司农资供应主渠道作用，承接地方政府农资应急储备任务。据统计，2023 年 1 月 1 日后，全区供销系统累计调入化肥 25507 吨，销售化肥 23240 吨，现有库存 1800 吨；累计调入农药 1537 吨，销售农药 1211 吨，现有库存 400 吨。深入推进统防统治、配方施肥、“肥药双控”等工作，推行肥药购买实名制，降低化肥农药施用量。通过检打联动、建管并举的方式，打击销售假冒伪劣农资行为。

【“供富大篷车”服务活动】 2023 年，区供销合作社依托社有企业逐步推进实现“供富大篷车”服务六乡一镇全覆盖，年内“供富大篷车”服务覆盖富山、屿头、上郑、宁溪三乡一镇，73 个行政村，建有定期收购点 12 个，供富大篷车 5 辆。2023 年，“供富大篷车”从农户手中收购各类农副产品 12.75 千克，收购金额 534 万元，帮扶瓜农纾困运输配送西瓜 500 吨。“共富大篷车”被纳入区“生态共富西部振兴”重点项目，获得区财政每年 15 万元的补助资金。

【供销县域商贸流通网络构建】 2023 年，区供销合作社投资成立台州市黄供农产品配送有限公司，培养社有企业农产品流通的队伍和经营渠道，打造区、乡（镇）两级供销农产品集采配送中心，截至年底建有乡级农产品初级分拣中心 2 个，区级供销集采配送中心 1 个，服务市直部门 1 家，企业 1 家，事业单位 1 家。对浙江黄供供应链管理有限公司增资入股，全面加快销售网点布局，逐步提升供销在农产品流通领域的服务能力，截至年底供销社控股 51%，开设供销生鲜超市 5 家，联合农商行，开展供销村级综合服务社和丰收驿站资源整合 5 家。

（区供销社　章育硕）

烟草专卖

【概况】 区烟草专卖局（分公司）于 1988 年 12 月成立，地处浙江省台州市黄岩区小东门路 188 号。2023 年，下设 4 个科室，3 个市场部，3 个专卖所和 1 个稽查中队，持证零售户数 4341 户。坚决履行保证国家财政收入职责，卷烟市场状态趋稳向好，实现税利 4.26 亿元，同比增长 1.91%。全年共查获各类违法案件 221 起，查获各类违法卷烟 933.27 件，同比增长 41.26%。

【党建引领】 2023 年，区烟草专卖局（分公司）政治素养夯实有力。严格落实党组理论学习中心组学习制度、“第一议题”制度，用好“三会一课”、主题党日等载体，深入学习贯彻党的二十大精神、习近平总书记重要讲话和重要指示批示精神。主题教育行之有效。积极推进“循迹溯源学思想促践行”活动，推动主题教育。先进典型积极培树。1 人被推荐申报“最美浙烟人”，后又被评为全省系统优秀“香溢”志愿者；1 人荣获全市系统第二届“凡人匠星”表彰；1 人荣获全市系统“先锋能手”称号；1 个组织荣获全市系统“先锋集体”称号。

【烟草党业融合】 2023 年，区烟草专卖局（分公司）党建联建纵深拓展。积极落实“双跨”党建联建机制，创新探索“两层三维”工作法，与移动、高速、头陀农信社、院桥派出所等单位达成联建合作，扩大党建联建“朋友圈”。落实“一支部一项目”，聚焦痛点堵点问题，支部书记牵头领办攻关竞赛课题项目 1 个，获全市系统“生态强基 · 数创精益”场景应用大赛二等奖，编写精益业务手册 5 份，其中 3 份入选全市系统精益业务手册案例。运行“党小组 + 项目 + 人才”机制，探索构建终端管理机制，获全市系统创新项目三等奖。深入推进“四大共富行动”，向黄岩区慈善总会捐赠 15 万元，采购帮扶对口支援地区农产品 18 万余元，全年开展“香溢”志愿活动 64 次，参与服务 200 余人次，服务累计时长达 1135.7 小时。

【烟草专卖管理】 2023 年，区烟

2023年7月10日，黄岩区烟草专卖局联合公安部门查获一起跨省运销假烟案件 （汪成杰　摄）

草专卖局（分公司）打假打私战果累累。深化协作配合，协同高速交警三大队组建烟警“蓝绿先锋”突击队，合力破获高速专车案件14起，高速专车打击成果再创历史新高。稳步推进电子烟监管，严厉查处向未成年人售烟行为，查获销售非法生产电子烟产品案件2起、向未成年人售烟案件2起，合计罚款1.59万元。重视热线运行管理，做好“12313”“12345”等服务热线转接事项处理，探索投诉举报处理优化路径，分类规范处置流程和回复，处置效率和办事质量进一步提高，群众满意度进一步提升。助推“最多跑一次”改革升级，共办理行政许可事项1757件，网上申请率100%。

【烟草经营管理】 2023年，区烟草专卖局（分公司）智慧终端有所突破。横向探寻生态合作，纵向赋能现代终端，强化终端功能发挥。量体裁衣改造店铺设施，引进农副产品与数字化设备，增设社区团购、书籍借阅、应急充电、行李寄存等便民服务，加快实现普通日杂店向“社区小中心”升级转变，切实推动“小中心”服务“大民生”。共建成星级现代终端977户，加盟终端72户，香溢红色驿站25户（内含户外劳动者站点1户），合作终端13户，农网示范终端8户，社区小中心标准店26户、旗舰店3户。

【烟草内部管理】 2023年，区烟草专卖局（分公司）规范管理落实落细。围绕采购流程有法可依、岗位事项清晰高效、合同监管全面严实三个目标，打造试行3套基础业务流程模板；围绕党支部建设标准化规范化目标，固化统一党内组织生活、发展党员、党费管理和使用等15个党建重要事项的工作模板，梳理编写成《党建工作手册》；围绕零售许可服务前置工作，建立完善许可开门“一件事”服务事项指引，为工作规范高效化开展提供操作指南。全员创新活力迸发。累计开展素质培训6次，参与培训85人次，取得低代码开发师初级证书12人、中级证书3人，开发低代码应用4个，获实用型专利1项。4个课题项目获得省市级以上荣誉。

（区烟草专卖局　林珂未）

区属国有企业

黄岩区城投集团

【概况】 2023年，黄岩城投集团着力发挥城市开发、社会事业、公共服务等方面的投融资及运营功能，致力成为区域城市开发与运营综合服务集成商。集团总资产约490亿元，下属共有76家公司，其中全资子公司共45家，实际控制5家，国有控股公司以及下属企业12家参股公司14家。全年推进103个项目，固定资产投资入库项目共计53个，新增投资项目15个，累计完成固定资产投资约54亿元。

【启动官河商圈】 2023年初，官河古道项目全线贯通。官河古道西区景观绿化工程获2023年度浙江省风景园林学会优秀园林工程奖。

2023年，黄岩区用时14天对官河水街进行改造提升。提升项目以“一座甜了千年的城市”为城市主题，将“甜甜圈”元素融入VI形象，展示黄岩蜜橘、杨梅等系列水果的“味觉甜”，以及最具幸福感城市的“生活甜”，在对官河水街进行改造提升的同时，整合沿线优势资源，延展商业线，增加五洞桥、鹭洲树屋、萃华晨曦等节点区域，丰富活动内容，拓展永宁市集、水上游船、茶室、快闪车等项目，打造“官河商圈”，促进黄岩区夜经济发展，增强水街辐射带动力。

2023年五一期间，官河商圈吸引人流量达到50万余人次，单日最高人流量突破10万人次；端午、中秋、国庆等节假日期间，官河古道数字生活街区人流量日均达11万人次，被央视新闻、新华社客户端等多家媒体报道，阅读量破百万人次。

“官河水街·仙元宇宙”项目先后获得国家网信办、国家发展改革委、科技部、工业和信息化部以及国务院国资委等单位联合主办的“2023数字中国创新大赛·数字城市设计赛道”城元宇宙主题金奖，入选十大RAR产业案例；2023年美国缪斯设计奖概念设计——AR&VR类别金奖、德国红点设计品牌传播大奖；在全省首批164个重点培育文旅市集遴选活动中，元宇宙数字官河“黄岩永宁市集”脱颖而出，进入全省前五，名列台州第一，同时永宁市集也获得2023年省评浙里千集称号；官河古道智慧商圈被评为第二批台州市示范智慧商圈；《元宇宙数字官河 焕发智慧街区消费新动能》入选2023年浙江省数字经济创新提质“一号发展工程”数字消费创新引领优秀案例。

【公建项目建设】 2023年，黄岩区用时70天，完成永宁江、官河古道两侧高层建筑及公园环境品质提升项目，完善黄岩城市夜景照明架构，打造城市形象新名

2023年6月4日，朵云书院邀请中央民族大学教授蒙曼举办唐诗鉴赏系列讲座（黄岩城投集团　供图）

片；九峰山风貌提升工程黄岩石窟的危岩加固、活化利用以及生态农业田园两个项目开工建设；委羽山文化遗址修复工程子项目大有艺术中心桩基已完成、委羽山公园护坡工程基本完成；黄岩王宅卢宅修缮工程有序施工中；孔庙历史街区保护与利用工程完成规划用地、供地手续，建设工程阶段方案正在调整中；推进市一医一期总包工程“保交楼”项目。

【安置房项目建设】2023年，黄岩区推进安置房项目15个，共14251套，建筑面积约220万平方米。其中，岙岸安置房A地块、横河棚户区改造工程、罗家汇村安置房工程、新兴产业基地A区块等4处安置房完成竣工验收，建成安置房3036套；北洋移民安置小区工程、五里牌二期工程、马鞍山家园工程、岙岸安置房B地块工程、杜家村安置房工程、西城片区人居环境提升工程等6个安置房基本完工，新兴产业基地B地块主体及装饰工程等全部完成，高桥璀星佳苑安置房主体结构全部结顶，浦口杨安置房首幢结顶，和风筑、瓦厂头等2个安置房工程开工。

【市政道路网管建设】2023年，黄岩区天元路西延工程（CK0+320—庆丰大道）、锦泰街（鹿鸣路—大桥路段）、黄岩区金带路道路改造工程（黄长线—二环南路段）建设完成；台州市永宁江闸强排工程（一期），黄岩区城市管网建设工程，污水零直排项目基本完工。

【市场化运营】2023年，黄岩城投集团着力拓宽市场化运营之路。

建设板块　截至年底，正在实施凤启潮阳府、樊川广场、晓春和苑、院桥职工宿舍等项目开发，其中凤启潮阳府于5月21日完成首开，8月20日完成二开，12月2日完成三开，平均一小时去化率达81.83%；台州坤胜建设工程有限公司坤胜公司与中铁十一局成联合体，并以9.6亿元摘得委羽山北项目建设工作。

民生板块　2023年，朵云书院·黄岩店获得2022年度刀锋图书奖“年度文化空间奖”；“驻店作家创作计划”第一季收尾，图书《江上云起》出版；出版2024年《千年永宁日历》；开创几木快闪店（BLACKPINK主题店），筹备并顺利开业永宁茶舫；举办8场艺术展览，举办朵云·江畔书房分享会共计24场，其中有3场在文体中心举办，吸引近2100名读者到场。区医疗中心康养工程项目有序推进，增岁康养公司成为松下康养适老化产品台州地区唯一总代理，产品特设展厅已对外营业。永宁膳坊（锦江店）日客流量达约400人次。平田乡平田村凤凰山公墓项目已完成省级节地生态安葬示范点建设，进入一期建设期，上郑乡上郑村小茅山公墓项目已完成测绘工作，院桥横林村安置公墓已完成200座并交付安置使用，高桥东星村公墓已完成设计招标。推进“企建公管”旗下高速玖玺、瑞府、蓝城澄园、罗家汇、岙岸、院桥奥特莱斯等6所新建幼儿园（总提供学位数约2000个，托班学位数约120个），其中，瑞府幼儿园已开园，玖玺幼儿园已交付使用（托班在保俐大国璟开展教学工作），澄园幼儿园装修基本完工并进入交付使用；米面产业建成现代化厂房并引进第一条自动化生产线，截至年底正在调试阶段；黄岩第二菜市场运营筹备工作有序推进；“瓜农天下”项目土建施工。

服务板块　2023年，黄岩城投集团有序推进充电桩项目7个，车位440个；积极推动黄岩区新能源充电站二期项目建设，完成4个停车、10个站点共198个充电桩终端安装；城区环卫一体化工作有序开展；能源公司及折角桥、乐成工业园区等酒店式公寓项目改造提升有序推进。

配套板块　2023年，台州市新兴产业基地矿地综合利用项目正与乡镇（街道）相关部门对接推进政策处理，已招标确定厂房生产线土建单位，东南面小山坡区块正在开挖出料，高桥区块正在修建运输道路；实施全域土地整治项目37个，完成项目32个，申报并通过省级验收项目28个，入库总面积1478亩，提升粮食产能75万千克。

【城投集团融资】2023年，黄岩城投集团累计筹措资金约170亿元，综合利率较上年下降23个BP。8月，成功发行6亿元非公开公司债，利率3.65%；10月，再次发行6亿元，利率3.5%，创2023年以来台州市同评级同期限信用债利率新低。

【中心工作】2023年，官河古道项目全线贯通，打造官河古道商圈经济。九峰山风貌提升工程顺利开工建设。畲岸安置房A地块、横河棚户区改造工程、罗家汇村安置房工程、新兴产业基地A区块等4个安置房完成竣工验收，和风筑、瓦厂头等2个安置房工程开工。完成永宁江、官河古道两侧高层建筑及公园环境品质提升项目。

（黄岩城投集团　叶书航）

黄岩交旅集团

【概况】台州市黄岩交通旅游投资集团有限公司（简称“黄岩交旅集团”）是黄岩交通项目和旅游项目的投融资、建设及运营的实施主体，负责黄岩城乡公路、水路运输等基础设施的投资建设和资产经营，黄岩旅游项目投资开发与运营管理，打造黄岩生态休闲旅游品牌。集团于2019年初正式挂牌成立，注册资本65000万元。现有下属子公司53家，其中全资子公司34家、控股子公司19家，参股企业20家，取得远东资信、中诚信两家评级公司评定的主体AA评级。2023年，入库项目16个，涉及交通、旅游、水利、农业、矿产、能源等领域，完成投资11.1亿元。

【实施谋划交通项目】2023年，余姚至温岭公路黄岩北城至温岭泽国段院桥支线工程PPP项目黄岩先行段建成通车。甬台温高速公路改扩建黄岩段及桥下地面道路工程开工建设。完成黄岩区农村公路路况提质升级工程施工。完成黄岩区头陀山头姜至北洋康山段、北洋潮济至屿头沙滩村段，长度约13千米的S325沿线环境提升改造一期工程。完成规划省道椒江至武义公路黄岩北城至头陀段工程项目建议书批复、初步设计预审查，施工图设计及咨询工作。完成椒江至武义公路黄岩宁溪至仙居朱溪段工程（黄岩段）项目建议书批复、初步设计预审查。

【推进文旅项目融合】2023年，浙东南房车集散基地落成启动，打造房车城市露营基地，集房车露营、城市周边露营、户外运动、水上运动等业态，形成以浙东南房车集散基地为中心、头陀百丈揽月露营基地为重点的户外产业链布局。九峰景区报春园台州院士之家黄岩基地建成并投入运行。永宁幸福科学馆落成开馆，并在此基础建成永宁幸福中心（二期）项目，配合举办第六届中国国际积极心理学大会暨中国心理学会积极心理学专委会2023年学术年会。完成黄岩区大寺基“未来国有林场”工程1500万元投资额，建成美丽林相作业、防火基础设施、永宁江源核心保护、数字场景项目等。正式接管九峰景区资产和管理权。完成桐树坑红色旅游项目16个子项目建设。完成沙埠青

2023 年 10 月 28 日，黄岩里 · 西江拾月歌曲大赛总决赛在五洞桥——老水厂水上舞台举行　　（黄岩交旅集团　供图）

瓷窑遗址公园新建龙窑区块考古勘查。完成台州赵伯澐墓恢复改造。分别与海南德隆集团、上海天骥集团、乡立方集团签订战略合作协议，推进浙东芳养谷项目建设。获评省级环境健康友好创新试点、环境标准创新试点单位。开展黄岩区文艺活动常态化运营项目，协助相关部门和乡镇举办梦创园宋韵集市、头陀油菜花节、江口农耕文化生活节、百场草地音乐会、屿头柔川春日野趣节、百丈揽月营地开业及首届露营节、老水厂网红集市、东魁杨梅节、黄岩里·西江拾月歌曲大赛、全国宋韵服装时尚设计大赛决赛等活动，配合中国中央电视台拍摄《旅行加速度》节目，参与青春环游记拍摄项目、2023 上海旅游产业博览会等活动。

【优化产业结构布局】 2023 年，黄岩交旅集团累计完成海塘安澜工程（椒江黄岩段海塘）投资 1 亿元，25% 工程形象进度。黄岩区水利基础设施提升工程一期、二期共 9 座山塘完工；三期 10 个山塘完工 6 个；四期 4 个山塘 3 座水库完工。黄岩区中小流域综合治理工程半岭溪、牌门溪段全线开工。建成黄岩蜜橘种源展示基地，与中国柑橘研究所、浙江省柑橘研究所、浙江大学、华中农业大学等专业科研院所和高校建立长期合作关系。与民营企业 500 强海亮集团旗下的生鲜农产品品牌明康汇合作宣传推广农产品。运营长宏物流水运码头，年吞吐量 120 万吨。山头姜碎石加工场生产加工石渣、机制砂 83 万吨。与台州交投集团合资成立台州山辰公路养护工程有限公司，建设日产 5000 吨以上沥青的拌和站。参股台州英特药业项目，在现代医药物流、中医药产业、医疗健康服务领域开展全方位合作。谋划建设华能黄岩西部项目，匹配建设浙东南 2G 瓦级“虚拟连片式”高山农光农业示范基地。

【强化资金要素保障】 2023 年，黄岩交旅集团总资产 167 亿元，实现营收 46.6 亿元，完成融资 30.72 亿元。“水美黄岩 · 芳养共富生态环境开发（EOD）项目”纳入生态环境部金融支持项目库，获得农发行、工商银行的授信金额 22 亿元。拓宽融资渠道，调整债务结构，降低融资成本，取得融资 28 笔。争取 EOD、专项债、政策性金融工具、两山资金等专项资金 8000 万元。

（黄岩交旅集团　张群拥）

黄岩国投集团

【概况】 2023 年，黄岩国投集团资产总额 218.67 亿元，营业收入 3.47 亿元，盈利负 0.69 亿元，国有资产保值增值率 99.58%。

【融资情况】 截至 2023 年底，黄岩国投集团完成融资金额 47.25 亿元，超额完成年度融资计划，完成率 115.38%。

【项目直投】 2023 年，黄岩国投集团参与投资本地企业台州市数商智慧科技有限公司，总投资额 1500 万元，开展“五城十链”产业数智赋能平台及相关应用的建设和运营。参与投资本地企业浙江绿景能源科技有限公司，总投资额200万元，依托能源数字化平台支撑本地工商业的市场化售电和能源运营两大主业，为政府、园区、企业提供领先的能源数字化服务，提高用能效率。

【基金运作】 2023年，黄岩国投集团参组建复创绿色创业投资基金，重点投资生命健康、半导体与智能制造、新能源与新材料等战略新兴领域，完成3个项目审议；组建T3专项基金，完成对南京领行基金及基金管理人的法律尽调，并开展投资相关协议谈判审议工作；天使梦想基金完成4个项目评审；沣收基金完成9个项目投资，完成1个项目评审。筹建人工智能基金，总规模2亿元，初步确认基金相关要素，并整理相关意见，重点投资人工智能链上企业，推进区域产业链延链补链强链；筹建幸福产业基金，暂定规模2亿元，完成基金运作方案，重点投资文化旅游、健康养老、体育健身、教育等幸福产业领域。

【资产管理】 2023年，黄岩国投集团参协议购买嘉乐苑小区、梅园新村保障性租赁住房完成交接工作，实现物业管理衔接；多处历史遗留资产开展确权，完成宗地测绘、房屋安全鉴定、消防安全评估等工作；联合区财政局完成黄岩区国有资产数据维护系统，为黄岩区国有资产管理、使用及区政府决策提供系统支持；完成黄岩铅锌矿尾矿库回采销库项目备案，并开展安全预评价、环境影响评估、社会风险评估、项目设计等多项前期技术准备工作；对已购买到20年经营权的全区行事单位270处住宅用途房地产进行实地摸底盘点，制订交接计划；加强安全生产工作，对名下国有资产多次开展消防安全演练、防汛防台巡查。

【园区建设运营】

台州青年科创湾 2023年，台州青年科创湾园区共举办11次各类活动，实现各类收入2.24亿元，其中设计服务收入1.8亿元，工业设计成果交易1628项，成果转化98亿元，申报各项专利222项，授权137项，服务企业数3250家（次），获“浙江省城市更新省级试点项目”“第二批台州市商业秘密保护示范基地”等多项省市级荣誉。台州青年科创湾扩容提质项目在智能制造、新材料等新兴产业项目的引进上加码加力，延伸产业链条，助推工业4.0标杆城市建设。

院桥繁荣置成创业园 2023年，黄岩国投集团完成投资额约1亿元，园区通过主体初验，并进行综合验收，形成集开发运营、企业服务、产业引导、设施配套等多功能于一体的专业化、综合性、高能级的战略性新兴产业孵化平台。

浙东南智算经济产业园 2023年，黄岩国投集团完成投资额约4.59亿元，其中浙东南智算中心一期400P算力试运行，创新共享空间于10月18日正式开园。打造全国领先人工智能产业集群，促进黄岩区传统产业转型升级，助力黄岩区建设全国人工智能产业高地。

（黄岩国投集团 项子骁）

黄岩区经开集团

【概况】 2023年，黄岩经开集团聚焦园区开发、园区招商、园区服务和股权投资等工作，发挥国有企业优势。全年投资项目87个，完成投资额约66.78亿元。其中，入统项目固定资产投资43.38亿元，同比增长20%。先后获得各级荣誉42项，其中省级及以上荣誉16项、市级荣誉12项、区级荣誉14项。

【清廉国企】 2023年，黄岩经开集团被评为“2023年度市级清廉国企示范点”。《全域构建“廉模方”清风小镇》获评浙江省清廉单元建设十大创新案例。《探索推动清廉单元有效融合、共建共享的实践与思考》获清廉台州建设理论研究课题三等奖。

【项目建设】 2023年，黄岩经开集团开展江口市区融合板块、工业4.0板块、高铁新区板块、东浦未来社区板块、模具小镇板块、头陀—澄江板块等重点区块建

2023年6月，经开集团王林洋综合体项目上榜2023年浙江省“优秀红色工地”名单。图为项目效果图　　　　（黄岩经开集团　供图）

设。东浦社区、爱玛头陀生产基地、王林洋综合体3个项目被评为黄岩区2023年度十大优质项目。三江新城永宁开发建设有限公司正式挂牌运营。完成《台州三江口区域概念及核心区城市设计》策划和国际竞赛组织运营服务招标。对接台州学院江口校区项目前期工作。梦创园项目获2023年德国标志性设计奖·创新建筑奖和美国缪斯设计奖、建筑设计翻新类别金奖，梦创园二期永达路改造提升和大闸路改造提升竣工验收。黄岩智能模具小镇入选2023年浙江省第三批减污降碳协同试点名单和2023年浙江省级绿色低碳工业园区名单。小镇客厅工程获评2023年度浙江省建设工程“钱江杯”优质工程。模创路工程、模具小镇科创中心（浙江省模具产品质量检验中心）装饰项目以及“智能模具”特色产业风貌区建设项目竣工验收。净土岙安置房竣工验收，建成安置房1082套。天长路外迁安置房完成总工程量72%。王林、王林施、江山一品等安置房分房1315套。王林、王林施棚户区改造工程、黄岩洋头安置房工程评为2023年度浙江省建筑施工安全生产标准化管理优良工地。东浦未来社区A01地块14幢主体全部结顶，A02地块邻里中心完成开放，A03—A06地块主体施工中。台州永宁江科创新城项目招标挂网。江城未来社区、锦川未来社区完成验收并入选浙江省第四批未来社区名单。建成大闸路、祺祥街等6条道路并正式通车。8号立交放射线基本完成主线贯通。加快推进四条道路下穿铁路工程、江山路（82省道—内环路）道路工程、永宁江绿道外东浦过江桥等市政项目建设。江口综合体项目、高桥联丰螺屿产业园竣工初验，推进王林洋综合体、智创产业园主体结构结顶。春风悦鸣、江上云起、联岛路北侧3个房产项目。

【融资管理】 2023年，黄岩经开集团到位资金119.36亿元，其中金融机构资金到位109.18亿元，同比增长10.31%。发行上海自由贸易试验区离岸债券2.1亿元，是台州市首单明珠债；发行非公开发行公司债（第二期）10亿元，票面利率为3.45%，创2023年以来浙江省区县国企同级别同等发行条件下私募公司债票面利率新低。

【经营管理】 2023年，黄岩经开集团坚决贯彻产城融合发展的理念，发挥区属国企优势，加快拓展经营业务，逐步向市场化转型。

强化平台支撑　2023年，黄岩经开集团才创园新引进入驻3家企业；高桥联丰螺屿产业园A区块落地2个项目；梦创园招引6家企业入驻。

与企业合作　2023年，黄岩经开集团与优质企业合作，组建5家合资公司，其中3家为混改公司。与网高科技公司组建成立餐饮服务公司，以“食养是良医”理念，结合数字化、智能化的设备打造“梦创宴谈”餐厅；与标力集团组建成立的浙江经力建设有限公司，获批“建筑工程施工总承包壹级资质”证书；与中亿丰数字科技集团有限公司组建中岩数字科技（浙江）有限公司，从事数字化智能建造。

推动共同富裕　2023年，黄岩经开集团智创产业园项目与区

2023 年 11 月，廉模方清风小镇展馆完工 （黄岩经开集团 供图）

民政局、区农业农村局合作实施飞地抱团第六期项目，探索实施村集体经济组织参与组建强村公司与国有企业合作共赢模式，增强村集体经济，实现水库移民共同富裕，共涉及 130 个村集体。经开物业与院桥镇各村、上郑乡各村共同成立子公司，以产业合作全力支持和帮助村集体经济发展壮大，公司完成注册。

盘活存量土地 2023 年，黄岩经开集团完成“做地”12 宗，宗地面积 647.1 亩，出让金额 9.83 亿元。

推进数字化改革 2023 年，黄岩经开集团持续优化升级“模具（塑料）产业大脑”功能应用，优化企业侧应用场景 8 个，政府侧应用场景 6 个。截至年底上线应用场景 30 个，总计服务 1.6 万户用户，同比增长 30%。

做好园区接待服务 2023 年，梦创园举办各类大型活动 54 场，接待游客超 10 万人次，接待各级领导 40 余次；智能模具小镇全年完成接待各级领导 308 批 1.8 万余人次。

（黄岩经开集团 周颖）

邮电·信息化

邮政安全管理

【概况】 2023年，黄岩区共有邮政速递、顺丰、申通、中通、圆通、韵达、极兔等16个快递品牌，法人企业7家，企业分支机构29家，末端网点260个，快递从业人员2200余人。2023年，黄岩区快递业务量累计完成21285.53万件，同比增长3.92%，排名全市第二，占台州市业务量的14.35%；业务收入累计完成12.22亿元，占台州市业务收入的16.68%，全市排名第二。

【成立揭牌仪式】 2023年8月24日上午，黄岩区举行黄岩邮政管理局成立大会暨揭牌仪式。省邮政管理局党组成员、副局长吕为民出席并讲话，区委副书记、区长徐礼辉致辞，省邮政管理局人事处三级调研员丁亚健，市邮政管理局局长陶官忠，副区长蒋正标出席。

【邮政行业监管】 2023年8月黄岩邮政管理局成立后累计出动208人次，检查74家次，发现问题34个，下发整改通知书22份，全部问题整改到位。所有邮政快递企业签订《寄递物品安全协议书》，督促企业落实安全生产主体责任，建立健全安全生产相关制度，防范和坚决遏制安全事故发生，确保邮政快递业持续安全稳定发展。

配合市邮政管理局开展统一执法行动，对辖区法人企业、分支机构、分拨中心、末端网点进行全覆盖检查和闭环管理，全面排查安全生产、“三项制度”落实、“二次安检”等方面存在的问题隐患；关注问题整改，聚焦安保督导检查中发现的问题，及时下发整改通知书，并对问题整改情况开展“回头看”，扎实做好各项工作，保障亚（残）运会期间寄递渠道安全。

【助力行业良性发展】 2023年，黄岩邮政管理局开展“暖蜂行动”。联合区人社局2次开展关心关爱活动，帮助快递员了解相关社保政策，提升快递从业人员的归属感、幸福感。全面贯彻落实《关于做好快递员群体合法权益保障工作的意见》，督促企业进一步规范用工行为，切实维护好快递员的合法权益，提升快递员社会保险水平，工伤保险覆盖率达100%，为行业健康发展夯实基础。

联合区人社局、台州科技职业学院开展快递从业人员技能培训、组织职业技能考试，共计培训39人，为推动行业高质量发展提供人才支撑。树立行业典型，动员推荐优秀快递员参加各级评优评先活动，2名快递从业人员荣获2023年台州市“最美快递员”称号。

（黄岩邮政管理局　林安昕）

中国邮政集团公司台州市黄岩区分公司

【概况】 2023年，中国邮政集团公司台州市黄岩区分公司（简称“黄岩邮政分公司”）下辖青年路、院桥、新前、澄江、头陀、北洋、宁溪7个邮政支局，江口、沙埠、高桥、茅畲、平田、上垟、屿头、上郑、富山9个邮政所。农村投递路线、城市投递段道共94条（邮路总长度4745千米）。全区邮政从业人员共159人。

【普遍服务】 2023年，黄岩邮政分公司围绕普遍服务“模块化管理”，提升服务质量。普遍服务红线类及其他行政处罚零发生，营业时长及四项业务开办率100%，建制村实地打卡率100%，条码平信在途率列全省第一，普遍服务给据邮件信息及时上网率位于全省前列。实现全区机要通信无失密丢损“三十连冠”。属地党政机关《人民日报》《浙江日报》当日见报率100%。配合开展全区党报党刊收订工作，报刊发行结合政务图书、数媒发行，推动线上线下融合发展，传统业务取得新突破。推进绿色邮政建设，普邮营业窗口绿色包装箱、特快一体单、窄胶带、特快一体单使用率100%，强化一次性编织邮袋管控，实现循环邮袋使用率100%。积极做好民生实事项目，启动“邮摩通”业务，深化“警医邮”便民服务清单，为广大群众提供家门口车管所的便捷服务。台州科技职业学院校园邮局积极推行邮政与社会快递企业信息资源集合，与所在区域13家社会快递公司签订合作协议，实现“一点多发”服务；持续开展开学季、节假日、“毕业寄”等快递进校园活动，为学子们提供现场收寄、上门揽收、专业打包等行李邮寄服务，让台州科技职业学院学子们轻装回家。

【邮政乡村板块业务】 2023年，黄岩邮政分公司全面融入乡村振兴，助力农业供应链建设。落实“一产业一方案”目标，根据黄岩乡村特色产业差异化、个性化服务需求，黄岩邮政分公司协同邮储银行推进“扫村”行动，扩大普惠金融覆盖面，个性化推荐“三农”优惠信贷产品给予农户资金支持，2023年累计为农户发放助农贷款1630万元。推进便民服务生态圈建设，黄岩邮政分公司以“网点＋站点”为依托，推广邮政特色“社区团购”模式，结合企业自有资源，整体推进福利团购、集中采购、积分兑换等私域流量运营，全渠道推进农产品上行规模，解决农户“销售难”问题。持续推进县域商业物流体系项目建设，提高乡村物流综合服务能力。根据《关于印发浙江省加强县域商业体系建设促进农村消费实施方案》文件要求，黄岩邮政分公司依托自有土地资源，高标准打造邮政乡村综合服务站点，升级改造宁溪共配中心，建设茅畲乡级物流共配中心，两个乡级站点投入运营后将逐步辐射茅畲乡、平田乡、富山乡等多个乡镇、建制村，通过邮快合作在保持建制村直接通邮的基础上，实现建制村电商寄递配送全覆盖，助力实现农产品进城“最初一公里”和工业品下乡“最后一公里”目标。

【邮政安全管控】 2023年，黄岩邮政分公司组织举办全体寄递人员“安全生产培训会”“护航杭州亚运会和亚残运会安全工作保障会”“安全生产月”等活动，全面推进安全管理体系和寄递双重预防机制建设，组织车辆驾驶员进行行车安全和车辆保养知识学习；开展逃生、灭火消防演练，增强消防安全意识和灭火实战应对能力，分批分次累计培训300余人次。在亚运、两会等特殊期间开展邮政服务和寄递渠道安全服务保障攻坚行动，严格执行三项制度和“五个100%”要求，全力保障邮政寄递渠道安全畅通。金融、寄递业务以配合协同发展和做好属地支撑为重点，积极发动员工全力支持、参与金融业务发展，协助金融网点做好安全防范管控，完成新前、北洋、桔乡等金融网点改造验收工作。积极配合完成黄岩区银行业金融机构第八轮安全评估工作。

【邮政助力城市建设】 2023年，

黄岩邮政分公司积极配合开展“迎亚运、讲文明、树新风”全域文明提升行动，开展诚信示范、优质服务等创建活动，做好便民服务设施的日常管理与维护，严格执行“门前三包”，为办事群众提供良好、和谐的用邮环境。配合开展生活垃圾强制分类常态化工作，巩固国有企业生活垃圾强制分类成果。助力地方消除集体经济薄弱村，完成第十三批区派农村工作指导员（第一书记）派驻和结对帮扶，在春节前组织人员走访服务派驻村5户贫困户并送上慰问品。

【邮政暖心企业文化】 2023年，黄岩邮政分公司坚持开展邮温度企业文化建设。陆续开展三八妇女节放风筝趣味体育活动、职工疗休养、春游和秋游、元宵佳节送温暖“包饺子”活动等一系列暖心工程，为丰富职工活动喜迎亚运盛会积极参加迎亚运知识竞赛、羽毛球赛等主题文化活动。推进“邮爱驿站”工会户外劳动者站点共建工作，建成新前、复元东路2个户外劳动者服务站点，助力解决户外工作人员喝水、吃饭、休息等问题，并以驿站为平台，创新叠加量血压、普及金融防诈骗知识、冬送腊八粥夏送清凉饮等特色服务。为改善职工食堂用餐环境，提高员工就餐体验，升级改造黄岩邮政分公司职工食堂。深化职工重病医疗互助保障工作，动员在职员工积极参加医疗互助，为患病职工减轻经济负担。

（黄岩邮政分公司　彭婉洁）

中国电信股份有限公司台州分公司黄岩分局

【概况】 2023年，中国电信股份有限公司台州分公司黄岩分局（简称“黄岩电信分局”）设4个部室和18个支局。移动电话出账用户19.1万户（其中5G套餐用户出账14.9万户），固定电话用户5.1万户，宽带接入用户11.3万户，ITV（中国电信互动电视）用户5.5万户。

【网络体系建设】 2023年，黄岩电信分局全力加快5G建设，全力打造5G精品网络。截至年底，全区已具备5G能力基站555个，实现所有街道、各乡镇所在地及工业园区全覆盖。

2023年，黄岩电信分局打造云网融合优势，加快新一代千兆光网、云基础设施建设。进一步加快10G XGPON光网升级改造，达到XGPON全区覆盖。创新组网，引入云网POP，加速网络云化，实现设备解耦，打造新一代云网运营系统，统一纳管、协同编排、能力开放，实现云网安全差异化能力。

2023年，黄岩电信分局统筹发展与安全，持续提升云网安全防护能力，构建“2+11”分布式、全覆盖安全能力池，夯实网络、信息、数据安全底座；打造“云网端数用边”六端安全运营体系。坚持绿色低碳发展，贯彻落实浙江省政府双碳行动方案和中国电信“1236”双碳行动计划，多管齐下打造绿色云网。建设绿色新型信息基础设施，重点推进5G、数据中心等重点用能单元的节能降碳。

【信息化建设】 2023年，黄岩电信分局助创“数字政府”、助推“数字经济”、助建“数字社会”，凸显信息化主力军地位。中标省试点项目“黄岩应急能力提升工程——森防智哨监测预警项目”“蔡家洋未来乡村项目系统建设项目”。

2023年，黄岩电信分局积极融入区委区政府营商环境建设工作，承建“数字黄岩”智慧城市基础设施提升工程—智慧公安—多维立体感知提升工程（前端建设集成），配合开展亚运安保。

2023年，黄岩电信分局聚焦重点项目。年内中标应急局的高空瞭望三期；公安局宗教场所监控、亚运安保一期、二期建设；完成大数据局政务外网、安全终端等项目验收，地方政府信息主力军地位进一步加强。

【信息化助力乡村振兴】 2023年，黄岩电信分局聚焦数字乡村应用建设，助力打造生态共富西部振兴。黄岩电信贯彻落实乡村振兴战略，制订中国电信数字乡村建设实施方案，充分发挥数字化能力优势，加快推进乡村治理系列产品如平安乡村、乡村治理数字化应用、IPTV 乡镇版等迭代升级，丰富乡村治理应用场景，结合农业农村的需求，搭建数字乡村云平台并推广，提供智慧党建、平安乡村、环境监测、视频会议、天翼大喇叭等标准化应用，助力地方政府构建现代乡村治理体系；深入实施“四大行动”，即数字乡村基础设施建设行动、数字乡村应用创新行动、智慧农业示范推广行动、数字乡村信息惠农服务行动，真正实现“千村千面、一村一品”构想。

2023 年，黄岩电信分局继续加大帮扶村无线网络覆盖投资力度，打造流畅的无线通信网络。年内全区电信 5G 网络覆盖率已经达到 96%。全年在西部偏远乡镇完成 5G 信号建设 89 个，设备投资超千万元，提高帮扶效率。保障分局帮扶村的信号覆盖和优化，助力乡村精品旅游资源开发。

（黄岩电信分局　沈亦骞）

中国移动通信集团浙江有限公司黄岩分公司

【概况】 中国移动通信集团浙江有限公司黄岩分公司（简称“黄岩移动公司”）设市场经营部、政企客户部、网络部、综合部 4 个部门和 8 个分局（城区分局、西城分局、南城分局、新前分局、院桥分局、江口分局、北洋分局、宁溪分局）。员工总数 146 人，中共党员 64 人，本科及以上学历 120 人。2023 年，主营业务收入 8.2 亿元，移动通话用户 59 万户（其中 5G 用户 37 万户），宽带接入用户 19.9 万户。

【网络基础建设】 2023 年，黄岩移动公司打造 5G 精品网络，加快 4G/5G 网络重构，逐步推进“薄 4G、厚 5G”的网络演进，灵活采用宏 / 杆站、室分等手段解决局部弱覆盖问题，截至 2023 年底全区已具备 5G 能力基站 1278 个，实现乡镇以上 5G 连续覆盖，全区实现行政村 100% 覆盖。提升有线网络品质，做优业务承载结构，西部汇聚节点形成双环保护，攻坚断头、瓶颈、末端管道 7 千米，传输光缆中断率、主干光缆原因每百个 PON 口中断考核全市前列，完成全量 OLT 万兆上联改造，全区建成千兆小区 140 个。

【地方信息化建设】 2023 年，黄岩移动公司协助政府部门，融入数字化改革“1512”体系（建设 1 个一体化智能化公共数据平台，运行党政机关整体智治、数字政府、数字经济、数字社会、数字法治 5 个综合应用，构建理论和制度规范 2 套体系。第三个“1”即加快构建基层治理这一独立系统），参与安心租房、大寺基国有林场、鉴洋湖智慧公园等多个项目建设，锻造基层数字化转型能力，优化数字化改革门户，谋划建设数改最佳应用。推动数字经济和实体经济融合发展，共同推进浙东南智算经济产业园建设，打造具有“台州特色”的数字经济新优势。参与打造黄岩永宁幸福中心项目，探索社会心理服务领域，提升民众心理感知，助力共富榜样打造。响应美丽城镇建设的号召，助力协同宁溪白鹭湾数字、半山村乡村改造，推动数字化场景应用落地，实现

2023 年 3 月 18 日，黄岩移动公司完成划岩山隧道信号覆盖工作

（张叶　摄）

乡村建设数字化监管。

【助力乡村振兴】 2023年，黄岩移动公司助推数字乡村签约完成80个，开通16个村级数字乡村服务平台，以分局和村“两委”合作方式，在全区8个支局19个街道、乡镇开展组织式活动助推农村信息化建设共计130场次，同时全区共有16家移动营业厅为广大农村老百姓提供服务，为老百姓建设4.15万条品质宽带、有线宽带电视3.03万户，家庭Wi-Fi组网1.48万户，移动看家摄像头0.69万户。继续与黄岩工会合作，打造16家营业厅爱心驿站服务，开展银龄智慧课堂等主题活动23场次，覆盖450人次，为广大老年人提供智能机操作等适老服务并开展反诈宣传。

【履行社会责任】 2023年，黄岩移动公司推进社会主义核心价值观教育，提升员工文明素质，配合区委区政府，与黄岩区委老干部局、黄岩区总工会、黄岩科协、黄岩行政执法局、黄岩烟草、黄岩各大高校等单位打造服务合作生态圈，开展“浙风十礼 · 志愿有你”、“垃圾分类”、反诈“五进”、银龄、结对帮扶、慰问困难群众、文明城市创建等志愿者活动及各项公益主题宣传300余场。推进学雷锋志愿服务，全面营造文明创建氛围。文明结对黄岩下埭头村及上庄村，协助开展卫生清扫、脏乱整治等志愿服务工作及文明创建宣传，参加人数共计500人次。助力乡村振兴。推进乡镇、社区治理体系和治理能力现代化，开展白鹭湾、半山等多个未来乡村项目，助力上庄村、下郑村等多个乡村开展数字乡村改造工作，持续开展乡村敬老助农服务120余场次。助力开展沙埠青瓷文化建设，引入咪咕音乐资源举办“山边边”乡村音乐节。联合开展茅畲西甜瓜科创中心建设，开展瓜农服务5场。

（黄岩移动公司 郑林钧）

2023年6月1日，黄岩电大路联通营业厅组织开展“我是小小联通营业员”六一儿童节职业体验主题活动 （刘江艺 摄）

中国联合网络通信有限公司黄岩区分公司

【概况】 2023年，中国联合网络通信有限公司黄岩区分公司（简称“联通黄岩分公司”）设5个部室（市场部、政企客户部、永宁经营部、网络部、综合部）。员工总人数74人，中共党员19人。2023年，移动电话出账用户12万户，宽带接入用户2.2万户。

【网络建设】 2023年，联通黄岩分公司全力加快5G建设，打造覆盖更广、速度更快、成本更低、体验更好的5G精品网络。截至2023年底，全区具备5G能力基站683个，实现所有街道、各乡镇所在地及工业园区的连片覆盖。为精诚模具等行业龙头企业率先部署企业5G定制网，助力智慧工地，智能车间，为传统制造向智能制造转型打下基础。持续打造云网融合优势，加快新一代千兆光网建设的同时，推进云基础设施建设。联通黄岩分公司2023年进一步加快10G XGPON光网升级改造，城区区域覆盖用户15000多户，满足广大用户对千兆光网的需求。同时打造全新的政企精品网络，绿色低碳、安全可控。

【地方信息化建设】 2023年，联通黄岩分公司坚持多领域齐头并进，参与黄岩区公共卫生服务系统建设、黄岩区智慧城市、智慧乡镇、智慧教育、智慧医疗等项目的承建工作。

【强化信息队伍建设】 2023年，联通黄岩分公司党支部全面落实公司“1+5+3+N”党建工作模式，持续深入推进“书记项目”“党员突击队”“三结对”“一支部一品牌”等工作，扎实开展“我为群众办实事”“九学”红色系列行动及“主题教育学习”等。分别在山前廉政教育基地和山前陈列馆开展“倡导廉洁之风，弘扬浩然正气”廉政教育活动和“红色基地忆党史 不忘初心跟党走”主题活动，使党员及干部不断提高政治素质，继承中国共产党的优良传统和作风。以高质量党建为引领，推动党建与生产经营融合发展。

【履行社会责任】 2023年，联通黄岩分公司履行央企帮扶责任，推进乡村振兴，2023年9月，集团公司组织开展第二届“央企消费帮扶兴农周·联通专场”活动。2021年来，黄岩党、团支部多次走进金林村进行对口帮扶工作。支部以“数智乡村”为切入点，为金林村提供数字乡村应用及通信产品，让村民及时了解村部动态等相关信息。同时，通过现场教学，手把手地教会村民使用智能手机，帮助广大村民们跨越数字鸿沟。

（联通黄岩分公司 王静）

金融业

综　述

【概况】　截至 2023 年底，全区金融机构本外币各项存贷款余额 3128.28 亿元，当年平均增速 19.72%，增速全市第一，较年初新增存贷款 437 亿元。《金融“廉 24 法”》入选清廉台州建设重点攻坚项目。

【小微金改】　2023 年，黄岩区利用政策机遇，落实政策帮助企业渡过难关，积极参与金融助力“小微你好”暖企助企惠企专项行动，全面助力营商环境优化提升“一号改革工程”。协助做好“千名行长走万企”活动，指导全区银行机构对民营企业、科技企业、制造业等重点企业开展走访对接，召开存贷款分析会、企业与金融机构对接会，促进银企对接。下发《降低综合融资成本工作方案》，开展降成本专项行动，引导金融机构重点支持中小微企业，持续推动综合融资成本稳中有降。组织金融机构完成万人次以上的普惠金融知识普及。鼓励金融机构开展二手房带押过户业务。深入推进金融机构参与小微企业信用贷款评级工作和“财金协同”模式精准助力“扩中”共富试点工作。

【地方金融组织发展】　2023 年，黄岩区继续发挥小额贷款公司、典当公司、民间融资服务公司等地方金融组织对满足小微和“三农”等重点领域融资发展的积极补充作用。年内，全区 3 家小额贷款公司贷款余额 2.94 亿元，3 家典当公司贷款余额 2014 万元，1 家民间融资服务中心匹配余额 3.53 亿元。

【地方金融防范和处置】　2023 年，黄岩区建立完善财政金融工作协调机制。根据省市部署，开展第三方财富公司风险排查、虚拟货币交易风险排查、“伪金交所”风险排查、农民专业合作社风险排查等，共排查企业 600 余家。

【对接资本市场】　2023 年，黄岩区实施“凤凰行动”计划，推动支持实体经济、民营经济高质量发展的政策措施在企业上市领域落地。完善上市扶持政策，出台《黄岩区支持企业上市挂牌和高质量发展 20 条》，建立从股改到挂牌上市到上市后高质量发展全链条式引导帮扶保障措施。深化上市合规证明“一件事”改革，完善企业对接多层次资本市场合规证明出具事项，实行“一件事”集成办理。发挥中介机构作用，深耕企业上市培育，依托永宁凤凰学院等平台，举办科技创新、企业上市等 17 期专场活动，累计服务和对接企业 700 余家次。全区共有 6 家上市公司，7 家新三板挂牌企业，2023 年新增提交上市注册企业 1 家、报交易所企业1家、报省证监局辅导企业3家，浙股交双创苗圃板在板企业21家，上市后备培育企业100家。

（区金融工作中心　厉悦）

中国银行黄岩支行

【概况】 2023年，中国银行黄岩支行（简称“中行黄岩支行”）在岗员工135人，内设综合管理部、公司金融部及个人数字金融部3个职能部门；下辖营业部、桔乡支行、南城支行、北城支行、西城支行、澄江支行及十里铺支行7个营业机构。本外币时点存款83.35亿元，本外币时点贷款92.29亿元，全年实现净利润1.11亿元。

【服务实体经济】 2023年，中行黄岩支行积极贯彻落实战略合作协议，加大对黄岩区金融支持力度，推动城区大片区开发，全力支持“永宁焕新”，2023年新增授信超10亿元。加大对黄岩区民营经济及制造业企业信贷支持力度，2023年绿色贷款新增14亿元，增幅177.70%；战略性新兴产业贷款新增6亿元，增幅128.30%；民营企业贷款新增9亿元，增幅33.11%；制造业贷款新增5.6亿元，增幅35.10%。根据区域经济特点及产业特色，搭建各类普惠场景，为黄岩全面建设共同富裕区域标杆做出应有的贡献，2023年涉农贷款新增3.4亿元，增幅49.36%。

【建强人才梯队】 2023年，中行黄岩支行及时了解网点存在的困难与员工思想动态，组织开展系列主题活动、学雷锋志愿服务等，持续提高员工满意度和归属感。加强对“明星”经验的总结提炼，突出典型引领，传播好声音与正能量，进一步弘扬主旋律、激发正能正气，营造积极向上的氛围。重视员工职业生涯发展，加强对新入行员工的传帮带与职业引导，重点关注年轻干部的培养，通过教育培训、结对帮扶等方式，提升年轻干部履职担当能力。

【加强廉洁教育】 2023年，中行黄岩支行持续深化纪法教育、警示教育、廉政教育，深刻剖析典型案例，建立健全以案说纪、以案说法、以案说责机制，抓深抓实以案促改、以案促治、以案促建，不断强化思想淬炼、政治历练、实践锻炼和专业训练，让党员干部受警醒、明底线、知敬畏。自编《廉韵故事会》，通过分享清廉小故事，学习清廉人物的高尚品格，强化党员干部的政治意识、政治能力与政治担当，营造黄岩中行风清气正的政治生态。

【加强审核管理】 2023年，中国银行黄岩支行聚焦关键环节精准发力，压实“排查、治理、销号”责任，推动安全生产隐患治理流程化、闭环化管理，2023年全年未发生重大消防安全事故，获评浙江省“平安单位”暨“智安单位”。坚持“打防治并举”的理念，遏制电信诈骗案件多发态势，统筹做好员工反诈培训与客户防诈宣传工作，遏制增量风险，其中黄岩支行、黄岩十里铺支行、黄岩澄江支行被评为黄岩区“无诈单元”。其中，黄岩十里铺支行及澄江支行同时获评台

2023年3月1日，中国银行黄岩支行召开“心沟通　向未来”新员工座谈会

（中行黄岩支行　供图）

州市“无诈单元”。

（中行黄岩支行　张微）

中国建设银行黄岩支行

【概况】 2023年，中国建设银行黄岩支行（简称“建行黄岩支行”）内设综合管理部（党务工作部）、业务管理部、业务运营中心、公司业务部、机构客户经营部、个人金融部6个职能部门，下辖支行营业部、台州滨江支行、台州桔乡支行、台州院桥支行、台州永宁支行、台州城南支行、台州九峰支行、台州黄岩横行路支行八个营业网点，全行共有员工150人，其中营业网点员工97人。支行党委下辖14个党支部，党员80名，其中现职党员60名，退休党员20名。

【增加经营成果】 截至2023年底，建行黄岩支行一般性存款余额65.02亿元，较年初新增7.68亿元。其中，对公存款余额23.12亿元，较年初新增2.42亿元；个人存款余额41.90亿元，较年初新增5.26亿元。各项贷款余额84.52亿元，较年初新增18.11亿元。其中，对公贷款余额为38.60亿元，较年初新增10.99亿元；个人贷款余额42.36亿元，较年初新增7.12亿元。不良贷款余额1605万元，不良贷款率为0.19%。中间业务净收2053万元。全年无安全生产事故，无重大群体性事件，无重大案件。

【批复项目贷款】 2023年，建行黄岩支行抢抓黄岩城乡融合发展、产业转型升级和民生改善破难等机遇，全年成功批复项目6个，合计授信33.15亿元，落地5个，当年实现贷款投放5.08亿元，项目涵盖基础设施、住房租赁、绿色信贷、制造业等重点支持的领域。黄岩支行实现自2022年来房地产开发项目和一、二级联动项目零的突破。

【制定三大战略】 2023年，建行黄岩支行普惠金融加速发展。截至2023年底，普惠金融贷款余额24.7亿元，较年初新增9.8亿元。住房租赁持续推进。助力黄岩区公租房“一件事”数字化改革入选国家第九批社会管理和公共服务综合标准化试点项目名单，推进当地长租房和职工宿舍项目建设，合计授信1.9亿元。金融科技强化赋能。支持当地医院建设医保移动支付平台和智慧医院项目，在当地树立良好的品牌形象。

【民生工程】 2023年，建行黄岩支行聚焦场景，搭建生态场景，承接政府消费券，拓商圈新增有效商户，提升获客能力。2023年7月，在黄岩的网红打卡地“官河水岸”发放建行消费券，在黄岩范围内强势打造建行品牌。黄岩支行加大对当地小微企业和制造业信贷客户的营销维护力度，做好清单化管理，围绕国家级专精特新“小巨人”企业、单项冠军、国高企业等重点客户清单主动营销，对于在流程中的项目实现一户一单，逐户盯紧。走进社区、园区，深挖特色产业、块状经济集群，利用好新产品，围绕重点客群做好精准服务，深挖存量客户、吸收增量客户，对财政、社保、土地出让资金、各类工程指挥部资金归集，挖潜信贷客户贡献，抓好信贷客户结算归行率。截至2023年底，人民币结算账户当年新增1184户。支行构建“风险为本”的反洗钱内控机制和管理架构，健全“服务与管控并重”的制裁与反制裁合规体系，全面提升反洗钱数据分析与应用能力。全年共堵截电信网络诈骗案件及发现并排除重大安全隐患14起，为客户挽回资金损失479万元。

【金融队伍建设】 2023年，建行黄岩支行始终以加强员工队伍建设为目标，努力激发和增强员工的工作热情和能力，不断提升队伍凝聚力、战斗力，以适应业务转型发展的需要。坚持正确选人用人导向，加快推进人才储备和队伍建设，为支行业务发展夯实人才基础。强化员工关爱，畅通公平有序的晋升通道。加强网点负责人、客户经理等核心人才队伍建设。推进支行“双优”迭代工作，优化部门职能和岗位设置，调动员工积极性，促进工作开展。

【合规文化建设】 2023年，建行黄岩支行组织开展“合规文化月”系列活动，有效宣导合规文化，高效落实合规举措。通过全行工作会议、纪检上讲堂、警示教育大会、建行大学等多种方式开展案例宣讲、合规制度学习。严格按照总分行行为管理制度文件，定期传达上级行下发的规章制度和各项风险提醒，正向引导和规范全行员工从业行为。支行各部门、各网点相继开展“合规文化月”合规现场宣誓活动，促进合规理念深入人心。支行定期对员工行为进行排查，强化员工疑点数据核查，促进员工知规遵规敬规。打造“全员主动合规、合规创造价值”的合规文化氛围。

（建行黄岩支行　官勤敏）

中国农业银行黄岩支行

【概况】 2023年，中国农业银行黄岩支行（简称“农行黄岩支行”），拥有综合管理部、风险管理部/信用管理部/运营财会部、个人金融部、公司业务部4个内设机构，12家营业网点，包括1个营业中心、1个公司经营本级、10个二级支行（4个集镇网点、6个城区网点）。全行现有员工189人（女性119人，占比63%；男性70人，占比37%），退休员工127人，在职党员93人。从年龄结构看，50周岁及以上员工28人，40—50岁员工54人，30—40岁员工53人，30周岁以下员工54人；从岗位分布看，全行中层干部48人，网点客户经理28人，大堂经理10人，财富经理9人，柜面经理51人。

【经营成果】 截至2023年底，农行黄岩支行各项存贷款规模总量410.94亿元，比年初增加71.42亿元，增幅达21%。其中，各项贷款余额217.7亿元，比年初增加41.89亿元，贷款增幅23.8%、四行份额占比38.57%。各项存款余额193.24亿元，比年初增加29.53亿元，四行份额占比36.32%。日均存款188.59亿元，比日均、比年初分别增加36.48亿元、24.88亿元。实现营业收入62266万元，同比增加10486万元，增长率20.25%。实现拨备前利润52781万元，同比增加9442万元；拨备后利润49957万元，同比增加15525万元，增长率分别为21.79%、45.09%。全行不良率为0.09%，实现全年安全经营无事故。

【支持实体经济】 2023年，农行黄岩支行各类政府性项目接续推进，全年申报各类项目12个，其中已获批项目9个，已发放13亿元。条线精管共营拉动制造业、普惠贷款，制造业贷款余额57.1亿元，增量8.73亿元，新营销制造业企业50余户。法人普惠贷款余额16.9亿元，增量3.43亿元。绿色信贷贷款余额88.42亿元，增量46.71亿元，增量位居全市第一，增量全市占比25.91%。战略新兴贷款余额38.73亿元，增量16.01亿元，增量位居全市第一。农贷普惠增量4.34亿元；惠农e贷增量4.57亿元，全市第一。消费贷增量8900万元，增量创新高。

【落实员工关怀】 2023年，农行黄岩农行树立以员工为中心的家园文化理念，积极打造服务员工的学习、交流平台。一月一活动提升团队凝聚力、增强员工幸福感、舒缓工作压力。组织包括元宵喜乐会、三八户外踏青、银客运动会等大型活动，结合形体、唱歌、绘画等6个兴趣小组开展各类活动40余次。贯彻落实“入职有欢迎、在职有欢聚、退休有欢送”的全周期关怀理念。按照时点春有踏青、秋有赏月；夏送清凉、冬送温暖。组织老干部重阳节慰问、困难党员慰问、退伍转业军人慰问等各主题慰问7次，其他慰问等20余次。为网点、员工办成实事15件。

（农行黄岩支行　李鸿）

中国工商银行股份有限公司台州黄岩支行

【概况】 2023年，中国工商银行股份有限公司台州黄岩支行（简称“工行黄岩支行”）新增各项存款（本外币）49.63亿元，存款余额190.47亿元；各项贷款（含表外）较年初新增48.53亿元，余额达172.24亿元；实现各类中间业务收入达3695万元；实现营业收入4.37亿元、拨备前利润3.68亿元、净利润2.33亿元。不良贷款余额580万元，不良贷款率0.03%，优化资产质量，实现第27个“安全经营年”。

【重点项目投放】 2023年，工行黄岩支行立足全区经济社会发展和主导产业布局，结合优质项目清单，善用市场方式、平台思维、资本优势，撬动更多大项目、好项目，围绕重大战略争做共同富裕有力推动者，助力城市建设。2023年项目贷款余额99.96亿元，较年初新增38.76亿元，其中新拓台州地区商业银行首笔EOD项目——水美黄岩·芳养共富生态环境导向项目5亿元、黄岩城区停车及基础设施提升改造工程6亿元、黄岩区产城融合示范区片区开发中部产业带项目15亿元，等等，并实现台州市首笔智算中心产业项目——浙东南智算经济产业园项目的审批，为台州银行业支持当地数字经济发展首开先河。

【金融普惠助力】 2023年，工行黄岩支行贯彻落实上级行关于普惠金融和乡村振兴工作的战略部署，围绕小微企业、个体工商户、农业经营主体等客群，焕新升级服务模式，把握数字经济与产业升级融合发展机遇，依托“数据+模型”精准描绘小微企业画像，强化生态共建、数据共享、场景互嵌，打造开放普惠金融生态，全面解决信息不对称造成的小微企业融资难题，不断提升普惠金融服务的深度与广度。截至2023年底，支行普惠贷款余额为30.55亿元，较年初增长8.67亿元；个人经营性贷款余额21.5亿元，较年初增7.62亿元；涉农贷款余额13.81亿元，较年初净增6.44亿元，较上年增量明显。

【支持实体经济】 2023年，工行黄岩支行强化赋能制造，紧紧围绕全区产业结构调整和转型升级，做好重点企业的合作挖潜，追赶传统制造业转型升级和现代制造业加速发展的浪潮，做大做优。截至2023年底，支行制造业贷款余额为26.74亿元，较年初增长5.36亿元。推动民营增量，稳妥做好存量企业融资到期接续工作，提前制定接续方案，开展期限管理，并帮助企业优化债务结构，对融资渠道较为分散、融资成本相对较高的民营企业，牵头办理存量债务重组置换，降低融资成本。截至2023年底，支行民营企业贷款余额为29.47亿元，较年初增长4亿元。谋划绿色发展，以支持清洁能源、节能环保、碳减排技术、新能源等重点领域的发展，加强对绿色企业及其上下游企业的信贷支持，以绿色金融“1+N”产品服务体系全方位、全链条支持绿色发展，构建起涵盖“融资+融智+融商”的专属服务。2023年，黄岩支行绿色贷款余额63.72亿元，同比增加36.6亿元，增幅达135%。

【强化责任担当】 2023年，工行黄岩支行“为民办实事”，对一老、一少、一新群体做好分类开展金融宣传，针对学生群体成立青年宣讲团，进学校开展金融知

2023年8月11日，工行黄岩支行联合院桥中学开展暑期社会实践活动
（工行黄岩支行　供图）

识讲解，邀请学生实地体验强化青少年职业兴趣；针对老年群体的特殊性，支行走农村、进社区，传播反诈知识，守护好老年群体“钱袋子”，全年共开展金融宣传教育30余次；联合黄岩区总工会成立户外劳动者驿站服务点，面向环卫工人、快递员等广大劳动者提供惠民服务，提升亲民、益民、利民、便民的社会形象。

【廉洁建设】 2023年，工行黄岩支行以“山海清风”为主题实施廉洁金融文化“铸魂工程”，将清廉文化与党建活动、员工关爱等有机结合，营造崇清尚廉的浓厚氛围。开展“青年·清廉”创意作品征集活动、合规沙龙活动、廉洁文化读书及故事征集活动、清廉书画摄影作品展览征稿活动，培育清廉建设示范标杆，并与黄岩区财政局、中医院联合举办共建活动，推动清廉金融文化理念入脑、入心、入魂，获评台州市第三批清廉金融示范点。

（工行黄岩支行　符升阳）

黄岩农商银行

【概况】 2023年，黄岩农商银行在浙江农商联合银行、区委区政府以及金融监管部门的领导、支持下，聚焦助力共同富裕和乡村振兴、服务实体经济、服务三个“一号工程”等大事要事，开展“助力共富年”活动，推进全方位成体系以人为核心的普惠金融，推动各项业务平稳健康发展。至年末，各项存款余额384.18亿元，各项贷款余额292.88亿元，存贷款总额677.06亿元，存贷款均居金融同业首位。全年缴纳各类税收2.07亿元，税收贡献居银行业首位，为台州市民营企业贡献50强第20名、黄岩民营企业纳税二十强第二名。

【金融助富】联动有关部门推动“财金助力扩中家庭”项目，全年新增走访扩中家庭2.51万户，贷款签约6756户12.33亿元，发放贷款4997户7.98亿元，相关经验多次在省行会议上作专题汇报。针对8月以来黄岩瓜农较集中的部分地区西瓜销售困难、瓜价下跌、收益下降等问题，联合5个部门推出《助黄岩瓜农纾困解难政策十条》，组织党员干部员工外出走访瓜农客户900余人，累计发放5236笔4.26亿元，发放减息券90余万元，累计对783户实现贷款续贷2.56亿元，年末瓜农贷款8798户23.18亿元，较年初增加1385户5.08亿元。推进村级债务管控化解，缓解村级债务负担过大问题。

【服务实体】 2023年，黄岩农商银行开展大走访工作，联合有关部门启动“小微你好”“个体户您好”专项行动，强化公私业务联动，专注客户黏度提升，共走访个人客户38919人次，走访小微企业5434户，新增个人用信2756户，新增小微用信户数225户，小微企业贷款覆盖率14.58%，较年初增加0.9个百分点。聚焦放心消费环境创建，向608家放心消费企业（或商店）授信18.57亿元，发放贷款389户金额12.98亿元。探索对公客

2023年5月31日，黄岩农商银行联合区经信科技局、区市场监督管理局、区税务局在南城街道山前小微园区举办“小微你好”黄岩区暖企助企惠企专项行动暨服务民营经济高质量发展启动仪式　（潘朝辉　摄）

户分层分类分群分段管理，其中科技型企业贷款达到231户17.21亿元。推动在黄岩创业或工作的非黄岩户籍新市民金融服务提升，贷款6166户余额23.48亿元。赋能中小企业经营管理，加快浙企智管推广应用，新增票据宝753户，财资宝32户，收付宝23户。拓展优质收单商户客群，全年交易笔数共4287.72万笔，交易金额共58.02亿元。

【温暖文化】 2023年，黄岩农商银行联合有关部门设立“劳动争议巡回维权调解站”、共享法庭。组建温暖党员突击队、温暖青年志愿服务队、温暖巾帼服务队，开展党的理论宣讲等活动20余场，举办“反诈茶话会”17场。率先在全市联合公安部门开展面对准大学生的党建联建活动——“开学第一课”公益观看《孤注一掷》。实施为期两个月的网点综合效能提升项目，打响“更便、更快、更温暖”服务品牌。在38个网点设立“温暖一平方”，着力打造一线服务阵地，5月后共举办常态化活动271场、专项活动415场，共服务群众2.3万余人次。本行获评2023年度台州市新时代文明实践示范点，院桥支行、西门支行“温暖驿站”获评2023年全省“最美工会户外劳动者服务站”。

【全面风控】 2023年，黄岩农商银行推进全面风险管理，风险管理精细化和有效性显著提升。深化“合规第一扣”三年行动计划，组织开展“案防警示教育暨重点领域案件风险专项整治”等系列排查活动，开展党员干部违规吃喝问题专项整治，开展对招投标工作、指尖上的形式主义、侵害客户利益微腐败行为等专项监督，常态化开展各支行“一把手”日常谈心谈话、任职廉政谈话、监督谈话，组织开展重点工作落实情况、会风会纪等各类专项督查。完成审计报告30份，下发整改通知书11份，提出整改意见42条，共经济处罚555人次共23.39万元，违规积分586.05分，审计项目整改率达97.7%以上。加大问责力度，全年共批评教育38人、纪律处分6人、组织处理3人、党纪处分1人。持续推进不良贷款依法清收，全年共处置不良贷款1.74亿元。立足护航亚运百日攻坚，强化网络安全保障，顺利通过网点第八轮安全评估。融合“千年永宁　中华橘源”文化内涵，着力打造“青橘·廉”品牌，发布“小青橘”品牌标识。

（黄岩农商银行　潘朝辉）

房地产

【概况】 2023年，区住建局贯彻房地产市场宏观调控政策，有序推进房地产市场监管信息化进程，强化房地产中介机构信用机制建设，开展中介市场整顿专项行动，房地产业实现平稳有序健康发展。

【房地产市场简介】 2023年，区住建局着力“保交楼、保民生、保稳定”，推行房票安置政策，发放房交会消费券，充分激活市场购房需求，全力防范化解房地产市场风险情况。开展房地产市场专项检查8次，对22个商品房项目进行预售资金监管；共审核商品房预售许可7个批次，核准商品房预售建筑面积15.65万平方米；共办理物业用房预审批项目10个，物业用房验收项目19个；备案房地产经纪机构共172家，经纪从业人员备案552人。完成商品房销售面积71.14万平方米，同比增速-11.5%，全市排名第三；商品房成交5262套，面积40.44万平方米，金额58.15亿元；商品住宅成交1735套，面积23.9万平方米，金额46.6亿元，商品住宅成交均价为19495元/平方米，同比下降4.5%；审核发放购房补贴693户，发放补贴金额1196.97万元；受理市场化实物安置申请899户，已发放870户，发放金额214535万元。

【白蚁防治】 2023年，区住建局免费为全区企业和群众提供白蚁防治服务。发放白蚁诱杀包5400余包，为单位及个人250多户进行白蚁灭治。完成岙岸安置房、横河安置房、罗家汇安置房、天铂华庭、中粮瑞府等37个白蚁预防项目，累计预防面积达337万平方米。受理新建房屋白蚁预防项目申请64个，预防面积约270万平方米；完成传统村落和历史文化名城名镇名村白蚁防治专项工作三年行动计划，和茅畲下街村、富山半山村、屿头布袋坑村等传统村落所在乡镇城建办建立联系机制，持续开展后期跟踪蚁情调研以及蚁害治理；细分红色基地白蚁防治类目，对全区7处红色教育基地开展白蚁蚁情调研，重点对平田乡桐树坑村中共台州特委旧址、茅畲乡抗战时期中共黄岩县委机关旧址、抗战时期中共黄岩县委机关旧址山前陈列馆开展蚁害检测和预防处理，为用好红色资源、赓续红色血脉打好坚实基础。

（区住建局　周吉超）

旅　游

综　述

【旅游资源开发与建设】 2023年，黄岩区文化和广电旅游体育局（简称“区文广旅体局”）承办“浙江有礼·台州有请”台州市旅游发展大会。推进九峰山风貌提升项目、云尚综合田园体项目、鉴洋湖文旅小镇等重大文旅项目建设。桐树坑红色景区、智能模具小镇、蓝美田园、中国柑橘博览园通过国家AAA级旅游景区复核。柔川旅游驿站被省文旅厅评定为一级旅游驿站、上郑旅游驿站为三级旅游驿站。组织参加台州市第二届文旅项目谋划设计大赛，黄岩“南北文化轴”项目获二等奖。

【文旅消费】 2023年，区文广旅体局组织25家文旅企业完成市、区扶持资金申报207.5万元，全年发放文旅专项消费券1100余万元。

打造黄岩品牌　2023年，黄岩区入选全省文化产业赋能乡村振兴试点，官河古道获评第三批省级夜间文化和旅游消费集聚区，均为台州市唯一。永宁市集入选全省首批重点培育文旅市集；黄岩里·官河市集入选全省第二批重点培育文旅市集；宁溪镇“二月二灯会”入选精品乡村市集；绿沃川被授予“浙江省AA级采摘旅游体验基地”称号；黄岩旗隆酒店被授予浙江省“金树叶级绿色饭店”称号；创成4家“百县千碗”美食店；一罐食品宋韵扬青年系列水果罐头、宁溪糟烧·宁溪糟烧封缸窖藏荣获“2023中国特色旅游商品大赛”入围奖。推进中小学生研学旅行工作，摘星谷研学课程“寻找古诗词里的绝美星空”获评台州市“浙东唐诗之路”研学旅行精品课程，沈宝山中医馆入选台州市第四批中小学生研学实践教育基地。

相关节庆培育　2023年，黄岩区先后举办上郑乡大寺基林场采茶节、富山半山梨花节、头陀油菜花节、江口街道农耕文化生活节、屿头枇杷生活节、上垟稻田文化节、沙埠青瓷宋韵文旅艺术节等36场节事活动，全年共开展市集500余场次。

宣传推介多样化　2023年，黄岩区邀请中央广播电视总台华语环球节目中心《远方的家》栏目拍摄青春社交文化旅行节目——《旅行加速度》。组织参加2023上海旅游产业博览会、第八届西安丝绸之路国际旅游博览会、2023浙江（安徽）旅游交易会等宣传推广活动。

（区文广旅体局　蔡亦柔）

交旅产业

【公路工程项目建设】 2023年，余姚至温岭公路黄岩北城至温岭泽国段院桥支线工程 PPP 项目黄岩先行段建成通车。甬台温高速公路改扩建黄岩段及桥下地面道路工程开工建设。完成黄岩区农村公路路况提质升级工程施工。完成黄岩区头陀山头姜至北洋康山段、北洋潮济至屿头沙滩村段的 S325 沿线环境提升改造一期工程。完成规划省道椒江至武义公路黄岩北城至头陀段工程项目建议书批复、初步设计预审查，施工图设计及咨询工作。完成椒江至武义公路黄岩宁溪至仙居朱溪段工程（黄岩段）项目建议书批复、初步设计预审查。

【打造特色文旅品牌】 2023 年，黄岩区浙东南房车集散基地落成启动。永宁幸福科学馆落成开馆，建成永宁幸福中心（二期）项目。九峰景区报春园台州院士之家黄岩基地建成投入运行。正式接管九峰景区资产和管理权。黄岩区大寺基“未来国有林场”工程完成投资 1500 万元，建成美丽林相作业、防火基础设施、永宁江源核心保护、数字场景项目等。完成桐树坑红色旅游项目 16 个子项目建设。完成沙埠青瓷窑遗址公园新建龙窑区块考古勘查。完成台州赵伯澐墓恢复改造。实施黄岩区文艺活动常态化运营项目。获评省级环境健康友好创新试点、环境标准创新试点单位。

【多层次经营类项目】 2023 年，黄岩交旅集团与民营企业 500 强海亮集团旗下的生鲜农产品品牌明康汇合作宣传推广农产品。运营长宏物流水运码头，年吞吐量 120 万吨。山头姜碎石加工场生产加工石碴、机制砂 83 万吨。与台州交投集团合资成立台州山辰公路养护工程有限公司建设沥青拌合站。参股台州英特药业项目，在现代医药物流、中医药产业、医疗健康服务领域开展全方位合作。谋划建设华能黄岩西部项目，匹配建设浙东南 2G 瓦级“虚拟连片式”高山农光农业示范基地。

【浙东南房车集散基地成功落地】 2 月 19 日，浙东南房车集散基地落成启动。基地位于黄岩旅游集散中心，占地面积近 5000 平方米，对标美国亮点营地建设，分布展陈、接待、销售、运营等功能区块，涵盖各大品牌房车销售、租赁、托管，户外装备、露营经济、酒店餐饮及地方特色优质农产品、文创产品等全套产业链。打造宁溪镇快乐村、上垟乡李家烊驿站、屿头乡布袋山景区、沙埠镇花语堂、平田乡天空之城、头陀百丈揽月 6 个基地，布局房车营地 26 处、房车 30 辆。集房车露营、城市周边露营、户外运动、水上运动等业态，形成以浙东南房车集散基地为中心、头陀百丈揽月露营基地为重点的户外产业链布局。

【永宁幸福科学馆落成开馆】 3 月 26 日，永宁幸福科学馆落成开馆。建筑共 3 层，面积 1390 平方米，馆内将数字化电子科技设备与心理知识的应用和科普相结合，是一个集积极心理学科普宣教及心理服务于一体的综合服务场馆。一楼是科普共享空间，以情绪认知和测量为主，分视、听、嗅、触、味等五感体验区。二楼是科技互动空间，倾向于情绪抒发。以骑车、跑步、跳舞等设备连接 VR，既记录运动数据，又能通过呐喊释放负面情绪；以眼动技术、生物反馈技术、脑电技术、AI 人工智能技术等，通过参与互动，抒发情绪。三楼体会情绪的沉淀，以心理绘画描绘潜意识自我，以心理咨询室，探究个体心灵深处的想法；同时可进行团体互动交流，供集体沉浸式体验。场馆定期向市民开放，接受预约，并面向学校、企事业单位和社区人员，推出丰富且高质量的心理科普培训、展览和多种类型的心理健康服务。

（黄岩交旅集团　张群拥）

文化·教育·科技

教　育

【概况】 2023年，黄岩区各级各类学校158所，其中职业高中2所、初中21所、小学34所、幼儿园97所、特殊教育学校1所，另有电大黄岩学院、教师进修学校和素质教育学校。全区在校学生88213人，其中，职高5173人、初中20282人、小学44461人、幼儿园18140人，特殊教育学生157人。全区专任教师5777人。学前三年入园率达99.28%，九年义务教育入学率、巩固率、完成率均达100%，十五年教育普及率达99.67%，高中段毛入学率达99.70%。随迁子女就读公办学校比例达76.39%，公办幼儿园入园率达60.14%。2022年度区域教育现代化发展监测指数总得分76.48分，等次B等，排全省第63名、全市第3名。

【教学硬件提升】 2023年，黄岩区公共财政教育投入15.98亿元，同比增长7.98%。完成南城中心小学二期工程、启智学校等教育重点建设项目14个，投资3.09亿元，新增学位3060个。区第一职业技术学校、东浦中学、北师大台州实验学校、院桥镇中心小学、头陀镇中心小学、沙埠镇中心小学、西城街道中心幼儿园等7所学校创成省级现代化学校，现代化学校总数达到17所。

【五育融合并举】 2023年，区教育局在全国第七届中小学生艺术展演活动、浙江省第十六届中小学生艺术节中分别获得优秀组织奖。黄岩籍学生黄雨婷成为杭州亚运会首位“三冠王”，城关中学在全国田径、中国式摔跤以及全国U17射击锦标赛中斩获“五金四银一铜”，西江小学在浙江省青少年阳光射击比赛中斩获“四金五银两铜”，樊川书院教育集团在浙江省青少年阳光体育击剑比赛中获得2个第二名。黄岩区代表浙江省参加第五届中华经典诵写讲大赛，获得4个全国一等奖，其中东城中心小学蝉联小学组冠军；黄岩区学生郑弈祺代表省市参加“学宪法讲宪法”全国总决赛，获一等奖。

【提升教育质量】 2023年，黄岩区实施教育提质行动，中考普通高中最低录取控制分数线居全市第三名，总分平均分、及格率居全市第二名，优良率、后30%率居全市第三名。探索拔尖创新人才初高中一体化培养新机制，北师大台州实验学校举办“永宁登峰少年训练营”，该校九年级学生周晋逸被西安交通大学少年班录取。中职学校师生获国家级各类技能大赛奖项12项，其中一等奖4项、二等奖2项、三等奖6项；获得省级大赛奖项19项，其中一等奖2项、二等奖8项、三等奖9项。3个省“双高”（省级高水平中职学校、高水平专

2023 年 7 月 30 日，区一职技校教师王怡（左一）、梁彦丑（左二）、祁杰（左三）、吴良凇（左四）教学团队在 2023 年浙江省中等职业学校教学能力大赛上获专业课程组省一等奖　　（区教育局　供图）

业）专业通过省级终期评估。凯华模具产学基地入选台州市第二届“五个一批”（培育一批在全国具有影响力的产教融合联盟，建设一批集聚高素质人才和高新技术产业的产教融合实践基地，建成一批装备水平国内一流、产教深度融合的实习实训基地，培育一批产教融合型企业，实施一批产学合作协同育人项目）产教融合项目，汽修产教融合工程项目、电子商务产教协同育人项目入选台州市第三批“五个一批”产教融合建设项目。

【教师队伍建设】 2023 年，黄岩区实施《黄岩区教育人才引育专项政策》，引进 3 名特级教师、正高级教师，本土培育正高级教师 2 名、获市级及以上荣誉称号教师 20 名，柔性引进市外特级教师 23 人；举办 2 轮高校专场招聘会，签聘应届毕业生 49 人，其中研究生 19 人；与浙江民进教育专家团合作实施“开明优学”计划，柔性引进 6 名专家团成员。出台《黄岩区贯彻执行中小学校党组织领导的校长负责制工作实施方案》，区一职校、区二职校、区中心幼儿园实行书记、校长分设，35 所学校设立专职副书记。出台《关于推行安静办学优化教育生态的实施意见》。制定《黄岩区教师“十个严禁”》，出台教育系统“禁酒令”。制定《黄岩区教育系统年轻干部“跟班学习”实施方案》。实行覆盖全体教师的业务技能测试，制定《黄岩区教研员工作规范二十条》。

【教育改革与创新】 2023 年，黄岩区落实“双减”（有效减轻义务教育阶段学生过重作业负担和校外培训负担）政策，实施校外培训清朗行动，办好学校课后托管服务，黄岩区所有满足组班条件的学校开展暑期托管。一体推进课程改革、作业改革、教育评价改革，4 门课程入选浙江省“基础教育精品课”，22 名教师在台州市义务教育段学科类作业设计大赛中获奖，1 项案例入选浙江省非纸笔测评典型案例，3 项案例入选台州市教育评价改革典型案例。推进数字化改革，打造“永宁优家”数字家长学校应用平台，探索“互联网 + 家长学校”指导服务模式，经验做法在全省“学在浙江”启动仪式上交流发言，并在台州市数字教育大会上展示。加快推进智慧教育建设，黄岩区实验小学、区第一职业技术学校分别入选浙江省技术赋能智慧教育试点、职业教育信息化标杆学校。

【政校合作】 2023 年，黄岩区全面深化教育领域合作交流，黄岩区人民政府与浙江师范大学签订基础教育合作协议，携手共建浙江师范大学附属黄岩实验学校，并在基础教育领域开展合作研究；台州学院新校区落户黄岩区江口街道。携手清华大学在中小学推广积极心理学应用，启动 10 所“幸福学校”建设，举办积极心理学健康教育活动 20 多次，覆盖 3300 多名师生，积极心理学进校园经验做法 2 次得到浙江省委书记易炼红批示肯定，并在全省现场会上作典型发言。

（区教育局　徐恒伟）

文化和体育

【概况】 黄岩区文化和广电旅游体育局是主管全区文化、文物、广播电视、旅游、体育工作的区政府工作部门，有直属单位6家，乡镇（街道）文化站19个。现有国家AAAA级旅游景区3个，国家AAA级旅游景区7个，省级风景名胜区1个，省级采摘旅游体验基地2个和AAA景区村庄22个。2023年，全区纳入文化旅游体育市场管理的经营服务单位100余家，主要包括歌舞娱乐场所、上网营业场所以及旅行社、A级旅游景区、星级酒店、体育场所等。

【文体设施建设】 2023年，黄岩区文化和广电旅游体育局提升公共文化服务保障力，完成第三四批国家公共文化服务示范区创新发展复核和实地查看工作；澄江街道葛村入选省级“美育村”；建成“15分钟品质文化生活圈”45个，新增城市书房7家、文化驿站5家、乡村博物馆1家；黄岩博物馆通过国家AAAA级旅游景区复核。优化体育健身空间布局，新建笼式篮球场4个、笼式足球场4个、笼式门球场2个、社区多功能运动场4个、口袋公园5个、百姓健身房7个，完成黄岩辖区内60千米“环浙步道”工程建设，全区人均体育场地面积增至2.82平方米。

【公共文化服务】 2023年，黄岩区文化和广电旅游体育局举办草地音乐会、音乐快闪等演出5853场，黄岩区获浙江省2023年度“文艺赋美”工程十佳区县奖，为台州市唯一。培育“打硬股”树根经济文化标识，入选第二批浙江省文化标识建设创新项目。与上海音乐学院签订文艺活动常态化战略合作协议，举办“走进黄岩——上海音乐学院爵士音乐会”。承办台州市第六届十大歌手大赛，举办黄岩里·风从沪上来仲夏音乐会、第37届黄岩区迎新春美术书法摄影作品展、黄岩在外乡贤新春联谊会、烛光音乐会、元宵民乐专场音乐会、“宋韵黄岩”合唱音乐会等文化活动。围绕“宣传贯彻中共二十大精神”“建设清廉村居”等主题，组织开展“三送一走”活动200余场。

【文艺精品创作】 2023年，黄岩区文化和广电旅游体育局组织举办《台学统》排印本首发仪式。与台州乱弹剧团合作创排剧目《追星者》（暂名）入选浙江文化艺术发展基金2023年度资助项目。朱贵东等6人入选2023年度台州市文艺名家（名团）展演活动。原创小品《吃了吗》入选2023年度台州市舞台艺术中青年人才创作激励计划。

【文物遗产保护】 2023年，黄岩区文化和广电旅游体育局推进沙埠窑址作坊区遗址、新前道林寺考古发掘工作，举办“黄岩沙埠窑考古发掘专家论证会”；开展院桥镇锁桥、东城王士骏故居和王彦威故居、茅畲豫亲堂、上垟辛氏祠堂和黄杜岙办公楼、澄江北斗宫等维修工程。新增岱石庙、铁米筛井、抗战时期中共黄岩县委机关旧址等3处省级文物保护单位。完成省试点项目——区文物“安全网”防盗窃盗掘模块数字化平台建设、运行。省级以上

2023年8月26日，区文广旅体局在绿城草坪举办“走进黄岩——上海音乐学院爵士音乐会”
（区文广旅体局　供图）

文保单位安防工程和“三普”登陆文物标识挂牌。提升文博公共服务水平，举办“造像万千——海上丝绸之路与台州”“烟罗飘渺千峰碧——宋服宋瓷之华章”等专题展览，推出联展“会玩的艺术家——综合性艺术展”“走进同济、走近黄岩——台州黄岩校地合作20周年主题展”“现代折纸艺术展”。全年举办文博社教活动76场，6500余人次参与。

【非遗传承】 2023年，黄岩区文化和广电旅游体育局确认宁溪传统糟烧1家市级非遗工坊和长潭胖头鱼制作、下浦郑米面、宁溪麦鼓头、沈宝山中药、章氏骨伤疗法等5家区级非遗工坊，公布周仙鉴等14名传承人为第五批黄岩区非物质文化遗产代表性项目代表性传承人。完成非遗馆改造提升（维修）方案会审。举办布袋山里过大年·非遗市集、黄岩里柔川元夜活动，开展“文化和自然遗产日”非遗手作工艺主题活动——“黄岩里儿时闲”宣传展示和非遗购物节活动。组织参加2023年中国旅游商品大赛，罗启松《孔雀双栖图》翻簧台屏获金奖，罗文弛《弈棋仕女图》翻簧博古盒获银奖，吕志贤《唐宫伎乐》获铜奖。组织参加2023“浙派好礼”文创产品评选，沈宝山定制的台州乱弹香包获铜奖。

【全民健身计划】 2023年，黄岩区文化和广电旅游体育局获评台州市群众赛事先进单位。举办阔别3年的柴古唐斯越野大师赛。承办台州马拉松。举行全民健身日展示活动暨UND小绿车运动会——滑板及陆冲趣味游园活动、江口老街健康跑等全民健身活动。开展迎亚运系列活动，举办射击运动员心理讲座和咨询活动，赴三门心湖小学和路桥峰江中学开展激光枪进校园活动。完成2023年黄岩区国民体质监测工作。

【竞技体育】 射击运动员黄雨婷在亚运会中获得女子气步枪个人、团体、混合团体3枚金牌并破亚洲纪录，成为本届亚运首个三冠王，获评浙江省最佳女运动员。全区运动员全年共获得全国级比赛6枚金牌、7枚银牌、3枚铜牌，省级比赛34枚金牌、44枚银牌、30枚铜牌，市级比赛34枚金牌、14枚银牌、6枚铜牌。黄岩区少年儿童业余体校入选“国家高水平体育后备人才基地（2021—2024）”。

【文旅市场管理】 2023年，黄岩区文化和广电旅游体育局认领执法事项清单275项，印发《互联网上网服务营业场所和歌舞娱乐场所违法行为执法指引》。完成应急广播919个点位的建设，完成率95%以上，全市排名第一。开展剧本杀、密室逃脱等新业态场所消防安全专项整治，发现5家存在安全隐患并限期整改。落实网吧远程监管模式，辖区内所有网吧实现监管联网。全年共出动执法人员3237人次，检查文旅场所1487家次，案件办理情况：行政处罚立案调查35件，办结案件35件，移送公安1件，罚款金额27500元，没收非法所得300元，没收非法物品198件。加强非法卫星整治工作，开展5次联合执法行动，拆除非法卫星设施设备80余个。

（区文广旅体局　蔡亦柔）

新闻传媒

【概况】 黄岩区融媒体中心正式成立于2017年11月24日，由黄岩区广播电视台、黄岩区新闻信息中心归并组建，保留黄岩区广播电视台牌子，为区政府直属公益二类（差额拨款）事业单位，内设17个科室，下设19个乡镇（街道）广电站以及黄岩广电网络有限公司、黄岩广播电视服务公司、黄岩传媒文化发展有限公司、台州市融媒广告有限公司等4个公司。

【媒体平台】 2023年，黄岩区融媒体中心共开办报刊出版物1份《今日黄岩》，广播频率1个（FM95.7），电视频道2个（H台、橘子台），网站1个（黄岩新闻网）、新闻客户端1个（“橘传媒”App），微信公众号2个（掌上黄岩、黄岩发布），抖音账号1个（掌上黄岩），海外社交平台账号2个（Facebook账号“萌宠视界"、Twitter账号"Huangyan_photography")。

【传媒集团更名】 2023年上半年，经区编委同意，黄岩区传媒集团正式更名为黄岩区融媒体中心，于6月13日举行揭牌仪式。融媒体中心以更名为契机，开启第二轮媒体融合改革行动，重点聚焦"媒体+政务""媒体+商务""媒体+服务"等融媒新领域，进一步打造区县级一体化数字生活共享平台。

【主题宣传】 2023年，黄岩区融媒体中心策划开展"八八战略"20周年、"潮起永宁"系列全媒体大型新闻报道活动2个，全面挖掘展示具有黄岩特色的经验案例、典型人物。同时，中心围绕党代会提出的"一心两轴多片区"城市建设规划，推出新闻行动"向心问轴"，开设"新时代　新征程　新伟业""实干争先拼经济　营商环境再跃升""专班比拼　项目竞赛"等中心重点工作专栏14个，推出一系列题材过硬的鲜活深度报道，开设新闻评论"永宁时评"专栏，营造良好的舆论氛围。

【对外宣传】 2023年，黄岩区融媒体中心外宣工作保持向好态势，电视、广播、新媒体等外宣均走在全市前列，2023年，黄岩区融媒体中心深入对接中央、省、市各级媒体，加强与上级媒体的联动，主动提供生动鲜活素材和宣传报道线索，争取黄岩区相关报道在上级媒体多频次刊发，显示黄岩站位，讲好黄岩故事。中心在浙江卫视前五单条播出4条，超额完成全年重点宣传任务。共计在央视各频道综合播出11条，在浙江卫视各档新闻播出39条。广播在《中国之声》等中央级媒体录用稿件6条，在浙江之声新闻加新媒体用稿共194多条。此外，还在《人民日报》海外版、《经济日报》、新华社客户端、人民网、《新华每日电讯》、《光明日报》等媒体平台刊播各类新闻达100多篇。被浙江广播电视集团评为美丽浙江生态共创协作2023年度区县级融媒体最具传播力单位，荣获2023年度全省广播电视新闻融合传播协作广播金牌、电视铜牌、新媒体铜牌，广播协作已连续五年处于全省第一序列。

【媒体深度融合】 2023年，黄岩区融媒体中心坚持移动优先战略，持续深耕新媒体，进一步理顺新媒体创作机制，优化工作流程，加快采编播效率，短视频产出大幅提升，2023年短视频日均发布30条以上，较往年增长5倍多。抖音粉丝量已达23万，发布作品数3963个，点赞数752.8万人次。黄岩发布、掌上黄岩共推送1697篇。其中，阅读量超5万人次共6篇，超1万人次共422篇。"橘传媒"App共推送27881篇，其中阅读量超1000人次稿件156篇。中心以"橘传媒"客户端改版升级工作为主抓手，推动"融媒+"行动提质扩面，进一步链接黄岩各职能部门，不断拓宽便民服务渠道，把政务服务、生活服务、公用事业服务和本地化服务等功能集成于一端，有效嵌入居民生活各领域，努力打造群众离不开的新闻端、生活端、服务端。2023年，"橘传媒"App整合开通"政务公开""最多跑一次""惠生活""云招聘""薅羊毛"等政务、商务服务板块。其中，"惠生活"已有吾悦广场、宝贝王等91户商家入驻，开展"薅羊毛"福利活动11场次，通过"橘传媒"App成交的商家订单数已突破2000个，积分商城兑换量达1000条次，涉及金额近3万元。

【媒体新闻营收突破】 2023年，黄岩区融媒体中心主要业务范围包括全区媒体新闻宣传，有线电视传输网络的建设、管理、经营，全媒体平台广告营销以及全区广播电视公共服务等，黄岩区融媒体中心始终坚持做好主职本业，拓宽市场、丰富产业，不断增强造血能力。传统有线电视方面，黄岩区融媒体中心以"大力拓展业务、努力提升服务"为导向，以"保住老用户、发展新用户"为目标，以"广电5G"业务发展为突破口，竭力抵御市场大环境下滑态势，尽力保住用户，减少损失，2023年度传统数字电视保有率92.37%，位列全市第一，参与市广电组织的"广电

5G 政企实战营”活动中，成绩位列全市第二。数字产业方面，2023 年初中心成立数字化产业发展中心，着力攻坚智能化项目市场，全面参与黄岩全区智慧综治项目，全年实现收入 1000 余万元。高效推进并完成全区应急广播系统迭代提升项目建设，建设速度位居全市第一，多次在省市会议上作为先进单位进行经验分享。数据中心建设等 4 个项目分别获浙江省广播电视科技创新项目金潮奖一等奖和三等奖。被浙江日报报业集团评为浙江省媒体融合“一张网”全省应用示范单位。文化产业方面，经区委区政府批准，中心于 2023 年 9 月注册成立台州市融媒广告有限公司，进军黄岩区广告宣传产业领域，未来中心将以该公司为依托，充分整合各方资源，发挥宣传、广告、活动策划等方面的优势，打开新一轮发展上升通道，助力全区广告业产值和政府其他营利性服务业指标提升。

【新闻名家工作室建设】 2023 年，区融媒体中心坚持推进新闻创优行动，深化“王卫峰新闻名家工作室”建设，持续发力深度报道、社会时评等，推出一批有分量、高质量的报道稿件。2023 年 10 月 12 日，黄岩区融媒体中心对接上级媒体，争取到浙江广电集团川源蹲点工作室·基层观察点的挂牌，为全省首批，9 个县市区唯一。川源蹲点工作室是浙江广电集团倾力打造的重大主题报道宣传载体，由连续 3 年获中国新闻奖一等奖的杨川源领衔打旗，并在全省选定 12 家媒体单位作为首批基层观察点，以此为“支点”激发基层新闻内生动力，实施“地方联播提升工程”，连通省、市、县三级主流平台共策划、共开发、共传播，探索建立蹲点报道垂直贯通赛道。中心配合浙广电集团，从黄岩区融媒体中心各部门抽调文字、摄影、摄像、制作的精兵强将组建成立“一线蹲点专班”，坚持打造“骨干记者网、基层干部网”两张网，在《黄岩新闻》栏目推出《一线蹲点观察》专栏，在延续川源“一线蹲点”风格的基础上，致力打造具有黄岩辨识度的蹲点调查品牌。

【增强黄岩文化活力】 2023 年，区融媒体中心坚持围绕区委全会“文化大传承大发展大繁荣”指示精神，充分发挥黄岩区融媒体中心特长效能，参与城市艺术节，文艺精品创作，橘花诗会暨全国知名作家、诗人黄岩乡村行走计划采风活动，第二届全国宋韵服装时尚设计大赛等区文化影响力提升行动专班 2023 年度重点项目 5 个，打造更多更具群众满意度的文化产品，推出各类宣传片 147 部，承办活动 64 场，大剧院举办群众性演出活动 5 场次。2023 年中心还持续推进传媒关联文化产业发展，延续做好“宋韵”系列融媒产品，开展“大橘集”文化市集 12 场次，首度推出融媒体小记者团活动，招募小记者 645 名，融媒品牌效应进一步形成。

【安全播出】 2023 年，黄岩区融媒体中心年初对各线各部门风险隐患进行全面排查，汇总形成风险隐患销号责任清单逐一整改，并根据工作实际，修订完善安全管理、应急处置等制度。成都大运会、杭州亚运会亚残运会、全国两会等安全播出重要保障期，黄岩区融媒体中心严格对标对表，落实好 24 小时值班值守工作，因重保期表现突出，黄岩区融媒体中心党委委员、副总编辑张青松，技术运维中心主任伍利平等人获评 2023 年度浙江省安全播出先进个人。中心还将安全播出相关经费开支纳入年度预算，2023 年重点加大在安全播出硬件设施上的投入力度，涉及 2 个方面、7 个项目的建设以及改造，总计投入近 2500 万元，有效提升硬件设施的安全系数和“技防”能力。

【党媒阵地建设】 黄岩区融媒体中心坚持以习近平新时代中国特色社会主义思想为指导，坚持党媒姓党，将党媒阵地建设作为全年重点工作，持续擦亮“红媒闪亮”党建品牌，完成硬件设施施工，进一步深挖“红媒”内涵，打磨软件细节。2023 年，“红媒闪亮”品牌入选黄岩区机关“党建引领促发展·双建争先助先行”擂台赛三等奖，荣获“十佳案例”称号。多渠道、多形式传播党建好声音，中心自有党建品牌栏目《橘乡先锋》以丰富的内容和多样的形式，引领党建热点，弘扬先进典型，共报道党建新闻75条，其中涉及党风廉政内容8条，播出25期，成为宣传黄岩党建工作的亮丽名片；在潮新闻、美丽浙江抖音号及视频号等平台，推送红色根脉示范乡镇和基层优秀共产党员短视频13期。同时，积极践行为民初心，下属10支志愿服务队全年开展志愿服务40余场次，做好事实事100余项，人均服务时长超20小时。

（区融媒体中心　汪益）

科学技术

【概况】 2023年，区经科局贯彻落实省委、省政府关于强力推进创新深化，加快构建现代化产业体系重大决策部署，科技工作取得新进展、新成效。

【科技研发投入】 2023年，全社会R&D（研发）经费投入15.04亿元，其中规上工业企业R&D经费投入13.97亿元。R&D占GDP比重为2.46%，全市第四，全省第53；规上工业企业R & D经费支出占营业收入比重为2.23%，全市第四，全省第18；规上工业企业中开展R&D活动企业比重为47.4%，全市第五，全省第28。2023年全年实现规上工业企业研发费用18.66亿元，同比增长0.3%；有研发费用规上工业企业数470家，占规上工业企业比重达到79.1%，规上工业企业研发费用占营业收入比重达3.13%。拨付企业研发投入奖补资金共4587.37万元。

【科技型企业】 2023年，区经科局实施高新技术企业和科技型中小微企业“双倍增”行动计划，新增国家高新技术企业50家，创历年新高，新增省科技小巨人1家，新增省级科技型中小企业150家。2023年，实现高新技术产业增加值104.53亿元，同比增长1.1%，占规上工业增加值比重70.7%，排名全省第33，超出全市平均1.9个百分点。2023年实现高新技术产业投资27.26亿元，同比增长43%，增速排名全市第三、全省23；高新技术产业投资占固定资产投资比重达12.3%。

【企业研发机构建设】 2023年，区经科局支持企业加强研究院、研发中心、实验室等研发机构建设，新增省级企业研究院1家、省级高新技术企业研究开发中心5家，市级高新技术企业研究开发中心34家。以项目实施为载体，推动产业关键技术攻关，参与实施国家重点计划项目2项，入选省新产品试制计划29项；市级科技计划项目工业类项目1项，区级工业类科技计划项目立项28项；立项农业和社会发展类各级科技计划项目37项，其中区级农业科技计划项目8项。

【模塑产业创新服务综合体】 2023年，黄岩模塑产业创新服务综合体现有面积2.3万平方米，集聚各类创新服务机构93家，创新服务人员965人，为区域模塑中小企业提供“创意设计、快速成型、模具开发、检验检测、成果转化、智能制造”等全链式产业创新服务。2023年，黄岩模塑产业创新服务综合体各创新机构共为企业开展技术服务909家次，工业设计成果交易585个，实现服务收入4894万元。

【高能创新平台共建】 2023年，黄岩区围绕模塑产业高质量发展，对内优化设置平台，集聚名校大院合作共建高能级创新平台，注重发挥区域集聚实效。智能模具小镇科创中心大楼已完成装修，浙江（台州）模具与塑料产业研究院、国家技术转移东部中心台州分中心、科技大市场黄岩分部即将入驻。对外积极谋建飞地，规划建设杭州海智中心黄岩区（杭州）科创飞地，促进两地产业链联动，争取导入产业化项目。推进孵化体系建设，台智汇·人才科创中心孵化器成功入选市级科技企业孵化器。模塑工业设计基地扩容提升项目完成设计文化融合片区工程建设的80%，核心集中片区工程建设的15%，同步实施业态招商，招商

2023年2月23日，新华每日电讯报道精诚时代集团智能化装备车间
（新华每日电讯郑梦雨　摄）

在册23家工业设计及各类企业，编制完成园区运营方案。浙东南数字经济产业园启动，浙东南智算中心一期400P算力已投入使用，9家数字经济企业注册落地。联化智创产业园（一期）桩基施工完成，进入主体建设阶段。出台《黄岩科创飞地管理办法（试行）》。积极开展产学研活动，举办穆勒论坛、中国创新挑战赛（台州赛）等台州湾科创走廊系列活动。

【科技合作与成果转化】 2023年，区经科局发挥科技大市场作用，促进高校院所科技成果在黄岩区转化、产业化。全年实地走访13个镇街共231家企业，搜集技术需求54项，促成5项技术合同，金额222万元；举办"发展新产业培育新动能"对接会。推出黄岩成果推介4期，共210项高校院所科研成果，其中农业科技成果36项。3家企业获得2021—2022年度台州市成果转化补助共109.5万元。举办黄岩区科技成果对接会活动4场。新增省科技进步奖一等奖1项，登记科技成果18项。

【引进外国专家】 2023年，区经科局组织企业参加各类专题交流对接活动7场（"日本名企·云参访"、"云讲座"、海外高层次人才专场路演活动、台州科技周上海系列活动、日本专家浙江行台州站活动等）。新增省级海外工程师4名。申报国家海外引才计划48名，入选5名，省高层次人才特殊支持计划1名，省级海外引才计划标准化认定2名。

【"科技兴农"计划】 2023年，区经科局实施科技特派员专项14个，示范推广农村实用技术。引进新品种11个，示范推广新技术12项；举办科技培训2次，现场会5场，专家实地技术指导88次。组织科技特派员送科技下乡活动1场。2023年黄岩区"全国科技工作者日"活动在九峰公园、东江村现场发放科普宣传资料500份。省派科技特派员徐凯，在浙江省实施科技特派员制度20周年之际，与其他优秀科技特派员代表联名给习近平总书记写信并收到回信，参加6月24日省委召开的省科技特派员代表座谈会；事迹被省科技厅选中，作为科技特派员的唯一代表，参加《跟着总书记看中国》专题片拍摄。浙江农林大学、浙江海洋大学2位在黄岩工作科技特派员受到省委、省政府表彰，分别获浙江省突出贡献科技特派员、浙江省优秀科技特派员称号。田生科教授获2023年台州市最美科技人称号。

【落实企业"创新券"政策】 2023年，区经科局进一步扩大创新券发放范围，资助中小微企业共享省内外高校院所、检验检测机构等创新载体的科技资源，降低企业技术创新成本。全年发放创新券878.6万元，资助191家次中小微企业购买技术服务。

（区经科局　李星雨）

城乡建设

城镇建设

【概况】 2023年，区住建局全面贯彻落实区委区政府决策部署，坚持“人民城市人民建，人民城市为人民”重要理念，主攻“一千双百”，聚焦“六大战略”，扎实做好促更新、续文脉、惠民生、优服务、强党建各项工作，城乡建设取得一定成效，城市品质更加现代化，宋韵黄岩更具魅力。公共服务“七优享”工程“住有宜居”领域评价排名全市第一，共同富裕现代化基本单元未来社区、老旧小区、现代化美丽城镇板块分别排名全市第一。

【城市更新】 2023年，区住建局谋划老城复兴工程，委托中规院完成《黄岩区城市更新专项规划及老城片区复兴规划》编制，黄岩区、黄岩老城片区、青年设计创新湾分别入选省城市更新试点城市、试点片区、试点项目，司厅巷、桥上街获评省级历史文化街区；官河古道项目揽获国际风景园林师联合会（IFLA）颁布的“文化与城市景观类”最高奖杰出奖；南北文化轴历史城市景观体系再生概念设计方案定稿，完成重要节点北门广场及拱辰门方案设计和初步设计以及北门大桥方案设计；全面实施119个“永宁焕新”项目，完成拆迁120万平方米，锦江小学区块征迁工作基本结束、控规完成审批，横河二期A、C区块，王林王林施区块，大树下道路以北区块等实现“净地”，横河二期B区块、妙儿桥区块等签约“清零”，方山下区块、罗家汇区块、翻簧厂区块、汇江二期区块、双丰商住地块等成功出让。

【城乡风貌提升】 2023年，区住建局系统推进共同富裕现代化基本单元建设，助力黄岩区共同富裕区域标杆建设。风貌样板区创建方面，宁溪—屿头县域样板区、西桥秋月传统风貌样板区通过省级验收，“千年永宁情·悠悠官河韵”综合品质样板区入选省级试点，“‘台’好玩”古乡之旅共富游线入选省首批共富风貌游线，“智能模具”特色产业风貌区通过市级验收。现代化美丽城镇建设方面，拟定《2023—2027年现代化美丽城镇区级创建计划》，完成《黄岩区现代化美丽城镇建设方案》编制，宁溪镇、新前街道列入省级现代化美丽城镇示范镇建设名单。未来社区建设方面，江北、西苑、迎春等11个未来社区列入省级试点，数量位列全市第一，江城、江北、县前、锦川社区通过未来社区省级验收，通过数列全市第一，其中江城社区创成引领型未来社区。美丽村镇建设方面，完成宁溪镇乌岩头村、江口街道新来桥村美丽宜居示范村创建，推进上郑乡圣堂村、平田乡黄溪村美丽宜居示范村建设，启动富山乡畴路村、新前街道三合村美丽宜居示范村创建；完成屿头乡沙滩村、上郑乡圣堂村第五批台州市传统村落申报，完成茅畲乡下街村历史文化名村保护规划编制报批；完成200名农村建筑工匠培训；完成全区所有行政村村庄建设统计调查工作。

【基建配套】 2023年，区住建局注重市政基础设施整体谋划，牵头制定项目实施三年计划，加快构建现代化基础设施体系，城市功能不断补强。市政道路方面，打通九龙街西延岙岸段、敬之路、沿河路3条“断头路”，完成祺祥街、碧林街、二环西路、金带路4条品质道路建设，天长路、青年路、横街路、劳动路道路提升主体改造已完工，主线道路已通车，完成劳动南路（石高线至仪凤街）、永椒路（大闸路—进港路）品质道路建设总工程的85%。污水设施方面，江口园区污水应急预处理厂工程已完成工艺设施安装，具备试运行条件；完成沙埠至院桥污水厂污水主干管、双丰至天元路污水压力管线、204线至82省道污水主干管铺设；推进长潭库区农村生活污水提升改造工程，完成总工程量的30%；屿头至宁溪污水厂污水主干管线完成总工程量的35%，北洋瑞岩污水外引工程开展初步设计编制，平原13乡镇农村生活污水提升改造项目完成初步设计和招标准备工作。园林绿道方面，启动北门广场改建工程建设，永宁江上游段绿道道路修复项目完成施工的60%，双龙河绿道全线贯通；完成黄岩区北城人文生态廊道建设工程并通过竣工验收；新建绿道10.22千米，新增绿地32.16公顷；完成下庄村平安宫、县委招待所修缮，柯家祠堂、锡祚宫分割方案通过评审；供水设施方面，完成10个老旧小区的二次供水设施改造，黄岩水厂二期工程已完工并进行试运行。

【民生住房保障】 2023年，区住建局坚持“小切口、大民生”，用心用情用力解决群众急难愁盼问题，民生答卷更有厚度。住房保障方面，筹集保障性租赁住房2107套，共10个项目，全部开工并发放项目认定书；公共租赁住房常态化申请审核受理185户，其中153户符合保障条件；完成2022年度公共租赁住房2282户在保家庭的年审工作，2126户家庭继续符合保障条件；公共租赁住房租赁补贴全年累计保障570户家庭，发放金额共143万元；黄岩区院桥镇兴华路南侧、新秀路东侧新建商业、住宅（工业企业职工宿舍）及配套设施用房项目获2023年度保障性租赁住房典型案例，台州市黄岩大环房地产开发有限公司获2023年保障性租赁住房典型企业。安置房项目方面，完成横河、妙儿桥等安置房分房5064套，竣工天长北路、罗家汇等7个安置房项目7456套，新开工小东门、方山下等8个安置房项目5452套。老旧小区改造方面，完成大环家园、江南苑、双景小区等9个老旧小区改造，共105栋楼，受益居民3035户，建筑面积30.08万平方米；既有住宅加装电梯完成率排名全市第一。危旧房管理方面，推进自建房安全专项整治工作，通过工程措施实质性解危629户、腾空防控878户；开展城镇危房实质性解危工作，完成10幢解危。

【工程建设“验登合一”实施方案】 黄岩区制定“验登合一”实施方案，推动审批制度改革实施，工程建设项目在联合验收通过后即可完成不动产登记，全年4个项目申请并实施“验登合一”，浙江日报潮新闻客户端、今日黄岩、“橘传媒”App等媒体对黄岩区“验登合一”工作进行报道；黄岩区住房和城乡建设局优化审批环节，实现“一窗受理、集成服务”，减少审批环节，全年签发施工许可证书108件、房屋建筑工程和市政基础设施工程竣工验收备案143件，联合验收45件；减免城市市政基础设施配套费，施工图审查和防雷检测实行政府买单，减免城市市政基础设施配套费4186万元。

【住房管理数字化改革】 2023年，区住建局启动黄岩全域数智平台升级改造，通过对服务器、数据库信创升级，打造台州市全域未来社区平台；推进“强社惠民”

集成改革，开发城乡联动特色应用“和合城乡里”，收录乡镇特色农产品20余项，特色文旅产品7项；公租房申请“一件事”应用入选国家标准化管理委员会第九批社会管理和公共服务综合标准化试点项目，全省仅有4个项目入选，为台州市唯一入选的项目；黄岩江城社区和江北社区数字化项目获评省风貌办未来社区数字化建设优秀案例。

（区住建局　周吉超）

公积金管理

【概况】 2023年，黄岩公积金聚焦归集扩面、公积金使用、风险防范、营商环境营造、服务质量提升等方面推进黄岩区公积金事业高质量发展。截至2023年底，黄岩区实有3811家单位62597人建缴住房公积金，累计归集住房公积金总额1017456.29万元，归集余额303026.41万元；累计发放贷款15294笔553925.59万元，贷款余额224790.38万元，个贷率74.18%。

【归集扩面】 2023年，黄岩公积金将非公有制企业作为扩面重点，积极开展住房公积金惠民利企政策宣传，提升企业经营者和职工的缴存意识和对公积金政策的知晓率；鼓励灵活就业人员申请建立住房公积金账户；发挥公积金受托银行资源优势，形成“金银”合作扩面的良好局面。2023年度全区净增公积金缴存单位772家，净增缴存人数3379人。

【公积金政策实施】 2023年，黄岩区实施一系列支持住房消费和提升服务的公积金新政策：调整贷款计算方式，降低个人公积金贷款提取留存比例，上浮最低贷款额度，提高购买绿色低碳商品住房可贷款额度和多孩家庭可贷款额度，支持高层次人才提取和贷款，实施租房按月提取住房公积金业务等惠民政策。2023年累计提取公积金9.69亿元，超上年同期20.08%；发放住房公积金贷款475笔26014万元，为上年同期贷款额的69.32%；严控个贷风险，当年度贷款逾期率为0；实现公积金住房消费额12.29亿元，实现上缴区财政城市廉租住房建设补充资金1171万元。

【优化营商环境】 2023年，黄岩区坚持“为民解忧、为企纾困”的理念，提供政策支持，优化良好营商环境。助力企业上市提供证明，积极推进法院执行一件事，不断拓展“跨省通办”、长三角“一网通办”服务范围，通过数据共享，技术提升，实现业务网上办、零跑动；持续优化住房公积金贷款结清——抵押注销“一件事”服务，按照规定同意贷款职工办理不动产顺位抵押登记，解决中小微企业“融资难、抵押难、担保难”问题。

【提升服务质量】 2023年，黄岩区持续实施公积金服务提升三年行动（2022—2024），深入推进公积金领域数字化转型，提高审批服务效能，推进服务的标准化规范化便利化。2023年开展长期休眠账户集中唤醒专项行动，让被主人遗忘的公积金回归到职工手中。专项行动以来，该类账户信息核实率达到100%，除无法获取信息账户外，完成账户提取、转移工作，销户率100%，保障该类缴存职工的切身权益，获得群众广泛好评，公积金窗口满意度也在行政服务中心各部门窗口名列前茅。

（住房公积金管理中心黄岩分中心　许淑娴）

城市管理

【概况】 2023年，黄岩综合行政执法领域一般程序案件办结1087件，简易程序案件办结872件，违停办结6070例，罚没款总额为6827904元，拓展林业、人社、气象、民宗等多领域案件，推进餐饮业“净烟”、犬类管理、烟花爆竹等专项执法办理，无行政诉讼败诉及复议被纠错案件。开展即时检查204条，实现掌上执法检查率100%、行政处罚公开率100%。办结群众各类行政许可申请914件。

【“大综合一体化”行政执法改革】 2023年，区综合行政执法局坚持“县属乡用共管”，健全评价体系，优化调整下沉人员，确保“人”与“事”高度匹配。深入推进“党建+执法”，开展队伍规范化建设提质行动，揭榜省执法办《综合行政执法辅助人员内部管理规定》项目。承接“大综合一体化”执法监管数字应用，贯通基层智治系统，完善证据共享中心、协同指挥中心和法制协审中心，破解部门间多头取证、协同不畅以及镇街法治力量薄弱等问题。推行“综合查一次”，建立防范重复检查工作机制，落实信用分级分类监管，健全包容审慎式执法，提供精准高效的增值化惠企服务。改革工作年度综合评价指标全省第一。相关做法获省市多位领导批示肯定，多次在省市会议上做经验介绍。

【市容市貌整治】 2023年，区综合行政执法局实行“动态错时+网格化”巡查，推进共享单车、不文明养犬、餐饮油烟、流动摊贩等专项整治，助力全国文明典范城市创建。新建4个“和合街区”。开展工程渣土处置领域专项治理，推动北洋前蒋土地提升项目、头陀中岙消纳场建设，跨区处置渣土150余万立方米，区内综合利用处置渣土100余万立方米，推行建筑垃圾电子转移联单制度，立案查处违法行为140余起。牵头广场舞噪声污染问题专项治理，成立专项治理执法队，在重点点位设置噪声实时监测电子设备，制作宣传片、邀请媒体“以案说法”，开展广场舞人员劝导工作，改善扰民现象。

2023年2月14日，西城街道综合行政执法队在黄岩吾悦广场举办集市助力大学生创业　　（区综合行政执法局　供图）

【生活垃圾分类】 2023年，区综合行政执法局在全区居住小区、主次干道推行垃圾“撤桶并点、两定四分”模式。配备分类收运车95辆，开辟分类清运专线24条，餐厨垃圾实现专收专运。后端信息化监管平台、全循环智能分拣中心投入使用，各镇街均设立可回收物、有害垃圾暂存（归集）场所。推出“掌尚垃分”线上小程序、再生资源回收积分交易系统，推动再生资源回收与生活垃圾分类回收融合发展。出台督导员星级评定及讲师等级认定制度，加强基层“拉风”宣教队伍培育。创建省级高标准示范片区3个、省级高标准示范小区19个、市级示范社区7个、市级样板标杆点位8个，承办市垃圾分类示范社区创建现场会并做经验交流。

【物业管理】 2023年，区综合行政执法局创建省、市级“红色物业”9个，专业物业服务覆盖率达92.6%，新增物业规上入统企业2家。制定印发《三方联席会议制度》和《三方联席议事协商规则》。开展物业管理成效考评，设立“红黑榜”开展晾晒通报。新建物业专项维修资金系统，完成基础数据梳理、审核和迁移，涉及约12万户，金额超6亿元。

【市政养护】 2023年，黄岩区制定出台《黄岩区城区人行道建设及维护暂行规定》，城区155.7万平方米退让地纳入管养范围。完成24条城市道路建筑退让用地治理，修复沥青路面约4.2万平方米、破损人行道约5.1万平方米，提升贯通慢行道9千米，开展道路脱空检测60千米，整治"窨井跳"260个、"桥头跳"6处，检测市政桥梁55座，维修加固桥梁12座。清淤排水管网260千米，排查一、二级雨水管网20千米，整治积水点60处。完成浙里城市生命线及地下空间综合治理数字化应用城市内涝场景系统数据收集整理，通过省级验收。

【园林绿化管理】 2023年，黄岩区更换、补种草花及灌乔木202.1万余株，新改建口袋公园8处，种植立体绿化3处，创建园林式居住区（单位）24个。开展古树名木详细普查，完成巡查建档、评分定级、分类处理，古树名木保护率达100%。九峰景区资产及管理权顺利移交黄岩交旅集团。

【环卫保洁】 2023年，黄岩区推进"环卫一体化"，新增保洁面积约76万平方米，道路机械化清扫率达97%，新建智慧大环数字化综合管理平台，清除死角盲区。改造3座垃圾中转站，建成1座"美丽公厕"，打造2处"席地而坐"城市客厅示范区。区垃圾焚烧发电项目正常运行，2023年处置生活垃圾42.2万吨，无害化处理率100%。区垃圾焚烧发电项目渗滤液处理站二期投产运营，存量渗滤液基本排空。

【燃气安全专项整治行动】 2023年，黄岩区开展城镇燃气安全专项整治行动，累计检查燃气企业120余家次、重点场所1.2万余家，立案查处900余件，责令停产停业180余家。推进管道燃气用户更换金属波纹管，更新改造老旧燃气管道4.1千米。开展瓶装液化气气瓶核验云资源申请及统一赋码工作，建立瓶装燃气全生命周期管理机制，充装达标率100%。

（区综合行政执法局　喻璐）

文明城市创建

【文明城市常态化创建概况】 2023年，黄岩区创建办开展城市创建常态化督查，全面排查问题，严格按照《2023年文明城市、卫生城市常态化评估标准》，整改加强重点点位及周边环境综合整治工作，聚焦问题严实改，主动担当务实干，精准指导促提升，协调解决创建区域职责不清问题，创建水平不断提升，确保全国文明城市创建各项工作落实落细、取得成效。并顺利完成2023年省城市文明指数实地测评。同时，以"十大攻坚"为抓手，全面开展攻坚破难行动，特别是城市管养盲区提质攻坚行动，年内计划移交的34条未移交道路于2023年3月底前全部提前移交完毕，156万平方米建筑退让用地均纳入规范管护，得到市里的高度肯定。

【创建记事】

1月5日上午，区委副书记、政法委书记王勇军带队指导文明城市创建工作，重点督察梦创园、永宁江绿道、江口老街、永宁公园、五洞桥、官河古道等点位。

2月24日上午，黄岩区召开全国文明城市复评暨"十大攻坚"专项工作会议，区委副书记、政法委书记王勇军出席并部署强调，要求各单位明确目标方向，全力以赴推进文明典范城市创建工作。区委常委、宣传部部长姚君丹主持会议，副区长徐雨薇，各乡镇（街道）及职能部门主要负责人和分管领导等参加会议。

3月1日下午，黄岩区委副书记、区委政法委书记王勇军带队督查文明城市创建工作。实地走访农贸市场、背街小巷、拆迁区块、社区小区等重点点位。

3月3日上午，副区长徐雨薇带队督查文明城市创建工作。实地走访农贸市场、小餐饮等点位。

3月8日上午，黄岩区召开争创全国文明典范城市动员大会。动员全区上下对照新标准、新要求，以"势在必夺、创建必成"的信心决心积极投身全国文明典范城市创建工作。区委书记包顺富出席并讲话，区领导张建新、王勇军、林自国、姚君丹、徐雨薇出席。

3月9日下午，区委常委、宣传部部长姚君丹带队督查全国文明城市创建工作。实地督查茅畲乡省级以上文明村浦洋村、西边村和沙埠镇新时代文明实践所、青瓷村新时代文明实践站。

3月10日上午,区委副书记、政法委书记王勇军带队督查文明城市创建工作。实地督查台州农贸批发中心、二环西路、学前巷、永宁街、图书馆等创建短板点位。

3月14日下午，黄岩区专门召开公益广告和宣传海报专项整治提升工作会议，区委常委、宣传部部长姚君丹出席会议并亲自部署公益广告和宣传海报专项整治提升工作。

3月15日上午，市委常委、宣传部部长潘军明带队暗访文明城市创建工作，实地督查东城街道白杨新村、环城东路、官河水街、一街区、庆丰大道等点位，对公益广告整治、建设退让地管护、未移交道路管护等提出攻坚要求。

3月21日上午，市委副秘书长、市创建办主任滕新生调研黄岩区全国文明城市创建工作。市住建局、市综合行政执法局等市级有关部门分管领导参加，区委副书记、政法委书记王勇军陪同调研。

3月28日下午，黄岩区举行全国文明典范城市创建推进会。区委书记包顺富出席会议并讲话，市创建办副主任金灵江到会指导，区委副书记、区长徐礼辉，区委常委、宣传部部长姚君丹参加会议。

3月28日下午,区委副书记、政法委书记王勇军带队督查文明城市创建工作，实地开展督查工作。实地督查八号立交、新洋花园、孟家巷等难点点位，针对发现的不规范施工、基础设施破损、秩序管控不到位等问题进行现场交办。

3月29日下午,区委副书记、区长徐礼辉带队督查全国文明城市创建工作。区政协主席王辉带队赴新前街道督查暗访全国文明城市创建工作。

3月30日下午，区委常委、宣传部部长姚君丹带队督查公益广告和宣传海报专项整治提升工作。

3月31日上午，副区长徐雨薇带队督查全国文明典范城市创建工作。

3月31日下午，黄岩区召开全国文明典范城市创建迎检工作会议，区委书记包顺富出席会议并讲话。区领导王勇军、姚君丹、林自国参加会议。

4月1日，区委常委、统战部部长管江志,区委常委林自国,区委常委、宣传部部长姚君丹,区委常委、组织部部长谢伟正，区人大常委会主任张建新，区人大常委会党组副书记、副主任谢文君，区人大常委会副主任管彦良、车献晨，区政府副区长蒋正标、林小波、徐雨薇，区政协主席王辉，区政协党组成员、副主席季兆国,区政协副主席章永良、陈叶珍、郑菊青16名区领导赴分管乡镇（街道）开展蹲点督导文明典范城市创建工作。

4月2日，区委副书记、政法委书记王勇军，区委常委、区纪委书记胡克礼，区委常委、常务副区长林峰，区委常委、副区长林自国，区政协党组成员、副主席季兆国，区政协副主席郑菊青6名区领导赴分管乡镇（街道）开展蹲点督导文明典范城市创建工作。

4月3—4日，完成创建国家文明城市测评。

4月19日下午，黄岩区召开迎亚运城市文明十大提升行动部署会，区委常委、宣传部部长姚君丹出席会议。

5月30日下午，台州市迎亚运城市文明大提升工作推进会在黄岩区召开，市委常委、宣传部部长潘军明出席会议并讲话，各县（市、区）常委、宣传部部长及台州湾新区分管领导参加会议。

7月20日，在区政府文体中心二楼2号会议室召开2023年国家卫生城市巩固提升工作推进部署会，各相关职能部门负责人、各街道分管创建工作领导和文教卫计领导等参加会议。

7月24—26日，完成国家卫生城市省级评估。

9月18日上午,区委副书记、政法委书记王勇军赴主城区督查文明城市创建工作。

9月20日上午，黄岩区委副书记、区长徐礼辉带队督查迎亚运文明大提升行动。实地查看主次干道、农贸市场等点位。

10月12日上午，黄岩区召开创建全国文明城市暨首次“五看五比”文明竞赛工作会议，市创建办副主任金灵江出席，区委书记包顺富讲话，区委常委、宣传部部长姚君丹通报市对区综合评估及首次“五看五比”文明竞赛工作专项考核排名情况，并部署工作。

10 月 16 日下午，区委副书记、政法委书记王勇军赴新前街道、北洋镇督查文明城市创建工作。实地检查新前街道西范村及主要街路、北洋镇农贸市场及周边等点位。

10 月 24 日下午，区委书记包顺富带队督查全国文明城市创建工作。实地督查河道水体、背街小巷、官河水街沿街店铺等点位。

10 月 26 日下午，区委常委、宣传部部长姚君丹督查文明城市创建工作。实地督查南城街道文明实践站、院桥镇下抱居、沙埠镇繁二村等点位。

10 月 27 日上午，区委副书记、区长徐礼辉赴东城、西城等街道督查文明城市创建工作，副区长徐雨薇参加活动。区委副书记、政法委书记王勇军督查文明城市创建工作。

10 月 29 日上午，区委常委、宣传部部长姚君丹带队赴澄江街道、头陀镇督查全国文明城市创建工作。实地督查澄江街道桥头王村新时代文明实践站、农贸市场及周边环境和头陀镇农贸市场、头陀居新时代文明实践站等点位。

10 月 30 日下午，区委副书记、政法委书记王勇军带队督导文明城市创建工作。对前期检查的天长路、县前街、白杨新村、嘉木路等点位进行回头看，现场交办问题。

10 月 31 日下午，区委副书记、政法委书记王勇军牵头再次召开文明城市创建对接会。

11 月 1 日，省城市文明程度指数测评在黄岩进行。

12 月 13 日下午，黄岩区召开城市环境卫生整治工作部署会，区委副书记、政法委书记王勇军出席会议。区委常委李友斌部署城市环境卫生整治工作。各相关部门负责人，各街道分管创建、宣传及卫生负责人等参加会议。

12 月 18 日上午，黄岩区召开“欢欢喜喜跨新年、干干净净迎新春、平平安安过大年”专项行动部署会议，区委书记包顺富出席会议。

【创建成果】

3 月 13—17 日，市创建办组织开展 2023 年度全国文明城市创建第一次常态化评估，黄岩区排名三区第一。

4 月 3—4 日，完成创建全国文明城市测评。

7 月 24—25 日，完成国家卫生城市省级第一次综合评估。

9 月 18—19 日，市创建办组织开展 2023 年度市区老旧小区、城中村、背街小巷首次“五看五比”文明竞赛专项评估，黄岩区排名三区第一。

9 月 20—21 日，市创建办组织开展 2023 年度文明城市创建第二次常态化评估，黄岩区排名三区第一。

10 月 31 日—11 月 1 日，完成省级市文明程度指数测评。

11 月 16—17 日，完成国家卫生城市省级第二次综合评估。

12 月 20—21 日，市创建办组织开展 2023 年度市区老旧小区、城中村、背街小巷第二次“五看五比”文明竞赛专项评估，黄岩区排名三区第一。

（区创建办　严涵）

基础设施

水　利

【概况】 2023年，区水利局紧扣“构建现代水网、建设幸福水城”奋斗目标，全力推动黄岩水利各方面工作高质量发展。入围全省首批2024年全域幸福河湖建设项目县名单；官河、直街宋渠入选首批省级重要水利工程遗产资源名录；永宁江堤防入选省级水利工程开放共享试点；黄岩区成为全省唯一一家引调水工程水源区与受水区生态补偿试点；黄岩区被评为2023年度农业水价综合改革工作省级优秀县（区）；获台州市最严格水资源管理制度工作考核优秀等级。

【水旱灾害防御】 2023年，区水利局坚持“预”字当先，“实”字托底，成功防御“杜苏芮”“卡努”台风、8月多轮强对流天气和突发性、局地性暴雨，共发送山洪灾害预警信息57525条次，减淹镇街19个，减淹耕地10万亩，转移山洪灾害危险区人员1178人，无人员伤亡。各类蓄水工程共拦蓄降雨来水2亿立方米，平原河网预排预泄1亿多立方米，最大限度保障人民群众生命财产安全。及时研判抗旱保供水形势，修订完善抗旱保供水预案方案，细化用水计划和应对措施，科学调度全区水利工程，充分利用雨洪资源，满足各行业用水需求，有效应对20年来长潭水库水位最低的干旱灾害。配合“五水共治”、环保部门完成国控、省控断面水质达标考核。

【水利重点工程建设】 2023年，区水利局以问题为导向谋划黄岩区水源保障综合能力提升和黄岩区南片水系综合治理等重点水利

2023年1月28日，区水利局开展海塘安澜施工现场隐患排查
（区水利局　供图）

项目。台州市黄岩区北排工程（一期）前期工作重新启动。永宁江闸强排工程（一期）通过完工验收。台州市黄岩区海塘安澜工程（椒江黄岩段海塘）加快建设中，累计完成投资1.5亿元。台州市东官河综合整治工程完成外东浦泵站主体工程建设。佛岭水库除险加固工程完工。争取到2024年特别国债项目5个。

【河湖建设与管理】 2023年，黄岩区完成中小河流治理6.4千米；《黄岩区中小河流治理方案》获区政府批复同意。着力提升平原河道整治，永丰河综合整治工程（二期）、跃进闸改建工程主体工程全面完工；加快推进海门河上辇河、西溪泄洪渠等河道整治工程。加快推进全域幸福河湖工程建设，鉴洋湖水系治理工程（一期）、南城街道土屿片区南段水系连通整治工程开工建设。纵深推进河湖水域岸线保护，82处河湖“清四乱”问题全部整改销号；审批涉水建设项目31个，确保水域占补平衡。完成水利部交办的461个河湖卫星遥感疑似问题图斑复核、销号工作。高品质打造省级美丽河湖1条、市级美丽河湖1条、水美乡镇3个、美丽池塘5个、亲水节点4处和美丽山塘2个。

【水库山塘系统治理】 2023年，区水利局全力加快水库山塘系统治理，完成3座水库除险加固工程建设和10座山塘综合整治。英山水库除险加固工程主体工程完工。柔极溪二级、龙潭头水库除险加固工程和界牌岭山塘综合整治工程通过竣工验收。

【农村饮用水达标提标工程】 2023年，黄岩水厂二期工程主体工程、54座水站建设和“一户一表”改造均已完工；完成6座水站标准化创建，其中上郑水厂为省级精品化工程，屿头水厂为市级精品工程，岙里水站创省级规范化水站。

【水资源管理和水土保持监管】 2023年，黄岩区推进水资源费线上征缴改革工作，完成全市第一笔水资源费在线征缴业务。完成取水口标准化改造，全区所有河道外非农取水户计量监控率达100%。完成34家公共机构节水型单位复核，4个小区获省级节水标杆单位称号。完成0.5平方千米水土流失治理。

【水库与电站管理】 2023年，黄岩区全面完成28座水库大坝的复查换证。小型水库大坝安全监测工程通过完工验收。对122座山塘名录进行复核。继续开展小水电生态流量和小水电安全生产检查，总体情况良好。完成小水电“两不八有”创建6座、小水电标准化复评7座。稳步推进水利工程“三化”改革工作。发放65本水利工程不动产权证。

【依法行政】 2023年，区水利局加大巡查力度，聚焦河道违建、非法采砂重点领域和关键环节，结合水保、河湖图版复核和清四乱等工作，开展河湖安全保护专项执法行动，推动河湖安全保护整体提升。全年开展联合执法巡查30次，移送区执法局安全生产案件1起，处罚金额2000元，改变前几十年安全生产领域重检查教育轻处罚的局面。纵深推进智慧执法，充分运用新启用的“大综合一体化”数字监管执法平台，破解执法部门之间的电子证据互认和移送的难题。积极开展第三十一届“世界水日”和第三十六届“中国水周”普法宣传活动，增强全民爱水护水意识。全面落实公平竞争审查制度，对近五年出台的规范性文件进行审查，及时修订调整1份行政规范性文件。

【水利工程质量安全监管】 2023年，区水利局坚守工程质量安全“总基调”，加强全区水利工程质量与安全隐患排查行动，累计下发专项检查整改通知32份，对检查中存在的隐患和问题要求限期整改落实，并开展回头看工作，所有问题均得到有效整改，闭环管理。

【水利改革试点】 2023年，水利部数字孪生流域试点建设加快推进，“数字永宁江”App在浙政钉正式上线。引调水工程水源区与受水区生态补偿试点有序推进。在全市率先推行涉水审批

“一件事一次办”改革，《台州市新兴产业基地区域水影响评价报告》通过评审。

【农业水价综合改革】 2023年，黄岩区持续深化农业水价综合改革，40座农业灌溉泵站堰坝提升改造项目全部提前完工。官庄2#泵站、东星村灌片、岭家湖村农民用水管理小组、澄东村农民用水管理小组、杏林村和胜利村入选全省“五个一百”创建活动优秀典型案例。黄岩区被评为2023年度农田灌溉水有效利用系数测算分析工作省级优秀县（区）。

（区水利局　朱丹杨）

永宁江管理

【概况】 2023年，黄岩区永宁江事务中心执行上级防汛、防旱调度指令，调配永宁江沿线水闸启闭运行。完成永宁江沿线堤防、涵闸、各类水闸等水利工程的安全维护和河道保洁工作。

【防汛排涝工作】 2023年，黄岩区永宁江事务中心加强对防汛工作的领导、严格调度，细化操作规程、实行规范化管理、对人员实行定岗定位，及时报告雨情、水情，为防汛指挥机构提供决策依据。据水文站记录，全年降雨量1272.9毫米，蒸发量1008.7毫米，单日24小时最大降雨量为7月27日的92.7毫米，内河最高水位为10月7日的黄海高程2.84米，大闸排涝泄洪20次，比上年减少15次，排出水量7659.3万立方米。

【河道保洁工作】 2023年，黄岩区永宁江事务中心自永宁江闸至北洋镇前蒋村彩虹桥38千米的河道上，安装340个支河和排水口标识牌，其中南岸192个，北岸148个；推行一天一次巡河制度，2023年共巡河47423个排水点位，反馈属地乡镇339个问题；保洁工作贯穿全年，并对重点地段进行突击保洁。

（区永宁江事务中心　蔡江波）

交通运输

【概况】 2023年，黄岩区共完成综合交通投资22.6亿元，建设公路里程约20.5千米，公路总里程达到1321.83千米。

【交通道路工程建设】 2023年，黄岩区完成综合交通投资22.6亿元，建成余姚至温岭公路北城至温岭泽国段公路院桥支线8.2千米，于12月18日通车；建成北城午尚洋至云上小镇公路4.3千米，待验收。新开工项目有黄岩区交通道路工程建设有甬台温高速改扩建临海青岭至温岭大溪段工程、甬台温高速公路黄岩段桥下地面道路工程、台州市域铁路S2线工程。

余姚至温岭公路北城至温岭泽国段公路工程院桥支线PPP项目起于路桥区桐屿街道岙王村，终于黄岩区院桥镇金山村，与104国道临海城南至温岭大溪段工程十里铺支线构成路桥与黄岩间的东西向通道。施工段全长11.93千米，其中黄岩段长10.52千米，按照一级公路标准建设，双向四车道，设计时速为80千米。院桥支线全年完成投资2.8亿元。

甬台温高速改扩建临海青岭至温岭大溪段工程黄岩段起点位于甬台温黄岩段起于黄土岭隧道与临海交界处，终于塘岭隧道与温岭交界处，全长21.57千米，采用高速公路技术标准，双向八车道，设计速度120千米/小时，路基宽41.5米；拓宽为八车道的同时，抬升桥梁标高，同时新建南城互通，向南改移院桥互通兼服务区，同步新建院桥连接线5.5千米，黄岩段总造价102亿元。11月7日完成工程建设用地批复，全线开工建设；临时工程完成76%、路基工程完成5%、桥梁工程完成2%。全年完成投资11.6亿元。

台州市域铁路S2线工程黄岩段起于黄岩北洋镇，线路长度29.3千米，高架线17.496千米，地下线7.737千米，山岭隧道3.03千米，路基1.037千米；全线共设车站9座，其中高架站6座（北洋站、头陀站、前洋站、新前站、江口站、内环路站），地下站2座（黄岩站、桔乡大道站），地面站1座（台州西站），线路途经北洋镇、头陀镇、新前街道、西城街道、东城街道、北城街道、江口街道7个区域。此外新建北洋停车场1座；新建1102千伏牵引电力合建变电所1座。项目概算总投资为136亿元，建设工期54个月。12月4日完成工程建设用地批复，全线开工建设，全年累计完成投资6.7亿元。

【公路养护】 2023年，黄岩区公路与运输管理中心共投入养护作业人员5.9万余人次，养护作业车6000余台次，清除公路中分带、路基边沟等区域垃圾680余吨，修补坑槽2100余平方米。全区公路路况提质升级攻坚行动一期共投资约9000万元，共实施路面大中修70.32千米，小修病害处治343.8千米，全面完成提升。针对178条乡村道路进行安防精细化提升，共增设407块标志牌、1368根警示柱。

【公路大中修】 2023年，台州市黄岩区公路与运输管理中心完成黄岩区县道公路大中修里程为24.402千米，总投资为2776万元，主要涉及十沙线沙埠段拓宽改造工程、黄前线澄江段“白改黑”工程、屿洋线破碎板修复工程、宁大线浮山庄段“白改黑”工程4条县道公路；乡村道公路大中修项目共实施42.75千米，投资约900万元，主要涉及上郑乡、沙埠镇、院桥镇等12条乡村道公路；完成上垟乡东济—前岸新改建工程1.20千米，投资约500万元；完成对马白线K0—K10+310路段进行绿化补植、景观提升等，项目投资约180万元。完成黄岩区桥梁维修加固工程，主要涉及北洋镇料前桥的拆除重建和头陀镇新呑桥的维修加固，投资约90万元。

【客货运输】 2023年，黄岩区新建港湾式公交站亭33个，更换76个老旧站牌，维修20个公交站亭；新增或优化公交线路3条，新增定制线路或特色线路1条，打造准点公交精品线路1条。对辖区的“两客一危”进行安全督查共计137次，发现安全隐患18起，对普货进行排查共计225次，发现安全隐患112起，均已整改落实。积极响应降碳减排号召，引导企业更新运输车辆，2023年黄岩区共购置新能源公交车130辆、出租车249辆。开展国Ⅲ、国Ⅳ营运货车淘汰工作，出台《黄岩区国四老旧营运货车提前淘汰补助实施方案》，对符合要求的车辆鼓励企业进行淘汰，共淘汰国Ⅲ营运货车91辆，淘汰国Ⅳ营运货车59辆。

【汽车维修】 2023年，黄岩区辖区内有维修企业417家，已进行行业服务指导409次，共计1097人次。推进维修企业“电子健康档案”系统推广，实现辖内一类、二类企业对接率100%，三类企业对接率88.52%，其中七小类维修企业对接率100%。已开展1次维修企业风险隐患大排查大整治行动，共计检查46家维修企业，发现3处隐患，均已整改落实，处理维修行业投诉86起，投诉办结率为100%。

【驾驶员培训】 2023年，黄岩区有驾培企业12家，小型汽车教练车380辆，摩托车教练车75辆。12所驾校招收学员11215人，培训学员9941人，模拟培训11461人，在职汽车教练员421人，摩托车教练员75人。开展在岗教练员资格复核、教练车资质检查和落实教练员“一人一档”、教练车“一车一档”管理；实现教练员、教练车、培训场地信息复核100%；实现各驾培机构“先培后付”服务模式落实率100%；推动道路运输从业人员职业技能培训，为驾培机构教练员提供培训课程，培训教练员464人；处理驾校投诉87起，投诉办结率为100%。

【春节客运】 2023年春运期间，黄岩区道路运输行业投入客车47辆，完成客运量0.93万人次，同比下降16.96%；城市公交396车辆，运量95.6万人次。基本完成春运预定工作目标。

【港航管理】 2023年，黄岩区共有港口企业3家，全年吞吐量230万吨。水上交通安全稳定无事故。完成永宁江“美丽航道”创建工作，航道两侧岸线已建成总长77千米的绿道系统，串联沿线柑橘博览园、潮济古街等历史人文景观。

【工程项目监督】 2023年，黄岩区交通运输局监督全区交通工程项目4个（完工2个、交工验收1个、在建1个），累计开展日常检查27次，综合大检查1次，专项检查6次，下达检查意见书32份（质量7份、安全17份、合同履约2份、监理2份、检测3份、专项1份），发起浙路品质检查意见书19份，工程质量监督抽检试验检测1次，约谈施工单位1次，通过“利剑”专项行动整改质量安全隐患数91个，工程项目监督覆盖率达到100%，在建工程质量处受控状态，安全生产形势稳定。

【交通执法】

道路执法 2023年，黄岩区交通运输局全年出动执法人员7683人次，执法车辆1759辆次，立案1023件，办结989件，结案率96.7%。强化超限超载治理，全年查处超限车辆691辆，交通处罚579辆，移交交警112辆，强化科技治超，非现设备完好率为100%，全年非现入库数128辆，处罚79辆；向交警部门抄送压实线等非正常行驶车辆203辆次，处罚63辆次。全年普通公路违法超限超载率稳定在1%以内。整治道路运输秩序，组织开展危险货物运输安全风险集中治理、危险货物罐车治理、“隐患清零”、非法营运精准协同治理等专项行动，深入辖区内“两客一危”运输企业，全年出动执法人员6961次，开展执法检查4310次，发现问题1898个，完成处置1869个，执法检查类型实现全覆盖。做好“两路两侧”和“三化一平”专项整治行动。全年开展入企走访30余次，公路路域环境排查问题数282个，立案32起，告知承诺案件数96起，问题转立案率为45.39%，问题转立案率较上年同期增长36.49个百分点。推进网约车行业专项整治，共立案查处非法网约车和出租车违规经营107件。

安全监管 开展安全生产跨年行动、“数字护航”、黑气整治等专项行动，全力确保人民群众平安舒畅出行，开展执法行动289次，出动执法人员1713人次，执法车辆465辆次，立案查处189起。盯紧重点企业。督促企业落实安全生产主体责任，督促全面整改，消除安全隐患。共约谈高风险运输企业8家、危货运输企业7家。盯紧关键人员。组织“两客一危”企业主要负责人开展安全知识培训，扭住“关键少数”，从源头上预防和遏制重特大道路交通事故的发生。盯紧安全督查。制订安全生产执法检查计划，对“两客一危”企业、动态监控平台、公交客运企业等开展全面检查。共开展入企执法检查1582次，立案798起；开展路面执法检查2728次，立案225件，告知承诺210件。盯紧教育培训，结合“防灾减灾月”“安全生产月”活动，开展进企业进社区宣传活动，发放各类宣传单2000余份。

执法规范化建设 紧盯重点领域和行业，积极推动执法案件通过省交通运输行政执法综合管理信息系统和移动执法终端等智能化执法设备办理。全面实施行政执法事项清单化管理，严格制定并落实交通运输综合行政执法事项指导目录、首违（轻微）免罚清单，共办理轻微案件210件，同比上升536.3%。组织开展执法体验周、基层站所开放日等活动5次，开展普法宣传30余次，营造浓厚社会共治氛围。

（区交通运输局　马益茜）

电　力

【概况】 2023年，国网浙江省电力有限公司台州市黄岩区供电公司（简称“区供电公司”）全年完成固定资产投资1.19亿元，全社会用电量50.06亿千瓦时，同比增长6.0%；售电量47.36亿千瓦时，同比增长4.54%。全社会最大用电负荷94.77万千瓦，同比增长5.37%；网供最大负荷达到88.25万千瓦，同比降低2.24%。

【重大活动保供】 2023年，区供电公司严格落实亚运保电重大政治责任，圆满完成援杭亚运保电光荣使命，助力实现“四个零”

（零损失、零事故、零延误、零缺陷）、“五个最”（最高标准、最强组织、最严要求、最实措施、最佳状态）的目标。顺利打赢迎峰度夏、台风“杜苏芮”“卡努”、国际积极心理学大会、央视跨年晚会分会场保电等大战大考，在重大保供任务中彰显责任担当，获评黄岩区2022年度“幸福黄岩”建设突出贡献集体。

【负荷管控】 2023年，区供电公司建成全市首家实体化负荷管理中心，联合区政府、区融媒体中心和台州银行，开展夏冬季“居民节电消费券”特色活动，夏季活动期间累计发放消费券329万元，最大压降负荷约2万千瓦。推动“厂中厂”项目落地，实现区域2008家该类企业用电数据实时监测和精准采集，推动负荷管控颗粒度再细化。

【供电可靠性管理】 2023年，区供电公司全面贯彻“能带不停”原则，加快0.4千伏不停电作业班组建设，推进绝缘脚手架、绝缘平台等不停电作业项目全地形覆盖。开展频繁停电专项整治，累计完成高故障负面清单线路综合改造14条，频繁停电意见工单同比压降60.71%。

【电网建设】 2023年，区供电公司持续加强规划引领，完成2023年黄岩区配电网规划滚动修编工作和分布式光伏接入电网承载力与提升措施研究分析。做好2024年配网项目储备工作，包括2个35千伏工程、33个10千伏项目，共计储备金额超1.2亿元。顺利推动220千伏高桥变、110千伏沙埠变开工建设，110千伏黄岩变整站改造工程、东城输变电工程等电网前期工作有序推进，电网支撑能力持续增强。完成22个网格建设，建成数量及建成率均位居全市第一。

2023年4月25日，110千伏沙埠变工程管控开工

（区供电公司　供图）

建成投运配微一体新形态配网工程，山区灾后应急处置能力有效提升。

【电力营商环境优化】 2023年，区供电公司政企协同推进重大工程、重点项目落地，全年共计承接政府迁改工程63项，配合落实轨道交通S2线、高速公路改扩建等政府重点基础设施建设工程，助力提升城市门户形象。建立重大项目“包干”机制和“里程碑”计划，罗列重点项目库43项，完成浙东南数字经济产业园区、永宁半岛等8个项目送电。持续推进电力接入工程费用分担机制落地实施，共计惠及企业10家、涉及金额549万元。深入实行“一企一策”，依托大数据编制电力分析报告、电费管家精准投放，惠及企业234家，预计为用户节约基本电费190万元。

【电力优质服务】 2023年，区供电公司持续推进三零三省服务，区域提升低压接入容量至160千瓦，计量装置及以上工程由供电企业投资建设，服务惠及用户800户，节省用户投资700万元。打通政府大数据平台，实现身份证、营业执照证件信息共享，全年累计调取用户证件357次，推动实现用户“零证办电”“零跑动”。主动做好第三期输配电价改革内部政策解读和宣贯，针对195户需量电价的两部制用户，逐户通过线上、线下方式开展告知工作，确保计费方式调整“说清楚、讲明白”。

【社会责任履行】2023年，区供电公司抓牢社会责任融入管理，持续实施“绿电方舟”“千户万灯”公益项目，政企联动开展绿色低碳、新型电力、电力安全大讲堂等公益活动。依托“乡村振兴学院”“电力爱心超市”“‘小橘灯’共富工坊”等便民服务点，开展电力节能、安全专家进农村等群众性主题实践活动，惠及群众900余人。

【先进名录】2023年，区供电公司高分通过中电联AAAAA级“标准化良好行为”企业现场验收；获评2023年度中电技协电力安防示范单位；获评中物联全国数字化仓库企业试点以及中仓协二星级绿色仓库；获评省电力公司2023年迎峰度夏保供稳价先进集体；“电安侠”人物形象作品获国家电网公司第一届安全文化建设文创作品评选活动优秀文创作品平面设计类二等奖；《黄岩公司城市防汛雷达系统》成果获2023年（第六届）电力信息通信新技术大会优秀案例；《人生非游戏》作品获首届浙江省清廉国企短视频大赛最佳创新奖；《永宁变35千伏开关手车移动平台的研制》获浙江省能源业联合会2023年优秀QC成果二等奖。员工陈宏达获评台州市劳动模范；员工黄斌超获评2023年度台州市级青年岗位能手。

（区供电公司　管渝杰）

富山电站事务中心

【概况】区富山电站事务中心前身为富山电站管理局（2019年5月更名），位于宁溪镇石洋路2号，组建于1996年12月，属于自收自支公益二类事业单位。事务中心负责富山一级电站、三级电站以及外金水库的运行与管理。富山一级电站总装机容量2台8000千瓦的机组，设计年均发电量为3280万千瓦时，多年以来，实际年平均发电量为3500万千瓦时，年收入1800万元左右。电站水头486米，系台州最高，平均每0.96立方米水发一千瓦时电，具有显著的水能效率；富山三级电站原总装机2630千瓦（1000千瓦/台×2，650千瓦/台×1），年可发电200万千瓦时，2016年，进行增效扩容改造与重建。经改造，三级电站成为黄岩第一家无人值守电站，也是黄岩第一家完成调度数据传输的小型水电站；外金水库库区集雨面积为26.7平方千米，水库正常蓄水位582米，相应库容796万立方米，设计运行控制最低水位563米，相应库容114万立方米，调节库容682万立方米，拥有调节气候功能以及可产生社会效益。

【电站移民工作】2023年，根据国务院有关文件规定，原黄岩市建立移民领导小组，由移民办公室、电站建设指挥部负责，有关部门配合，于1992年下半年开始大量艰苦细致的移民准备工作，于1995年10月开始实施移民大动迁，总计移民280户，涉及7个村（田岙村、外金村、兰田村、葡萄坑村、北山村、东坑村、马鞍山村），共1134人，其中外迁252户，1041人；后靠28户，93人；分别安置于焦坑镇、江口镇、新前镇、院桥镇、高桥镇、桐屿镇、螺洋乡、路桥镇、峰江镇、新桥镇、横街镇、下梁镇、莲街镇、金清镇、城关镇15个乡镇。拆迁房屋580间，建筑面积20560平方米，库区征用水田、旱地、林地702.7亩，移民和征地费用合计1404.06万元。至1996年底，库区移民户口全部迁入安置地。

【提升多方效益】富山电站实际多年平均发电3300万度/年，年平均收入约1800万元，在扶持山区经济发展、巩固脱贫攻坚成果、改善农村能源结构、实现乡村振兴等方面发挥着重要的作用。优化生态效益，1999—2023年，累计发电8.25亿千瓦时，相当于节约25.33万吨标准煤，减少二氧化碳排放52.05万吨，减少二氧化硫排放3358吨。促进社会效益，电站发电后的尾水跨流域注入长潭水库，年均可为长潭水库增加优质水源3300多万立方米，累计超过8亿立方米。同时可以防洪减灾、保障居民供水以及改善灌溉条件等。

【安全生产管理】 截至2023年底，黄岩区富山电站事务中心安全生产情况良好，机组设备运行稳定，累计连续安全运行10277天，实现连续26年安全生产无事故。富山电站事务中心落实安全生产法律法规，实施项目安全生产标准化建设。每月考查各班组制度落实和安全生产情况；每季度召开一级水电站安全生产运行分析会；2月23日举行安规考试。4月12日在外进水库举行水库防汛应急演练。在日常安全生产和管理工作中，保障人身健康和设备安全，完成年度各项安全工作任务。2023年度黄岩区水利工程管理考核中，外金水库获得优秀。

【农村水电站安全生产标准化】 2023年，区富山电站事务中心安全生产标准化管理工作的扎实开展，使得一级水电站取得多年安全生产无事故的佳绩。12月18日，按照水利部《农村水电站安全生产标准化评审标准（暂行）》里的8类28个项目112个评审内容每一项、每一条、每一款之规定，收集相应的支撑材料（包括文件、记录、表格、图片等），对支撑材料的真实性和完整度进行标准化自评打分，2023年度自评得分为98分。严格按照水利部绿色小水电的评测标准，做好富山一级水电站绿色小水电示范电站期满复评工作，5月15日配合完成由省水利厅牵头的绿色小水电示范电站期满延续省级初验工作。6月15日前上报复评资料到省水利厅。12月25日，富山一级电站通过水利部复评为水利安全生产标准化一级单位。

【生态保护宣传】 3月21日，在“世界水日”“中国水周”期间，区富山电站事务中心以广播、电话等形式对居民普及水法水规，并悬挂横幅5条，发放印有以“深入贯彻中共二十大精神，提升水安全保障能力”为主题的宣传册、纪念抽纸等200余份。

【增强社会责任担当】 2023年，区富山电站事务中心积极配合宁溪镇政府的需要，提供岭根村所在厂区支持宁溪镇的生态旅游业和生态农业实验基地的开发建设；积极和富山乡接洽在外金水库水域开展生态养殖和环库文旅事宜，促进乡村旅游和美丽乡村建设。深入开展“强基固网护航亚运”行动，在酷暑严寒和节假日等用电高峰期间，立足实际，科学调度，总计发电超2300万千瓦时，为黄岩西部地区稳定供电，并组织技术骨干党员为宁溪镇当地用电安全检查提供技术支持；在干旱季节，优先保障生态流量不“缩水”，牺牲电站自身经济效益，足量保障宁溪水厂8000人的饮用水、农业用水及永嘉县农业生态用水任务。派驻农村指导员到坦头村，了解当地的困难情况，并成立结对帮扶工作组，为坦头村提供精准高效的帮扶指导。根据宁溪镇和富山乡政府的要求，为当地农村给予资金支持。

（区富山电站事务中心　周灵宝）

卫生健康

医疗卫生

【概况】 截至2023年底，黄岩区有各级各类卫生健康单位342家，包括市级综合性医院1家（三级甲等），中医医院1家（二级甲等），精神病专科医院1家（二级乙等），妇幼保健院1家，卫生监督所、疾病预防控制中心各1家，社区卫生服务中心8家，乡镇卫生院11家，社区卫生服务站17家，村卫生室136家，驻监所卫生所1家，医务室12家，民营医疗机构151家（其中民营医院10家、医学检验所1家、门诊部37家、个体诊所103家）。全系统核定编制数（不含市一医）1741个，实有在岗在编1441人，编外人员867人，共2308人。全区总医生数2226人，千人医生数3.13人；总护士数2281人，千人护士数3.2人；总床位数3635张，千人床位数5.11张。全区高级职称200人（不含市一医），其中正高53人、副高147人。全年门急诊748.84万人次，出院73999人次。累计报告甲乙丙类传染病26116例，其中甲类0例，乙类2127例，丙类23989例（其中流行性感冒22422例）；死亡9例（分别为肺结核5例、艾滋病3例、新型冠状病毒感染1例），甲乙类传染病报告发病率295.39/10万，丙类传染病发病率3331.51/10万。

【“健康黄岩”建设】 2023年，黄岩区制定并印发《高水平推进健康黄岩行动的组织实施方案（2023—2025年）》，明确新三年的行动目标和工作任务。积极推进把健康融入所有政策，统筹

2023年7月1—2日，第六届中国国际积极心理学大会暨中国心理学会积极心理学专委会2023年学术年会在台州黄岩举行

（区卫健局　供图）

推进26项健康浙江行动的实施，举办浙江省第五届绿道健走大赛（台州分会场）。推进健康细胞建设，新创成健康促进金牌学校2所、银牌学校15所、铜牌学校4所。宁溪白鹭湾村被评为省级健康村样板。推进社会心理服务体系建设，与清华大学社会科学学院合作，打造全国首个积极心理学科普体验及综合服务研究中心——永宁幸福中心，被评为2023年度健康浙江心理健康促进行动省级样板、市级样板，被列为台州市积极心理学科学研究重点实验室。牵头举办第六届中国国际积极心理学大会，幸福中心相关经验做法两次获省委书记易炼红肯定性批示。区分管领导在全省加强学生心理健康现场会上作交流发言。黄岩区连续6年（2018—2023）获评健康浙江建设考核优秀等次。

【中医药事业】 2023年，区中医院顺利通过省二级甲等中医医院等级复评，章再棣骨伤医院成功创成省二级乙等中医骨伤医院。启动浙江省中医药综合改革先行区建设。成立“黄煌经方浙江台州培训基地”。联合区教育局开展“中医药进校园”系列活动，宣传中医药核心理念和养生保健知识。沈宝山国医馆被评为浙江省中医药文化宣传教育基地、文化养生旅游示范基地，“沈宝山”品牌被商务部等5个部门联合认定为第三批中华老字号。

【疾病防控与公共卫生】 2023年，全区19家慢病一体化门诊全部通过市级验收，实现基层医疗机构慢病一体化门诊全覆盖。高标准超额完成20.6万人的同质同标居民免费健康体检。深化家庭医生签约服务，全年常住人口签约率47.32%，重点人群签约率92.58%。8月15日，台州市无结核社区建设启动会在黄岩区召开，江口街道被纳入2023年浙江省“无结核社区”建设试点。全年新发现报告HIV/AIDS25例，新增死亡病例4例，新发现报告病例中艾滋病病人10例，发现报告病例数比上年同期下降13.79%，艾滋病发病率连续7年呈现下降趋势。

【医养建设】 2023年，黄岩区成立北洋镇医养中心，打造医疗、养老、康复、认知、安宁、护理六位一体的医养结合服务模式，提供规范的多层级多样化的护理服务。7家基层医疗机构建成安宁疗护病区；开展老年友好社区创建培育工作，东城街道嘉盛社区被命名为全国示范性老年友好社区。

【普惠托育】 2023年，黄岩区出台《黄岩区普惠托育基本公共服务促共富工作实施方案（试行）》；新增托育机构10家，新增托位200个，千人托位数4.21个。举办3期保育员岗前与职业技能提升培训班。公共场所母婴设施建设提质培优，图书馆新馆母婴室完成搬迁，星级提升至四星级；模具小镇创五星级母婴室，客运中心完成创建省级“公共场所品质母婴室（妈咪爱心小屋）”推树申报。

【基础设施建设】 2023年，区中医院顺利搬迁新院区，区医疗卫生康养项目完成工程建设，永宁医院完成综合楼主体建设；台州医院澄江分院工程完成立项和设计招标；永宁医院江口分院医养结合病房大楼开始桩基施工；区三医院迁建工程完成施工招标。

【政府民生实事项目】 2023年，黄岩区牵头省级民生实事项目6项、市级民生实事项目5项、区级民生实事项目7项。全年全区新增托育机构10家，新增托位200个（均为普惠托位）。完成50—74岁人群直肠癌筛查38344人次，60岁以上老人流感疫苗接种68900人次，适龄女生接种二价国产HPV疫苗2035人次，40—70岁人群肺癌筛查8968人次，60岁以上男性人群前列腺癌筛查15796人次，45—70岁人群胃癌筛查5606人次。新改建规范化村卫生室7家。

【医疗卫生数字化改革】 2023年，黄岩区基本公共卫生服务能力提升支撑信息化项目（一期）和（二期）完成初步建设并通过初验专家评审。通过国家医疗健康信息互联互通标准化成熟度四甲测评，实现城市医联体内医疗机构间的医疗影像检查资料和医学检验结果互认。

【无偿献血】 2023年，黄岩区无偿献血7632人，献血13063人次，献血量261.26万毫升，临床用血量12477.6单位，无偿献血占临床用血比例104.69%。

【人才招引和学科建设】举办“医路乡情·共筑健康”黄岩籍医疗专家乡贤联谊会，邀请60多位医疗乡贤，建立稳定的联系沟通和承接帮扶机制。全年新招聘人员共计76人，其中研究生5人、本科62人、专科9人；出台《黄岩区医疗卫生人才引育专项政策》，引进博士1人。强化临床重点专科能力建设，培育中医经典科、针灸推拿科、妇产科、麻醉科、皮肤科、治未病科、口腔科7个县级临床重点专科。

【卫生监督执法】 2023年，黄岩区全面推行国家“双随机、一公开”监管模式，对公共场所卫生、生活饮用水卫生、学校卫生、餐饮具集中消毒卫生、职业卫生、医疗机构卫生、放射卫生等进行监督管理。2023年，共立案396起（一般程序375起，简易程序21起），共结案371起（其中简易程序21起），罚没款总额164.8万元。开展打击非法医疗美容专项行动，完成医美举报投诉17起，涉及医美相关案件合计8件，涉及罚没款金额129.6万元。

（区卫健局　黄涨怡）

医疗保障

【概况】 2023年，区医疗保障局在区委区政府的坚强领导下，重创新优服务、建机制强保障、贴中心助共富、除风险保安全，让医保事业发展深度融入全区重大战略布局。黄岩区医疗保障局荣获浙江省医疗保障系统“2023年度县级局先进单位”称号。黄岩区医疗保险服务中心获2022—2023年度“浙江省青年文明号”称号。

【基本医疗保障】 2023年，全区基本医疗参保60.57万人，参保率为99.98%，其中本统筹区城镇职工医保参保25.4万人，基金总收入约11.7亿元；城乡居民医保参保人数35.2万人，城乡居民医保人均筹资标准1660元（其中120元/人作为大病保险基金），统筹基金总收入约为6.4亿元。

【大病保险】 2023年，全区基本医疗参保人员住院、门诊慢性病、门诊特殊病合规医疗费用统筹基金支付后累计个人负担部分及大病保险特殊用药费用超过2万元的部分，由大病保险基金承担75%，不设封顶线。困难群众起付线降低一半，支付比例提高到85%。2023年度，黄岩区城乡居民医保大病报销人数3392人，报销金额达5972.42万元。

【医疗救助】 救助对象主要包括特困供养人员、最低生活保障家庭成员、最低生活保障边缘家庭成员、纳入低保和低边的因病致贫等对象和县级以上人民政府规定的其他特殊困难人员，2023年，黄岩区医疗救助资助参保对象共计8411人，医疗救助对象待遇享受19.04万人次，医疗救助金额共计2078万元。

2023年5月10日，区医疗保障局开展“我要廉”清廉台州宣传月系列活动

（区医疗保障局　供图）

【医保基金监管】 2023年，黄岩区坚持“标本兼治、源头治理”的思路，持续完善基金监管体系，以“零容忍”的态度严厉打击欺诈骗保等违法行为，组织开展飞检项目自查自纠2次，共计追回违规医保基金180.51万元、其他金额41.27万元；100%完成183家定点医药机构线上线下检查，处以告诫责令整改12家、暂停医保服务协议20家、解除医保服务协议3家，办理行政案13起，共计追回违规医保基金168.98万元，处违约金约50.69万元，罚款0.04万元；组织开展门诊医保中成药专项检查，共发现41家定点医疗机构存在违规行为，追回违规医保基金9.25万元，处违约金1.50万元，罚款4.25万元；智能审核追回医保违规基金108.47万元；对违规的医保医师进行扣分处理，涉及573人次。以上累计追回违规金额564.96万元。2023年度意外伤害受理7993件，实地稽核案件6372件，实地稽核率达79.72%，拒赔694件，拒赔医疗总费用1158.89万元。

【医保支付方式改革】 2023年，黄岩区全面实施总额预算管理下的多元复合式医保支付方式改革，对住院医疗服务按DRGs点数法付费、对门诊医疗服务按预算分配打包付费。2022年开始城乡居民医保基金实行市级统筹，职工医保基金和城乡居民医保基金均运行平稳。

【医保业务经办】 2023年，黄岩区行政服务中心医保窗口共办理450520件，“网上办”“掌上办”可办率100%，办结率100%，好评率100%。以每3千米范围、5分钟交通圈内设置一个“一网通办”便民服务站为原则，将29项医保服务事项下放到全区19个乡镇（街道）便民服务中心，25项医保经办服务事项下放到全区19家基层医疗机构、112个村级便民服务站、6家企业服务中心，38家医银联通服务网点。与江苏、安徽、重庆、云南等8个地区签订跨省通办政务服务战略合作框架协议，设置跨省通办综合专窗，两地群众就近办理医保业务。“浙里医保”普及率达42.63%、月均使用量517932次，好评率达98.98%。

【浙里惠民保】 浙里惠民保（台州利民保）是台州市首款在政府指导监督下制定的商业补充医疗保险产品，于2021年9月15日正式上线，以100元/年的价格，为台州市基本医疗参保人提供最高300万元赔付额的补充医疗保险保障。在基本医疗保险的基础上，将发挥商业补充保险对重大个人医疗负担的社会共济作用，推动建立多层次医疗保障体系，满足多元化医疗保障需求。2023年，全区共计31.83万人投保，投保率达到52.73%。

【异地就医结算机制】 2023年，黄岩区聚焦异地就医“垫付多、报销繁”问题，不断改进工作机制，简化备案流程，大力推进异地就医直接结算。截至年底，跨省异地就医住院费用和长三角异地就医门诊费用实现直接结算全覆盖。2023年，黄岩区参保人员在全国26个省4个直辖市261个地市实现跨省异地就医直接结算72988人次，医疗总费用16179.87万余元，医保基金支付9252.31万余元，医保统筹基金支付7239.1万余元。

【永宁医保管家服务新模式】 5月试点推出“永宁医保管家”医保服务新模式，率先探索构建基层医疗机构医保服务站长效运行机制，打造“基层医疗机构+医保政务服务”一站式服务专区。将医疗费用报销、异地转诊备案、门诊慢特病病种待遇认定、历年账户家庭共济等25项医保服务下沉至医保服务站，实现医保经办服务“就医期间同步办”。截至年底，全区共有“医保管家”591名，实现全区19个乡镇（街道）、349个村（社区）全覆盖，累计帮助参保群众办理各类医保事项4000余人次，解答各类医保问题5万余人次。

（区医疗保障局　潘佳敏）

医院选介

台州市第一人民医院

【概况】 2023年，台州市第一人民医院（以下简称“台一医”）

快速适应新冠疫情防控新形势，紧紧围绕公立医院公益性要求，积极推进医院工作重心调整，加快构建高效管理体制和医院运营机制，主动适应医药卫生体制改革，不断增强医院发展后劲与活力。

截至2023年12月31日，全院在岗职工1978人（事业编制1289人，编外665人，返聘协议24人）。岗位结构方面，卫技人员数1684人，占比85.1%；非卫技人员294人，占比14.9%。职称结构方面，高级职称374人，占比18.9%；中级职称638人，占比32.3%。学历结构方面，硕士及以上学历253人（其中博士19人、硕士234人），占比12.8%；本科学历1467人，占比74.2%，专科及以下258人，占比13.0%。医院拥有牟重临全国名老中医药专家传承工作室1个，浙江省名老中医药专家传承工作室1个，浙江省级名中医2人，浙江省中青年临床名中医项目培养对象1人，台州市中青年名中医2人，浙江省卫生创新人才1人，浙江省医坛新秀培养对象4人，台州市高层次人才特殊支持计划培养人选3人。在已拥有蔡秀军（邵逸夫医院）、赵性泉（北京天坛医院）、张茂（浙二医院）、陈海泉（上海复旦大学附属肿瘤医院）4个知名专家工作站及傅君芬（浙江省儿童医院）柔性引进人才1人基础上，2023年柔性引进邵逸夫医院泌尿外科李恭会主任。

2023年增添医疗设备223台（套），价值1800余万元。其中购置单价100万以上设备：钬激光治疗仪1台、彩超1台、胃动力检查系统1台、强脉冲与激光系统1台、高级模拟人1台，其余以更新换代与疫情防控设备为主。

【医疗质量管理】

质量指标管理　2023年，台一医以国家公立医院绩效考核、台州市公立医院考核为契机，以指标管理驱动医院高质量发展并渐显成效。2023年度有14项国考评分指标较上年同期向好，四级手术占比、百名卫技人员科研经费等重点指标改进有明显成效。2023年浙江省DRGs管理中医院CMI指数0.9987（全省排名18名），DRGs组数652（全省27名），医院时间指数1.08(全省排名22名），费用指数0.77(全省排名第2名），排名浙江省同级别医院第一位。

专科技术水平　2023年，台一医致力于技术水平提升，全年医院总手术17065人次，比2022年增加229人次，其中三、四级手术6186例次，三、四级手术占比36.25%，RW ≥ 2占比0.85%。2023年浙江省DRGs重点监控病种、术种监测中，有10个病种、9个术种位居全省前30名。依托医院优势学科，重点加强专科能力建设，2023年新增台州市名医工作室1个（中医科）。10月，医院获批浙江省二级癫痫中心单位，并于同月被国家卫生健康委能力建设和继续教育中心认定为认知障碍疾病专科能力建设项目记忆防治中心建设单位。重视MDT管理，成立MDT团队47个，为患者疾病诊治提供坚强保障。其中，肠癌MDT、肝胆胰恶性肿瘤MDT、疑难肺结核MDT等MDT在急危重、疑难杂症诊治发挥越来越重要的作用。

质量工具推广　2023年，台一医组织全院性质量管理工具培训15场，培训人次达2500余人次。广泛开展质量改进项目，2023年立项并结题院级项目15项，科级项目87项。积极参加省级及以上品管大赛，8个项目获得银奖及铜奖。继续推进临床路径管理，提高疾病诊治规范化标准化，截至2023年12月31日，医院共开展183个病种，2023年临床路径入径管理率达69%。

【医疗服务提升】

“最多跑一次”　2023年台一医进一步打造“互联网+”医疗服务模式，利用微信公众号、支付宝生活号，实现患者网上预约、就诊、缴费、检查检验报告查询、买药、发票打印、病案复印邮寄等服务功能。开通图文咨询、在线复诊、团队问诊等多种形式的互联网诊疗服务方便患者。2023年度台一医图文咨询16260次，在线复诊3924次，团队问诊200次，患者足不出户即可享受正常的就医需求。医院通过国家电子病历应用五级评测，推进医院进入全国高级别医疗机构信息化水平行列。

优质护理服务　2023年，台一医推行护理服务延伸，积极改善患者服务体验。基于医联体背景下构建融合PEST-SWOT模型的护联体模式，建立护联体质量管理体系，2023年护理管理人员、各护理专业质控小组人才及专科护士共50余人次下沉至医联体单位，培养黄岩区居家护理人员80名，全区开展居家延续性护理项目由原先的3项扩展到10项，医联体单位年终质量考核提升。切实提高医联体单位护理人员的临床护理技术及护理管理能力，培养优质护理团队，促进优质护理资源下沉。

实施全院“一张床”　2023年，台一医提高医疗资源利用效率，打破建院至今以病区为单元的床位使用模式，全院床位由综合服务中心统一调配。在兼顾患者病情判断及学科特点基础上，实行病人可跨科收治入院，解决患者住院难与床位使用效率参差的难题。全院“一张床”实施后，至2023年底共调配收住入院患者1610人，全院病床利用率从94.4%提高至109.9%，病床平均周转次数从49.5次提高至57.5次，急危重症患者优先收治得以确保。

【科研教学】

规培教学管理　2023年，台一医加强国家级住院医师规范化培训基地内涵建设，医院现具有带教资格242人，其中教授、副教授33人，讲师5人，硕士生导师8人。2023年共招收住培学员59人，结业学员40人，截至年底在培学员131人。结业考核通过率100%，执业医师首考通过率76.19%。组织带教老师参加各级师资培训班、继教班、参观学习共161人次。

科研继续教育申报　2023年，台一医修订《科技工作管理办法》，医院科研成果保持往年水平，获立浙江省基础公益研究项目1项、省医药卫生科技项目7项、省中医药科技计划项目5项、台州市科技计划项目立项19项。全年发表SCI论文31篇，获批发明专利2项。医院获批国家级继续医学教育项目12项、省级继续医学教育项目24项、市级继续医学教育项目8项。

GCP管理　2023年，台一医儿科（小儿呼吸、小儿免疫、小儿神经病学）、重症医学科、麻醉科、耳鼻咽喉科（耳科、鼻科、咽喉科）四个专科共8个GCP专业方向通过首次备案检查。截至年底，医院共备案19个药物专业（15个科室）、16个专业医疗器械专业（9个科室）。2023年医院承接药物临床试验13项目，器械临床试验4项，体外诊断试剂8项，其中血液专业OB765项目通过浙江省药监局日常督查。

【院区日常运营管理】　截至2023年底，台一医核定床位800张，实际开放床位1100张。2023年医院门、急诊量为138万余人次，出院病人6.32万人次，总收入12.62亿元。均次住院费用10095.79元，均次住院药品卫生材料费用4027.24元，在全省平均费用处于较低水平。增设医院绩效运营与医保管理部，专门负责医院内部运营管理与潜力挖掘，致力于提高医院精细化管理能力。

【深化医疗改革】

城市医疗集团　2023年，作为浙江省的3个试点城市之一的台州市出台《台州市紧密型城市医疗集团建设试点工作方案》。2023年底，医院牵头组建台州市第一人民医院城市医疗集团，成员单位包括黄岩区城区社区、东城街道、南城街道、北城街道、江口街道、澄江街道、新前街道、高桥街道8个社区卫生服务中心，院桥、宁溪、北洋3个中心卫生院，屿头、平田、上郑、沙埠、头陀、富山、茅畲、上垟8个乡镇卫生院，以及辖区的政府办社区卫生服务站（村卫生室）。在原医联体的基础上，成员单位数量增加9个，覆盖范围扩大至全区的基层医疗机构，延伸至村社。

内部机制改革　2023年，台一医重点推进内设机构、中层干部、医疗组三大改革，进一步理顺医院内部管理机制，助推现代医院管理制度落实落地。调整优化内设机构。根据《浙江省省属公立医院机构编制管理规定》、台州市主管部门要求及医院发展需要，调整管理机构、临床医技机构设置，在2019年党务内设机制调整到位的基础上，重点进行行政职能部门的功能整合与优化，医院有19个职能科室（含纪检监察室），32个临床科室，38个护理单元、11个医技科室。实施中层干部制度改革，整体调整优化中层干部队伍结构，建立干部任期制，打破干部终身制。新提任干部94人，选拔13名临床医技护理优秀青年骨干到行政职能科室兼职锻炼，启动干部年终考核，基本解决关键岗位轮岗、干部老龄化等干部管理问题。实施医疗组改革，制定《医疗组长考核办法》，优化医疗组架构，明确医疗组长资质及职责，实现绩效分配到医疗组，提高医疗组的积极性与能动性。

2023年10月21日，台一医第二十一党支部在新前敬老院开展关爱老人特色活动
（台一医　供图）

【承担社会责任】

志愿服务　2023年，台一医全面落实“三服务”“三为”实践活动，开展以党支部为主体的义诊志愿服务活动，2023年开展线下义诊42场，参与医务人员62人次，义诊服务11000名民众；利用各类平台，举办医学科普大讲堂101场，民众参与6040人次；发放宣传资料15000份，减免患者费用446800元。

对外交流　2023年，台一医与复旦大学附属肿瘤医院、浙江大学医学院附属邵逸夫医院、浙江省人民医院等上级医院开展进一步协作，与邵逸夫医院签订腹腔感染和重症胰腺炎诊治联盟协议，挂牌成立陈海泉知名专家工作站。与贵州省玉屏侗族自治县人民医院、印江自治县人民医院再次签订友好医院协议，与新疆兵团阿拉尔医院签署结对帮扶协议，保质保量完成援川、援疆各项任务。与台州章氏骨伤医院签署医疗合作协议。

【新院区建设】　新院区建设自2022年11月整体转归台州市社发集团管理，医院基建项目部配合。截至2023年底，一期土建总包项目剩余少量扫尾工程，配合一期幕墙、一期室内装饰分包单位施工；一期幕墙铝板内科楼完成工程量约60%，外科楼完成工程量约45%；一期室内装饰工程量完成约35%。二期土建总包项目剩余少量扫尾工程并配合二期幕墙、二期装饰单位施工；二期幕墙工程量完成约95%；二期装饰工程量完成约32%。各分包安装工程如医用气体、消防暖通、手术室净化、智能化工程等持续跟进施工。

（台一医　余青梅）

黄岩区中医院

【概况】　2023年5月，黄岩区中医院通过浙江省第四周期二级甲等中医医院评审，11月搬迁至新前街道世纪大道83号。新院区占地80578.8平方米，核定床位400张，设立11个病区，近30个临床学科。新院区引进美国GE3.0T磁共振、东软63排螺旋CT等高端设备，启用智能机器人物流系统，致力打造富有传统气息的现代化中医院。

【医院主要指标完成情况】　2023年，区中医院总收入2.98亿元，同比增长2.84%，其中业务收入2.54亿元，同比增长2.62%；总支出2.97亿元，同比增长6.44%。全年门急诊686209人次，同比

黄岩区中医院与内部环境一角（摄于 2023 年）　　（蒋雨霞　摄）

增长 1%；均费 229.96 元，同比增长 3.12%；出院 10220 人次，同比增长 9.41%；住院平均费用 8530.15 元 / 人，同比下降 19.54%；医疗服务收入占比 32.51%，同比增长 1.83%，药占比（不含中草药）30.33%，同比增长 -3.53%；实施手术 3998 人，其中三、四级手术 1316 人次，三四级手术占比 32.92%，在全省 30 家二级甲等中医院排名第二；疑难病例治疗能力 RW ≥ 2 的 1173 例，全省占比 7.52%，全省排名第二；医院疾病诊治综合能力 CMI 值 0.935，完成浙江省公立医院综合改革重点工作任务。

【廉洁“医”线构建】 2023 年，区中医院强化廉洁文化建设，构筑廉洁思想防线。坚持以“党建引领、坚守初心、三不为标、立德清风”为抓手，打造“筋骨相廉”清廉品牌，建设“医”网清风、“医”线监督、医心向廉三大板块的清廉医院宣传阵地及中医药廉洁文化阵地，常态化开展廉政教育和相关法律法规学习。组织开展“医起说清廉，廉风浸我心”的“青”廉故事会活动，引导青年扣好廉洁自律的“第一粒扣子”，提醒青年干部主动思廉、践廉，树廉洁之心、行廉洁之事、做廉洁之人。紧盯重点人、重点事、重点问题，继续加大医药购销和医疗服务领域商业贿赂的治理力度，推进“智廉医管家”项目计划试点工作，建设“医智廉”示范阵地。

【医疗质量提升】 2023 年，区中医院通过“二甲复审”现场评审。全院目标同向，工作同步，落实同力。经评审专家进行多维度、多层面、全方位的评审检查，确认符合“二甲”复审现场评审各项指标要求，顺利通过“二甲复审”现场评审。持续改进内涵质量，提升诊疗能力。牢牢抓住医疗质量这条生命线，围绕二甲评审标准，健全医院质量管理体系，落实核心制度，规范医疗行为，改进和全面提升医疗质量，确保医疗安全。每月 1 次医疗质量联合检查，发现缺陷及时告知科室整改，每月检查结果在临床科主任会议上公开，并形成医疗质量简报。强化医疗核心制度执行和患者安全措施落实，加大对危急重症患者管理力度，推动多学科会诊，提高治疗精准度。持续提高门急诊医疗救治能力，常态化落实应急模拟演练，提高突发公共事件应对能力。强化医疗质量管理服务。2023 年实施临床路径病种 62 个，临床路径覆盖率 61.42%；开展国家单病种质控管理，共管理病种 39 个，中医优势病种 18 个（骨伤科新增 2 个），上报 2986 例。深化优质护理服务，提升服务能力。完善各项护理管理制度，修订护理操作流程，完善优质护理、整体护理效果评价工作。引进护理管理系统，录入人员信息，不断磨合，逐步将培训考核和质控内容移接到管理系统，以信息化提升护理管理工作效率，配合等级评审需要。通过开展层级培训、专科培训、“三基”考试、技能考核、业务宣讲、应急演练等方式，提高护士理论和技能水平。

【推动医教研协同发展】 2023 年，区中医院加大对科教工作的资金投入与支持力度，激励医务人员积极开展临床科研和学术活动，提升医院核心竞争力。专科建设蹄疾步稳。2023 年，获批

7个县级重点专科建设项目，妇产科、中医经典科、麻醉科、针灸推拿科、治未病科、皮肤科、口腔科等学科建设实现新的突破，优势学科集群发展。持续加强科研创新。2023年，举办省级项目2项，市级项目2项。成功申报浙江省县级中医药优势学科（中医脾胃病科、针灸科）；成立汤一新脾阴学派浙东南传承基地、黄煌经方台州培训基地；举办何庆勇《伤寒论》、《金匮要略》培训（浙江省第三期）、台州市针灸学会学术沙龙。发表论文22篇，一级论文1篇，二级论文7篇。教育教学水平不断提升。成功申报台州市名医工作室领衔人"沈王明台州市名医工作室"；陈斌斐完成2019年全国中药特色技术传承人才培训项目，陈英成为2023年全国中药特色技术传承人才培训项目培养对象。荣获台州市中药调剂职业技能竞赛团体优胜奖、台州市职业技能竞赛针推赛团体二等奖、第五届"桐君堂"杯中药材真伪鉴别全国大赛中获团体优胜奖；陈英获台州市中药调剂职业技能竞赛三等奖、顾闳邴获台州市职业技能竞赛针推赛个人三等奖、张萍萍获台州市职业技能竞赛针推赛个人优胜奖。组织人员参加全国说医解药科普大赛，招募中医骨干录制《健康台州中医说》，举办中医进校园活动。

【提升服务质效】 2023年，区中医院优化就医体验。新院区顺利搬迁，绿化、室内装修、围墙设置等结合中草药绿植、二十四节气、太极八卦等多种传统文化元素，打造成为全区首个全民中草药科普教育基地以及省级中医药文化宣传基地。优化设备配置。重构信息化体系，上线三站一历新系统，完成智慧医疗的核心业务建设满足临床及行政管理部门对医疗数据及医疗行为的管控。引进数字化手术室、机器人物流、GE3.0T磁共振等高端设备，搭建全场景机器人服务系统平台，实现建筑设备智能化、智慧病房、机器人物流系统、精准预约挂号、网上在线缴费、药品配送智能化等互联网+医疗健康功能应用。实现以百姓健康需求为导向的智能化医疗。

【人才绘就新蓝图】 2023年，区中医院招才引智，蓄好人才"源头活水"。全年共举办10余场招聘，同时前往浙江中医药大学高校招聘、积极参与卫健局举办的社会招聘，继续实施"高层次人才引进计划"，拓宽引才渠道，探索"筑巢引凤"人才引进新机制。2023年共招聘职工55名，其中硕士研究生5名，为医院进一步发展壮大增加活力。育才培才，激发拼搏"奋进之力"。为人才培养通路，完成各层级梯次衔接，助力优秀人才成长，激励医务人员在职学历提升、进修学习。陈玲赴韩国攻读在职研究生；全年选送专技人员共46人前往浙大一院、省中医院、浙江省立同德医院、台州医院等医院进修ICU、急诊、脊柱、妇产科等方向；选送7名新入职医生前往杭州师范大学附属医院、浙江中医药大学附属第三医院、浙江省立同德医院等医院参加规范化培训。合理"用才"，坚持能者上原则。执行中层干部选拔任用程序，实现人才资源的合理分配。扎实推进人事制度改革，强化岗位聘用

2023年7月13日，黄岩区中医院开展"国医养国娃　中医中国人"暑期中医体验活动
（卢思伽　摄）

管理，不断提升医院人事管理工作的规范化与科学化水平。结合医院实际岗位空缺，顺利完成初中高级职称新聘任、续聘、考试报名、院内评审与材料报送等相关工作。

【凸显中医药特色】 2023年，区中医院持续丰富中医药特色服务，开展针灸、推拿、拔罐、刮痧等多种特色中医适宜技术，不断推出中药泡脚包、中药皂等富有中医特色的服务，让群众享受到“简、便、验、廉”的优质中医健康服务，助推中医药传承创新发展。

【发展文化新赋能】 2023年，区中医院结合医院各区域的布局及诊疗特点，打造出多层次、立体化的医院环境文化。医院坚持将文化与活动相结合，举办“国医养国娃　中医中国人”第二季等促进职工的身心健康，激发职工的工作热情。

【承担社会责任】 2023年，区中医院连续十年坚持开展送医送药进乡村、健康知识进社区、急救技能进企业等“三下三服务”系列活动，义诊足迹遍布城区周边以及宁溪、上洋、北洋、头陀、平田、院桥等乡镇（街道）。2023年共开展义诊活动22次，举办讲座9场，服务群众2500余人，发放免费药品价值约3万元，宣传资料3000余份。年初，携手黄岩区慈善总会向广大市民免费发放“新冠截断扭转汤”，活动持续进行16天，受益群众达27791人次。

（区中医院　张雅）

消防救援

综　述

【概况】 2023 年，区消防救援大队接警 1942 起，出动车辆 4610 辆次，出动人员 25107 人次，实现火灾形式和队伍管理“双稳定”。

【火灾防控】 2023 年，区委常委会、区政府常务会 6 次研究消防工作，高规格召开消安委成员单位集体述职会，全区 36 个部门、19 个乡镇（街道）主要负责人开展集体述职。加强区消安委办的实体化运作，强化消安委办牵头抓总作用，开展专项督导 106 次，下发提醒函 39 份，督导落实问题整改 537 处。全区督改火灾隐患 26.66 万条，其中重大风险隐患 160 条；常态抓 3.62 万家出租房消防安全检查，强化 938 幢高层建筑 A、B、C、D 分类整治；推动 1.9 万家“九小”场所严格落实“两条禁令”；按 150% 完成民生实事“75 周岁以上独居老年人安装智能联网火灾报警器”项目，为 1275 户老人安装智慧烟感报警器，首创开发“厂中厂”消防安全管理平台，探索推进厂中厂消防安全管理。

【开展消防宣传培训】 2023 年，区消防救援大队深入推进消防宣传“五进”工作，利用 90 余处户外电子屏幕、广告牌、社区消防宣传栏定期滚动刊播消防常识和警示广告，发送消防提示短信 12 万条；大队联合区安委办实施“消防安全明白人”计划，全年组织各类培训 60 批次，参与培训人员 1.3 万人次；先后开展市、区两级联动的火灾隐患集中曝光行动 6 次，累计曝光火灾隐患单位 21 家、隐患 45 条；首创利用“1+1+N”宣传模式，打

2023 年 1 月 12 日，黄岩消防救援大队联合多部门开展消防宣传直播
（区消防救援大队　供图）

造“橘乡消防宣传品牌”；联合相关部门开展消防宣传直播4场、拍摄火灾防范短视频11条、推广“台州消防安全码”完成20.1万人。

业务建设

【消防业务能力建设】 2023年，黄岩区消防救援大队坚持“主力军、国家队”建设标准，牢固树立战斗力根本标准，对辖区270家重点单位进行熟悉演练，组织开展“高低大化”及储能电站、锂电池等生产企业全过程、实战演练；对辖区830只消火栓进行排查维护保养，修订全区天然水源取水口名册，实地开展供水测试；全区乡镇专职队推广“通天房”火灾处置操法，并在2起“通天房”火灾扑救中成功营救3名被困群众；结合辖区灾害事故特点组织开展夜间化工灾害事故跨区域实战拉动联合演练，推广“三梯次三叠加”操法实战运用。

【城乡消防力量】 2023年，黄岩区消防救援大队根据辖区实际不断完善联合作战片区制度，每季度开展辖区14支专职消防队检查指导和考核，同时对293个微型消防站开展电话拉动1488次，实地拉动检查874次，提升社会消防力量火灾扑救水平。坚持“练为战”的指导思想，组织开展乡镇专职队和村居志愿队比武集训，在山海铁军杯大比武多种形式队伍竞赛中获村志愿队团体第一名。

（区消防救援大队　俞文斌）

民政与社会事务

民政事务管理

【概况】 2023年，黄岩区在册低保对象6770人，低保边缘对象1380人，特困人员对象398人，在册孤儿18人，困境儿童215人，低保家庭儿童481名；现有60周岁以上户籍老年人16.9万人；行政村297个，居民委员会15个，社区35个，专职社区工作者372人；在册社会组织757家，其中社会团体265家，民办非企业单位490家，基金会2家；在册养老机构41家。

【社会救助保障】 2023年，黄岩区低保标准统一调整为1110元/月，特困供养对象基本生活标准提高至1834元/月。全年共发放低保金7440万元，特困供养金912万元，临时救助金74.71万元，各类困难儿童生活补贴631.10万元。区救助站接待救助210人次，支付各类救治经费30万余元。残疾人“两项补贴”共发放3164.91万元。全区累计开展探访关爱困难群众2.3万多次，幸福清单送达20300多次。启动社会救助“善居工程”建设，对全区38户低保、低边家庭进行居住环境改造。建成并运行区级助联体“慈心荟”，全区现有区级助联体中心1个、乡镇（街道）助联体服务站19个、村（社区）助联体服务点346个，搭建区级、镇街、村社三级助联体服务网络。迭代开发“e家富”应用，构建家庭经济画像，推动扩中家庭实现增收致富。以“e家富”为基础实施的财金助力扩中家庭项目被纳入浙江省高质量发展建设共同富裕示范区第三批试点。

【养老服务】 2023年，黄岩区养老领域省市民生实事项目均超额保质完成。确定沙埠镇敬老院、北洋镇居家养老服务中心和黄岩朗高康复养老院为认知障碍照护专区建设单位，设置8个认知障碍照护专区，新增认知障碍照护床位132张。新建居家养老服务照料中心6家，新增40个村社居家养老服务照料中心无感服务智能终端配备。组织3期养老护理员培训共1130人次，新增持证养老护理员263人。新增老年人助餐点位20个，累计建成103个老年食堂（助餐点），依托各类餐饮企业设立永宁膳坊助餐点29个，依托养老服务机构、中央厨房等设立助餐点74个，从源头丰富、优化老年食堂市场供给。共惠及7820名老人，含五类兜底保障老人893人，就餐达105.12万人次。充分依托社区养老服务设施等资源，建成东城街道海棠社区、双浦社区、北城街道锦川社区、新前街道江城社区4个“老省心”综合体，为社区内和周边有需要的老人提供综合性养老服务。印发《关于推进“老有康养”工作建设“浙里康养·永宁长寿”金名片的实施意见》。归并高龄津贴发放工作，提高发放标准，落实高龄老人核查和动态管理。全年累计发放80周岁以上老人高龄津贴290587人次，共计发放1786.39万元。及时办理老年优待证和养老服务补贴，共制证1999张。开展民政服务机构安全生产和防疫管理，年初养老机构平稳度过疫情峰期，全年无安全生产事故发生。开展漠视群众利益专项整治和养老防诈宣传，提高老人获得感、幸福感和满意度。

【儿童关爱保护】 2023年，黄岩区孤儿、困境儿童、低保家庭儿童信息实现动态管理。区社会福利院全年共接收社会弃婴10人，送养10人，适龄儿童入学教育1人。19个乡镇（街道）均配备儿童督导员，各村（居）、社区共配备儿童主任347人。组织开展全区儿童主任及儿童督导员线上培训工作，累计培训364人次。完成全区留守儿童排摸工作，共排摸出留守儿童88名。“添翼计划”项目进展顺利，共开设3期康复训练班，惠及6名贫困家庭残疾儿童。“福彩圆梦·孤儿助学”“浙里护苗·圆梦助学”行动启动，为符合条件的6名孤儿、10名事实无人抚养儿童发放每人每学年1万元的助学金。配合市未保中心开展“益童护”公益夏令营活动及首批事实无人抚养儿童集中养育试点工作。

【水库移民】 2023年，黄岩区成功举办省水库移民工作会议暨共同富裕示范项目建设现场会。全年共下达4批次移民项目扶持计划，投入资金5972.75万元，涉及23个项目，分别为飞地抱团第四期至第六期以及20个美丽家园、生产开发类项目，截至年底建设完成23个。四期“飞地抱团”项目租金共864万元，均已发放至各移民村集体账户，各村平均增收5万元以上。注册成立由153个村经济合作社作为股东的佰富园区管理股份有限公司，让村民变股民、合作社变股东。“飞地抱团”项目分别荣获台州市“九富”最佳实践案例（第二批）一等奖、2023年黄岩区共同富裕最佳实践案例一等奖，相关做法被人民网转发。全区现有直补移民32373人，全年共发放直补资金1949.94万元。设立特困移民精准扶持基金，全年共发放补助资金115.95万元，惠及移民431人。共培训适龄劳动移民27期1231人，培育30名共富带头人。

2023年8月7日，区民政局在黄岩区助联体“慈心荟”开展“童”迎亚运活动
（区民政局　供图）

【社会现代化治理】 2023年，黄岩区聚焦城乡社区工作者履职情况、村（居）民自治工作开展等情况进行全面“回头看”。编制“村改社区”三年工作规划，谋划解决村改社问题。推进社区服务综合体品牌特色走深走实，新建成西苑社区服务综合体，累计建立14家社区服务综合体，并由第三方专业运营。探索形成嘉盛社区“嘉事谈”议事协商工作法，被评为“全省城市社区议事协商创新试点优秀单位”。新招录63名专职社区工作者，全区现有专职社区工作者372名，其中持证社工295名，大专以上学历达99%，实现每万名城镇常住人口拥有18名以上社区工作者。社会工作职业水平考试共3381人报名，参考率72.72%，通过考生733名。开展社区工作者轮训和积极心理学培训，培训460

人次，并在全市率先举办专职社区工作者技能竞赛。共有3人获评省、市级“社区工作领军人才”和“最美社区工作者”。

【社会组织监督管理】2023年，黄岩区严格社会组织准入审批，加强社会组织年检、评估和事中事后监管工作，完成社团和民非年检231家。推动社会组织建立健全内控制度，编制《社会组织内部管理制度示范文本》，绘制“社会组织小微权力运行流程图”；设立“理事会固定议事日”、搭建“会员会客厅”，建立“有事大家说、大事共同议”的监督机制。推进社会组织孵化基地建设，新增社区发展基金会1家。鼓励开展公益创投活动，投入53万元福彩公益金资助社会组织公益项目，组织举办黄岩区首届公益创投大赛。继续举办社会工作站品牌展演会，打造一批特色社会工作服务项目。将党的建设融入社会组织运行和管理全过程，党建入章率达95.76%、清廉建设入章50家，开展任职谈话6期，对38名社会组织负责人开展谈话。树培一批清廉社会组织品牌，打造省、市级清廉社会组织示范点4家，打造“清廉大讲堂”文化品牌。举办“清风入社·廉艺荟萃”清廉社会组织艺术文化展演。

【殡葬改革】2023年，黄岩区调整《台州市公墓布点规划（2017—2035）》黄岩范围的布点内容，确定新增公墓布点规模。完成第三批省级节地生态安葬示范点——平田乡凤凰山公墓示范点建设，投入建设资金400万元，建设示范点墓区共3亩。开展“青山白化”专项整治和“活人墓”问题整治规范工作。推广移风易俗、丧葬礼俗改革，按照丧事简办“六严禁”“五规范”要求，加强丧事管理。清明、冬至期间落实预约祭扫、代祭扫等文明祭扫服务。加强各类宣传和网络舆情监测，引导群众采用植树祭扫、鲜花祭扫、踏青遥祭、经典诵读等新形式。各乡镇（街道）墓地悬挂宣传横幅400余条，发放宣传材料5200余份，张贴公告500余份。

2023年9月12日，“奋楫笃行 青春正当时”首届专职社区工作者技能大比武在区传媒集团二楼举行（区民政局 供图）

【婚俗改革】2023年，黄岩区打造“幸福永宁”婚俗品牌，出台《黄岩区婚俗改革试点工作实施方案》。新建AAAAA级婚姻登记场所，场所面积约1500平方米，内设中西式颁证厅、婚俗博物馆、婚姻家庭辅导室等多功能场景。打造2千米户外爱情打卡点，设计婚礼旅游线路图，展现婚姻体验服务“黄岩印记”。开展婚俗改革倡议书、婚嫁新风“五进”活动。设立区级“家+合”婚姻调解室，开展婚姻家庭服务。七夕前夕在官河古道举办“穿越千年·幸福永宁”首届宋韵国潮医师集体婚礼，被《人民日报》、新华社等主流媒体争相报道。另有“幸福永宁·爱在520”婚俗新风倡导签名活动、台州梦创园“宋韵有约·幸福永宁”公益交友大会、联合优婚平台举办多场次的交友活动等，提升婚俗改革知晓率和群众参与度。推出特邀颁证、集体颁证、现场颁证仪式，实现颁证服务的制度化、常态化。全年共办理结婚登记2312对（含跨省通办68对）；婚育户一件事联办2037件，联办率达90%；开展婚前辅导、离婚调适等2025件，离婚申请撤回669件。全年共办理离婚登记935对。

【《黄岩地名志》出版】 2023年，黄岩区共办理道路命名7件，住宅区、楼宇联审19件，门（楼）牌登记11862件。定期开展地名标志牌巡查工作，确保路名牌整洁、完整。完成《黄岩区地名志》出版印刷工作；落实“一标三实”常采常新工作；完成永嘉黄岩段和乐清黄岩段市级界线联检任务，并签订平安边界共建协议。

【慈善服务】 2023年，黄岩区继续开展“慈善一日捐”等全民性慈善活动的监督工作，全年累计筹集善款超1100万元，累计支出救助款超1500万元，救助各类困难群众超2.7万人次。加大社会慈善组织培育支持力度，孵化“台州市黄岩区益企爱青年社区发展基金会”“台州市黄岩区北城街道嘉乐社区社会组织服务中心”2家社会慈善组织。完成宁溪镇乡贤助学慈善信托和对口支援慈善信托共计320万元。

（区民政局　赵志强）

退役军人事务管理

【概况】 2023年，全区共有服务中心（站）376家，创建完成65家“枫桥式”服务中心（站）。

【服务体系建设】 2023年，区退役军人事务局开展基层人民武装机构和退役军人服务站融合共建，实现服务站与乡镇（街道）人武部、村民兵连融合共建。乡镇级融合共建试点18个，覆盖率达94.7%，村级融合共建试点342个，覆盖率达100%。在全省退役军人服务站融合建设现场会上作典型发言。

【退伍军人“数智”安置】 2023年，黄岩区出台《台州市黄岩区计划安排工作退役军人待安排工作期间服务管理保障实施方案》，以重塑安置流程、加强待安置期管理、落实网上择岗等举措推进安置工作阳光透明。举办省退役军人移交安置网上择岗试点工作现场观摩会。2023年，全区安置转业军官多名，100%安置到行政（参公）岗位；安置政府安排工作退役士兵多名，72%安置到事业岗位。

【双拥共建】 2023年，区退役军人事务局开展节日慰问、老兵生日、关心关爱等常态化走访慰问，增强军人家庭和退役军人的荣誉感。春节、八一期间，组织全区500余名服务保障体系工作人员上门走访、送（贴）对联、年画，走访退役军人、现役军人，发放慰问金额80余万元。“9·30”烈士纪念日期间，组织开展关爱烈士遗属活动，对每位烈士遗属上门走访，并送上慰问物资。对黄岩区武警中队营房进行改造提升，改善办公居住条件。关心关注军人子女成长成才，挖掘潜力提供优质教育资源，努力在就近就便入学方面提供支持，共计帮助8名黄岩籍现役军人子女按第一意愿入学（入园）。

（区退役军人事务局　鲍嘉敏）

流动人口服务管理

【概况】 2023年，黄岩区流动人口服务中心围绕主攻“一千双百”三大跃升行动，推动流动人口工作高质量发展。截至年底，全区共登记在册流动人口239611人，出租房屋50449户。

【优化流动人口积分申领】 2023年，区流动人口服务中心结合政府数字化转型要求，深化机制创新，加强共享互认，着力打造公开、透明的流动人口积分服务供给平台。2月20日，启动新黄岩人积分申领工作，制作新黄岩人积分入学宣传动画片、宣传折页、海报等，到新前西范村文化礼堂、台州火车站西站、西城嘉丽阳光广场等流动人口聚集的地方宣传积分制和电子居住证。2023年，2716人次完成积分入学申领。

【常态化志愿服务活动】 2023年，区流动人口服务中心以新黄岩人志愿服务队为抓手，为新黄岩人提供理发、家电维修、法律咨询等志愿服务，正向引导流动人口开展各项志愿活动。3月5日启动雷锋服务月活动，相继组织百名新黄岩人志愿者在城区范围内开展文明劝导守交规、捡拾垃圾美黄城、规范停车疏畅通、清除“皮癣”洁市容等志愿者服务活动。同时，推出新黄岩人短视频制作公益培训班，新黄岩人手机摄影公益培训、新黄岩人全家福拍摄等活动，全年举办12场，组织志愿活动500人次。

2023年7月1日，区流动人口服务中心到黄岩区三友学校开展新黄岩人子女暑期防溺水安全教育宣传活动 （区流动人口服务中心 供图）

【新黄岩人交流服务新平台完善】 2023年，区流动人口服务中心借助新黄岩人交流中心，开展新黄岩人交流活动，提升他们的幸福感、归属感和获得感。3月8日，邀请椒江蒲公英社工为30名新黄岩人妇女传授编发、手工袋DIY技能;5月21日,举办“去有风的地方与你邂逅”单身联谊活动，为广大新老黄岩人朋友提供交友互动的平台；6月21日，举办“梅”好促共富、企业联万家活动。召开十四届十佳新黄岩人座谈会，探讨流动人口在黄住房、教育、医疗、工作等各方面的难处和问题，传达新黄岩人的诉求和期许，为更好地服务新黄岩人献计献策。

【“民工子弟子女”工程】 2023年，区流动人口服务中心全面排查新黄岩人子女学习生活情况，5月26日，组织近百名新黄岩人子女到黄岩区素质教育学校，开展“研有所思 学有所获”研学活动。6月，邀请黄岩区水上救援队为新黄岩人子女开展3期防溺水安全教育活动，普及相关知识，学习自救、援救等技能技巧。三友学校、新城新家、宏振学校等150余名学生参与活动。暑期,开展“小候鸟”爱心托班公益活动，联合李建华画室、黄岩区足球健身委员工作室、佳艺舞蹈艺术培训中心、象棋协会青少年活动中心、李迪书法室开展新黄岩人子女公益培训。

（区流动人口服务中心 徐柳雪）

社会治理

【概况】 黄岩区社会治理中心围绕基层治理体系和治理能力现代化建设，中心集成运行监测、矛盾调处、分析研判、协同流转、应急指挥、督查考核六大功能，打造“善治永宁”治理品牌，全力推动“141”（一中心、四平台、一网格）体系贯通落地。2023年，中心共受理各类案事件73393件，矛盾纠纷化解率达99.20%，中心指令响应率达100%。11月17日，中央政法委委员、秘书长闾柏一行到中心调研，肯定中心在综合信息指挥室实战实效建设中的先行探索，点赞中心对“枫桥经验”的创新发展。10月20日,全市乡镇(街道)综合信息指挥室实战实效现场会在黄岩召开。

【推进分级建设】 2023年，黄岩区社会治理中心推动区乡两级实战化、实用化运转，实现“141”体系线上线下一体运行。创新化迭代升级区指挥中心，面积扩展至500余平方米，提升优化软硬件，配置3个区3个室12个岗。建设分布式指挥体系，打破物理空间阻隔。标准化推进乡镇分类建设，制定《黄岩区乡镇（街道）指挥室建设规范》，根据地理位置、社情民情、治理基础等实际情况，分类城区精治、城镇普治、西乡简治的ABC三大板块，明确不同建设标准。结合各乡镇（街道）面临的痛点或治理重点，以挂图作战方式，推进“一地一品”工作。全区19个乡镇（街道）综合信息指挥室全部实体化运行，并创建3星指挥室2个、2星指挥室3个、1星指挥室7个。

【数字化改革赋能】2023年，黄岩区构建问题驱动的响应体系，依托智治大脑为核心的智治综合集成效应，区乡两级指挥中心（室）主动发挥监测发现问题、研判分析问题、流转调度督办解决问题等职能，推动全区形成标准应用齐头并进，个性治理各显神通的局面。搭建两治协同的工作框架，遵循“智治+人治”两治协同的要求，分类型、分领域，按照“一件事”模式，完善各种类型系统应用流转交办、分析研判、指挥调度、督查考评等工作闭环。组建多部门参与、具备“数据加工+人工研判”能力的大研判中心，以基层智治大脑为底座，以智慧城管、环保蓄水池等各专业领域场景应用为依托，实现“物联感知+人力感知”一体化收集。

【打造协同格局】2023年，黄岩区社会治理中心坚持整体治理合力打造，不断强化横向多部门协同、纵向区乡两级融通，持续提升治理效能。全面提升实战能力，区乡两级指挥平台全面构建纵向垂直、横向融合的“五岗”工作体系。常态化开展网格联动演练15轮250场次，涵盖9种类型21种场景，配置单兵301个，强化实战实效，打造基层治理队伍。建成协同格局，建立五岗拓扑关系，厘清五岗和特色岗之间的业务协同逻辑，实现每一岗位协同增益。“非警务”“智慧城管”“民呼我为”等多款应用，在区乡两级完成集成流转，在指挥室完成与执法外勤力量、社会力量的对接，做到多跨业务融合。

【社会矛盾纠纷调处化解】2023年，黄岩区社会治理中心全面深化诉源治理，完善矛盾纠纷多元调处化解机制，坚持发展新时代“枫桥经验”。8月，《人民法院报》报道黄岩区社会治理中心诉源治理的探索之路。加强平台优化，对自主研发的“善治永宁”应用平台进行整改优化，于4月重新推广。2023年，将诉求转至四平台或部门处理5560条。协助政法委、司法局推进“智慧调解”系统的实践应用，促进调解规范化、专业化，提升纠纷化解成功率。协同检察院等部门构建模具（塑料）产业大脑的“模法服务”子场景，并获2023年度黄岩区改革攻坚最佳案例评比活动三等奖。加强诉前调解，坚持把非诉讼纠纷解决机制挺在前面，从源头上减少诉讼增量，调研学习杭州、宁波等地关于诉源治理、市场化调解工作的经验做法，尝试在诉前调解阶段引入市场化有偿调解服务，为群众提供低成本的非诉讼纠纷解决方式。加强机制完善，研究出台《黄岩区社会治理中心重大矛盾纠纷处置机制（试行）》，制定“四平台”派单异常送审表和区社会治理中心重大矛盾纠纷处置流转单，统筹协调部门间业务协同联办处置。2023年收到乡镇（街道）及部门上报的需中心组织会商的重大矛盾纠纷共8起，均妥善处置。

（区社会治理中心　张裕苑）

人力资源和社会保障

【概况】2023年，黄岩区人力资源和社会保障局区人力社保局新建成零工市场2家，城镇新增就业人数同比增长3714人，接收欠薪线索案件同比增长16.7%，人力资源服务业和技能型社会建设实现新突破。

【创业就业】2023年，黄岩区城镇新增就业10128人。根据国家、省、市部署，执行阶段性降低失业保险费率、失业保险稳岗返还等政策，为489家次企业发放稳岗补贴718万元，为66家次企业发放一次性扩岗补助72.45万元。兑现新员工自行来台交通补贴等企业留岗促产补贴 42.66 万元。为失业人员、就业困难人员等重点群体发放失业保险金及社保补贴 5725 万元，惠及 2.6 万人次。向 1741 名高校毕业生发放高校毕业生到非公有制企业就业补贴 1125.53 万元，发放就业见习补贴 406 万元。在全区建成零工市场 2 家，为灵活就业人员和用人主体提供公益性线上线下零工服务平台。

【人才引育】 2023 年，黄岩区新引进高校毕业生 9502 人，其中博士 21 人、青年博士 11 人。新引进 2 家亿元投资项目，新落地“500 精英”创业企业 15 家，新入选“500 精英”创新人才 5 人。举办台州·黄岩第七届全球高层次人才创业大赛和 2 次区级评审，新入选 33 名创业创新人才。举办“智汇台州　百校引才”校园招聘会 25 场次、区内招聘会 15 场次。谋划建设清华大学社科学院黄岩实践基地，制定《关于“双百千万聚才创新创业工程”的实施意见细则》和《黄岩区青年人才招引专项行动方案》。人力资源产业引育有所突破，与猿派 IT 项目达成落地意向，出台《黄岩区加快服务业高质量发展的若干意见（试行）》，实现黄岩数字人力资源领域的突破。博士后工作站共引进博士 11 名，新设省级博士后科研工作站 2 家。资助“500 精英”创业创新项目 25 家次共计 1810.3 万元，其中快速启动资金拨付 6 家。发放高校毕业生安家补贴 1076 人 693 万元（税后），租房补贴 35 人 30.13 万元（税后），审核通过 28 位高层次人才及高校毕业生房票补贴，最高补贴 748 万元。举办黄岩区首届“三新”人才评选，坚持“破四唯”和“立新标”并举，共评选出 10 位“三新”人才。协调解决 72 位人才工作积分兑换者子女入学申请。统筹安排近 1300 名人才健康体检。

【社会保险】 2023 年，黄岩区各险种参保总量达到 74.08 万人次，其中企业养老保险 32.67 万人，城乡居民养老保险 12.5 万人，机关事业养老保险 1.83 万人，工伤保险 27.1 万人，养老待遇足额发放率 100%。积极开展“社保走基层、政策零距离”系列社保宣讲活动，开展集中活动 65 场，向企业寄送《企业参保告知书》2000 余份，发放宣传资料 3 万余份，发送短信和彩信 2.5 万余条，参与群众近万人。新增申领实体社保卡 8500 张，新增电子社保卡 9.83 万张，实现图书一卡借阅、公交车乘坐及公共自行车借用功能。与民政部门对接推出“永宁膳坊”服务，老年人可凭借社保卡到指定的餐馆就餐享受优惠，共推出 64 家合作餐厅，遍布 10 个乡镇、20 个城乡社区。落实省市相关政策，实施《浙江省用人单位招用不符合确立劳动关系情形的特定人员参加工伤保险办法》，将大龄劳动者、实习学生、新就业形态劳动者等 7 类人员纳入单险种参加工伤保险范围。

【劳动协作关系建立】 2023 年，黄岩区举办跨省驻点招工招聘会 11 场，免费包车接回贵州黔西南州兴义市 120 多名返岗务工人员，与各地人社部门签订劳务协作协议 6 份，并与江西省人才开发有限公司签订黄岩驻江西劳务服务工作站协议。组织“开工第一课”活动 178 场次，累计培训劳资专管员、劳动关系协调员 3421 人，完成主动监管服务任务 9001 家，帮助、指导企业 1854 家。

【劳动关系劳资纠纷处理】 2023 年，黄岩区受理各类欠薪线索案件 2860 件，按照平稳快速的原则在规定时限内办结。积极开展人力资源市场秩序整顿专项行动，规范企业用工 3260 家次，其中在建工程项目 1295 家次。涉及农民工 3486 人次，通过协调等非立案方式解决欠薪案件 2489 件，涉及 719 名农民工工资金额 4003.9 万元。劳动仲裁立案 648 件，结案 661 件，案件调解 396 件，联合区司法局、区法院共同打造“调裁审执”一体化机制，被浙江省社会保险和就业服务中心列入“基层劳动人事争议调解服务规范省级地方标准建设”2023 年度社保就业服务省级优化提升项目实施地区，并就相关工作在 2023 年度全省劳动人事争议仲裁练兵比武暨仲裁创新试点工作现场会上作典型发言。

【技能人才培养】 2023年，黄岩区高质量开展职业技能培训18602人次，新增技能人才7206人、高技能人才2874人。打造技能小镇,构建"产教培"融合发展、"政企社"协同推进、"育选用"衔接贯通的技能人才培育体系，技能小镇等被作为全省技能型社会建设现场推进会的参观点位。以"政校企社"四方资源组建"黄岩区模具小镇职业技能培训评价联盟"，建立30分钟技能人才培育（培训评价）服务圈。公元股份有限公司入选浙江省"新八级工"制度试点企业，为全市首家。

【人事考试】 2023年，黄岩区共招聘事业单位工作人员297人，其中教育系统招聘教师103人，卫健系统招聘卫技人员74人。组织完成全国社会工作者职业水平考试，参加考试人数3374人，共设2个考点，110个考场。组织专职社区工作者考试，参加考试972人,共设1个考点,34个考场。

【人事管理】 2023年，黄岩区提高事业单位新聘用人员政治素质、政策理论水平和业务能力，于11月中旬组织125名2023年新聘用的事业单位人员参加岗前培训。提升专技管理服务应用平台效能，共完成黄岩区职称申报人数420人的资料网上审核工作，其中93人初级职称认定审查并制作电子证书，11人中级职称认定审查并上报市局，13人外市职称调入审核工作，4人援川高级职称认定推荐上报工作。在职称推荐方面，共推荐上报各系列正高级4人，副高级140人。

（区人力社保局　李林南）

生态环境

自然资源和规划

【概况】 2023 年，台州市自然资源和规划局黄岩分局认真履行保护和保障核心职责，优空间、促集约、护资源。配合完成黄岩辖区内台州市国土空间总体规划方案编制审查，完成《永宁江科创带概念规划、总体城市设计及重点地区详细城市设计》成果编制；全年争取新增用地指标 2933 亩，申请重大产业项目奖励指标 572.5 亩，创历史新高；完成供地 3469 亩，其中完成经营性用地出让 693 亩，工业用地出让 805 亩；完成首次耕地保护“国考”目标，落实耕地保有量和违法占用耕地“零新增”任务。

【资源要素保障】 2023 年，台州市自然资源和规划局黄岩分局积极做好土地供应，全力保障重大产业项目用地需求。全年共完成土地征收 3356 亩，其中向上级争取新增用地指标 2933 亩，申请重大产业项目奖励指标 572.5 亩，创历史新高。保障中弘晶能、清淘能源等一批重大产业和基础设施用地，完成 2 个省级重点项目甬台温高速公路改扩建工程黄岩段 1085 亩和台州市域铁路 S2 线黄岩段 773 亩项目报批。2023 年共计完成供地 3469 亩，完成经营性用地出让 693 亩，土地出让金 42.7 亿元；工业用地出让 805 亩，完成率 115%。

高桥街道东星村土地整治项目　（丁龙国　摄于 2023 年 9 月 24 日）

【土地集约节约利用】 2023 年，台州市自然资源和规划局黄岩分局深化土地节约集约利用，盘活存量建设用地 1113 亩，市对区考核完成率 159%；城镇低效用地再开发 818 亩，市对区考核完成率 116.8%；2009—2022 年批次批而未供土地消化 1550 亩，均提前 3 个月超额完成考核任务。

【自然资源执法监察】 2023 年，

台州市自然资源和规划局黄岩分局严肃查处"大棚房""非法采矿""非农化"等违法违规行为，2023年，台州市黄岩区自然资源行政执法队出动巡查次数97次，立案查处作出行政处罚决定7宗，移送法院2宗。以卫片执法为抓手，落实最严格的耕地保护制度，黄岩区2023年部级下发卫片566宗图斑，截至2023年底违法占用耕地图斑均处置到位，实现耕地违法"零新增"。

【地质矿产管理与修复】2023年，台州市自然资源和规划局黄岩分局完成8个达到自然恢复条件的自然资源部下发废弃矿山历史遗留图斑的验收，总面积37548.22平方米；完成台州市黄岩区院桥镇上岙村南西废弃采石场、黄岩区院桥镇沙门店村废弃采石场和黄岩区澄江街道葛村废弃采石场的生态环境治理工程共3处第二轮中央环保督察废弃矿山项目的竣工验收工作。

【国土空间规划编制】2023年，台州市自然资源和规划局黄岩分局在"三区三线"划定成果基础上，配合市局完成黄岩辖区内台州市国土空间总体规划方案编制审查及相关工作；开展乡镇级国土空间总体规划编制工作，各乡镇完成国土空间总体规划方案评审稿，其中院桥镇、沙埠镇国土空间总体规划评审会已召开并原则予以通过，全面提升国土空间治理水平。

【专项规划和控规编制】2023年，台州市自然资源和规划局黄岩分局开展概念规划及城市设计、研究性规划编制、控规修编工作。完成《永宁江科创带概念规划、总体城市设计及重点地区详细城市设计》成果编制、《黄岩永宁江科创新城东浦地块详细城市设计》方案编制。推进《黄岩区全域空间发展规划（2022—2035年）》《主要路网专项规划和规划用地布局研究》等规划编制。完成《台州市黄岩分区HCJ021（澄中东）规划管理次单元控制性详细规划》等30个控规修编，并开展《台州市黄岩分区HDC012（王西）规划管理次单元控制性详细规划修改》24个控规修编。

【村庄规划】2023年，台州市自然资源和规划局黄岩分局完成5个村庄规划编制和2个村庄规划调整，并推进7个村庄规划编制工作。

【耕地保护】2023年，台州市自然资源和规划局黄岩分局大力推进垦造耕地和永久基本农田集中连片整治。2023年黄岩区土地整治项目完成立项87个，规划新增耕地面积6497亩，规划新增水田5412亩；通过省、市验收项目42个，新增耕地面积1591亩，新增水田1206亩，其中"旱改水"766亩，实现耕地占补平衡三项指标转正。完成黄岩区北洋镇前蒋村千亩方永久基本农田集中连片整治等9个项目的立项实施，总面积11285亩，2023年完成项目面积7433亩。积极谋划跨乡镇、单乡镇土地综合整治项目并上报省厅立项。其中，院沙高跨乡镇土地综合整治项目涉及3个乡镇、25个行政村、4.38万人，总投资达130亿元，涉及建设用地5555亩，可复垦3461亩；头陀镇孙家汇村土地综合整治项目预计新垦造耕地50余亩，旱地改水田400余亩，农村建设用地复垦150余亩，新建成1个百千万工程，永久基本农田集中连片整治面积800余亩。

【地灾智治】2023年，台州市自然资源和规划局黄岩分局积极提升地灾防治能力，完成因2019年利奇马台风新发生地质灾害（隐患）点全部49处工程治理和13处搬迁避让。对全区地质灾害风险防范区进行梳理排摸，划定地质灾害风险防范区146处，共涉及15个乡镇67个村。完成台州市地面沉降风险评估与区划，更新地面沉降分区评估1个。完成黄岩区15处地质灾害监测预警实验点建设。组织全区地质灾害防治工作业务培训，推广使用"地灾智防"App，开展进农村文化礼堂宣传活动12场。做好地灾预警信息发布，降雨期间共发送气象预警信息38个批次9413条。

【不动产登记】2023年，台州市不动产登记服务中心黄岩办

2023 年 7 月 12 日，台州市不动产登记中心黄岩办事处到大悦瑞府开展“永宁 e 登”送服务进小区活动　（沈佳莹　摄）

事处共受理办结各类不动产登记案件 55062 件，其中抵押登记 17128 件，抵押金额约达 2264.30 亿元；权调已完成数据入库 1081 件，其中企业（含历史遗留）591 件，楼盘（含安置房）13 宗，个人 449 件，实现服务效能提升，并获得“2023 年浙江省工人先锋号”荣誉称号。结合“放管服”改革和优化营商环境，开展不动产登记队伍作风和素质提升专项行动、不动产登记大厅“体检”等活动。全年共进行党风廉政教育、业务讨论和学习等共 45 学时的学习培训，修订《疑难件内部处理规则》《窗口应急管理制度》等工作机制，增加《登记业务退件管理办法》等内容，不断夯实制度规范，改善工作作风。探索二手房“带押过户”登记新模式，2023 年共完成 12 笔二手房“带押过户”业务，实现多部门事项集成受理、同步办理、一窗出证，降低二手房交易成本和风险。以“永宁 e 登”为党建品牌，组织党团员、青年业务骨干送服务进小区，为绿城、大悦瑞府的业主们提供交付现场办证指导服务，全面推进新建商品房“交房即交证”登记新模式。联合区住建部门推出“验登合一”服务，提前介入、审核前置、简化环节，通过“验收服务集成改革”等创新举措，实现竣工联合验收与不动产首次登记同步测绘、同步审核、同步办理。

【规划审批】 2023 年，台州市自然资源和规划局黄岩分局持续提高规划审批质效，所有项目营商环境无感监测指标均控制在 0.5 天内完成。全年累计出具规划条件 37 项，完成台州市南部湾区引水工程、甬台温高速公路黄岩段桥下地面道路工程等用地预审与选址意见 14 项，大有艺术中心等建设工程规划许可 76 项，建设用地规划许可 42 项，建筑方案审查 22 项，累计新增建筑面积 214 万平方米。

【三改一拆】 2023 年，黄岩区“三改一拆”办以城市更新为抓手，做好“留改拆”工作。着重处置工业企业违法搭建、消防安全隐患、村留地与村集体等大体量违法建筑，全年共处置违法建筑 70.2 万平方米，其中拆除违法建筑 52.5 万平方米。排查涉及安全隐患违法建筑 44 宗面积共 23450 平方米，并全部处置到位。开展旧厂区改造，促使企业低效建设用地“二次开发”，2023 年 2 个旧厂区项目总建筑面积 32750 平方米，已全部完成拆除并重建；围绕城乡风貌综合整治、老旧小区改造、美丽乡村建设等，改善人居环境，完成旧住宅改造 28 万平方米，城中村改造 19.8 万平方米。

【优化自然资源管理】 2023 年，台州市自然资源和规划局黄岩分局开展集体土地所有权确权登记成果更新汇交工作，完成黄岩区 19 个乡镇（街道）、348 个行政村的外业调查和内业建库工作，成果提交省厅。实施黄岩区城市国土空间监测项目，完成水网、路网和空间信息细化更新与采集 14 万余条，城区内房屋建筑面层 11 万余处。开展自然资源统一确权登记工作，完成黄岩区长潭水库等 8 个登记单元的权属调查、数据建库和调查成果的编制工作，开展大寺基林场地籍调查成果的更新入库。

（黄岩区自然资源规划分局　管依真）

气象服务

【概况】 2023 年，黄岩区气象局贯彻落实《气象高质量发展纲要（2022—2035 年）》，助推政府出台《关于加快推进气象高质量发展的实施意见》。继续强化项目引领，科学谋划建设监测能力提升工程（三期）、北洋观测基地提升工程等重大工程项目，加快推进人影能力提升和雷达站软实力配套建设。

【气象观测】 12 月 31 日 20 时，黄岩国家气象观测站业务启用工作完成，自此代表黄岩的气象数据重新拥有“法定身份”。年内新增气象站点 16 个，负氧离子监测设备 4 套，新建视程障碍仪 1 个，改造气象站点 11 个，截至年底累计共建 106 个站点，地面站网精密到 3.07 千米。完成 X 波段雷达建设并组网运行，业务化运行毫米波云雷达、微波辐射计等垂直廓线观测设施，风廓线雷达正在加快推进。

【气象服务】 2023 年，黄岩区气象局在长潭水库建成浙江省人工影响天气外场试验基地，开展综合防灾力量整合试点工作，不断

2023 年 3 月 13 日，筑梦研学　气象“童”行——让气象科普走进平田山区孩子心坎里

（区气象局　供图）

提升监测预警、人影作业等气象服务保障能力。开展重大灾害性天气监测预报预警服务，在防御低温雨雪冰冻、强对流天气、台风等灾害性天气过程中，按照“梯次化”“13110”预报预警［“13110”极端灾害性天气梯次化预报预警业务分为“1”天、“3”小时、“1”小时、“10”秒、“实时”五个阶段，具体如下：“1”是指提前 1 天以上发布精细化到县（市、区）的全市灾害性天气预报影响提示，提醒市、县防汛责任人提前进行工作部署；“3”是指提前 3 小时发布分片区强对流潜势条件分析和强天气防范提醒，提醒同级防指安排防汛值班值守，开展隐患排查，部署防御措施；“1”是指平均提前 1 小时发布精细化到乡镇（街道）的预警信号并开展高级别预警叫应工作，根据灾害影响适时

2023 年 12 月 3 日，黄岩气象精细服务保障马拉松赛事顺利完成

（区气象局　供图）

启动面向高风险区公众的靶向预警短信发布；“1”是指乡镇（街道）相关责任人接听气象预警叫应有效时间不少于10秒，确保基层政府第一时间了解灾害性天气情况，及时做好气象灾害防御部署工作；“0”是指面向各自动气象站关联风险点的基层安全责任人，实时自动短信推送超阈值实时警报，提醒做好人员转移、安置保障、紧急抢险等工作］服务机制（极端灾害性天气梯次化预报预警业务细则）开展工作。全年发布影响提示33次，警戒提醒40次；发布气象灾害预警信号217期（含解除），与区应急管理局等部门联合发布各类风险预警19期；开展分级叫应2289次，实况通报23次；3次启用农村应急喇叭比上年有明显提升。在防御台风“杜苏芮”过程中，运用“13110”机制，开展灾害防御。平田乡根据气象预警叫应，对地质灾害风险防范区内受威胁人员进行转移，降低房屋坍塌风险和地质灾害风险，避免人员因灾伤亡。坚持防汛抗旱两手抓，利用有利天气条件，开展人工增雨作业。年内开展人工增雨作业57轮次，其中对空发射火箭弹22轮次113枚，烟炉增雨作业48轮次，燃烧烟条58根，有效增雨约680万吨。高效完成亚运会、亚残运会人影保障任务，组织人影作业人员参与保障服务。完成台州马拉松气象服务保障，获得赛事组委会肯定。优化决策气象服务运行机制，强化党委政府防灾减灾救灾决策指挥和应急管理支撑保障能力，充分利用电话、浙政钉等方式，为地方党政领导和应急、水利、资规、农村农业、交通等20多家单位提供实时在线服务。年内共发布气象呈阅件2期，重要气象报告5期，气象信息快报15期，天气公报4期，天气简报7期，专题气象服务22期，生态保障专题气象服务1期，重大气象灾害评估1期，气候影响评价14期，气候公报16期。2023年汛期气象服务工作获常务副区长和分管副区长批示肯定。

（区气象局　陈丽红）

环境保护

【概况】 2023年，黄岩区再次捧回“五水共治”“大禹鼎”，县级以上集中式饮用水水源达标率为100%，省控以上断面优良率100%；空气优良率96.2%，同比上升0.6%；$PM_{2.5}$均值21微克/立方米，同比上升10.5%。污染地块安全利用率100%，建设用地地块调查覆盖率达100%。

【规划与审批】 2023年，黄岩区完成《黄岩区生态环境保护“十四五”规划》中期评估。完成高桥街道产业园区“区域环评＋环境标准”改革首例应用，全年共审批建设项目环评20件，按照“区域环评＋环境标准”改革备案55件，无“两高”项目审批。完成排污许可发证94家，排污许可证登记159家。

【污染防治】 2023年，黄岩区污染防治工作开展治气、治水、治废工作见成效。治气攻坚。深入开展臭氧污染防治、柴油货车污染治理、污染天气消除三大治气攻坚行动，完成81家企

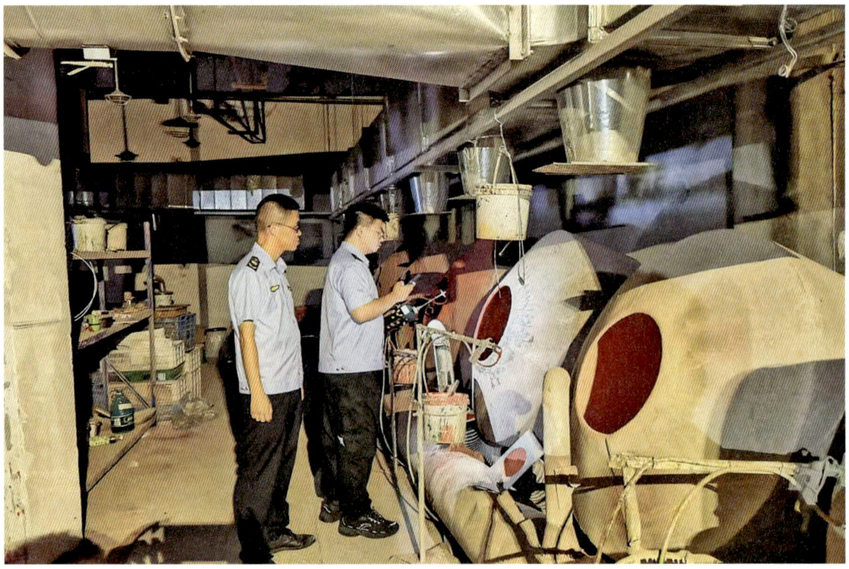

2023年11月3日，黄岩生态环境分局“夜鹰行动”现场图

（黄岩生态环境分局　供图）

业污染防治绩效提级、150 家低效 VOCs 治理设施升级改造、15 家重点行业 VOCs 源头替代、34 家塑料件涂装企业综合整治、6 家印刷行业提标整治以及上峰水泥公司粉磨站超低排放改造整改等工作；淘汰老旧柴油叉车 232 辆，完成路检路查入户检查车辆 300 辆、非道路移动机械上牌登记 300 辆、非道路执法检测 700 辆；调整和新建道路扬尘自动监测点位各 4 个，新建高空瞭望点位 3 个，复用高空瞭望点位 20 个；建成乡镇空气站 18 个，实现区域监测全覆盖。治水护源。启动台州市（黄岩）区域再生水循环利用国家试点建设。完成全区所有村级以上河道 1600 余条入河排污口“查测溯治”第一轮排查。江口医化园区标杆园入选省级星级园区培育名单。完成半岭溪、黄岩溪一级电站水库、后岙溪等 3 个千吨万人饮用水水源地规范化建设。保护长潭水库饮用水水源水质安全，完成长潭水库缓冲带生态修复工程。治土清废。开展受污染耕地“源解析”，受污染耕地安全利用率达 93% 以上。完成轻化投资区土壤（地下水）修复治理方案编制。完成黄岩区“无废城市”建设实施方案编制，持续推进无废细胞创建，2023 年完成创建 20 个，累计创建 120 个。治噪还宁。开展漠视群众利益噪声专项治理，先后组织噪声检查 108 次，设置广场舞噪声自动监测点位 5 个，办理噪声信访件共计 105 件。

【环境执法】 2023 年，黄岩区围绕护航亚运，完成 89 家省、市政企协商调产修整工作；组织“夜鹰行动”4 次；对 99 家重点管控企业开展 10 轮次巡查。全年责令改正违法行为决定书 70 件，行政处罚立案 37 起，作出行政处罚决定书 60 件，共处罚款 1118.78 万元。治安移送公安机关 5 件，行政拘留 1 人。调处信访件 700 件。

【环保督察】 2023 年，黄岩区完成中央二轮环保督察 39 件信访件、10 个交办问题，省级 7 张问题清单、2022 年省督反馈问题整改。其中，新前铸造行业问题提前 1 年完成；中兴砂场问题整改入选省委“七张问题清单”总典型案例库。

【环保改革】 2023 年，台州市首个 EOD 项目“水美黄岩 · 芳养共富”取得实质性进展，已获授信融资 22 亿元。黄岩智能模具小镇入选浙江省第三批减污降碳协同试点，头陀镇断江村、北洋镇瑞岩村等 16 个村（社区）入选第三批低（零）碳村（社区）试点。黄岩交通旅游投资集团有限公司被列入首批省级环境健康友好创新试点。“台州黄岩鑫发金属制品有限公司废水渗漏生态环境损害赔偿案”入选省级典型案例，为全省首例赔偿权利人就赔偿义务人不履行排污行为造成生态环境损害修复或赔偿责任提起的民事诉讼，并最终以调解的方式解决的案件。

【环境宣传】 2023 年，台州市生态环境局黄岩分局学习宣传习近平生态文明思想，全年开展生态文明大宣讲 20 场、环保知识宣讲“四进”活动 40 场。深化环保设施对外开放式，全年开展活动 20 场，其中黄岩区“双线联动共推环保设施向公众开放”案例入选全国首部《环保设施向公众开放优秀案例集》；

2023 年 5 月 20 日，黄岩区环保小卫士在鉴洋湖湿地公园探寻自然奥秘
（黄岩生态环境分局　供图）

黄岩“污水处理研学和高中STEAM课程”获全国中小学生生态文明教育优秀案例社会教育组二等奖。

（黄岩生态环境分局　朱雪萍）

长潭水库管理

【概况】 2023年，黄岩区长潭水库流域面降雨量仅为1633.3毫米，为上年降水量的113.0%，为多年同期平均值的87.4%；初步估算累计入库水量3.41亿立方米；城镇供水量2.83亿立方米；灌溉结合发电用水量3.12亿立方米。全年蓄水量减少，导致发电能力不足，无发电量。全年实现经济总产值6928万元，其中供水6837万元，其他经营（林业、渔业、三产）等收入91万元。

【水质保护】 2023年，黄岩区长潭水库事务中心加强《台州市长潭水库饮用水水源保护条例》的法律法规宣传普及活动。坚持部门联动，会同水利、环保、海事、农业、国土、公安等部门到库区开展联合执法9次。开展“清网、清排行动”等专项整治行动，打击长潭水库一级饮用水水源地的各类违法行为，改善库区环境。全年依法收缴鱼竿3000多根，大小网具500多条，拆解排筏72张，劝离烧烤上千人次，劝离放活动12例。开展禁捕行动。7月18日至8月17日，开展应急禁捕专项行动，32户渔民家庭的船只相继调离水面。全年库区保洁工作开展，清理打捞水上漂浮物，总计运出库区各类垃圾1230余吨，清理湖床面积5700余亩，清运植被6000余吨。强化重点湿地、溪流管控部署，确保目标区域水质安全。受台风影响，在8月重新收回柔极溪拦网整理、铺置拦网400米，永宁溪台风后重新更换拦网300米，修补破损拦网500米，实现对溪流冲刷的各类垃圾的截留及集中打捞，为守护水质增加防护屏障。调整优化库区渔业资源结构，按照库区现状渔业结构情况和渔业资源调研报告相关建议，开展夏、冬两季增殖放流工作。5月，精选鲢鱼鱼苗3642.5千克、2万余尾在水库取水口外拦网区域进行投放。12月，投放8个品种鱼苗共128100千克，其中鳙鱼放养56750千克，鲢鱼放养63850千克，草鱼放养1900千克，黄尾密鲴放养1250千克，青鱼放养50千克，鳊鱼（三角鲂）放养73500千克，唇䱻鱼放养300千克，赤眼鳟鱼放养500千克。夏、冬两季共放养131742.5千克鱼苗，以促进渔业资源及水生态环境发展。配合做好水质定期取样检测工作，了解水库水质变化情况，掌握水质变化动态数据。年度省水利厅、生态环境厅公布县级以上集中式饮用水水源地安全保障达标评估结果，长潭水库等级为优。

【水库调度和安全度汛】 2023年，黄岩区长潭水库事务中心编制《长潭水库2023年度控制运用计划》，完善修订各类应急预案；制订年度防汛考核制度，并与事务中心各部门签订防汛防旱责任状，落实防汛防旱工作责任制。坚持进行定期检查和不定期检查相结合，对工程和非工程措施进行检查，确保大坝安全和水利设备运行正常，安全度汛。建立健全防汛物资管理责任制，确保防汛物资储备安全。进入汛期以来根据水库的水雨情实际情况和气象部门的天气预报，多次与上级部门建议和沟通放水安排，为后续防洪腾出库容。

【工程建设和安全管理】 2023年，黄岩区长潭水库事务中心推进6项主职业务工作。做好机电设备经常性维护保养工作，根据日常运行中所发现的问题，提出措施并进行处理。完成长潭水库标准化管理评价，达到“市级精品工程”；完成5次大坝表面变形观测检测报告；完成长潭水库泄洪明渠护坦堰前护底改造项目；完成开关站高压开关更新改造；完成水电站机组冷却系统更新改造；完成大坝水尺改造升级。通过工程的维养确保设备状态良好。大坝安全鉴定报告通过省水利厅的审查，确定为一类坝。根据操作手册，做好大坝的巡查监测、机电设备的试运行和白蚁防治等基础工作。长潭水库是台州市16家反恐防范重点单位之一，事务中心切实加强水库反恐防范工作，加强人防、技防、物防设施建设。本年度开展消防安全检查12次，组织实施反恐演练2次、全体职工消防培训2次，每两个月进行消防紧急拉练1次，对全中心所有场所放置的消防设备，做到心中有数，使消防安全设施在管理和使用上更加科学规范。加强库区防火宣传，落实防火责任书，落实各片组巡山管火人员，遵守森林防火值班制度，防火期坚持设专人值班。3.4万亩山林无火情，没有发生安全生产事故。

【异地安置工程建设】 因历史遗留问题，长潭水库事务中心有长垟分场、泥河岭分场和渔业队3个下属场队，总人口数921人。2023年，全力推动扶持泥河岭分场等3个水库移民村飞地抱团第六期参与台州市黄岩民科工贸有限公司生产基地项目（考虑到下属三个场队确实属于移民村，理应合理享受移民扶持政策。经事务中心党委商议，由事务中心代持叠加三个场队股份参与组建区级强村公司，产生收益按股份全额转付至三个场队，收益情况向三个场队公开、公示，同时指派专人负责该块收益分配工作），走出一条“区级统一谋划、事务中心主导运作、场队积极参与、资产物权到场队”的共富新路。

（区长潭水库事务中心　夏多多）

鉴洋湖城市湿地公园保护中心

【概况】 鉴洋湖位于黄岩区院桥镇东南约5千米处，是市区融合的重要区块。鉴洋湖湖面总面积1.25平方千米，是台州市最大的内陆河流型湿地，具有独特的自然生态、人文遗产、地理区位等资源优势。2009年经住房城乡建设部批准为国家城市湿地公园，2012年经省林业厅批准为省级湿地公园。项目将遵循“生态优先、合理利用”的原则，构建“一街两翼三环十片区”（一街是指鸡山老街，两翼是指鸡笼山文化园、鉴洋湖湿地公园，三环是指湿地探险体验环、田园趣味体验环、老街文化体验环）的规划结构体系，把鉴洋湖打造成乡村振兴示范区、美丽台州样板区、全域旅游“桥头堡”。

【湿地公园规划】 2023年，鉴洋湖城市湿地公园保护中心完成鉴洋湖城市湿地公园总体规划编制并上报；完成鉴洋湖城市湿地公园范围外其他区域建设用地控规编制，并通过规划评审。

【湿地保护】 2023年，鉴洋湖城市湿地公园保护中心湿地保护工作有序开展。突出重点开展宣传。每月多形式开展湿地保护宣传教育活动，结合各类节日，与各部门、学校等社会组织开展湿地科普宣传及研学活动，发动工作人员及志愿者100余人，发放宣传册1000余册，广泛宣传湿地保护相关信息300余次。推进生态修复项目。完成浙江省首个湿地类林业重点项目水禽栖息地修复工程和上湖东侧小岛生态修复工程；启动水系治理一期工程，完成投资2000万元；启动智慧公园一期项目，完成总工程量的50%；完成市级生物多样性体验馆和两处湿地监测样地建设。坚持常态化巡查工作。严格遵守湿地保护一法一条例，根据河（湖）

鉴洋湖湿地风光　　（鉴洋湖湿地保护中心　供图）

长制工作要求，按照要求做好巡湿巡河和信息报送，全年开展全覆盖、无死角拉网式巡查30余次，向当地执法部门传递违规信息10余条。开展联合专项行动。配合省、市、区各级领导开展湿地各类调查8次，召开湿地座谈会5次，结合湿地日、主题教育活动或迎亚运等各类主题，开展湿地联合执法活动5次，出动船只20艘次，工作人次近100人次，打击包括电鱼、毒鱼、炸鱼及各种破坏鱼类等水生生物洄游通道的非法捕捞行为，清理收缴地笼网195只，屡次制止垃圾倾倒行为，暂扣爆炸钩30余杆。强化水质监测监控。选取鉴洋湖进水口和出水口7个水质监测点，对湖区水质实行一月一监测一报告。通过工程性措施和管理性措施，水质得到明显提升，市控断面大部分为Ⅲ类水质。保护湖区生态物种。及时清理垃圾、处理外来入侵物种，积极配合区农业部门在湖区投放大量鱼苗改善水域生态环境，充分发挥湿地自然生态系统功能。

【安置房项目建设】 2023年，鉴洋湖城市湿地公园保护中心安置房工程，一期安置房已完成分房669套；二期安置房工程已全部结顶，全面进入装饰施工阶段；完成前后郑村三期安置房地块380间房屋拆除和土地出让工作，年底已开工建设。前郑安置区道路桥梁工程（一期）已完成竣工验收。过渡房工程。完成黄工厂过渡房和沙门店过渡房建设和分配。园区内相关工程。农耕文化示范区一期工程完成5#—7#和11#四座桥梁建设；归田园·遇鉴农场项目完成前期场地工作。实现固定资产投资增长。全年完成投资入库25351万元，完成率120%，超额完成全年目标。

【致力农业生产】 2023年，为提高土地利用效率，鉴洋湖城市湿地公园保护中心配合完成粮食生产功能区改造提升建设项目，截至年底累计完成土地整理和利用541.1亩。提升农田经济效益，全年种植小麦1429.2亩、水稻5031亩，共计粮食生产2750吨，其中小麦亩产最高达396.05千克，早稻亩产最高达462.35千克，连作晚稻亩产最高达642.175千克，单季晚稻亩产最高达619.21千克，均为历年最高。丰富农业产品类别，面向市场推出水果冰激凌玉米、西瓜、甘蔗、葡萄等特色农产品，全年农产品销售额达890万元。探索有机高效种养模式，核心优质区块有机水稻亩产达381.2千克，且顺利完成三年的有机转换期；125亩稻虾共养项目试点被列入浙江省稻渔综合种养省级重点基地建设名单，已投入生产。

（鉴洋湖城市湿地保护中心　李宇平）

“五水共治”

【概况】 2023年，黄岩区国控、省控断面水质达标率84.6%，连续三年实现优良率100%。黄岩区五水办获评省委省政府颁发的浙江省“五水共治”工作先进集体。

【污水排查整治专项行动】 2023

2023年7月18日，王西路开展污水管网养护工程（一期）

（黄岩区清波公司　供图）

年，黄岩区五水办开展东城街道、西城街道、北城街道、江口街道、新前街道、宁溪镇6个镇（街道）扩面建设；完成南城街道横山头村、吉岙村提质扩面工作；宁溪镇获评省级“污水零直排区”建设星级镇；完成城区县前街、劳动路、天长路主干管网微顶管工程，污水输送大动脉进一步打通；完成“污水零直排区”建设总体评估；完成主城区污水管网设施养护（一期）试点工作，开展其他主要镇街管网运维（二期）。

【防洪水】 2023年，黄岩区五水办完成病险山塘整治3座，除险加固病险水库4座。

【排涝水】 2023年，黄岩区五水办完成城市建成区养护范围内现存易涝积水点整治2处，新建雨水管线7千米；完成海绵城市建设1.5平方千米。

【保供水】 2023年，黄岩区五水办实施供水管网改造和漏损控制，城市公共供水管网漏损率控制在9%以内，城市再生水利用率达18%以上。

2023年12月30日，五水办与弘善公益协会举办“人水和谐　五水共治”公益晚会　　（弘善公益协会　供图）

【抓节水】 2023年，黄岩区五水办加强农田高效节水灌溉建设，完成高效节水灌溉面积0.07万亩；完成省级节水企业申报1家，并进行现场验收。

【整治污染源】 2023年，黄岩区开展多部门联合督查，深化乡、村自查及乡镇级互查，深入开展水环境问题大排查、大起底专项行动和“找寻查挖”专项行动，全年查找并整改涉水问题510个。

【全民治水宣传工作】 2023年，黄岩区五水办累计开展“五水共治”政策宣讲进文化礼堂活动207场，发放宣传资料1万余份；永宁江入选全省首批2024年全域幸福河湖建设项目；黄岩区江口园区污水应急预处理工程被评为2023年台州市群众最满意“治水为民实事”之一；开展黄岩区乡镇（街道）“治水十件大事”创优活动。

（区五水办　陈婷婷）

乡镇（街道）

东城街道

【概况】 东城街道地处黄岩区东部，面积16平方千米。2023年，户籍人口64002人，行政区域辖3个行政村、16个社区，街道办事处所在地桔乡社区。

【重点工程】 2023年，东城街道开展“五大攻坚—永宁焕新”行动，推进城市有机更新，重点工程提速突破，全年拆除建筑面积约25万平方米。用时1个月完成天长北路区块住宅集中安置。未来社区王西区块实施单元“邻里中心”建设完工并对外开放，东浦区块规划单元基本实现腾房，解决企业历史遗留问题。印山支路区块完成政策处理，成功出让翻簧厂区块以及原副食品市场区块。完成模塑工业设计基地（台州青年设计创新湾）项目政策处理、橘源桥口袋公园建设、倒山河水质提升工程设备安装验收以及双景小区、紫云小区等4个老旧小区改造，实现市域铁路S2线（东城段）住宅签约，公元股份改扩建区块启动厂房建设，8号立交主体工程初步实现贯通。“千年永宁·官河之芯”综合品质区入选省2024年度城乡风貌样板区试点，官河古道入选省级夜间文化和旅游消费集聚区，系全市唯一，司厅巷历史文化街区成功申报省第七批历史文化名镇名村街区。

【工业经济】 东城工业经济活跃，辖内有规上工业企业31家，三产限上企业68家，主要工业产业有塑料制品、医药化工、机械模具、电动车配件等。骨干型、龙头型高新企业集聚，拥有公元股份有限公司、永宁药业股份有限公司、光跃环保科技股份有限公司、滨海模塑集团、章华保健美发实业有限公司、翊翔塑模股份有限公司、健特（浙江）交通器材股份有限公司、浙江东航消防泵业有限公司等一批国家高新技术企业。2023年，街道财政总收入14.73亿元，其中地方财政收入8.36亿元，累计实现规上工业总产值58.14亿元，工业增加值13.36亿元，完成制造业投资1.06亿元，限上批零住餐企业营业收入213.18亿元。成功引进浙江民业供应链有限公司、金辉汽车、几木酒店等企业8家，王林洋综合体工程等3个亿元以上项目落地开工，台州青年设计创新湾项目、公元改扩建区块启动建设，模塑工业设计基地扩容提升、模塑产业研发中心等项目有序推进。深入实施科技企业“双倍增”计划，培育国家高新技术企业5家、国家级科技型中小企业26家、省级科技型中小企业12家、省专精特新企业3家、市专精特新企业1家、“小升规”4家。公元股份参与ISO 9854—1国际标准制定，实现黄岩区国际标准制定新突破。

【平安建设】 2023年，东城街道部署不稳定因素和矛盾纠纷“大摸底、大排查”行动，平安护航亚运会、亚残运会，完成白杨新村、管驿小区等7个小区消防基础设施提升，全年累计调处各类矛盾纠纷及信访事项571件，其中疑难复杂纠纷49件、重大纠纷7件，调解成功率达95.6%，信访案件量同比下降22.5%。探索“三化十二制”在城乡基层治理中的引领性作用，在全市先行探索乡镇（街道）综合信息指挥室实体化运行机制，构建“1+3+X”联警处勤队伍，打造“一网统管、无微不‘治’”的基层治理新格局。被列为乡镇（街道）综合信息指挥室实战实效现场推进会示范点位，获中央政法委委员、秘书长阊柏调研肯定。同时，提炼经验，和省委党校合作起草的《以“三全融合”模式赋能基层治理现代化的实践与政策启示》调研报告被省委办公厅《浙江信息》录用。

【基层党建】 2023年，东城街道开展学习贯彻习近平新时代中国特色社会主义思想主题教育，挖掘习近平同志两次到东城调研考察的宝贵财富，精心打造街道本级、双浦社区两个循迹溯源示范点位。年内共承接“循迹溯源”活动100批次，接待参观学习4000余人。一以贯之推进“三

2023年8月8日，东城街道双浦社区开展春泥计划开课仪式之诵读国学经典活动 （陈静　摄）

化十二制”创造性贯彻落实、创新性转化发展，探索形成《东城街道社区治理“三化十二制”实施细则》，砚池等3个社区完成基层治理示范试点细化方案制订，实现“三化十二制”各项“行之有效”的制度逐步向城市社区覆盖，相关经验做法被《人民日报（海外版）》《农民日报》等中央、省、市级媒体平台报道。深入实施“十百千”工程，持续做好示范村社点位建设，嘉盛社区被评为“省红色根脉强基示范社区”以及首批浙江省现代社区，顺利承办全市机关党建第三季度工作交流会暨双建争先助力现代社区建设现场会，双浦社区入选黄岩区现代社区建设暨党建引领基层治理现场推进会示范点位。

【社会事业】 2023年，东城街道推进“‘烟火·星月’社区治理共同体”在嘉盛、海棠、白杨、山亭社区试点落地，探索“43N+”公益型商社联动社区治理模式，获市级实验区项目验收第一名，双浦社区打造省级四星级社区服务综合体。依托“红动永宁”共享计划，开展党员志愿服务，累计举办活动3400余场次，服务群众3万余人，成功打造省级示范乡镇（街道）党群服务中心和2个省级示范村（社区）党群服务中心。深化党建引领“共富工坊”建设，全年新建共富工坊6家，帮助127名村民实现就近就业，累计发放报酬300余万元，实现“造血式”帮扶。持续提升政务服务增值化、规范化、便利化水平，打造五星级便民服务中心，全区首家乡镇（街道）身份证自助办理终端投入使用，被列入市“一件事一次办”向基层延伸推进会参观点。全年累计办理各类事项2.9万件，群众等候时间缩短近16%，“12345”

热线投诉同比下降21.9%。完善“多元一体”的养老服务体系，完成2家“老省心”综合体、7家“永宁膳坊”老年助餐点建设，累计为辖区老人提供6万余次的助餐服务，嘉盛社区成功通过全国示范性老年友好型社区创建验收。

（东城街道　朱佳玲）

南城街道

【概况】　南城街道地处黄岩区南部，面积17平方千米。2023年，户籍人口29000人，其中外来人口15000人，行政区域辖12个行政村，街道办事处所在地十里铺村。

【工业经济】　2023年，南城街道实现规上工业总产值10.9亿元，同比增长10.7%，排名全区前列；规下工业总产值16.3亿元，同比增长7.8%。全社会研发经费支出2382万元，较上年增长42.3%。成功申报入选国家级高新技术企业2家、省级科技型企业9家。建立班子领衔招商项目机制和定期招商机制，挖掘优质项目资源16个，引入限上批零项目6个，全年产值超50亿元，落地产业项目2个，创新“123”新乡贤服务模式获区改革攻坚最佳案例评选三等奖。

【城乡建设】　2023年，南城街道开展市区两级“五大攻坚—永宁焕新”城市更新行动，集中攻坚30天超预期实现横河二期民建区块52户82间征迁清零。方山下一期、南城集中安置区一期顺利完成招拍挂并动工启建，提前完成方山下二期腾房拆除工作，同步推进三期摸底调查，土屿山文化公园如期施工，城乡风貌更新速度进一步加快。深入实施“千万工程”，深化建设美丽乡村，全年累计开展农村人居环境整治1700余处，连续四季度排名全区前列，二季度上榜市级“赛马比拼”人居环境赛道红榜，获评全省高标准生活垃圾分类示范片区。持续深化未来乡村创建，依托贡橘园生态优势，蔡家洋村创成省级第三批未来乡村，并上榜市文明村。提档升级山前未来乡村品质建设，建成全区首个村级音乐喷泉，点亮乡村“夜生活”。

【社会事业】　2023年，南城街道持续加强新时代精神文明建设，全年开展各类文娱活动2000余场次，文化赋能乡村振兴小品荣获全省2023年“我要上春晚”小品大赛一等奖，璜山头新村获评浙江省五星级文化礼堂。围绕“老有所养”，新建村级居家养老服务中心2家，高标准运营“永宁膳坊”养老助餐点3家；聚焦“学有所教”，南城中心小学二期扩建投用，预引进浙师大附属九年一贯制公办义务教育学校1所；紧扣“病有所医”，持续推进三医院迁建项目实施。街道社会工作站获评省五星级工作站，社会组织服务平台入选省优秀案例选编。全力拓宽共富路径，持续推动新乡贤创业基地整体跃升，相关做法被《浙江日报》整版刊登推广。新建定向招工式“共富工坊”3家，吸纳就业人数43人，扩大“家门口”就业覆盖面。改造合心合美石榴红共富基地1家，助力少数民族群体“扩中提低”。持续强化兴产带富，山前获中国最美村镇产业兴旺成就奖，贡橘园举办柑橘采摘节并开设助农带货直播专场活动，产品效益达百余万元。

【基层治理】　2023年，南城街道结合市域社会治理试点建设，迭代升级街道综合信息指挥室，规范提升基层治理四平台运作管理，全年共办结各类事项11046件。探索基层善治新实践，“三化十二制”预防化解纠纷工作法入选全省新时代“枫桥式工作法”，方山下、义新分别获评省级和市级民主法治村，街道被列为区“无诈镇街”。承办区消防演练“进千村入万户”暨“119”宣传月活动启动仪式、区“厂中厂”消防安全标准化管理现场见学会，市消安委办开展“通天式”居住房屋消防安全直播行动。建章立制打好“厂中厂”“园中园”安全整治攻坚战，开展专项活动53起，排查隐患2万余处，停产停业739家，动态整治完成率100%。

【基层党建】 2023年，南城街道深入开展学习贯彻习近平新时代中国特色社会主义思想主题教育，培树市级“榜样在身边”先进典型1人（全区唯一），获评命名省级现场教学示范点1处，相关做法被上级简报录用5篇次，获省委第十巡回督导组组长黄生林专题调研肯定。持续撬动党建统领合力，街道获评全省首批“红色根脉”强基示范街道（全区唯一），青企协、亿美科技党支部被评为市“双融双强”“两新”组织党建示范点，融“荣”屿共党建联建入选第一批党建联建全省典型案例。全力打造高素质干部人才梯队，“三心育苗·争先有我”街村两级年轻干部全链式培养模式被《光明日报》刊发报道。承办全区深化清廉村居建设现场会，获评全省清廉建设成绩突出单位1家。

（南城街道 彭箐箐）

西城街道

【概况】 西城街道位于黄岩区西部，面积25平方千米，户籍人口6.8万人，常住人口12.37万人，行政区域辖15个行政村、12个社区，街道办事处所在地锦江社区。

【重点工程】 2023年，西城街道开展“五大攻坚—永宁焕新行动”，完成锦江区块、大树下区块、横河二期区块等市五攻项目政策处理工作，委羽山老年公寓区块签约腾房拆除工作已进入扫尾。完成祺祥街、孔庙区块遗留的政策尾巴，东路、横河、宁场、雅林等1000余套安置房顺利分房。完成二环西路、敬之路、碧林街、沿河路等多条道路政策处理，基本完成黄长路改扩建项目政策处理，有序推进台州市域铁路S2线、高速公路提升改造工程。

【工业经济】 2023年，西城街道规上工业产值16.99亿元，同比增长10.3%；工业增加值4.91亿元，同比增长12.4%；批零住餐累计销售额72.79亿元，同比增长34%。引进埃安汽车、世豪新材料、绿茶餐厅、大环保洁、封神科技等5家企业，助力寒武纪、觅久科技等8家高新技术企业落地浙东南智算经济产业园，吸引亚朵、汉庭、全季等品牌连锁酒店入驻西城。新增国家级高新技术企业2家，省级科技型企业16家。

【创文明城市环境】 2023年，西城街道在市对区第一次考核中排名第一，在全市“五比五看”文明竞赛中排名第二，在全市第三季度美丽城区赛道中排名第一，获得该赛道“红榜”。县前社区、南苑社区完成垃圾分类示范社区建设，县前社区入选全市垃圾分类现场会参观点。2个未来社区及西桥秋月传统风貌样板区通过省级验收。罗家汇村获评浙江省“一村万树”示范村。

【社会民生】 2023年，西城街道瑞府、玖玺等2所小区配套幼儿园如期建成并开学，启智学校建成开学。羽村村文化礼堂荣获省级五星级文化礼堂称号，村级文化阵地全年开展活动4500多场次，文化礼堂平台考核得分位居全区第一。将“一件事一次办”事项延伸到村级便民服务站，市“一件事一次办”向基层延伸现场会在迎春社区召开。3个小区6台电梯完成加装，百合家园被列入全市加装电梯现场会参观点。成立西城街道商会，激活共富资金50万元，开展送清凉、助困助学等活动10余场。新增共富工坊3家，提供公益性岗位60余个，成立强村公司1家，建立“按股分红”机制，实现双赢发展。辖区80%的村经营性收入达30万元以上，60%的村经营性收入达100万元以上。

【基层党建】 2023年，西城街道开展“星火家园”小区党支部建设，西苑社区永江府小区党支部入选全市机关党建现场会参观点位。建立区域化党建联建工作机制，协同开展共享市集等大型活动5场，化解矛盾纠纷60余件，相关经验获《光明日报》报道。发挥党群服务中心平台作用，开展培训宣讲、邻里活动等432场次。深入实施村级头雁领航村村比拼活动，开展每季一亮晒。调整村级主职干部2名、副职干部1名，新任命机关35周岁以下中层干部8名，选派12名社区干部到重点工程挂职锻炼。9个三年以上未发展党员村和“两新”“三五”党支部完成整改。

【基层治理】 2023年，西城街道平安护航全国两会、杭州亚运会。建立健全西城街道信访联席会议制度，化解国家级信访积案5件。开展重点节点消防安保、电动车违停、出租房隐患整治、自建房排查等专项行动，联动行政执法、市监、派出所等部门，全年共查处违规电瓶车486辆，整治五大领域场所4127家，整改率达95%以上。西城火灾报警数相比上年同期下降34.5%，火灾数下降25%。贯通街道与“大综合一体化”队伍，投入80万元建设街道综合信息指挥室，落实专人进驻办公，实现网格各类突发事件协同处置、高效解决，累计完成指令处置2296条，开展网格演练20次。

【“两新”党组织建设】 2023年，西城街道擦亮红心惠楼宇党建品牌，党员商户亮身份获消费者称赞。选任10名“两新”工作指导员，定期开展督导推动“两新”组织建设，沈宝山党支部被评为2023年度台州市“双融双强”“两新”组织党建示范点。华日集团党支部书记董大掌荣获台州市非公有制企业党员“创新先锋”称号。

（西城街道　严瑾安）

北城街道

【概况】 北城街道位于黄岩区北侧，面积32平方千米。2023年户籍人口39989人，行政区域辖16个行政村和6个社区，街道办事处临时在地黄岩模具博览城。

【工业经济】 2023年，北城街道规模上企业89家，全年实现工业总产值66.6亿元，工业增加值19.7亿元，固定资产投资4.59亿元。招商引资。通过乡贤资源引进商贸企业9家，实现限上批发销售额129.8亿元；引进卡蒂尔高端婚礼艺术中心，项目总投资1亿元，乡贤招商等相关做法被浙江卫视、台州统战微信公众号等省市媒体报道。引进落地浙东南未来汽车城等大型商贸项目，盘活义联大厦、公交场站等物业土地8万平方米，带动周边20万平方米商业业态，有关工作被《浙江日报》专版报道并评为2023浙江省“全力拼经济”（决不犹豫、全力出击，迅速开创新局面，掀起重振经济新热潮，尽快消除疫情带来的各种负面影响）基层创新案例十佳乡镇（街道）。服务企业。完善定期联系制度，全面开展“三服务”（服务企业、服务群众、服务基层），跟进企业生产经营情况，为企业提供业务指导、政策咨询等服务。全年完成企业数字化改造20余家，解决疑难基站建设12个，完成企业“小升规”（即小微企业规范升级为规模以上企业）10家，培育省“专精特新”中小企业1家（台州市鹏源模塑有限公司），新增国家高新技术企业7家、省级科技型中小企业25家。招才引智。在杭举办“领创永宁　智造未来”台州·黄岩智能制造人才项目资本对接会，引聚海内外高层次人才携项目到黄岩创新创业。全年申报国家级省级海外人才计划各7名，国家级海外人才计划入选2名，申报台州市高层次人才计划“500精英”10名，落地3名。

【城市更新】 2023年，北城街道实施5个“永宁焕新”项目，完成拆迁29万平方米，安置房竣工3582套、完成分房2867套。提前45天完成王林、王林施整村拆除工作；完成妙儿桥区块市对区考核任务；后浦西区块从启动到签约、腾房、拆除3个100%，仅用时6个月；王林、王林施，妙儿桥、浦西相关工作分别获区委区政府主要领导批示肯定。人居环境方面。开展各类环境整治行动，全力巩固全国文明城市和国家卫生城市创建成果，获三季度乡镇（街道）“赛马比拼”人居环境赛道红旗奖。推进垃圾分类工作，在桔源、锦川等社区新建垃圾分类拉风吧2个，新设街面分类点位5个，大件垃圾站2个。累计完成违建防控系统库存269宗，区级指标任务完成率100.5%，完成35宗卫星遥感点位处置工作。交通路网方面。高速抬升、S2线等重大交通项目进度表超过市区任务表。完成吉利手拉手马鞍山村环山公路、云尚小镇上山道路等工程政策处理。

【平安建设】 2023年，北城街道全面整合“无差别受理”［无差别受理群众来人（来电）、政务咨询、矛盾纠纷等问题］窗口、“141”体系［基层智治系统的基本架构，纵向分为县级社会治理中心、乡镇（街道）“基层治理四平台”、基层网格三个层级，横向分为党建统领、经济生态、平安法治、公共服务四条跑道，全面覆盖基层治理核心业务，承接省级六大系统重大应用基层贯通，综合集成基层特色场景应用，实现上下联动、左右协同］、“大综合一体化”（在行政执法领域进行的一系列系统性、整体性、重构性的集成变革）等各方力量，升级改造综合信息指挥室，提升基层治理效能。街道指挥室被列为全市乡镇（街道）综合信息指挥室实战实效现场会观摩点。深入开展风险隐患“大排查大起底大整治”专项行动，完成全街道14377家各类场所隐患排查，整治重大隐患2016条，一般隐患50871条。完成护航亚运维稳安保工作。

【民生实事】 2023年，北城中心幼儿园、永宁医院等项目建设有序推进。投资400万元的“老省心”社区服务综合体落地五里牌。开展老年助餐工作,合作3家“永宁膳坊”助餐点，累计为老人配送餐4000余次。办人民满意教育，街道本级财政2023年拨付68万元用于教学激励、办公经费补助。邀请学者参加“纪念南宋贤相杜范诞辰840周年杜范风骨与宋韵文化论坛”，活动被《光明日报》、人民网等主流媒体报道。新增“15分钟品质文化圈”（居民走出家门，步行15分钟左右，即可到达公共文化场馆，享受有品质的公共文化服务）1个（桔源社区）。

2023年3月4日，“纪念南宋贤相杜范诞辰840周年杜范风骨与宋韵文化论坛”在台州黄岩举行　（北城街道　供图）

【共同富裕】 2023年，北城街道浦西村村大楼等一批集体经济项目建成投用。2023年集体经济收入超500万元的有9个，其中3个超1000万元。盘活小区公共资源，永悦华府、锦晖等小区实现分红70余万元。

（北城街道　卢钇伽）

澄江街道

【概况】 澄江街道地处黄岩区西南部，面积35.43平方千米。2023年，户籍人口3267人，行政区域辖18个行政村，街道办事处所在地新江路1号。

【产业发展】 2023年，澄江街道加快工业转型升级，全力保障服务亿弘光伏、清陶能源两个重大产业项目建设，亿弘光伏一期2023年6月开工入统，完成投资额1.86亿元；清陶能源一期2023年9月开工入统，完成投资额7436万元。全力推动企业做大做强、创新发展，完成“个转企”12家、“小升规”4家，储备拟上市企业1家，新增国家级高新技术企业3家，国家级、省级科技型中小企业30家。加快农业强基培优，完成澄东村98亩土地整治、东岙村153亩

亿弘光伏项目一角（澄江街道　供图）

土地开发、临古—新舟桥404亩永久基本农田集中连片整治，完成中国黄岩蜜橘种源研究中心土地丈量，打造“甜蜜澄江”农产品公共品牌，建成“甜蜜澄江”农产品公共品牌展销中心，推出本地旱、红糖精品装，推动澄江甜蜜特产提质增效。出台红糖作坊新建及改造升级奖补办法，试点完成1家红糖作坊改造并成功取得食品加工作坊证，结束澄江红糖无证加工的历史。加快服务业补短提升，全力做好服务业主体培育工作，新增限上批发业企业3家，实现限上零售业、规上服务业企业零的突破。

【城乡建设】 2023年，澄江街道规划实施片区开发，启动澄江首建区、澄江副中心、澄江主街道三大城市建设标志工程，澄江首建区正在申报成片开发方案，澄江副中心启动一期30户签约，澄江主街道完成新江路澄江段道路基础设施建设和沿线提升设计方案编制，完成凤洋未来乡村和东江河村、东岙村美丽乡村设计方案编制。持续提升基础设施，投资2293万元的黄前线“白改黑”工程顺利完工，投资2000万元的街道应急大楼开工建设。精心打造“山水橘园”，后皇嘉树品种园完成改造，投资1638万元的永宁江澄江段绿道改造提升工程、投资436万元的松岩山游步道二期工程推进有力。

【民生实事】 2023年，澄江街道着力打造医疗高地，投资2.48亿元的台州医院澄江分院完成设计方案招标，举办首届橘花节大型健康义诊活动，台州医院选派12个科室50人的专家团队下沉义诊，10个学科带头人坐诊，服务群众733人次，让澄江群众在家门口享受到医疗服务资源。着力保障教育发展，澄江中学扩建项目启动控规调整，澄江中学、澄江中心小学双双获评台州市乡村名校，完成3家私立幼儿园合并调整，举办第三届乡贤奖教奖学活动。着力繁荣文体事业，成功承办柑橘节、橘花诗会等活动，松溪美术馆获评省第二批乡村博物馆，葛村入选省级美育村。着力完善社会保障，扎实开展低保、低边、残疾人和其他困难群众救助工作，推广60岁以上老年人配送餐服务，让老年人吃好放心餐。着力壮大村集体经济，争取到折角桥小微园区6000多平方米工业厂房用于村留地返还，争取到中央、省移民资金1416万元支持16个村飞地抱团购置物业，预计三年后每村每年可增加租金收入5万元左右。着力守护平安稳定，圆满完成平安护航亚运工作，深化“一中心四平台一网格”建设，完善矛盾纠纷排查调处机制，扎实开展除险保安行动，2023年全市乡镇（街道）重点工作“赛马比拼”平安赛道两次获红旗奖，“除险保安、百镇争先”工作评价指数居全市第一。

【基层党建】 2023年，澄江街道深入推进学习贯彻习近平新时代中国特色社会主义思想主题教育。深入推进意识形态工作，坚持把方向、管阵地、强队伍，桥头王村获评省文明村，凉棚岭村创成省五星级农村文化礼堂，蒙春凰被评为黄岩区“橘乡新事双月评”25周年“好人之星”。深入推进党建联建工作，突出村村共建，深化“头雁领航·村村比

2023 年 10 月，“甜蜜澄江”农产品公共品牌展销中心内景一角
（澄江街道　供图）

拼”活动，举办重大项目竞赛，开展甜蜜党建联建，创建“澄锋行”党建品牌，凤洋村入选省红色强基工程示范村；突出院地共建，与台州医院、浙江财经大学等建立合作关系，打造医联体合作引才、浙江省大学生乡村振兴创意大赛凤洋村赛点等一批项目；突出行业共建，组织 25 家工艺品产业链企业建立党建联建组织，建设工艺品党建联建党群服务中心，以党建引领助推工艺品行业转型升级。深入推进党风廉政建设，常态开展作风检查，深刻开展警示教育，从严处置违法违纪案件，及时跟进相关制度建设，切实加强源头预防。深入推进统战工作，澄江乡贤馆完成主体工程建设，乡贤会作用充分发挥。深入推进党管武装工作，街道武装部被评为市五星级基层武装部、市征兵工作成绩突出单位。深入推进人大、政协工作，人大代表“三进三为”活动受到各方好评，协商驿站实现行政村全覆盖。深入推进工会、共青团、妇联、科协、老干部、老龄和关心下一代等工作，各项事业不断取得新进展。

（澄江街道　谢雨欣）

新前街道

【概况】 新前街道位于黄岩区西北部，南傍永宁江，东侧紧邻甬台温高速公路，北部与临海相接，途经 82 省道。街道区域总面积 46.56 平方千米，下辖 22 个行政村、1 个社区，户籍人口约 4.6 万人，外来人口约 4 万人。街道全年财政总收入 11.37 亿元，地方财政收入 6.63 亿元，22 个行政村实现村集体经济总收入 9496 万元，一半以上村集体收入超百万元。街道入选全省现代化美丽城镇示范镇、“璀璨江畔·活力江城”省级城市风貌样板区等试点建设。

【工业经济】 2023 年，新前街道规上工业企业 119 家，规上工业总产值 119.6 亿元，规上工业增加值 31.6 亿元，规下工业国家样本推算营收 53.7 亿元，制造业投资 7.99 亿元，新入库制造业投资项目 23 个。

【省级模塑产业创新服务综合体】 2023 年，新前街道建设人才科创平台，打造黄岩智能模具小镇科创中心，入驻浙江模具产品质量检验中心，引入科技大学市场黄岩分部、国家技术转移东部中心台州分中心、浙江（台州）模具与塑料产业研究院、上海交大（台州黄岩）模具成形制造联合研究中心、百亿供应链园区项目等。强化人才引育，入选国家级重大人才 1 人、落地 1 人，引进青年大学生 491 人，培育高技能人才 410 人。

【国家级、省级高新技术企业】 2023 年，新前街道新增省高新技术企业研究开发中心 3 家，省科技型中小企业 22 家，排名全区第一。模具小镇入选省级绿色低碳工业园区与省级减污降碳协同试点，乐成小微园入选省四星小微园。辖区内凯华、精诚、市下、长珑、星泰、点睛等企业获国家知识产权示范企业、国家级绿色工厂、国家级制造业单项冠军企业、省级智能工厂、省级数字化车间、省科技进步奖一等奖、省制造业首台（套）产品工程化攻关项目、“浙江制造”标准等各项荣誉。

【产业空间拓宽】 2023年，新前街道突出“广”字招引，全年纳统爱玛科技、上工进出口等25家涵盖批零住餐、制造业、建筑业、服务业等全行业市场主体；实现后洋黄村留地、双丰商住地块、拱东医疗新前厂区二期地块三大产业项目成功出让备案；提前开工并入统上工缝制机械年产39万台缝纫机智能化改造项目、精诚年产200套精密模头生产线技术改造等六大项目，全年实际使用外资到账297万美元（约合人民币2149万元）。

【城镇建设】 2023年，新前街道完成双丰区块、拱东医疗区块土地出让，创成省级引领型未来社区（江城社区），完成黄岩中医院新院区、区医疗卫生中心与五星级喜来登酒店开业筹备工作，多元业态持续融合。积极优化路网结构，完成爱玛断头路征迁、新江路北段政策处理与拆除工作，完成新塔、后洋黄两个水库移民村的道路硬化工程验收。完成325省道沿线土地流转251亩、台州市域铁路S2线（黄岩新前段）征地20亩、职教中心一期征地155亩、新前中心小学屿新校区征地55.11亩。

【民生事业】 2023年，新前街道新建文化驿站、西范村笼式篮球场，车口村口袋公园，开展“我在新前过大年”“章子清戏曲培训”等系列活动。全年累计发放教师慰问、学生奖助等379人次，学历提升超额完成389人次，开展慈善救助110人次，发放低保金534万元。完成新前敬老院出租招标，升级4家村级居家养老照料中心，建设绿城锦溪苑养老服务中心。街道全年共接待来信来访群众148人次，口头调处56件，立案调处35件，创成市三星级综合信息指挥室，成为全市现场会参观点位，推动辖区七里王村获评省民主法治村。

【清廉政企】 2023年，新前街道推进政务公开，全年公开政务信息52条，深化“最多跑一次”改革，网上办理政务服务业务8139件，规范重大行政决策程序，落实合法性审查流程，完成审计问题整改，做好审计后半篇文章，加大村级债务管控化解力度，建立健全控债化债长效机制。街道纵深推进“清廉机关”“清廉村居”“清廉民企”建设，模具小镇“廉模方”成为全国民营企业诚信合规建设观摩交流会参观点位，精诚模具获评省清廉民营企业建设示范单位。

（新前街道　王骅）

2023年9月14日，新前街道西岙村协商驿站围绕“聚力基层协商 民主助推乡村产业振兴”主题开展协商议事活动　（新前街道　供图）

江口街道

【概况】 江口街道位于黄岩最东部，面积31平方千米。2023年，户籍人口3.8万人。行政区域辖19个行政村，街道办事处所在地江口街道江口街343号。

【工业经济】 2023年，江口街道经济指标难中攀高。全年实现财政总收入6.46亿元，同比增6.38%，地方财政收入3.54亿元，同比增长4.96%；规上工业总产值达111.88亿元，连续3年突破百亿元；完成固定资产投资71071万元，同比增33.17%；完成外贸出口62.6亿元，位列全区第一。转型升级困中破局。以创新驱动发展为核心战略，规上工业研发费用4.9亿元，研发活动企业占比90%，新增国内发明专利38件，获评省级科技小巨人企业1家，新增省级隐形冠军企业1家、省级专精特新中小企业14家、国家高新企业15家，实现工业企业小升规11家，服务业企业小升规4家。积极引进国家海外人才3人，招引500精英人才项目落地7项，引进青年博士8人。招大引强稳中有进。积极做好工业4.0核心区块政策处理工作，自启动区块综合整治工作以来，盘活工业土地1140亩，其中收储34宗980亩，已再开发出让9宗420亩。梦创园二期和东双路两侧区块产城融合控规修编获市政府批复。建成进港小微园、联化科创园、白鸽小微园3个特色园区。建强投资服务工作专班，健全项目全周期管理机制，全年新签约亿元以上项目6个，协议总投资11亿元，积极推动天宇安源医药创新研发3亿元项目落地，全面推进森力塑胶年产6000吨塑料制品、江口进港小微园等4个亿元以上项目开工建设。

【城镇建设】 2023年，江口街道城市蝶变推进有力。开展“五大攻坚—永宁焕新”行动，以多村联改工程推进东融发展城市提级，集聚机关干部、村干部、乡贤、党员志愿者等多方合力，助力项目攻坚，共计完成签约2906户，多村联改区块整体签约率93.8%，其中台州学院首启区块签约率100%，安然村已基本完成整村拆迁。交通路网更加通达。完成投资额3200万元的永达路2400米拓宽改造工程，增加车位200余个。推进江山路南段996米路面拓宽改造施工，建成后将有效促进集镇片区南北分流。土地整治见行见效。推动景苑、山下郎等村200亩土地复耕复垦工作，完成江南村70亩土地复垦政策处理工作，完成景苑村100亩土地复垦施工，做好土地资源要素保障。

【数字城管】 2023年，江口街道城市管理工作纳入智慧城管，全年考核任务数2167件，结案2167件，全年完成率100%。

【乡村振兴】 2023年，江口街道特色农业扎实推进。依托东魁杨梅、项岙柿子等特色名品，推进东魁杨梅母树园北区田间研学基地、杨梅驿站等基础工程项目建设。圆满承办“中国农业技术推广协会杨梅产业促进分会2023年学术年暨黄岩东魁杨梅采摘节”活动，以梅为媒，促进乡村农业产业振兴。打造西五村千亩油菜花基地，完成洋头村、唐家岙村、上蛬村美丽庭院建设，做好双龙河绿道的规划对接并积极跟进后期施工，建设宜居和美乡村。完成洋头村临时过渡房拆除，顺利通过“无违建”创建示范乡镇（街道）复评验收。文旅融合迸发活力。举办“趣江口·遛春天”农耕文化生活节、项岙柿子节等节庆活动，吸引游客30余

2023年6月20日，江口街道在东魁杨梅母树园举行“中国农业技术推广协会杨梅产业促进分会2023年学术年会暨黄岩东魁杨梅采摘节”启动仪式

（江口街道 供图）

万人次。完成白石关景点修复提升，仅用25天完成黄岩石窟410亩土地流转任务，完成山下郎黄岩生态农业田园（郊野公园）政策处理及后续无障碍施工并推动公园正式对外开放。

【平安建设】 2023年，江口街道迭代升级“141”工作体系，发挥江口街道综合信息指挥室中枢大脑作用，联合江口派出所创新“党建联建、警保联勤、村企联防、警民联动”四联勤务。用好新时代“枫桥经验”。2023年，“12345”电话件处置869起，网信件处理266起，来访件处置23起，共化解积案6起；检查企业486家，下发责令整改通知书182张，处罚企业11家，罚款共计15.8万元，停电企业84家。电气焊无证作业行政拘留5人；停电处理717户，其中出租房470家，“九小”场所156家，人密场所7家，工业企业84家，当场处罚电动自行车违法行为306起。深化平安创建，全面清剿消防安全、安全生产、道路交通、食品安全等领域安全隐患，全年未发生较大以上事故，反邪教工作得到上级领导肯定。

【清廉党建】 2023年，江口街道推进依法行政。进一步规范政府权力运行机制，大力推行政府绩效管理和行政问责制度，提高政府公信力和执行力。认真贯彻落实“三重一大”制度，主动接受人大监督和社会监督，切实保障人大代表、政协委员依法履职，向区级提交人大代表、政协委员议案、提案18件。规范政务公开，主动公开各类政府信息37条。强化复议应诉，受理行政复议、行政诉讼案件22件。深化作风建设。坚决落实中央八项规定及实施细则精神，集中整治形式主义、官僚主义突出问题，出台机关干部效能考核办法，激励干部实干担当奋进，提振干部队伍精气神。全力配合区委巡察组开展政治体检，完成街道本级36项工作事项整改落实。全年开展各类党风廉政教育、典型案例警示教育9次。强化执纪监督，全年立案查处违纪案件19件，其中自办案件6件，开展警示性约谈21人次，诫勉谈话1人次。纵深推进“清廉江口”建设，上辇村《干字当头　清以治社》被《台州日报》报道，汇宝科技被评为市级清廉民企示范点。

【民生实事】 2023年，江口街道牢固树立以人民为中心的发展理念，加快补齐医疗卫生、公共教育短板，创新基层治理，打造“幸福三江口”。“健康江口”保障有力。推进永宁医院江口分院施工进程，启动红豆杉颐养苑养老院项目（二期）工程，打造“医养一体化”服务新模式。完成并验收善居工程4户，提供居家养老服务2000余人次，新增老年助餐点位2家，全年提供送餐4500余人次。推出全省首家“银龄安康药房”，为老年人群体提供“一站式”购药用药指导公益性适老服务。邀请台州医院、台州中心医院等开展大型义诊4次，顺利通过省级“无结核社区”试点验收。“文化江口”教育丰富。深入实施“永宁优教”行动，推动辖区教育资源优化提升，完成江口中心小学改扩建工程，新增学位270个，推进江口中心幼儿园山下郎分园建设，新增学前学位360个，2024年9月可正式投入使用。建成新来桥村妇女儿童之家，在东魁杨梅母树园设立研学基地，为300余名青少年提供实践教育活动。

（江口街道　牟林渊）

高桥街道

【概况】 高桥街道位于台州市黄岩区西南方，街道区域面积20平方千米，辖12个行政村，总人口23918人，街道办事处所在地为高桥头村（高桥街道高丰东路1号）。2023年机电产业园、甬台温高速改扩建工程、矿地综合利用、垦造耕地等一批重点项目取得突破性进展。全年实现规上工业总产值超33亿元；完成制造业投资1.5亿元，增速18.96%；实现外贸出口3.4亿元，增速9.45%。

【工业经济优化】 2023年，高桥街道优化助企服务，落实省、市、区促进民营经济发展等一揽子政策，全年帮助企业解决难题120多件，争取工业用地近100亩，实现企业“小升规”7家。完成4条10千伏高压线建设并通电，有效解决工业企业缺电问题。坚持创新驱动，新增国家高新技术企业1家、省“专精特新”中小企业4家、省级科技型中小企业8家。申报国家、省级引才计划3个，协同引进国家级“启明计划”1个。深化地企院合作，新增省级博士后工作站1个，引进青年博士1名，高技能人才培养完成率230%。市级产业工人队伍建设改革和产业园区“区域环评+环境标准”改革等试点工作成效明显。坚持“走出去”招商，主动对接北京、广州、上海、杭州等地优质企业资源。全力促成黄岩区与北京忆恒创源签署战略合作协议，签约亿元本土项目2个，招引嘉景晟瑞和500精英企业中象高分子科技。

【助力乡村振兴】 2023年，高桥街道新增粮食生产功能储备区50亩，完成粮食种植面积任务7430亩，完成晚稻“一喷多促”服务3900亩，发放耕地地力保护补贴62.42万元。深化“千万工程”，竣工验收一事一议项目2个，完成农村道路大中修2条、全长近6千米，创建“美丽庭院”2个。瓦瓷窑村通过市级美丽乡村精品村验收，下浦郑村被列入浙江省第三批低碳村试点名单。新建共富工坊4家，建成强村公司3家，组织共富集市7场次，强村公司经验获区委主要领导批示肯定。村集体经济稳健发展，其中村集体经济总收入“百万元”的行政村5个，经营性收入50万元以上的行政村6个。完成第二轮省级绿色转化财政专项激励资金绩效使用，瓦瓷窑村完成青瓷源博物馆、青瓷源文化风情街等12个项目建设。下浦郑村完成米面科创中心、兴福寺广场等13个重要节点建设，加快推进百米米面自动化生产线调试进度，下浦郑米面成功入选浙江省第二批“263共富农产品”名单。

【基础设施建设】 2023年，高桥街道重点推进5个区级“永宁焕新”项目和14个街道级重点工程。机电产业园拿地即开工，实现50天内启动建设，甬台温高速改扩建工程完成土地征用158亩，矿地综合利用项目进场作业，璀星佳苑住宅小区全面结顶。完成垦造耕地立项规划664亩、土地清表300亩、验收126亩。启动跨乡镇全域土地综合整治工作。220千伏高桥变基本建成，高桥街道公交首末站正式投用，联丰螺屿综合供能服务站进入验收阶段。加强城镇管理。扎实推进“五水共治”工作，累计完成河道清淤2千米，改造提升污水泵站9个，开展河道巡查1000余次，闭环销号各类问题82个。新增镇街级垃圾分类“两定四分”集中投放点5个，瓦瓷窑村成功创建市级垃圾分类示范村。

【致力社会事业】 2023年，高桥街道持续开展“一老一少”及特殊困难群体精准帮扶工作，全年发放各类补助350万余元。改造提升老年助餐点位2家、老年食堂3家，服务2万人次。新建妇女儿童驿站2家，开展活动20余次。筹集社会资金100余万元，

2023年11月10日，高桥街道璀星佳苑全面结顶

（高桥街道　供图）

有效改善中小学办学条件和教学硬件，高桥中学25名优秀学子考上重点高中，创历史新高。高桥街道社区卫生服务中心新大楼正式投用，积极邀请市级优质医疗团队开展大型义诊活动。用好文化礼堂、文化驿站等党群活动阵地，有序开展各类理论宣讲、文体活动等300余次，完成下浦郑村市级文化礼堂数字化微改造。新增“15分钟品质文化圈”4个，完成高桥和合书吧、下浦郑体育场地建设。强化街道综合信息指挥室实体化运作，成功通过台州市乡镇街道综合信息指挥室星级评定。完善矛盾纠纷多元化解机制，全面推进信访工作法治化，矛盾纠纷和“12345”信访件办结率100%。深入开展风险隐患“大排查大起底大整治”专项行动，圆满完成护航亚运维稳安保任务。

【开展基层党建】 2023年，高桥街道分层分领域落实“四学联动”，严格落实理论学习中心组和“第一议题”制度，全年组织召开中心组学习12次，召开专题研讨会、学习会20余次，讲授专题党课近60次。以“三化十二制”为主线脉络，深入实施“红色根脉强基工程”，全面配齐配强“一肩挑”，改造提升示范村党群服务中心2个。扎实推进“头雁领航·村村比拼”，成功创建下浦郑村强基示范村。干部队伍全面提升，实施年轻干部“群青计划”，建立全周期成长纪实档案，新提任股级干部4名，选派3名精干力量参与全区中心工作。探索村级后备人才“青春助力团”模式，推动优秀青年人才深度参与村庄治理，有关做法获《浙江日报》报道。深化各领域清廉单元建设，全面推进从严治党。践行人大全过程人民民主基层单元建设。引导乡贤参与东西部协作，新增投资额2815万元。落实党管武装工作，超额完成征兵任务。

（高桥街道　章振洋）

宁溪镇

【概况】 宁溪镇地处黄岩区西部，面积89.12平方千米。2023年，户籍人口32961人，行政区域辖21个行政村，6个居委会，镇政府所在地宁川东路3号。

【数字智慧农业】 2023年，贯彻粮食安全战略任务，清理腾退粮功区“非粮化”地块面积800余亩，获评浙江省粮功区“非粮化”整治优化先进集体。持续探索科技助农、数字兴农、产业富农模式，完成绿色发展中心三期项目及展馆建设，绿色发展中心被列为省级科技小院现场会唯一参观点。发展特色中药材产业，药用植物园获评省自然教育基地。

【实施“小橘灯”安居增收重点项目】 作为全省定向招工式共富工坊建设推进会参观点位，承接区“小橘灯”共富工坊现场推进会，宁溪镇“党建引领打造山区‘共富工坊’样板”作为台州唯一全球减贫案例选送至省政府；上桧村共富工坊被评为第一批省级示范共富工坊，岭根村、方家岙村共富工坊被评为市级示范共富工坊。

【村镇建设】 2023年，推动美丽城镇集群化发展，投资400万元美化乌岩头至白鹭湾沿线环境，

2023年1月7日，夕阳下的白鹭湾版画村　（宁溪镇　供图）

2023 年 2 月 21 日，宁溪镇举行“二月二灯会”　　（宁溪镇　供图）

成功创建宁溪—屿头县域风貌样板区，镇域风貌提升。完成总投资 3000 万元的污水零直排区省级样板镇建设工程，实现污水零直排提质扩面，创建首批省级“污水零直排区”建设星级镇。重启“二月二灯会”，宣传舞龙舞狮、打铁花、作铜锣、坦头南拳等传统非遗，活动期间，全镇共承载游客约 130 万人次，拉动旅游收益突破 5000 万元，“二月二”灯会获评全国精品 50 强市集。

【美丽乡村】 2023 年，宁溪镇持续探索乡村未来发展模式，白鹭湾村被认定为浙江省未来乡村创建成效优秀等次村，“白鹭湾村版画艺术赋能经济腾飞”成功入选 2023 浙江省艺术乡建典型案例，为台州唯一。宁溪镇被评为省级乡村振兴示范乡镇、市级乡村振兴战略实绩考核成绩突出集体。

【社会事业】 2023 年，宁溪镇扩大老年人送餐服务覆盖面，累计配送餐 10 万人次，建成 20 家村级照料中心，为全镇老年人提供优质的医养结合服务。顺利通过省级健康镇复审，发展医疗健康事业。宁溪镇便民服务中心通过五星级便民服务中心复审，被评为 2023 年度浙江省示范政务服务中心。建成宁溪镇应急救护实训基地，健全民众应急救护体系。建立社会心理服务站，开展 10 场次心理咨询活动，服务 650 余人次，助推全民精神健康。建立 27 个代表委员工作室、社情民意联系点、协商驿站“三位一体”的议事场所，营造有事好商量、众人的事情由众人商量的舆论氛围。加大优质教育资源供给力度，成立 20 万元的教育慈善信托项目，宁溪中心幼儿园新园建成投用，办学条件有效改善。筹资约 90 万元揭牌成立镇乡贤馆，成功举办“2023 年宁溪镇乡贤奖学助学大会”，表彰 140 名师生，发放奖（助）学金 37.8 万元。

【基层党建】 2023 年，宁溪镇高效推进主题教育，组织党员干部在身边活动，解决老百姓急难愁盼问题 587 个。深化基层党的建设，融入“三化十二制”元素，搭建集“党性教育、便民服务、学习充电、协商议事”为一体的上桧村党群服务中心，创成省级示范村党群服务中心。完成区委巡察回访反馈问题整改，围绕“人事因制”深挖根源，做好巡察“后半篇文章”。全年召开警示教育会议 9 次，工作提示约谈 206 人，诫勉谈话 4 人，通报批评 4 人；党纪立案 12 起，党内警告 7 人，党内严重警告 2 人，开除党籍 1 人。发放纪律检查建议书 3 份，巩固发展政治生态。发挥廉洁文化引领作用，统筹推进廉洁文化与企业、学校、村居等单元的清廉建设有机结合，紧扣企业行业特色培育清廉民企品牌，实现规上企业清廉企业建设全覆盖，打造杜范廉洁文化教育基地，入选清廉台州廉洁文化旅游线路图，并获评省教育系统廉洁教育基地，宁溪初中被评为浙江省清廉学校建设示范校。

（宁溪镇　洪韬）

北洋镇

【概况】 北洋镇位于黄岩区中北部，面积 67.99 平方千米。2023 年户籍人口 32657 人，行政区域辖 20 个行政村、2 个居民区，街道办事处大院办公一区（北洋街 51 号）、地税办公二区（长宁路 105 号）。

【重点工程建设】 2023 年，北洋镇进一步发展特色产业，推进农业科技园区、“田园超市”项目，现代农业冷链物流中心（瓜果天下）项目主体完工。聚焦发展要素，高端模塑产业园区（二期）开发方案编制完成，市域铁路 S2 线北洋段完成 5 个村 234 亩土地和 5 户 10 间房屋征收。

【工业经济】 2023 年，北洋镇全年规上工业总产值达 21.84 亿元；规上工业增加值达 5.18 亿元，同比增长 4.1%；财政总收入达 1.12 亿元；固定资产投资达 1.8 亿元，其中制造业投资达 1.51 亿元，同比增长 20.8%；限上批发业销售额达 1.91 亿元，同比增长 31.1%。新增“小升规”企业 3 家、限上批发业企业 1 家、自营出口企业 7 家。华旋特种装备有限公司年产 1.8 万套金属制品项目、欧威家具股份有限公司年产 130 万件中高档家具智能制造生产基地建设项目落地。

【农业经济】 2023 年，北洋镇传统有机农业、现代高效农业、休闲观光农业蓬勃发展，绘就乡村振兴新图景。北洋镇作为核心区块被浙江省科学技术厅列入 2023 年度省级农业科技园区创建名单。“田园超市”项目纳入 2023 年度省财政“一事一议”共富项目，获补财政资金 2000 万元。组织农旅节庆，“在稻田·趣北洋”稻田文化节、“趣北洋·五尖山欢喜年猪宴”顺利举办，吸引游客 8200 余人次。

【基础设施创建】 2023 年，北洋镇推进“点亮北洋”一号工程，老粮管所、供销社区块建成投用，移建综合楼、供销社房屋进场施工。投入 304 万元完成镇域卫生保洁服务采购招标，改造提升垃圾四分类点 5 个。瑞岩村申报 2023 年度区级美丽乡村精品村项目，康山村区级美丽乡村精品村基本完工。乡村公路大中修（二期）累计修复 14.98 千米。长宁路路灯亮化提升、长潭坝头机车停车场改造提升工程完成建设。长宁路至长潭 5 个公交站亭基本建成。

【社会事业】 2023 年，北洋镇村集体经营性收入超 10 万元、总收入超 20 万元实现全覆盖，16 个村村集体经营性收入超 15 万元、总收入超 30 万元。探索强村公司发展新路径，20 个村与黄岩大环公司合作成立黄岩大环联洋环境服务有限公司。改善社会保障，发放低保及低保边缘等困难救助款 16.13 万元、低收入农户和其他特殊困难户救助基金 19.8 万元，帮扶 330 人。省级民生实事项目北洋镇中心幼儿园托育部建成并启动招生。北洋镇老年大学正式落成。镇中心卫生院建成全区首家医养结合中心。北洋便民服务中心连续 3 年被评为市级五星级政务服务大厅。发展文化事业。北洋镇综合文化站被评为浙江省“铜牌艺术普及点”。北洋镇 24 小时和合书吧建成并通过市级验收，百林村农家书屋获评区示范性农家书屋。

【基层自治】 2023 年，北洋镇综合信息指挥室完成改造提升并实体化运行，成为全市乡镇（街道）综合信息指挥室实战实效现场推进会现场参观点位。聚焦矛盾纠纷化解，2023 年受理案件 95 起，成功化解 87 起，成功率达 91.5%。持续推进“一支队伍管执法”，累计开展“综合查一次”185 家次，北洋执法中队获评 2023 年度省“枫桥式”执法中队。

（北洋镇　张栌尹）

头陀镇

【概况】 头陀镇位于黄岩区中北部，面积 58.5 平方千米。2023 年，户籍人口 36897 人，行政区域辖 24 个行政村、1 个居委会、1 个区属柑橘场（农场）。政府所在地头陀居。

【镇域经济增长】 2023 年，头陀镇规上工业产值累计完成 17.75 亿元，同比增速 7%；工业增加值累计完成 4.4 亿元，同比增速 11.32%；制造业累计投资 3.35

亿元，同比增速31.2%。一、二季度连续荣获全市乡镇（街道）经济发展赛道赛马比拼红旗奖。爱玛电动车、三元净化器二期、华旋军工、欧威家具等4家优质企业先后入驻并开工建设，为工业经济发展增量夯实基础。持续培育壮大市场主体，完成省级科技型中小企业培育7家，企业“小升规”2家。引进幸启、沅森2家批发企业入驻头陀老街。农业产业质效稳步提升。大力发展现代农业，建成新峰果树种植场农艺农机融合示范基地，进一步提升农业专业化、科技化水平。巩固提升优势产业基础，建成元同村中药材基地、中岙村农业基地、山屯村笋果蔬基地等一批产业基地，其中元同村的分水金果园罗幔杨梅成为新荣记专供。新下岙茭白基地成为国家现代化农业全产业链标准化工作推进会和省农科院茭白产业绿色高质量发展技术集成应用示范基地观摩点。进一步提升头陀红糖、茭白、蜜橘等特色农产品知名度、美誉度。释放文旅发展效能。浙东南房车集散基地百丈中心营地完成投运，举办百丈揽月星空派对系列活动，并成为央视《远方的家——旅行加速度》录制点位。举办中岙村油菜花节、向日葵节，“趣头陀·逛柑橘大集”等系列文创活动，相关做法获《浙江日报》、人民日报客户端、《台州日报》头版头条报道。加速全域旅游基础设施建设及配套服务提升，建成国家AAA级旅游景区游客服务中心、头陀农旅基地接待中心、金石文化博物馆，提高文旅接待服务水平。

【城乡建设】 2023年，全区第一个全域土地整治试点项目落户头陀镇孙家汇村。市域铁路S2线（头陀段）、椒江至武义公路黄岩北城至头陀段等一批路网工程相继开工建设。建立文明城市创建、人居环境整治长效机制，创成省AAA级景区镇，并通过国家卫生乡镇复审。开展325省道绿化提升工作，打造沿线美丽风景。装扮美丽乡村，岙坑村、新下岙村建成美丽庭院。完成森伦坑、板丘坑、里龙山塘防渗整治工作，提升农田灌溉、农民饮用水、蓄水防洪等综合功能。完成卫片遥感执法、图斑整治约500处，累计整治违建违法用地约150亩。组织交警、行政执法等部门对集镇范围内秩序开展常态化巡查整治90余次，对乱占停车位、私搭乱建等行为进行集中整治清理。保持秸秆禁烧高压态势，共出动巡查人员680余人次，扑灭点位260余处。

【公共事业】 2023年，头陀镇开展公共服务，规范化提升3所公办幼儿园，星光幼儿园被认定为省二级幼儿园，头陀镇中心幼儿园通过省二级幼儿园复评，元同溪幼儿园通过预评。头陀小学被评为浙江省现代化学校，并连续两年举办宋韵学子启蒙仪式。头陀镇中学普高率达49%，一级重点高中上线18人，创近年来新高。完成头陀卫生院改造提升，优化就诊环境，提升诊疗空间。打造百姓健身房、和合街区、24小时书吧各1个、“15分钟品质文化生活圈”3个，改造提升7家文化礼堂，丰富群众文体活动。实施“善居工程”，建立老年人配送餐服务点位5个，新建元同、溪头、横山3家居家养老照料中心，完成2户低保、低边家庭及困难老人居住环境改造。

2023年11月21日，头陀镇举办“趣头陀 逛柑橘大集”活动

（头陀镇　供图）

新建小里灰、溪头、山屯3家“小橘灯”共富工坊,引入手工艺品、模具加工生产线等创收项目，帮助解决就业150人。

【平安建设】 2023年，头陀镇贯通“141”基层治理体系，推进综合信息指挥室实战实效建设，掌握辖区社情、民情动态，流转警情指令，共出动人员320余人次,协同处置非警务警情102件。创新多元解纷机制，上线“解纷码”“镇街矛调”等应用，推进矛盾纠纷一站式受理，镇村两级共调处各类纠纷331起。深入开展风险隐患“大排查大起底大整治”行动，共排查企业1281家次，“九小”场所1983家次，治理隐患3577处。

【自身建设】 2023年，头陀镇强化依法行政，接受人大、纪委、社会监督，办理人大代表建议共10件，解决5件民生实事。深化依法行政，公开政府信息33条，举办宪法活动月、“12·4”国家宪法日、维权周等普法宣传活动。落实中央八项规定及其实施细则精神,缩减公共支出,“三公”经费同比减少11.86%。

【反腐败工作】 2023年，头陀镇落实全面从严治党主体责任。2023年，共开展专项监督检查16次，发现问题14个，全部督促整改。全年立案审查调查违纪违法案件12件，已审结10件，给予党纪处分10人。扛起巡察整改主体责任，推进巡察头陀镇本级3个方面28个问题、被巡察村131个问题解决，并取得成效。强化以案促改和廉洁教育，召开全镇党员干部警示大会2次，“廉情一刻”活动300场次。

（头陀镇　包容）

院桥镇

【概况】 院桥镇位于黄岩城区南部,面积79.8平方千米。2023年，户籍人口73392人，行政区域辖4个居委会、39个行政村，镇政府所在地学前街12号。

【区域经济增长】 2023年，院桥镇规上工业总产值36.9亿元，工业增加值8.7亿元，同比增长2.4%；规下工业全样本同比增长59.8%；限上零售业营业收入10.9亿元，同比增长294.0%；限上社零总额10.5亿元，同比增长310.7%；一般公共预算收入2.3亿元，同比增长54.7%。落实国家级人才1人，获评省万人才1人,大学生招引320余人。上下村小微园区完成综合验收，繁荣创业园二期建成投用，浙东南智算经济产业园落户繁荣村。

【落实“三农”工作】 2023年，院桥镇累计拆违复耕26亩，提升改造粮功区2021亩，粮食播种面积达2.1万亩，连作晚稻百亩示范方平均亩产793千克，最高亩产864.1千克，创台州市连作晚稻最高亩产新纪录。全年造田造地立项919亩,入库293亩，完成井头村美丽庭院项目及里山山塘除险加固。43个村（居）农村集体经济均达标，经济相对薄弱村顺利摘帽，村集体经济总收入增幅达13.14%。实践“村民49%+村集体51%”持股模式，建立台州市井头水业有限公司。新岙里村“共富工坊”年产值超千万元，获评首批浙江省“巾帼共富工坊”、台州市党建引领“共富工坊”，入选全省定向招工式“共富工坊”现场会参观点，2次被《浙江日报》专版报道。

【城乡建设】 2023年，院桥镇完成《院桥镇全域发展概念规划及重点片区城市设计》初稿编制，推进全域土地整治项目套式集中安置区（一期）控规编制。鉴洋湖城市湿地公园宋韵水街一期项目出让区块涉及的420户1277间房屋全面拆除。甬台温高速改扩建项目主线及连接线红线范围内105户拆迁户全部签订征迁协议，先行段完成交地，水花服务区与连接线进场施工。丰立北侧地块征收项目完成前期工作。204省道院桥支线建成通车。合屿矿地综合利用一期区块矿山加速开挖。完成左任新村等5条“四好农村路”大中修，见塘村山塘水库桥梁塌方修复。完成四联村金山便桥、下抱学前街人行道、院新路美丽城镇改造工程等项目。

2023 年 3 月 16 日，院桥镇永友村千亩油菜花盛开　（金曼春　摄）

【民生事业】 2023 年，院桥镇新增阿青嫂快餐店等 6 个助餐点位，新建改造上岙村、鉴湖村等 6 家居家照料中心，新建蒋里村气象站。永宁中学建成投用，院桥中心小学第二校区建设完工。梁湖桥村入选 2023 年台州市卫生村样板名单。桐村村入选浙江省第三批低（零）碳村（社区）试点名单。2023 年，院桥镇便民服务中心全年办件量达 8.8 万件。院桥镇在全市“一件事一次办”向基层延伸推进会上作典型发言，获评浙江省改革创新成绩突出集体。2023 年，央视《远方的家》走进院桥宣传稻田风光。上桥洋村开展“端午宋韵沉浸式演艺”活动，梁湖桥村举办“鱼米南乡　和美院桥”丰收节活动，奥特莱斯广场举行“越剧大赛”。

【平安建设】 2023 年，院桥镇全年共受理化解各类矛盾纠纷 1377 件，其中含重大疑难纠纷 10 件。新岙里村、鉴湖村入选浙江省善治示范村。开展安全隐患大排查大整治暨平安护航亚运百日攻坚行动，地毯式排摸检查全镇 156 家使用燃气单位、3161 家出租房，火情同比下降 49%。基督教堂院桥堂获评 2022—2023 年度省级平安宗教活动场所，广化寺被评为 2023 年浙江省消防安全标准化管理“百优争创”活动优秀单位。推进“141”基层智治体系建设，创新“警务 + 网格”专兼融合工作机制，实体化运行镇综合信息指挥室，全年流转交办群众反映问题 1.5 万余件，处置非警务警情 320 件，获评市二星级综合信息指挥室。

【基层党建】 2023 年，院桥镇完成主题教育 43 个村居 3338 名党员动员部署，全覆盖发放必读书目。常态化制度化开展“头雁领航、村村比拼”、书记论坛、青年论坛等活动。梁湖桥村被命名为浙江省首批“红色根脉”强基示范村。殷雯、金士成获评市担当作为好支书。陈巧巧、胡春彬、潘加正、程灵江 4 人获评区担当作为好支书。奥特莱斯支委会获评浙江省“专业市场党建示范点”，浙江丰立智能科技股份有限公司党支部获评台州市“双融双强”“两新”组织党建示范点。2023 年在中央、省级主流媒体刊发稿件 43 件，市级报道 48 篇。纵深推进清廉院桥建设，全年共立案 23 件，党政纪处分 11 人。

（院桥镇　彭逸扬）

沙埠镇

【概况】 沙埠镇地处黄岩区西南部，面积 44.03 平方千米。2023 年，户籍人口 23875 人，行政区域辖 15 个行政村、1 个居委会，街道办事处所在地繁二村。

【镇域经济】 2023 年，沙埠镇实现规上工业产值 11.6 亿元，工业增加值 2.6 亿元，规下工业国家样本推算营收增速 30.5%，工业经济运行平稳。批零住餐方面，全年实现限上批发业销售额 3.2 亿元，同比增长 496.7%；限上零售业销售额 1330 万元，同比增长 31.5%；限上住宿业销售额 335 万元，同比增长 1.1%；实现限上餐饮业“零的突破”。新培育 5 家制造业企业升规纳统，帮助 4 家高耗低效企业销号，助推产业效能升级；妥善解决繁三小微园历史遗留问题，22 家企业规范有序入园，实现集聚发展。

构建全员“大招商”工作体系，全年完成招引6家企业，超额完成全年招引4家的任务目标。其中，成都元素科技成为沙埠镇首家数字经济服务企业；台州贝力金属实现年销售额2.58亿元，助推全镇限上贸易额翻两番；台州慧力进出口当年实现出口额1.2亿元；台州脱兔文化成为沙埠首家限上文化服务业企业。

【推动城乡建设】 2023年，沙埠镇围绕历史遗留难题、人居环境持续提升，深入践行“千万工程”，建设幸福和美乡村。拆除遗留在沙川路中央12年之久的“钉子户”，并完成沙川路北延线建设；拆除侵占十岙线路面多年的戏棚、老人协会等违章建筑，完成吕白洋段立面改造和拓宽工程；推进乡村道路大中修，完成繁三工业园区道路桥涵工程，镇区道路交通条件大幅改善。深化农村人居环境综合治理，在2023年全市文明城市创建第一次综合评估中，取得全市第一名的成绩；在全区农村人居环境评比中，两度入围全区前三，代表黄岩参加全市赛马比拼。以美丽乡村建设为抓手，积极推进城乡风貌蝶变，繁二村创成市美丽乡村建设精品村，下园村创成区美丽乡村精品村，吕白洋村、青瓷村等4个村获评市星级美丽乡村。高标准建设沙川幸福里公园和“党建＋运动”主题公园。建设沙埠溪绿道繁三段，打通镇区绿道系统“最后一公里”，打造幸福河湖。全年新建4处标准篮球场，举办全市首个“村BA”篮球赛。

【致力民生事业】 2023年，沙埠镇加强民生事业统筹和规划，着力解决突出民生问题，加快补齐民生短板弱项。高度重视教育提质工作，积极推进教育基础设施改善，争取到总投资6000多万元的沙埠小学改扩建工程，并完成项目前期手续。推进完善社区卫生服务体系，完成唐山村社区卫生服务站建设。推进“浙里康养”工作，新增助餐点位2个，并完成镇敬老院改造提升工程。繁二农贸市场上榜省三星级文明规范市场。加快推进治理体系不断完善，强化党员干部运用法治思维和法治方式解决问题的能力，全镇执法证件持有率连续3年提高。推进基层治理提升，深化“联勤共治工作站”建设，纵深推进“大综合一体化”执法改革，加强“网格智治”，推进“四平台”实体化运作，火警、火灾数量双降。高质量完成春节、两会、亚运等重要节点安保维稳工作。镇退役军人服务站、吕白洋村退役军人服务站被命名为省“新时代枫桥式退役军人服务站”，南胡村获评省级民主法治村，前路村获评市级民主法治村。

【青瓷小镇全国重点文物保护单位】 2023年，沙埠镇围绕青瓷遗址公园、佛岭森林公园和美丽河湖等优势资源，打造“青瓷宋韵”金名片。建成竹家岭考古工作棚和配套游步道，启动考古成果展示馆暨青瓷乡村博物馆建设，承办沙埠窑考古发掘专家论证会。沙埠窑遗址获评2023年度浙江考古重要发现，入围2023年度全国十大考古新发现初评候选项目，并申报列入“中国世界文化遗产预备名单”。建成佛岭森林公园、森林公园入口景观、埠里咖啡等一批标志性工程。举办第二届“青瓷宋韵”文旅艺术节，成功创作展演原创舞台剧《九龙

2023年7月14日，沙埠镇沙埠老街东拓工程完工并举行剪彩仪式
（沙埠镇　供图）

透天》；举办黄岩首个“山边边·佛岭森林音乐节”以及“柴古唐斯沙埠越野赛”，两天时间吸引5.4万人参加，实现旅游收入800多万元。8月，“诗酒远方何处觅，人间烟火醉沙川”——“青瓷宋韵”文旅小镇项目，在区服务业重大项目谋划擂台赛中荣获第一名，连续两年斩获一等奖。

（沙埠镇 吴沁谕）

富山乡

【概况】富山乡位于黄岩区西部，面积51.11平方千米，平均海拔600米。2023年，户籍人口1.1万人，行政区域辖10个行政村，乡政府所在地安山村。

【重点工程】2023年，富山乡全年组建重点项目工作专班43个，竣工验收项目25个，项目开工率100%。推进“云上共富”、半山未来乡村、罗幔东魁杨梅产业链提升等重点项目攻坚建设，完成富山乡能源综合补给站工程农转用报批手续和净地出让前期准备。坚持并完善重点项目专班工作机制，落实工作项目化、项目专班化、专班标准化“三化”工作思路，制定实施《富山乡项目运行管理工作机制》《富山乡工程项目实施步骤和拨付资金流程说明》等工作细则，建立工程项目阶段性管控、资金拨付“3+3”管理办法。充实项目储备，发布“富山乡半山古村落文旅项目”等乡村振兴招商项目7个，入库EOD（生态环境导向的开发）项目2个，成功引进台州市尚讯商务服务有限公司入驻富山造纸文化园研学项目。引进中国华能集团有限公司，联合10个行政村组建黄岩富山鑫风能源有限公司，签订富山乡农光互补项目投资协议书，实现清洁新能源项目招引新突破。

【农业产业】2023年，富山乡推进农业现代化。深挖生态产品价值转换路径，成功注册“和美富山600”商标，实体化运作共发农业科技公司（强村公司）。推进环库区罗幔东魁杨梅产业链提升项目，优化以“高山罗幔东魁杨梅”为代表的特色农业产业，落地建设资金1000万元，建成富山农产品冷库3个，杨梅操作道修复40千米，杨梅园区机耕路建设4.1千米，建成高山果蔬交易中心1座，实现高山东魁杨梅产业提档升级。推进农田宜机化改造，稳步提升生态农业基础设施，启动富山乡高标田整治工程建设，新建高标准农田面积672.03亩。

【休闲旅游】2023年，富山乡扎实推进旅游产业化。加快推进隐逸半山旅游综合体、环富山水库旅游综合体、台州康养综合体项目建设，做优富山避暑、研学、观光、康养特色，助推本地乡村民宿、农家乐产业发展。半山村上榜全国乡村旅游精品线路——“浙江·追寻山海踏春之旅”路线，并创成省第三批未来乡村。开展半山“花朝节”、富山高山东魁杨梅采摘节等特色文旅活动，单日活动吸引游客破万人次。

【乡村风貌】2023年，富山乡从严抓好土地资源管理。加强土地资源保护工作，打击占用耕地、林地未批先建等违法建设行为，“非粮化”“非农化”整改复耕面积146亩。推进“三改一拆”工作，现场执法并发放停建整改告知书16次，拆除卫片遥感年度变更违法搭建18处，拆除面积4500平方米。推进土地违法日常巡查工作。打好蓝天碧水净土保卫战。启动库区农村生活污水治理“强基增效双达标”项目建设，对全乡10个行政村农村生活污水治理设施进行集中改造。做好秸秆禁烧、松材线虫病防治等工作，半岭溪全年水质均为I类水体。推进宜居宜业和美乡村建设。加快推进人居环境整治工作，持续改善人居环境，制定实施《富山乡环境整治方案》，坚持“一月一督导”，推进村庄环境整治。着力推进国家卫生乡镇创建，开展大规模卫生检查工作8次，整改卫生隐患200余处。营造“全民除四害”氛围，发放维权宣传品700份、各类消杀物资近万件，深化李家山村“除四害村样板村”创建。畴路村创成省和美乡村特色精品村、省卫生村。

【社会事业】 2023年，富山乡持续增进民生福祉，不断加强社会保障，切实做好困难群体救助。全年发放低保群体救助金358万元，五保群体补助金57万余元。全面复核低保信息，新增14人，清理脱贫、死亡人员17人。发挥10家照料中心作用，签订第三方专业机构每月进村入户为老人提供上门服务。实现安山照料中心、北山照料中心两个助餐站点正常运营。完成3户低保家庭善居工程，开展社工站、残疾人之家社工活动15场。全年慈善救助因病致贫困难群众24次，发放救助资金4.6万元。救助重度、困难残疾人312人，发放补助金79万余元。成立富山乡乡贤会教育基金，发放奖助学金2.55万元。推进基本医疗保健，开展60岁以上老年人免费健康体检活动，服务老人2200人。完成台州利民保年度投保率考核任务。新建乡“和合书吧”，成功打造安山、外坦、北山、李家山、双西、半山6个“15分钟文化圈”，完成安山、北山灯光篮球场建设，北山村、李家山村、双西村5星文化礼堂完成提升改造并通过验收。加强“四好农村路”建设，完成长决线半岭堂段道路“白改黑”工程和避车道建设，修复破损桥梁栏杆587米，完成农村公路养护37.142千米。

【基层治理】 2023年，富山乡持续推进平安建设。开展自建房安全隐患全面排查整治行动，共排查6093户。扎实推进安全生产隐患大排查、大整治行动，实现317家市场主体安全隐患检查全覆盖，检查其他场所523家，检出一般隐患826个、重大隐患24个，实现闭环整改。开工乡应急中心工程。常态性开展野外用火管控工作，做好森林防灭火各项措施，筑牢防灾减灾基础。发挥“141”基层治理体系作用，建强实战化综合信息指挥室。抓实抓细综治维稳，开展矛盾纠纷排查化解工作，全年重点场所巡查等各项任务总完成率100%。持续开展平安宣传、平安巡防活动，推进防范电信网络诈骗、反邪教、禁毒等工作，发放宣传资料5000余份。

（富山乡　王其琛）

上郑乡

【概况】 上郑乡地黄岩区西部，面积93.32平方千米。2023年，户籍人口12392人，行政区域辖10个行政村，街道办事处所在地上郑村。

【招商引资】 2023年，上郑乡实施全员招商，加大力度“走出去”“请进来”。引入华能集团，签约华能新型储能关键智控装备产业基地项目（暨黄岩西部低碳共富绿色发展项目），实现十亿级项目招引历史性突破。引入台州星谷文化产业有限公司，投资1000万元盘活开发闲置生态旅游资源。

【共同富裕】 2023年，上郑乡全年新建共富工坊2家，强村公司3家，累计建成共富工坊13家，强村公司4家，提供就业岗位366个，实现村集体经济增收130余万元，“红磐石”党建联建助力共富工坊建设做法获市委书记李跃旗批示肯定，下郑村共富工坊负责人获黄岩区“小橘灯”共富工坊优秀“红管家”。大寺基林场成功申报林业共同富裕综合体试点。引进“世合永燊”生态农业合作社建成下庙村“共富农场”，年产值达160万元，获评市级共富基地。与供销社合作共建上郑乡共富服务中心，相关建设运行情况被《浙江日报》专版及《乡村干部报》《台州日报》头版报道。

【农业经济】 2023年，上郑乡深化“中药材151”计划，联合南京中医药大学谈献和教授团队共建中药材教学实践点，开展“共富良方”中药材种植培训4期，培训110余人次。台州市黄岩天德家庭农场获评浙江省2023年度“一亩山万元钱”高质量基地。《台州市黄岩区上郑乡聚焦林下经济助力共同富裕》被省农业农村厅共同富裕专题简报录用。

【农文旅发展】 2023年，上郑乡“摘星谷”星空主题公园开园并接待游客达4万余人次，其研学产品《寻找古诗词里的绝美星空》入选“浙东唐诗之路”研学旅行精品线路，是黄岩唯一入选项目。推进大寺基“未来国有林场”建设，完成智慧林场建设，枕山·大寺基山庄成功开业。黄雨婷获得杭州第19届亚运会首个“三冠王”，提升上郑乡的知名度与影响力。

【城乡建设】 2023年，上郑乡加强基础设施建设，完成美丰村直坑中药材基地操作道建设、下庙村环村路建设、大溪村笋竹两用林基地建设、仙石村栗树坑基础设施提升建设、上郑村环村道路提升等工程项目。加固防汛排涝防线，完成黄岩溪综合整治大溪坑段项目、仙石村桥梁建设及拦水坝修复、美丰村拦水坝雷鼓岩护栏路肩及边沟、下庙村防洪堤及拦水坝等建设工程，启动黄岩溪全域综合整治项目。加强农村生活污水治理，投资4500万元开展库区农村生活污水治理“强基增效双达标”项目（一期）建设。有效发挥“河长制”作用，黄岩溪水质长期保持在Ⅰ类。

【人居环境】 2023年，上郑乡推进村容村貌有机迭代更新，启动蒋东岙村美丽乡村建设，基本完成下郑、美丰、仙石、圣堂4个村美丽庭院建设。促进土地集约化发展，全年拆除违章建筑2394.4平方米。以“千万工程”为抓手，全面优化农村人居环境，顺利通过市区两级国卫乡镇检查。市级文明城市创建评比三季度名列全市第一，区级“美丽乡村赛道”人居环境检查三、四季度均名列前茅，市级“美丽乡村赛道”人居环境检查四季度跻身全市“红榜乡镇”。圣堂村被评为省级生态文化基地，并入选浙江省第三批低（零）碳村（社区）试点。上郑乡被评为区级文明乡镇，下余村被评为区级文明村。

【社会事业】 2023年，上郑乡优化医疗保障，在全区率先完成“利民保”投保工作。办好民生“食”事，新增下郑村、干坑村居家养老服务照料中心助餐点，截至年底有5个老年助餐点位投入运营。健全残障服务，开展康复申请、教育救助等各项业务服务共计3334人次。加强耕地保护，完成土地整治128亩。推进2023年高标准农田项目建设，涉及土地961亩。完成下余、下庙、仙石、美丰村周转房建设工程。完成上郑村、下庙村“15分钟品质文化生活圈”、下庙村百姓健身房及老年大学等项目建设，激活惠民“神经末梢”。开通抱料村公交站点，扩大群众出行“幸福圈”。完成省级民生实事下庙村五星级文化礼堂创建，重建美丰村、干坑村星级文化礼堂。

【基层党建】 2023年，上郑乡推动习近平新时代中国特色社会主义思想在上郑乡落地生根。主题教育开展以来，组织“循迹溯源学思想促践行”现场教学活动2次、主题教育党课60余场次，引导全乡党员干部坚定拥护“两个确立”，坚决做到“两个维护”。深化村级治理三化十二制，扎实推进“头雁领航·村村比拼”述职评议，提升村干部履职能力。调整出台《上郑乡关于规范村级小微权力运行的工作机制》，强化村级事务民主化、规范化、制度化管理。《以村级治理“三化十二制”引领“农文旅”深度融合，解锁“青山绿水”间的“共富密码”》被《台州日报》头版报道。实施“红色根脉”强基工程，以基层党建提质增效“三个一”行动为载体，提升党建带全局能力。圣堂村成功创建省级红色根脉强基示范村。浙东浙南部队会师纪念馆获评台州市党员干部教育现场教学点。上郑乡武装部获评市级五星级武装部。做好巡察整改工作，截至年底，区委巡察组反馈的乡党委3个方面23个问题已完成整改19个、正在整改4个，被巡察村78个问题完成整改77个、正在整改1个。做优思政教育，上郑乡《办好“三课堂”助推思想政治工作提质升级》思政案例入选《全市机关思政工作案例汇编》。建设“清廉上郑”，打造下郑村四个清廉主题区块及“三源之地　清廉圣堂”清廉村居品牌。强化正风肃纪，全年共处置问题线索23起，立案5起，其中自办案3起（中央八项规定1

起），组织处理19人，群腐2起，问责1起。加强村级债务管控化解，建立健全控债化债长效机制，助推村级集体经济良性发展。

（上郑乡　王威威）

屿头乡

【概况】 屿头乡位于黄岩区西北部，面积98.22平方千米。2023年，户籍人口13277人，行政区域辖11个行政村乡政府所在地沙滩村。

【推进乡村振兴】 2023年，屿头乡开展“专班比拼·项目竞赛”活动，实施“富美屿头”三大建设工程14个重点项目。沙滩村农家书屋获评全国最美农家书屋，“风物柔川”品牌建设经验被《农民日报》《浙江日报》报道，累计获省级以上荣誉10项、市级荣誉6项。四川省甘孜州党政代表团、福建省多个市区党政代表团等考察团，先后到沙滩村考察调研乡村振兴“千万工程”推进情况。

【经济建设】 2023年，屿头乡实现限上全社会零售营业额1478万元，餐饮营业额1207万元，固定资产投资1525万元，一般公共预算收入778万元，村集体收入平均增长11.3%。引进亿元产业项目德胧·芳草地度假酒店，新增建设用地指标43亩。实施“共享老街”“布袋坑古村落唤醒”计划，吸引文益社、墨咖、山中来信等12家合作伙伴入驻宣传运营。

【生态建设】 2023年，屿头乡推进沙滩村、屿头村125亩垦造耕地项目，完成三联村森林抚育和沙滩村林相改造工程，建成白石村、兴安村、布袋山村高标田110亩。开展柔极溪湿地公园提升工程、农村生活污水终端改造提升一期工程。屿头乡被评为省高标准生活垃圾分类示范片区，联一村荣获市级农村生活垃圾分类“三化”处理示范村。布袋山村入选省第十二批历史文化（传统）村落保护利用重点村，沙滩村入选台州市第五批市级传统村落。屿头乡获得市“赛马比拼”（一项机制考核，敢于竞争、善抓机会）一季度人居环境赛道红榜，三联村被评为省级卫生村，联一村荣获市级一星级美丽乡村，上凤村荣获市级三星级美丽乡村称号。

【建设美丽乡村休闲旅游】 2023年，屿头乡推出2023柔川民宿生活节暨“万人游屿头”乡村探寻之旅，举办春市柔川、布袋山过大年·非遗市集、上凤枇杷节等节庆活动。完成演太双川金廊玫瑰园一期建设，承办“大地艺术节”，五一期间日均旅游流量约2万人次。《青春环游记》《旅行加速度》等电视节目在沙滩老街取点拍摄，沙滩村创成黄岩区首个金AAA级景区村庄。成立两岸村石滩旅游发展公司，开启“农家乐+旅行社”的结对共建新模式，新增农家乐13家，成功对接旅行社8家，接待过夜游客6000余人次。

【创建省级美丽城镇建设】 2023年，编制《黄岩区屿头乡美丽城镇建设行动方案》，结合“宋韵柔川、生态柔极、和美屿头”三张金名片，确定“一带、两轴、三片区”的总体布局，完成全域生态大修复、城镇设施大改造、产业基础大提升、乡风文明大营造、基层治理大跨越5个方面29项的创建任务。2023年6月，宁溪—屿头县域风貌样板区入选省级第一批城乡风貌样板区名单。

【促进共同富裕】 2023年，屿头乡“演太双川金廊”入选省级首批共同富裕新时代美丽乡村集成示范带，宁溪—屿头县域风貌样板区入选浙江省2023年度共同富裕现代化基本单元案例集。沙滩村实现十年内村集体首次分红55万元。推出11个乡村振兴招商项目，新建3家共富工坊，实现重点帮促村、样本村全覆盖，左拎右送共富工坊做法登上“台州组工”微信公众号，连续2年入选台州市示范共富工坊名单。

【社会保障社会治理】 2023年，屿头乡老年食堂于2023年4月正式运营，共有10个村49位老人享受助餐服务。新增低保11户，低边9户，特困2户，困境

2023 年 4 月，三联村浙东芳养谷三联共富工坊产业园完工

（屿头乡 供图）

儿童 2 人，申请临时救助 3 户善居工程 2 个。完成兴安村村部周边绿化等 3 个“一事一议”项目，白石村果蔬基地道路硬化等 7 个扶贫项目工程，全乡 11 个行政村均建成困难群众周转房。依托“杨贵庆柔川老街振兴基金”，举办首届儿童绘画写生大赛。深化安全生产隐患大排查大整治专项行动，排查整治道路交通、危化品、自建房、城镇燃气等重点行业、重点领域隐患 462 条。处理“12345”事件 127 件，信访件 4 件，公安报警纠纷事件 36 件，平安建设在台州市乡镇街道“赛马比拼”半年度评比中获得红榜。

【基层党建】 2023 年，屿头乡开展“循迹溯源学思想促践行”现场学习，组织理论学习中心组学习 12 次，讲党课、专题轮训、入户宣讲等活动 70 次，解决群众急难愁盼问题 37 个。总结沙滩村“红色根脉强基工程”示范点位创建经验做法，推动布袋山创建区级红色根脉强基示范村，完成兴安村后进村整转。沙滩村党群服务中心获评省级示范村党群服务中心。建立《屿头乡党建巡察制度》，完成基层党建巡察 16 个问题整改销号。完成村级组织届中体检，谋划补充 17 个换届空缺岗位。

【乡贤工作】 2023 年，屿头乡举办屿头乡一届二次乡贤大会，成立调解纾困、精英扶持、崇德爱老和春雨润苗服务团，发放慰问金 3.5 万元，帮扶 5 位困难学生，奖励 1 位“双一流”高校在读学子。完成与路桥知联会峰江街道分会结对。

【干部管理和培养】 2023 年，屿头乡开展机关年轻干部“百花竞芳·萌芽”计划，重点培养乡年轻干部 20 人，储备 45 名村级后备人才。

（屿头乡 朱洁）

上垟乡

【概况】 上垟乡位于黄岩区西南部，面积 67.58 平方千米。2023 年，户籍人口 16448 人，行政区域辖 11 个行政村，乡政府所在地上垟村。

【特色农业】 2023 年，上垟乡全年实现农业生产总值 1.13 亿元。完成“非粮化”整治 344 亩，新增高标准农田 650 亩。投资 750 万元，完成白沙园村 50 亩土地开发项目。绿色农产品基地项目获得省“两山”转化资金 800 万元，上下吉村龙脊梯田获评浙江七彩油菜种植示范基地。上垟小气候蜜橘亮相省农博会，小麦获得中国有机产品认证。推出“上垟丰物”农产品区域公用品牌，与黄岩农商银行合作打通共富销路，农产品经济效益大幅提升。

【休闲旅游】 2023 年，上垟乡完善旅游基础设施，完成沈岙村飞行基地道路建设工程、上垟村上堂山至毛岙路基建设工程和象岙村李家垟红杉林环境提升工程建设。建成上下吉村龙脊梯田油菜花海、飞垟稻田田园综合体和李家垟、白鹭湾房车露营基地，提供沉浸式旅游体验。飞垟稻田获评农旅融合促共富示范

2023年3月9日，上垟乡龙脊梯田油菜花海　　（王敏智　摄）

基地，举办稻田文化节活动，吸引游客5000余人次，被《人民日报》海外版报道。飞行营地被评为市农创客重点项目。央视综艺《远方的家·旅行加速度》在上垟乡取景拍摄，播放量近400万次。

【美丽乡村】 2023年，上垟乡大力开展环境卫生整治，顺利通过市区两级国卫乡镇检查，荣获市“赛马比拼”三季度美丽乡村赛道红旗奖，上下吉村获评省级卫生村，岭脚村获评市级垃圾分类示范村。加大历史建筑保护力度，修复山主头村柯家四合院和象岙村祠堂。提升乡村颜值，打造下方村、山主头村2个精品区块，完成5个村美丽庭院和全域“一米菜园”建设，下方村荣获省级和美乡村特色精品村。

【民生实事】

文化惠民　2023年，上垟乡举办省级摄影大赛，立体展示上垟发展成果、自然风光和乡土文化。举建设文化礼堂，完成湖滨村、沈岙村文化礼堂提升项目，白沙园村文化礼堂提升至四星级，全年举办送戏下乡等活动近千场，丰富群众精神生活。弘扬好人精神，冯寿楷、黄梅花夫妇和卢灵锋被评为台州好人。新时代文明实践志愿服务项目获市赛优胜奖。

公共服务　2023年，上垟乡完成上垟乡居家养老中心无感服务智能终端安装，实现养老服务科技化、智能化。山主头村、下方村、岭脚村3个老年膳坊运行良好，获得区级补助10万元，实现全乡助餐网络全覆盖。“乡贤光明行”、候鸟夏令营、奖教兴学等活动相继开展，受益老人及儿童超1000人。完成小坑小学和中心小学合并，实现教育资源优化配置，中心小学被评为浙江省健康促进学校。加密大岩至上垟学生公交专线班次，确保学生安全、便捷往返。

强村富民　2023年，上垟乡强村公司运营有声有色，实现创收145万元，相关做法在全区作典型发言，发展经验被人民网、《浙江共产党员》杂志等中央、省级媒体报道。共富工坊释放发展活力，发挥上垟老羊毛衫厂制衣经验和外出种瓜产业优势，引进校服和西瓜大棚套制作，实现全年不停工，培育星级工坊7家，村民进工坊每月增收3000—5000元。招大引强取得突破，与华能集团完成1.5亿元西部低碳共富智慧农光项目签约，每村每年可实现分红10万元以上。积极申请飞地抱团第六期项目资金，投资2724万元，为全区乡镇街道投资体量最大。高水平完成年度消薄任务，11个行政村实现村集体经济总收入590万元，其中上垟村、西洋村实现集体经济总收入100万元且经营性收入50万元以上。

【社会治理】 2023年，上垟乡完成综合信息指挥室改造提升，流畅区、乡、村三级指令收发，“12345”反映件、信访件，办结率、满意率均达100%。排查全乡辖区范围内农房8900间，对存在安全隐患的135间C、D级危房进行封存、加固，危房整治率达100%。常态化开展安全生产、防范电信诈骗、防汛防台、森林防火等工作，护航亚运维稳安保攻坚战取得胜利，全年社会大局和谐平稳，获得市级安全生产工作优秀单位。

【基层党建】 2023年，上垟乡坚持开展主题教育，乡、村两级党组织创造力、凝聚力、战斗力增强。推动综合供能站全面建成，解决上垟百姓加油难问题。全域推进“红色根脉强基工程”，指导象岙村完成重点村转化。实施年轻干部成长“青橘计划”，提拔7名年轻干部，实现28周岁以下中层副职达57%。加强村级干部储备，排摸后备人才41人。开展届中履职“回头看”，对3名履职不力的村干部进行撤职、党内警告处置。

（上垟乡 卢丹）

平田乡

【概况】 平田乡地处黄岩区西南部，面积43.33平方千米。2023年，户籍人口9251人，行政区域辖9个行政村，乡政府所在地天灯洋村。

【休闲旅游】 2023年，平田乡建成桐岭村“富贵驿站”，打造长潭湖“摩友集散地”。成功创建省民盟助力乡村振兴实践基地。与民盟浙江农林大学总支部、区民盟签约校地合作协议，探索文化振兴助力乡村振兴新路径。以节为媒，以果会友，唱响农旅、教育、慈善一台戏，成功举办“我有一颗梅，种在大平田”公益活动。桐树坑景区成功举办“环浙步道”登高大会。

2023年12月31日，“环浙步道”平田山地越野赛在平田乡桐树坑村举行
（李晨曦 摄）

【绿色农业】 2023年，平田乡特色产业扩量提质。重点支持杨梅、枇杷、猕猴桃、铁皮石斛等特色产业发展，在平田村、蒋家垟村、天灯洋村开展杨梅基地建设工程，优化产业基础设施。以龙头种植主体为引领，狠抓品牌建设，平田高山家庭农场被列为首批省级共富家庭农场典型名单，北坪家庭农场等4家专业合作社被命名为2023年度台州市示范性家庭农场及农民专业合作社，神农铁皮石斛专业合作社“灯山”牌铁皮枫斗被授予2023浙江农业博览会金奖，黄毛山枇杷专业合作社产品被新认证为“绿色产品”。

【人居环境创建美丽城镇】 2023年，平田乡黄溪村建成浙江省美丽宜居示范村。天灯洋村、青龙

2023年7月18日，平田乡神农铁皮石斛种植基地迎来丰收，村民们正忙着采收铁皮石斛花
（朱丽荔 摄）

岗村、蒋家垟村创建台州市星级美丽乡村，平田村建成区级美丽乡村精品村，平田村小田美丽庭院和黄溪美丽庭院全面完工，建成平田至小田道路和官龙村内道路，实施蒋家垟村村庄提升工程。

【便民服务文化礼堂建设】 2023年，平田乡深入推进民生保障体系建设，全面落实基本医疗保险、养老保险、社会救助等社会保障政策；精准救助社会困难群体，临时救助19户49人；持续探索永宁膳坊运行本土化，进一步提升老年人群生活质量；扎实开展留守儿童关爱行动，建成平田学校“浙江民盟雏鹰关爱之家”“烛光行动教育基地”，助力学生追梦；关注留守儿童成长，举办“杉里公益夏令营”。持续开展拥军工作，向现役军人家属和重点优抚对象送上节日慰问。黄岩图书馆平田分馆正式开馆，新增“15分钟品质文化圈”3个；推进文化礼堂建设，车里岙村文化礼堂被评为五星级文化礼堂。

【基层党建】 2023年，平田乡高质量推进主题教育，通过精心统筹抓“统学”、以上率下抓“领学”、联系实际抓“研学”、强化指导抓“促学”等方式提高全乡党员干部理论能力。组织开展大调研大走访活动，加快桐树坑红色美丽村庄规划布局，打造桐树坑省级红色教学基地、社科基地，做大做强“星火平田”党建品牌。

（平田乡　王渊）

茅畲乡

【概况】 茅畲乡地处黄岩区西南部，东连沙埠镇，西接平田乡，北邻北洋镇，南与乐清县接壤，距黄岩城区22千米。面积29.61平方千米。2023年，户籍人口4709户13031人，行政区域辖10个行政村，乡政府所在地西边村。

【特色农业】 2023年，茅畲乡依托西瓜、甜瓜产业基础，围绕西瓜、甜瓜“育繁推”三个环节，西甜瓜科创园项目被列入省2023年乡村振兴综合试点项目，展示推广中心完成200多个西瓜和甜瓜新品种的比较试验播种。与省农科院、浙江大学、台科院等高校院所合作，打造全省西甜瓜种子育繁推示范基地。

【工业经济】 2023年，茅畲乡进一步提升营商环境，深入开展“大走访大调研大服务大解题”活动，落实一系列纾困帮扶政策，帮助企业解决金融贷款、生产经营等实际困难，完成电影《昭华常春》创制招商引资项目，培育经济新增长点，2023年财政总收入1626万元，同比增长156%。一般公共财政收入773万元，同比增长145%。外贸自营出口3家，增加1家，自营出口总额706万元。

【文旅产业】 2023年，茅畲乡着力深化“千万工程”打造样板，全力“美丽河湖”画卷，完成九溪中上游整治项目并通过区级验收，新建九溪绿化景观、绿道等公共设施，添置休憩长廊和景观小品，完成省级“美丽河湖”创建。下街村成功创建台州市首批艺术乡建特色村。上庄百嘉关仿古城楼、乌山水库游步道、平佛线至山卡关道路拓宽、浦洋美丽庭院等项目完成建设。挖掘利用红色资源，2023年抗战时期中共黄岩县委机关旧址作为近现代重要史迹及代表性建筑入选浙江省第八批省级文物保护单位。依托红色资源优势，招引北京电影公司制作红色电影《韶华常春》，将红色资源转化为文旅产业优势。

【平安建设】

平安法治　2023年，平安茅畲、法治茅畲建设迈向更高水平，社会治安防控体系不断升级完善，完成重要时间节点维稳安保、信访、群防群治等工作，推进全能网格化，提升“141”指挥体系治理效能。与北洋派出所联动开展平安整治活动，开展亚运安保巡逻50余次，禁毒、反邪教、防诈、“平安三率”活动120余场，入户宣传3000多次。开展矛盾纠纷大排查、大化解行动，全年累计排查乡村两级矛盾纠纷36起，成功化解36起。

安全生产　2023年，茅畲乡重视安全生产，深入推进隐患自查自纠，定期进企开展安全生产排查，覆盖22家企业、91家市场主体，督促企业完成所有隐患整改。紧盯环保安全，完成全乡企业申领环保码工作，开展生态环境满意度测评宣传，处理环保信访案件4起，全部整改落实。处理电动车违规停放、充电事件42起，2023年全乡未发生一起重特大事故。

消防安全　2023年，茅畲乡完善消防安全基础设施，全年建成200米生物防火隔离带，全乡3500米道路安全防护栏、10座桥梁护栏安装完毕，东边村和上庄村避灾安置场所通过规范化验收，2023年全乡未发生较大以上安全事故。

【社会保障】

社会救助　2023年，黄岩区茅畲乡开展对象精准管理工作，全年新增低保2户5人，核查注销7户，动态调整社会救助对象。全乡184户286位低收入农户平均收入增长10%。着力帮扶困难群体，开展重点青少年帮扶和妇女儿童权益保障行动，持续深化“红韵九溪”爱心妈妈团，开展守护“瓜苗”成长志愿服务项目，走访关爱孤儿、困境儿童130人次，开展形式多样的关爱活动23场次，实现留守儿童心愿110余件。

养老服务　2023年，茅畲乡全年累计对12户困难家庭进行适老化改造，帮助18名85岁以上老人办理养老服务补贴，注销68人，为601名老人发放高龄津贴，实现行政村居家养老服务照料中心全覆盖。建设老年人助餐食堂，开展养老服务上门，累计为135名老人提供居家养老上门服务。

【民生工程】

公共服务　2023年，茅畲乡创建1家区级示范农家书屋，完成2家文化礼堂硬件三星提四星改造，建成一个多功能运动场和“口袋公园”。新建3个“15分钟品质文化生活圈”。开展全民健身活动，年内开展体育健身活动5场，承办区级体育活动2场。积极组织文化活动，开展文化活动20余场。

共同富裕　2023年，茅畲乡开展造田造地、抛荒化非粮化整治，盘活土地资源，引进农业经营主体，提高村集体经济收入。截至年底完成造田造地项目144亩，完成2个村周转房项目建设并投用，完成上街村集体用房建设和招租。深化“小橘灯”共富工坊建设，新建4个共富工坊，截至年底乡内共有13个共富工坊，共计带动就业人员171人，平均每人每月创收4000多元。完成黄岩区农民持股创富改革项目方案申报，推进山卡村、茅畲洋村、西泉村异地搬迁工作，提升联村带户致富能力。2023年村集体经济总收入585.3万元，增速达40%，位居全区第一。

拆迁安置　2023年，茅畲乡104西移线大礼房屋拆除近5年，因宅基地未解决而无法安置，争取到建房指标，5月对拆迁户进行抽签择基，全面完成104西移线大礼拆迁17户35间安置房建设，农民喜建新房。

【党组织换届工作】　2023年，茅畲乡退休支部和茅畲乡机关支部根据党章和《中国共产党基层组织选举工作条例》有关规定和要求，坚持党的民主集中制，按期组织并完成换届选举，组建基层党组织班子。

（茅畲乡　郑乾）

附　录

人物·荣誉

2023 年黄岩区获得国家级先进集体一览表

附表 1

序号	获奖单位	获奖称号	授奖单位
1	黄岩区人民法院立案庭（诉讼服务中心）	全国法院先进集体	最高人民法院
2	黄岩区司法局	“黄丝带帮教”工作全国先进集体	民盟中央、司法部
3	黄岩区富山电站事务中心	水利安生产标准化一级单位	水利部
4	黄岩区农业农村局	全国农业综合行政执法示范单位	农业农村部
5	黄岩区科协	2023 年全国科普日活动优秀组织单位	中国科协
6	黄岩区科协	2023 年表现突出的科普中国组织单位	中国科协
7	黄岩区红十字会	2023 年中国红十字应急救护知识竞赛单位组织一等奖	中国红十字会总会
8	黄岩区财政局	2023 年度财政科研宣传工作优秀奖	中国财政科学研究院
9	台州传化洲锽公路港联合工会职工书屋	2023 年全国工会职工书屋示范点	中华全国总工会
10	黄岩区工商联	2022—2023 年度全国“五好”县级工商联	中华全国工商联
11	国网浙江省电力有限公司台州市黄岩区供电公司	中电技协电力安防示范单位	中国电力技术市场协会
12	国网浙江省电力有限公司台州市黄岩区供电公司	中物联全国数字化仓库企业试点	中国物流与采购联合会
13	《官河水街·仙元宇宙》	“2023 数字中国创新大赛·数字城市设计赛道”城元宇宙主题金奖	国家网信办、国家发展改革委、科技部、工业和信息化部以及国务院国资委等单位联合主办
14	《官河水街·仙元宇宙》	十大 RAR 产业案例	国家网信办、国家发展改革委、科技部、工业和信息化部以及国务院国资委等单位联合主办

2023年黄岩区获得省级先进集体一览表

附表 2

序号	获奖单位	获奖称号	授奖单位
1	黄岩区气象局	浙江省文明单位	浙江省委、省政府
2	黄岩区五水办	浙江省“五水共治”工作活动先进集体	浙江省委、省政府
3	院桥镇便民服务中心	浙江省改革创新成绩突出集体	浙江省委、省政府
4	院桥镇退役军人服务站	2023年浙江省“新时代枫桥式退役军人服务站”	浙江省委 、省政府
5	黄岩区南城街道	浙江省“红色根脉”强基示范乡镇(街道)	浙江省委
6	黄岩区南城街道山前村	浙江省“红色根脉”强基示范村（社区）	浙江省委
7	黄岩区沙埠镇横溪村	浙江省“红色根脉”强基示范村（社区）	浙江省委
8	黄岩区屿头乡沙滩村	浙江省“红色根脉”强基示范村（社区）	浙江省委
9	黄岩区江口街道江口村	浙江省“红色根脉”强基示范村（社区）	浙江省委
10	黄岩区新前街道西范村	浙江省“红色根脉”强基示范村（社区）	浙江省委
11	黄岩区澄江街道凤洋村	浙江省“红色根脉”强基示范村（社区）	浙江省委
12	黄岩区北洋镇小里桥村	浙江省“红色根脉”强基示范村（社区）	浙江省委
13	黄岩区上郑乡圣堂村	浙江省“红色根脉”强基示范村（社区）	浙江省委
14	黄岩区院桥镇梁湖桥村	浙江省“红色根脉”强基示范村（社区）	浙江省委
15	黄岩区宁溪镇上桧村	浙江省“红色根脉”强基示范村（社区）	浙江省委
16	黄岩区宁溪镇综合信息指挥室	浙江省档案工作突出集体	浙江省委办公厅、省政府办公厅
17	黄岩区人大常委会	2023年全省人大信息工作成绩突出单位	浙江省人民代表大会常务委员会办公厅、浙江省人大常委会研究室
18	黄岩区人大常委会	《靶向发力　高位推动　助力破解不动产登记难题》入选全省各级人大代表助力三个“一号工程”主题活动典型案例	浙江省人民代表大会常务委员会办公厅
19	黄岩区政协	2023年度全省政协联谊报宣传工作先进单位	浙江省政协办公厅
20	黄岩区人民武装部	民兵工作先进单位	浙江省军区
21	黄岩区宁溪镇上桧村“小橘灯”共富工坊	第一批省级示范共富工坊	浙江省委组织部
22	横溪村	浙江省首批“红色根脉”强基示范村	浙江省委组织部
23	黄岩区沙埠镇	浙江省农村文化礼堂建设工作示范乡镇（街道）	浙江省委宣传部
24	台州市黄岩区茅畲乡抗战时期中共黄岩县委机关旧址·民族团结进步教育基地	第三批省级民族团结进步教育基地名单	浙江省民宗委
25	黄岩区东城街道	第六批省级民族团结进步创建重点培育单位	浙江省民宗委
26	黄岩区沙埠镇	第六批省级民族团结进步创建重点培育单位	浙江省民宗委
27	黄岩区基督教堂院桥堂	2022—2023年度省级平安宗教活动场所	浙江省民宗委
28	黄岩区广化寺	2023年浙江省宗教活动场所消防安全标准化管理“百优争创”活动优秀单位	浙江省民宗委、浙江省消防救援总队

续附表 2

序号	获奖单位	获奖称号	授奖单位
29	黄岩区政务服务中心	2023 年度浙江省示范政务服务中心	浙江省委全面深化改革委员会办公室
30	黄岩区宁溪镇便民服务中心	2023 年度浙江省示范政务服务中心	浙江省委全面深化改革委员会办公室
31	黄岩区市场监督管理局	涉企服务“一类事”专题微改革案例	浙江省委全面深化改革委员会办公室
32	黄岩区环境卫生服务中心	2023 年度浙江省城市市容环境卫生工作成绩突出集体	浙江省住建厅、浙江省总工会
33	黄岩区委党史研究室	浙江省党史和文献部门地方党史 三卷编写工作成绩突出集体	中共浙江省党史和文献研究室办公室
34	黄岩区司法局	浙江省法治政府（依法行政）工作成绩突出集体（行政复议应诉工作）	浙江省司法厅
35	黄岩区头陀镇小里灰村	2023 年度省级民主法治村（社区）	浙江省司法厅、民政厅
36	黄岩区宁溪镇上桧村	2023 年度省级民主法治村（社区）	浙江省司法厅、民政厅
37	黄岩区新前街道七里王村	2023 年度省级民主法治村（社区）	浙江省司法厅、民政厅
38	黄岩区慈善总会	2023 年全省品牌社会组织	浙江省民政厅
39	黄岩区东城街道嘉盛社区	全省城市社区议事协商创新试点优秀单位	浙江省民政厅
40	黄岩区头陀镇断江村	第六批省级引领型农村社区	浙江省民政厅
41	黄岩区东城街道双浦社区	省级四星级社区服务综合体	浙江省民政厅
42	黄岩区东城街道海棠社区	省级三星级社区服务综合体	浙江省民政厅
43	黄岩区西城街道孝友社区	省级三星级社区服务综合体	浙江省民政厅
44	黄岩区南城街道社会工作站	浙江省五星级乡镇（街道）社会工作站	浙江省民政厅
45	黄岩区北城街道社会工作站	浙江省五星级乡镇（街道）社会工作站	浙江省民政厅
46	黄岩区宁溪镇敬老院	浙江省养老服务工作成绩突出集体	浙江省民政厅
47	黄岩区智能模具小镇	2023 年省级绿色低碳工业园区	浙江省经信厅、省发展改革委、省生态环境厅
48	黄岩区西甜瓜科创园乡村振兴综合试点项目	2023 年度乡村振兴综合试点项目名单	浙江省乡村振兴局、浙江省财政厅
49	黄岩区宁溪镇白鹭湾村	2023 年度浙江省未来乡村创建成效优秀等次村	浙江省农业农村厅、省财政厅、省城乡风貌整治提升专班办公室
50	黄岩区院桥镇新岙里村“小橘灯”共富工坊	全省首批省级“巾帼共富工坊”	浙江省妇联、农业农村厅、乡村振兴局
51	黄岩区农业农村局	浙江省高标准农田建设先进集体	浙江省农业农村厅
52	黄岩区农业农村局	浙江省农业“双强”行动成绩突出集体	浙江省农业农村厅
53	黄岩区乐成模塑工业园	省四星级小微企业园	浙江省经信厅
54	黄岩区江口街道办事处	2023 年度浙江省中小微企业培育工作成绩突出集体	浙江省经信厅办公室
55	黄岩区“众小满”共富工坊	浙江省首批百家电商直播式“共富工坊”典型案例	浙江省商务厅
56	黄岩区宁溪镇上桧村电商直播“共富工坊”	浙江省首批百家电商直播式“共富工坊”典型案例	浙江省商务厅
57	黄岩区宁溪镇二月二灯会	浙江省精品乡村市集	浙江省商务厅
58	黄岩区财政局	2023—2025 年绿色转化财政专项激励政策试点	浙江省财政厅

续附表 2

序号	获奖单位	获奖称号	授奖单位
59	黄岩区财政局	2023 年百万家庭奔富行动示范县创建首批试点	浙江省财政厅
60	黄岩区文广旅体局	省级文化产业赋能乡村振兴试点	浙江省文化广电和旅游厅、教育厅、自然资源厅、农业农村局、乡村振兴局
61	黄岩区文广旅体局	浙江省 2023 年“文艺赋美”工程十佳区县奖	浙江省文化广电和旅游厅
62	永宁市集	全省首批重点培育文旅市集	浙江省文化广电和旅游厅
63	官河古道	第三批省级夜间文化和旅游消费集聚区	浙江省文化广电和旅游厅
64	黄岩里・官河市集	浙江省第二批重点培育文旅市集	浙江省文化广电和旅游厅
65	黄岩区澄江街道葛村村	浙江省第二批文艺赋美・美育村（社区）	浙江省文化广电和旅游厅
66	浙江天宇药业股份有限公司	2023 年度浙江省科技领军企业科技小巨人企业	浙江省科学技术厅
67	黄岩区人力社保局	浙江省第二届返乡入乡合作创业大赛优秀组织单位	浙江省人力资源和社会保障厅
68	黄岩区人民法院	全省法院信息工作先进集体	浙江省高级人民法院办公室
69	黄岩区人民法院综合办公室	宣传通联工作先进集体	浙江省高级人民法院新闻宣传处
70	黄岩区市场监督管理局	全省市场监管系统改革创新最佳实践名单	浙江省市场监督管理局
71	黄岩区市场监督管理局	浙江省优化营商环境工作成绩突出集体	浙江省市场监督管理局
72	黄岩区沙埠农贸综合市场	浙江省市场监管局省星级文明规范市场	浙江省市场监督管理局
73	中共台州奥特莱斯购物中心有限公司支部委员会	浙江省专业市场党建示范点	浙江省市场监督管理局
74	黄岩区市场监督管理局	浙江省药品安全创新治理突出集体	浙江省药品监督管理局
75	黄岩区医疗保障局	浙江省医疗保障系统先进单位	浙江省医疗保障局
76	黄岩区宁溪镇	浙江省粮食生产功能区“非粮化”整治优化先进集体	浙江省农业农村局
77	黄岩区新前街道退休干部党支部	浙江省首批离退休干部“三强六好”示范党支部	浙江省委老干部局
78	黄岩区江口街道退休干部党支部	浙江省首批离退休干部“三强六好”示范党支部	浙江省委老干部局
79	黄岩区新前街道退休干部党支部	浙江省最美离退休干部党支部	浙江省委老干部局
80	黄岩区宁溪镇“幸福”银景驿站	2023 年度“乐活驿站”名单	浙江省委老干部局
81	黄岩松溪美术馆	2023 年浙江省第二批乡村博物馆名单	浙江省文物局
82	黄岩区宁溪镇牌门村	2023 年度浙江省“一村万树”示范村	浙江省林业局
83	黄岩区西城街道罗家汇村	2023 年度浙江省“一村万树”示范村	浙江省林业局
84	黄岩区林业局	2023 年浙江省林业重点工作表现突出单位（以国家公园为主体的自然保护地体系建设方面）	浙江省林业局
85	浙江精诚模具机械有限公司	2023 年浙江省五一劳动奖状	浙江省总工会
86	黄岩区行政服务中心自然资源和规划窗口	2023 年浙江省工人先锋号	浙江省总工会

续附表 2

序号	获奖单位	获奖称号	授奖单位
87	浙江台州美多模具有限公司模具钳工车间	2023 年浙江省工人先锋号	浙江省总工会
88	汇宝科技集团有限公司缝纫机开发部	2023 年浙江省工人先锋号	浙江省总工会
89	民革黄岩区支部	社会工作先进集体	民革省委会
90	民革黄岩区支部	省级示范支部	民革省委会
91	民进黄岩区基层委员会医卫支部	2023 年度优秀基层组织	民进浙江省委会
92	黄岩区行政服务中心自然资源和规划窗口	2023 年浙江省工人先锋号	浙江省总工会
93	黄岩区南城街道山前村团支部	浙江省成绩突出团（总）支部	共青团浙江省委
94	少先队黄岩区西江小学教育集团大队	2023 年度浙江省优秀少先队集体	共青团浙江省委
95	黄岩区红十字会	2023 年度浙江省红十字应急救护工作成绩突出集体	浙江省红十字会
96	黄岩区红十字应急救援队	浙江省红十字救援工作成绩突出集体	浙江省红十字会
97	黄岩区沙埠镇横溪村	全省定向招工式“共富工坊”优秀实践案例	浙江省工商联
98	黄岩区文联	全省文联系统先进集体	浙江省文学艺术界联合会
99	黄岩区上垟乡下方村	2023 年度浙江省和美乡村特色精品村	浙江省“千村示范、万村整治”工作协调小组办公室
100	黄岩区宁溪初级中学	第二批浙江省清廉学校建设示范校名单	浙江省委教育工作委员会办公室
101	黄岩区杜范清廉馆	2023 年浙江省教育系统廉洁教育基地	浙江省委教育工作委员会
102	黄岩区后庄村党群服务中心	省级示范党群服务中心	浙江省现代社区建设领导小组办公室
103	黄岩区桔源社区党群服务中心	省级示范党群服务中心	浙江省现代社区建设领导小组办公室
104	黄岩区东城街道嘉盛社区	首批浙江省现代社区	浙江省现代社区建设领导小组
105	黄岩区北城街道办事处	2023 年度浙江省网络生态“瞭望哨”工程建设成绩突出集体	浙江省委网信办
106	黄岩区综合行政执法局	全省综合行政执法工作先进集体	浙江省综合行政执法指导办公室
107	黄岩区上垟乡上下吉村	2023 年度省级卫生村	浙江省爱卫办
108	黄岩区宁溪镇	浙江省城镇“污水零直排区”建设第一批标杆镇	浙江省治水办
109	黄岩区医疗保险服务中心	2022—2023 年浙江省青年文明号	浙江省“青年文明号、青年岗位能手”活动组委会
110	黄岩区消防救援大队	2022—2023 年浙江省青年文明号	浙江省“青年文明号、青年岗位能手”活动组委会
111	国家税务总局台州黄岩区税务局“税小橘”青年党员工作室	2022—2023 年浙江省青年文明号	浙江省“青年文明号、青年岗位能手”活动组委会

续附表 2

序号	获奖单位	获奖称号	授奖单位
112	中国移动浙江公司台州黄岩分公司新前区域营销部（网格）	2022—2023 年浙江省青年文明号	浙江省“青年文明号、青年岗位能手”活动组委会
113	黄岩宁溪—屿头风貌样板区	浙江省 2023 年度第一批城乡风貌样板区	浙江省风貌整治提升工作专班
114	黄岩区锦川未来社区	浙江省第四批未来社区	浙江省城乡风貌整治提升工作专班
115	黄岩区新前街道江城社区	浙江省第四批引领型未来社区	浙江省城乡风貌整治提升工作专班
116	黄岩区新前街道江城社区	浙江省 2023 年第二批未来社区数字化建设优秀案例	浙江省城乡风貌整治提升工作专班
117	黄岩区新前街道江城社区	浙江省第四批城镇社区“一老一小”服务场景名单	浙江省城乡风貌整治提升工作专班
118	黄岩药用植物园自然教育基地	2023 年浙江省自然教育基地星级评定名单	浙江省林学会、省自然保护地联合会、省野生动植物保护协会、省森林旅游协会
119	黄岩区林学会	林学会工作先进单位	浙江省林学会
120	台州市黄岩区烟草专卖局（分公司）	浙江省优秀 QC 成果二等奖	浙江省质量协会
121	黄岩区官河古道西区景观绿化工程	2023 年度浙江省风景园林学会优秀园林工程奖	浙江省风景园林学会
122	黄岩区融媒体中心	2023 年度省域媒体融合技术一体化先行示范单位	浙江日报报业集团
123	黄岩区融媒体中心	2023 年度浙报集团融媒共享联盟最佳合作奖	浙江日报报业集团
124	黄岩北城街道	2023 浙江省“全力拼经济”基层创新案例十佳乡镇（街道）	浙江日报报业集团
125	黄岩区融媒体中心	2023 年度浙江县级融媒体中心协作潮鸣号	潮新闻客户端
126	黄岩区融媒体中心	“美丽浙江”2023 年度区县市融媒体最具传播力榜单	“美丽浙江”省级政务账号
127	国网浙江省电力有限公司台州市黄岩区供电公司	2023 年迎峰度夏保供稳价先进集体	浙江省电力有限公司
128	黄岩区财政局	浙江省农业信贷担保政银担合作成效明显单位	浙江省农业融资担保有限公司
129	黄岩区财政局	全省政银担合作先进单位—政银担突出贡献奖	浙江省农业融资担保有限公司

2023 年黄岩区获得国家级先进个人一览表

附表 3

序号	获奖人	获奖称号	授奖单位
1	张荣胜	全国优秀城乡社区工作者	民政部
2	徐学军	2020—2021 年度全国无偿献血奉献奖铜奖	国家卫生健康委员会、中国红十字会总会、中央军委后勤保障部卫生局
3	许 欣	2020—2021 年度全国无偿献血奉献奖铜奖	国家卫生健康委员会、中国红十字会总会、中央军委后勤保障部卫生局
4	刘慧珺	2023 年度财政科研宣传工作优秀通讯员	中国财政科学研究院

续附表 3

序号	获奖人	获奖称号	授奖单位
6	叶倩文	2023 年度“烟草行业技术能手”	国家烟草专卖局
7	史　婕	优秀绿色食品检查员	中国绿色食品发展中心

2023 年黄岩区获得省级先进个人一览表

附表 4

序号	姓名	获奖称号	授奖单位
1	温明霞	浙江省优秀科技特派员	浙江省委、省政府
2	王　媛	浙江省优秀农村指导员	浙江省委、省政府
3	林黄乔	全省海塘安澜千亿工程成绩突出个人	浙江省政府办公厅
4	徐丛宰	浙江省担当作为好支书	浙江省委组织部
5	郑庆国	2023 年“浙江好人”	浙江省委宣传部、浙报集团
6	屠文耀	2023 年“浙江好人”	浙江省委宣传部、浙报集团
7	钟永珏	第六届浙江省最美文化礼堂人	浙江省委宣传部、浙江省农村文化礼堂建设工作领导小组办公室
8	陈　胜	全省保安行业“深入学贯二十大・护航亚运保平安”优秀个人	浙江省公安厅
9	陈　琪	全省“八五”普法中期先进个人	浙江省司法厅
10	陶方蕾	2023 年度浙江省财政信息工作先进个人	浙江省财政厅
11	蒋　斌	浙江省人力资源和社会保障系统先进工作者	浙江省人力资源和社会保障厅
12	朱梦迪	浙江省集体经济巩固提升成绩突出个人	浙江省农业农村厅
13	解崇斌	浙江省农业“双强”行动成绩突出	浙江省农业农村厅
14	陈亦欣	2023 年度浙江省社区工作领军人才	浙江省民政厅
15	蔡媛媛	浙江省社会救助工作成绩突出个人	浙江省民政厅
16	叶天健	2023 年浙江省社会组织领军人物	浙江省民政厅
17	陈美玲	2023 年浙江省社会组织领军人物	浙江省民政厅
18	黄伟军	2023 年浙江省社会组织领军人物	浙江省民政厅
19	胡朝辉	2023 年浙江省社会组织领军人物	浙江省民政厅
20	周晋逸	2023 年度浙江省新时代好少年	浙江省精神文明建设委员会办公室、浙江省教育厅、中国共产主义青年团浙江省委员会、浙江省妇女联合会
21	陈建军	全省自然灾害综合风险普查工作成绩先进个人	浙江省应急管理厅、浙江省第一次自然灾害综合风险普查领导小组办公室
22	潘婷婷	全省自然灾害综合风险普查工作成绩先进个人	浙江省应急管理厅、浙江省第一次自然灾害综合风险普查领导小组办公室
23	潘卫江	荣誉天平纪念章	浙江省高级人民法院
24	林鑫鹏	荣誉天平纪念章	浙江省高级人民法院
25	应海波	荣誉天平纪念章	浙江省高级人民法院
26	王文荣	荣誉天平纪念章	浙江省高级人民法院
27	叶慧萍	宣传通联工作先进个人	浙江省高级人民法院新闻宣传处
28	陈章霖	全省法院信息工作先进个人	浙江省高级人民法院办公室
29	章蓝文	浙江省气象局先进服务个人	浙江省气象局

续附表 4

序号	姓名	获奖称号	授奖单位
30	刘晓汝	杭州亚运会、亚残运会气象服务保障先进个人	浙江省气象局
31	林 颖	浙江省优化营商环境工作成绩突出个人	浙江省市场监督管理局
32	张 刚	浙江省优化营商环境工作成绩突出个人	浙江省药品监督管理局
33	黄学明	全省市场监管执法先进个人	浙江省市场监督管理局
34	徐一唯	全省药品稽查执法工作成绩突出个人	浙江省市场监督管理局
35	贾红丽	全国青少年门球锦标赛荣获优秀裁判员	浙江省体育局
36	缪瑜佳	全省综合行政执法工作先进个人	浙江省综合行政执法指导办公室
37	马哲虎	全省综合行政执法系统队伍规范化建设工作成绩突出个人	浙江省综合行政执法指导办公室
38	胡友富	治理重复信访化解信访积案专项工作及依法维护信访秩序工作成绩突出个人	浙江省信访工作联席会议办公室
39	史恩波	2023 年浙江省五一劳动奖章	浙江省总工会
40	赵志兵	2023 年浙江省五一劳动奖章	浙江省总工会
41	蔡 宇	2023 年度“浙江工匠”	浙江省总工会
42	陈宏达	2023 年度“浙江工匠”	浙江省总工会
43	张 忠	2023 年度“浙江工匠”	浙江省总工会
44	黄 河	2022—2023 年度优秀盟员	民盟浙江省委会
45	牟 吉	2023 年度优秀基层组织负责人	民进浙江省委会
46	顾晶晶	浙江省妇联系统先进工作者	浙江省妇女联合会办公室
47	吕贝贝	浙江省成绩突出共青团员	共青团浙江省委
48	王禹心	2023 年度浙江省优秀少先队员	共青团浙江省委
49	林 斌	2023 年度浙江省优秀少先队辅导员	共青团浙江省委
50	陈 勇	2023 年度全省工商联服务“两个健康”工作成绩突出个人	浙江省工商联
51	彭艳艳	浙江省自然保护地保护管理工作突出贡献个人	浙江省绿化与自然保护地委员会
52	管 浩	全省政银担合作先进个人	浙江省农业融资担保公司
53	牟君杰	全省系统优秀“香溢”志愿者	浙江省烟草专卖局（公司）

主要组织机构及负责人名录

（截至 2023 年 12 月 31 日，名单仅供参考）

中国共产党台州市黄岩区委员会

书　记：包顺富
副书记：徐礼辉　王勇军
常　委：罗丙照（援川）　管江志　胡克礼
　　　林自国　姚君丹（女）　谢伟正
　　　李友斌　李训兵

区委工作部门

区委办公室
主　任：徐文逸
副主任：潘江雷　谢洪杰　胡友富（兼）
　　　梁　明（兼）　陈　峥
室务会议成员：金　远　鲍若阳　汪郭平　汪文喜
第一纪检组组长：金　远

区委台湾工作办公室
主　任：谢洪杰
副主任：於一敏　俞　明

区台胞台属联谊会
会　长：汪郭平

政策研究室
主　任：鲍若阳
副主任：黄　灿

区档案馆
馆　长：梁　明
副馆长：张银良

区委组织部
部　长：谢伟正
副部长：管志勇　陈　峰（兼）　汪中健
　　　张　力（兼）　陈啸天　王娴洁（女）
部务会议成员、第三纪检组组长：王依勇

区委直属机关工委
书　记：谢伟正
副书记：管志勇　罗　喆

区两新工作委员会
书　记：汪中健
副书记：蔡智敏　毕建勇

区常任工作中心
副主任：龙　卡（挂）

区委宣传部
部　长：姚君丹（女）
副部长：施雄伟　王　野（兼）　苏　盛（兼）
　　　符　求（女）
部务会议成员：陈　忠　叶　磊

区社科联
主　席：苏　盛

区新闻办
副主任：卜鲁炳

区委网信办
主　任：苏　盛

区委统战部
部　长：管江志
副部长：郑　毓　林　岩　毕建勇（兼）　肖　沐
　　　杨肖龙（兼）
部务会议成员：牟　佳（女）

区委政法委
书　记：王勇军
副书记：王永林　王　晖　潘朝阳

委　员：金文伟　潘朝阳
政治处主任：潘朝阳

区法学会

会　长：王勇军
副会长：王永林　翁盼（女）

区委改革办

副主任：王灵佳　葛志鹏　金　维

区委编办

主　任：张　力
副主任：张　英（女）

区委区政府信访局

局　长：胡友富
副局长：王剑勇　杨建宇
信访督查专员：章　波
12345政务咨询投诉举报中心主任：林岳忠

区社会治理中心

副主任：汪文喜　王永林（兼）　胡友富（兼）
　　　　江　玥（女）　尤　芊（女）　张晓燕（女）

区委老干部局

副局长：王　斌

区委党史研究室

主　任：陈献之
副主任：洪远涵

区委巡察办

主　任：彭　晓
副主任：牟宣杰
第一巡察组
组　长：金一文
副组长：徐华青
巡察专员：张　明
第二巡察组
组　长：符建平
巡察专员：蒋洪海
第三巡察组
组　长：陈　志
副组长：张良法
巡察专员：鲍宏岳
第四巡察组
组　长：李庆文
副组长：陈　晓（女）
巡察专员：陈　波

区委区政府咨询委

主　任：冯继敏
副主任：叶进财　王志和
秘书长：童桂增
副秘书长：张辉宇　龚洁强　沈　江　屠石文
　　　　　洪昌安
顾　问：朱　锋　卢然林

中共台州市黄岩区纪律检查委员会、区监察委员会

中共台州市黄岩区纪律检查委员会

书　记：胡克礼
副书记：金　丹（女）　张文明
常　委：彭　晓　陈利静　郑　懿（女）
办公室主任：李　杰
干部室主任：黄　皓
监督室主任：李　霞（女）
信访室主任：朱宣平
案管室主任：陈　承
审理室主任：陈　鑫
第一纪检监察室主任：鲍新建
第二纪检监察室主任：彭晓杰
第三纪检监察室主任：林双喜
第四纪检监察室主任：章　鹏
第五纪检监察室主任：赖东升
第一纪检监察组组长：金　远
第一纪检监察组副组长：章　帆　卢　恬（女）
第二纪检监察组组长：王勤跳
第二纪检监察组副组长：黄　晨（女）
第三纪检监察组组长：王依勇
第三纪检监察组副组长：娄巍岳　章　声
第四纪检监察组组长：陈　忠
第四纪检监察组副组长：汪金方　王依国

第五纪检监察组组长：牟　佳（女）
第五纪检监察组副组长：章　辉　翁则瑞
第六纪检监察组组长：朱　慧
第六纪检监察组副组长：牟茜茜（女）
区公安分局纪检监察组副组长：张　健
区法院纪检监察组组长：黄文飞
区检察院纪检监察组组长：陈新春

区监察委员会

主　任：胡克礼
副主任：张文明　金　丹（女）
委　员：何立志　郑　懿（女）　潘　娇（女）　沈楚良

台州市黄岩区人民代表大会常务委员会

党组书记：张建新
党组副书记：谢文君
党组成员：管彦良　屠荣彪　车献晨
主　任：张建新
副主任：谢文君　管彦良　屠荣彪　车献晨　陈　诚
常　委：黄格文　许剑影　林金富　陈建敏　王忠华　蒋文超　李浦军　李文修　朱红萍（女）　沈茂府　梁　骥　杨顺灵　张　凌（女）　罗　彬（女）　金炜民　解新荣　汪文喜　朱丹阳　李　君　吴　彬　张建均　张胜荣　陈　含　林志斌　林国红　罗永炜

台州市黄岩区人民代表大会常务委员会机关

党组书记：黄格文
党组副书记：许剑影

办公室

主　任：黄格文
副主任：黄晶晶（女）　王少君

法制和监察司法工作委员会

主　任：林金富
副主任：杨　欣　曾体国

法制和监察司法委员会

副主任委员：许剑影　林金富

财政经济工作委员会

主　任：王忠华
副主任：陈建军　李浦军　彭　颖（女）

财政经济委员会

副主任委员：黄格文　王忠华　蒋文超

教育科技文化卫生工作委员会

主　任：李文修
副主任：蔡群慧（女）

农业与农村工作委员会

副主任：沈茂府

城乡建设与环境资源保护工作委员会

主　任：梁　骥
副主任：吴　彬　张　凌（女）

代表和选举任免工作委员会

主　任：罗　彬（女）
副主任：金炜民　周燕鸯（女）

社会建设工作委员会

副主任：吴必松　蔡　白（女）

社会建设委员会

副主任委员：汪文喜　吴必松　李文修
专职副主任：张梦滟（女）

台州市黄岩区人民政府

党组书记：徐礼辉
党组副书记：林　峰
党组成员：林自国　夏　曦　胡建中　蒋正标　林小波
区　长：徐礼辉
副区长：林自国　夏　曦　胡建中　蒋正标　林小波　徐雨薇（女）

区人民政府工作部门

区政府办公室

党组书记：叶长华

党组副书记：汪雄俊

党组成员：周勤丰　王勤跳　杨　毅　茅国志
　　鲍志野　余文华　张晓丽（女）
　　方国华　陈　巍　赵　帅

党组成员、第二纪检监察组组长：王勤跳

主　任：叶长华

副主任：汪雄俊　周勤丰　杨　毅　茅国志
　　鲍志野（兼）　余文华　张晓丽（女）（兼）
　　方国华　陈　巍　赵　帅

区政府接待中心

主　任：陈　豫

区金融工作中心

主　任：鲍志野

副主任：王一川　王　蓉（女）

区发展和改革局

党委书记：张　华

党委委员：蔡　义　王雷勇　王　璐（女）

党委委员、第六纪检监察组组长：朱　慧

局　长：张　华

副局长：蔡志华　蔡　义　王雷勇

区国防动员办公室

主　任：张　华

专职副主任：王雷勇

区经信和科技局

党委书记：徐荣信

党委委员：林　阳　管　坚　蔡　焘　於柯柯

局　长：徐荣信

副局长：林　阳　管　坚　蔡　焘

总工程师：王奋远

区科技创新服务中心

主　任：於柯柯

副主任：金海红（女）　陶斌升

区教育局

党委书记：杨云德

党委委员：徐　青　冯丽红（女）　郑　峰
　　郑英美

局　长：杨云德

副局长：徐　青　冯丽红（女）　郑　峰

区公安分局

党委书记：林小波

党委副书记：王　兵

党委委员：徐敏杰　毛军辉　陈其兵　周　磊
　　周志军　林　刚　王勇国　汪才透

局　长：林小波

政　委：王　兵

副局长：徐敏杰　毛军辉　陈其兵　周　磊
　　林　刚

政治处主任：周志军

市公安局交警直属二大队

大队长：王勇国

教导员：罗君杰

区民政局

党组书记：胡　牧

党组成员：卢翀翔　王　辉

局　长：黄　河

副局长：卢翀翔　王　辉

区司法局

党组书记：金文伟

党组成员：章伶俐（女）　王秩顺　刘宇鸣
　　陈　琪（女）

局　长：郑　晖

副局长：章伶俐（女）　王秩顺

政治处主任：刘宇鸣

区财政局

党委书记：林文宏

党委委员：解卫敏　苏先能　尚　敏（部管）
　　裴文洋

局　长：林文宏

副局长：解卫敏

总会计师：苏先能

区人力资源和社会保障局
党组书记：陈　峰
党组副书记：黄慧国
党组成员：严亚君（女）　周家璇
局　长：陈　峰
副局长：黄慧国　严亚君（女）　周家璇
区社会保险事业管理中心
主　任：王　植
区住房和城乡建设局
党委书记：杨文广
党委委员：王益民　郑建华
　　　　　郑　斌　陈　江　金立伟（部管）
局　长：杨文广
副局长：王益民　彭世华（女）　郑建华　郑　斌
总工程师：陈　江
区交通运输局
党委书记：张　源
党委副书记：林永军
党委委员：王莉莉（女）　朱远进　林云法
　　　　　陈晨超
局　长：张　源
副局长：林永军　王莉莉（女）　朱远进
总工程师：林云法
区公路与运输管理中心
主　任：李保林
区港航事业发展中心
主　任：林云法
区水利局
党组书记：金建国
党组成员：李世平　王瑾璟（女）　胡海滨
　　　　　章海涌（部管）
局　长：金建国
副局长：李世平　王瑾璟（女）　胡海滨
区农业农村局
党委书记：杨益民
党委副书记：郑炳荣
党委委员：卢素静（女）　於江晖　王立宏
　　　　　翁绍辉　解崇斌
局　长：杨益民
副局长：郑炳荣　卢素静（女）　於江晖　翁绍辉
总农艺师：王立宏
区畜牧兽医所
所　长：解崇斌
区商务局
党组书记：潘月升
党组副书记：徐静晓
党组成员：方旭弘　王　亚　杨　波（部管）
局　长：潘月升
副局长：徐静晓　方旭弘　王　亚
区贸易促进协会
会　长：潘月升
专职副会长：喻　佳（女）
区文广旅体局
党委书记：杨　茵（女）
党委委员：王国辉　冯　雅（女）　王跃宾
局　长：杨　茵（女）
副局长：王国辉　冯　雅（女）
区体育事业发展中心
主　任：徐之浪
副主任：易康宁　严永敏
区卫生健康局
党委书记：张娴子（女）
党委副书记：洪　红（女）
党委委员：金烈涌　王文胜（部管）
局　长：张娴子（女）
副局长：金烈涌
区计划生育协会
副会长：孙诚立
区中医院
党委书记：沈王明
区退役军人事务局
党组书记：童崇彪
党组成员：王继敏　王　晖　万　祥
局　长：童崇彪
副局长：王继敏　王　晖　万　祥

区应急管理局

党委书记：尚杨玉

党委委员：蔡灵峰　蔡林桥　尹剑辉

局　长：尚杨玉

副局长：蔡灵峰　蔡林桥　尹剑辉

区防汛防旱事务中心

主　任：夏仙池

区审计局

党组书记：陆友国

党组成员：蔡喜义　黄　洪　韩　华　徐隐月（女）

局　长：陆友国

副局长：蔡喜义　黄　洪　韩　华

总审计师：徐隐月（女）

区市场监督管理局

党委书记：杨志敏

党委委员：洪颂东　陈　静（女）王　晟

傅豪杰　王海波（部管）

局　长：杨志敏

副局长：洪颂东　陈　静（女）王　晟

区统计局

党组书记：王云青（女）

党组成员：马静亮　陈越敏　梁　江

叶凌汀（部管）

局　长：王云青（女）

副局长：马静亮　梁　江

区医疗保障局

党组书记：朱世聪

党组成员：陈海斌　杨宏杰　飒　曼（女）（挂）

局　长：朱世聪

副局长：陈海斌　杨宏杰　飒　曼（女）（挂）

区综合行政执法局

党委书记：尤再进

党委委员：吴　波　林则敏

局　长：尤再进

副局长：柯　毅　吴　波　林则敏

区行政服务中心

党组书记：张晓丽（女）

党组成员：林　杰　王吉林

主　任：林　峰

副主任：张晓丽（女）林　杰　王吉林

经开区管委会

党工委书记：蒋正标

党工委副书记：潘建平

党工委委员：陈岩江　王金唱

主　任：潘建平

副主任：陈岩江　王金唱

区经济开发发展中心

主　任：陈　巍

副主任：徐仙华　陈　辉　陶敏龙

区机关事务中心

党组书记：谷望英（女）

党组成员：徐小珊　池红芳（女）

主　任：谷望英（女）

副主任：徐小珊

区供销社

党委书记：林卫红

党委委员：王志远　屠文敏　陈小刚

理事会

主　任：林卫红

副主任：王志远

监事会

主　任：屠文敏

区投资促进中心

主任：王　杲

副主任：蔡　颖（女）王一坤

中国人民政治协商会议台州市黄岩区委员会

党组书记：王　辉

党组副书记：潘禹斌

党组成员：季兆国　张　良

主　席：王　辉

副主席：潘禹斌　季兆国　章永良　陈叶珍（女）

郑菊青（女）辛　涌

秘书长：张　良

常　委：朱昕宇　辛云滨　梁卫民　许智霖

牟贤杰　李亨革　黄燮军　章军勇
管康华　张国君　林　静（女）陈　征
王奋远　王琼颖（女）方炳华　毕建勇
汲玲瑛（女）池　鸣　孙荷银（女）
杜至福　李雪军　李锦波　吴韶辉
邱高鹏　何斌初　陈　磊　陈威宇
林　峰　林　斌　林季勇　罗加亮
金军华　郑　晖　郑　毓　郑丹红（女）
钟秀根　徐孔森　黄　河　黄伟军
黄灵恩　梁　斌　喻小峰　释道祥
虞伟炳

中国人民政治协商会议台州市黄岩区委员会机关

党组书记：张　良
党组成员：朱昕宇　梁卫民

办公室

主　任：朱昕宇
副主任：黄　伟

提案委员会

主　任：辛云滨
副主任：郑林义

委员工作委员会

主　任：梁卫民
副主任：许智霖　傅书佳（女）

经济委员会

主　任：李亨革
副主任：金　日

农源环委员会

主　任：黄燮军
副主任：杨　益

教科卫体委员会

主　任：孙荷银（女）
副主任：章军勇

社法民宗委员会

主　任：管康华
副主任：张国君

港澳台侨和外事委员会

主　任：牟贤杰

文化文史和学习委员会

主　任：陈　征
副主任：罗　雅（女）

台州市黄岩区人民法院

党组书记：赵　勇
党组副书记：徐　浩
党组成员：徐雪华　张孔文　吴　洋　王晓波
党组成员、纪检监察组组长：黄文飞
院　长：赵　勇
副院长：徐　浩　徐雪华　张孔文
政治部主任：吴　洋
审判委员会专职委员：胡尚慧（女）陈泳滨
执行局局长：王晓波
宁溪法庭庭长：钟兴华

台州市黄岩区人民检察院

党组书记：陈晓风（女）
党组副书记：陈　真
党组成员：陈　军　朱　灵　章　玲（女）
党组成员、纪检监察组组长：陈新春
检察长：陈晓风（女）
副检察长：陈　真　陈　军　朱　灵
政治部主任：章　玲（女）
检察委员会专职委员：杨冰峰（女）吴晶晶（女）

人武部

部　长：李训兵
政　委：汪飞中

武警黄岩区中队

中队长：胡华敏

指导员：林 泉

区消防救援大队

大队长：陈 嘉
教导员：张勇钢
副大队长：吴成伟

事业单位

区人民对外友好协会
副会长：施官敏 陈伟燕（女）
区大数据发展中心（区信息中心）
主 任：杨 坚
区融媒体中心
党委书记：周薇薇（女）
党委副书记：喻益杰
党委委员：陈 丁 曾 剑 罗 茜（女） 张青松
主 任：周薇薇（女）
副主任：陈 丁 曾 剑 施建文 罗 茜（女）
总编辑：喻益杰
副总编辑：曾 剑 黄海燕 张青松
区长潭水库事务中心
党委书记：林 志
党委副书记：王 挺
党委委员：肖卫敏 蔡国君 茅洪敏 沈 海
主 任：林 志
副主任：蔡国君 茅洪敏 沈 海
总工程师：肖卫敏
区永宁江事务中心
主 任：黄志强
区富山电站事务中心
主 任：宋 杰
台州鉴洋湖城市湿地公园保护中心
党组书记：蔡旭民
党组成员：彭艳艳（女） 蔡金辉
主 任：蔡旭民
副主任：应晓铃 彭艳艳

国有企业

国投集团
党委书记：朱 敏
党委副书记：申志高
党委委员：朱 胜 林 翌（女） 沈 鑫
纪委书记：朱 胜
董事长：朱 敏
总经理：申志高
副总经理：林 翌（女）
交旅集团
党委书记：陈亚晓
党委委员：牟 冲 李雄杰 朱 华
纪委书记：李雄杰
董事长：徐之浪
副董事长：胡定波
总经理：胡定波
副总经理：牟 冲 王金健 朱 华 陈品宇
城投集团
党委书记：郭海斌
党委委员：孙 六 郑 晨 陈希希 王 震
纪委书记：陈希希
董事长：郭海斌
副董事长：陈海红
副总经理：陈海红 郑 晨 王 震
经开集团
党委书记：王 虎
党委副书记：陈文敏
党委委员：葛 麒 吴孔羿
纪委书记：吴孔羿
董事长：王 虎
总经理：陈文敏
副总经理：葛 麒 章成威

双重管理部门

台州市住房公积金管理中心黄岩分中心
党组书记：童纯青
党组成员：陈海珍（女） 李东富 陈鸣朝
主　任：童纯青
副主任：陈海珍（女） 李东富

垂直管理部门

国家税务总局台州市黄岩区税务局
党委书记：陈勇生
党委委员：张　波 周　敏（女） 彭伟成 於文辉
党委委员、纪检组组长：罗　健
局　长：陈勇生
副局长：张　波 周　敏（女） 彭伟成 於文辉
台州市自然资源和规划局黄岩分局
党组书记：陈　良
党组副书记：谢　俊
党组成员：谢　俊 周善仓 许岳启
局　长：陈　良
副局长：谢　俊 周善仓 黄灵恩 卢晶峰
总规划师：卢晶峰
台州市生态环境局黄岩分局
党组书记：凌青蕾
党组副书记：戴海波
党组成员：杨天雄 王　鹏 郑语眉（女）
局　长：凌青蕾
副局长：戴海波 杨天雄
黄岩邮政管理局
局　长：周亦斌
区气象局
党组书记：应伟国
党组成员：张家鼎 陈　英（女）
局　长：应伟国
副局长：张家鼎 陈　英（女）
区供电局（电力公司）
党委书记：陈章祥
党委副书记：王　靖
党委副书记、纪委书记：潘令春
总经理：王　靖
副总经理：陈章祥 王亚兵 应国德
区烟草专卖局
党组书记：方晓宇
党组成员：李云敏 刘　伟
局　长：方晓宇
副局长：李云敏
经　理：方晓宇
副经理：刘　伟
黄岩邮政分公司
总经理：袁立志
副总经理：丁兆军

民主党派

中国国民党革命委员会台州市黄岩区委员会（民革）
主　委：林　斌
副主委：黄灵恩
中国民主同盟台州市黄岩区委员会（民盟）
主　委：黄　河
副主委：李保林
中国民主建国会台州市黄岩区委员会（民建）
主　委：郑　晖
副主委：王奋远 卢晶峰
中国民主促进会台州市黄岩区委员会（民进）
副主委：尤　芊（女） 孙荷银（女）
中国农工民主党台州市黄岩区委员会（农工党）
主　委：管康华
副主委：张　凌 蔡志华 李雪军
九三学社台州市黄岩区委员会（九三学社）
主　委：黄燮军

群众团体

区总工会
党组书记：陈建敏
党组副书记：何辉赞
党组成员：吴　晔（女）　王朝阳
副主席：陈建敏　何辉赞　吴　晔（女）
　　王金熙（挂）
共青团台州市黄岩区委员会
书　记：陈　含
副书记：蔡冬冬（女）　陈嘉莉（女）
　　冰汪卓玛（女）（挂）
区妇女联合会
党组书记：俞　婷（女）
党组成员：官薇薇（女）　余园园（女）
主席提名人选：俞　婷（女）
副主席：官薇薇（女）　余园园（女）
区关心下一代工作委员会
副主任：谢慧敏（女）
区归国华侨联合会
主　席：杨肖龙
副主席：张巧巧（女）
区科学技术协会
党组书记：徐曼艳（女）
党组成员：黄　呈（女）　王　锐
主席提名人选：徐曼艳（女）
副主席：黄　呈（女）　王　锐
区文学艺术界联合会
主　席：王　野
区残疾人联合会
党组书记：陈鸣瑞
党组成员：吕文华　喻华权
主　席：夏　曦
副主席：陈鸣瑞　吕文华　喻华权
理事长：陈鸣瑞
副理事长：吕文华　喻华权
区红十字会
党组书记：李友斌
党组副书记：赵　展
党组成员：周宣刚
会　长：李友斌
副会长：赵　展　周宣刚
区慈善总会
会　长：王前进
名誉会长：蔡　康
副会长：章群辉　洪宝法
区工商业联合会（总商会）
主　席：张建均
名誉主席：李仙玉
党组书记：毕建勇
党组成员：李　斌　陈　勇
副主席（副会长）：
毕建勇　李　斌　陈　勇　洪颂东　王　晖
李冠军　叶根林　徐宝春　屠勇军　王　萍（女）
王友利　王巍植　卢震宇　叶天健　李　君
杨庆国　陈　辉　金义杰　顾士谦　柴　力
黄　宇　黄伟军　梁　斌　王　健　叶剑立
冯胜利　周正富　金军华　段　臻　施菊兰（女）
陶正昌　梁正华
副会长：虞伟炳　牟鹏宇　汪巾铌（女）
　　袁小玲（女）　黄　涨　喻小峰
　　楼　厦（女）
区老年体协
主　席：王建华
副主席：陈善智　周跃进
秘书长：周跃进

乡、镇、街道

东城街道
党工委书记：陈　虹（女）
党工委副书记：陈会力　陈泉回
党工委委员：王　空　陈　奎　陈会岳　胡献森
　　王玲玲（女）

纪工委书记：王　空
人大工委主任：何立志
人大工委副主任：张璐生　罗永镇
办事处主任：陈会力
办事处副主任：胡献森　缪倩倩（女）　黄　平
武装部部长：刘欢欢
区委组织员：章艳红（女）

南城街道

党工委书记：丁瑞峰
党工委副书记：李剑伟　郑顺林
党工委委员：葛学江　赵　桓　任　远
唐笑笑（女）　王文青（女）
陈良益　袁杨军
纪工委书记：袁杨军
人大工委主任：颜　宏
人大工委副主任：季朝敏　陈荷秀（女）
办事处主任：李剑伟
办事处副主任：陈良益　符文卫　徐　恩
武装部部长：葛学江
区委组织员：孙玲燕（女）　朱华杰

西城街道

党工委书记：蒋智灵
党工委副书记：金辉国　邵钶茸
党工委委员：叶剑挺　葛官清　郑兆斌　章　毅
赵敏鹏　徐　宾　辛　央
纪工委书记：郑兆斌
人大工委主任：罗永炜
人大工委副主任：胡建勇　牟营盛
办事处主任：金辉国
办事处副主任：杨建华　叶引达
武装部部长：章　毅
区委组织员：王华军

北城街道

党工委书记：熊　伟
党工委副书记：张壮伟　应　超
党工委委员：谢义勇　陈礼敏　王　健　王　韬
胡　奎　郑　红（女）　徐后帮
纪工委书记：谢义勇
人大工委主任：陈长毅
人大工委副主任：王文云　阮顺正
办事处主任：张壮伟
办事处副主任：胡　奎　张仁勇　应金寿
武装部部长：徐后帮
区委组织员：潘鹤文

澄江街道

党工委书记：曾程耀
党工委副书记：毛海东　尤再杰
党工委委员：吴永平　颜洁里（女）　陈智超
朱禹安　滕文伟　李志仁　叶邦宪
纪工委书记：吴永平
人大工委主任：郑　鹏
人大工委副主任：罗　健　戴灵芝（女）
办事处主任：毛海东
办事处副主任：叶邦宪　蒋　扬　章　元
武装部部长：陈智超
区委组织员：黄菊红（女）　黄　悠（女）

新前街道

党工委书记：林　威
党工委副书记：程莹镭　朱晓龙
党工委委员：金玲飞（女）　陈　源　黄文魁
徐凌波　蒋海华　连　杰
孙丹丹（女）
纪工委书记：陈　源
人大工委主任：杜昱承
人大工委副主任：王文芳（女）　潘玲花（女）
办事处主任：程莹镭
办事处副主任：徐凌波　王　强　陈卫国　卢滨宁
武装部部长：蒋海华
区委组织员：陶聚义　黄雪萍（女）

江口街道

党工委书记：陈　强
党工委副书记：沈　锬　傅万计
党工委委员：喻　旭　林　中　赵东华
何玲玲（女）　肖君华　胡军明
陈　爽
纪工委书记：喻　旭

人大工委主任：杨 康
人大工委副主任：卢凌龙 张建新
办事处主任：沈 锬
办事处副主任：肖君华 王 伟 王 勇 钟 剑
武装部部长：赵东华
区委组织员：郑伟娜（女） 徐鹤震

高桥街道

党工委书记：章建荣
党工委副书记：陈 琦 王友富
党工委委员：吴俏俏（女） 叶贤斌 严 威
黄晓琳（女） 马 骉 牟伟才
人大工委主任：杨 艳（女）
人大工委副主任：缪正华 张 汐 董 骏
办事处主任：陈 琦
办事处副主任：马 骉 李文渊 王世庆
武装部部长：严 威
区委组织员：蔡文进 胡齐军

宁溪镇

党委书记：郭韬韬
党委副书记：牟 跃 杨 振 沈煜凯
党委委员：任巧俏（女） 王永明 林潇潇（女）
蔡慧杰 李露茜（女） 王 景 沈 霖
纪委书记：林潇潇（女）
人大主席：管敏华
人大副主席：胡金清
镇 长：牟 跃
副镇长：李露茜（女） 张君斌 张荣军 陈 静
副镇长候选人：王承运
武装部部长：王永明
区委组织员：王海丹（女） 王 正

北洋镇

党委书记：张 剑
党委副书记：黄禹祥 陈 曦
党委委员：叶 峰 章 勇 管斌斌 李健鹏
彭军皓 应林龙 陈鹂鹂（女） 章 鑫
纪委书记：应林龙
人大主席：黄林军
人大副主席：何惠蓉（女）
镇 长：黄禹祥
副镇长：彭军皓 章敏莉（女） 应佩丽（女）
毛 博
武装部部长：章 鑫
区委组织员：朱钢键 赵增江

头陀镇

党委书记：杨 鹏
党委副书记：朱双竹 杨 波
党委委员：林友明 李晶晶（女） 彭 超
吴佳男 王富利 周 颖 叶瑾瑾（女）
何贤锋
纪委书记：何贤锋
人大主席：张 益（女）
人大副主席：卢钦国
镇长提名人选：朱双竹
副镇长：吴佳男 凌雪松 牟建林
武装部部长：王富利

院桥镇

党委书记：卢明宇
党委副书记：盛承涛 陆 宁 张 能
党委委员：牟金龙 徐婉玲（女） 林吕张
李俊烨 王 斌 管 仲 叶疆兰（女）
纪委书记：管 仲
人大主席：吴 锋
人大副主席：阮伟林
镇 长：盛承涛
副镇长：牟金龙 李俊烨 王海国 任诗绮（女）
何 滔（女） 胡学祥 朱智慧
武装部部长：林吕张

沙埠镇

党委书记：陈智迪
党委副书记：周步春 王 倩（女）
党委委员：王 莹（女） 陈玲珠（女） 邵 勇
王镂越 张 杰 梁双双（女）
金尤莎（女）
纪委书记：王 莹（女）
人大主席：吴跃斌
人大副主席：孔宏彪

镇　长：周步春
副镇长：张　杰　张申於　黄　凯
武装部部长：王镂越

富山乡

党委书记：金　日
党委副书记：黄　琦　赵　昌
党委委员：张　辉　陶　安　曹人安　郑　蓉（女）
　　徐　格（女）
纪委书记：张　辉
人大主席：赵文正
乡　长：黄　琦
副乡长：黄瓒懿　潘　涛
武装部部长：陶　安
区委组织员：项时霜

上郑乡

党委书记：葛文彪
党委副书记：管安健　蔡宁峰
党委委员：叶剑羽　吴站锋　王卢彪　梁　宁（女）
　　张　超（女）
纪委书记：叶剑羽
人大主席：叶灵军
乡　长：管安健
副乡长：王六根　谢瑶琪（女）　戴华建
武装部部长：吴站锋
区委组织员：曾国军

屿头乡

党委书记：李啸鹏
党委副书记：郑伟杰　周时敏
党委委员：杨　萍（女）　严肖迁　徐灵琳（女）
　　庞伶光
纪委书记：董　骏
人大主席：吕永卫
乡　长：郑伟杰
副乡长：卢　娜（女）　陈　辉
武装部部长：庞伶光
区委组织员：章可伟

上垟乡

党委书记：黄　湛
党委副书记：邱伟男　张杭军
党委委员：蒋一文　毛伟明　兰大海　廖嘉星（女）
　　柯叶佳（女）
纪委书记：毛伟明
人大主席：韩晓庆
乡　长：邱伟男
副乡长：王　茜（女）　方　凌
武装部部长：兰大海

平田乡

党委书记：李振勇
党委副书记：蔡　鸿　罗　依（女）
党委委员：何　鹏（援川）　王亿里　彭维青
　　胡伊娜（女）　杨王伟　王　玮（女）
纪委书记：彭维青
人大主席：黄彩斌
乡　长：蔡　鸿
副乡长：卢　迪
武装部部长：王亿里

茅畲乡

党委书记：徐佩佩（女）
党委副书记：徐志海　刘欢欢
党委委员：赵文渊　丁　玎（女）　傅　卿
　　朱希慧　吴晓晓（女）
纪委书记：朱希慧
人大主席：何永炳
乡　长：徐志海
副乡长：葛隽男
武装部部长：傅　卿

统计情况与经济分析

黄岩区 2023 年国民经济和社会发展统计公报

2023 年是全面贯彻党的二十大精神的开局之年，也是“八八战略”实施 20 周年。面对复杂严峻的外部环境，黄岩全区上下坚持以习近平新时代中国特色社会主义思想为指导，深入学习贯彻习近平总书记考察浙江重要讲话精神，统筹推进三个“一号工程”和“十项重大工程”，全力主攻“一千双百”三大跃升行动，坚定不移实施“六大战略”，全面建设共同富裕区域标杆，全年经济运行回稳向好，高质量发展扎实推进。

一、综合

据初步核算，2023 年，全区实现地区生产总值 637.70 亿元，按可比价格计算，比上年增长 5.3%。分产业看，第一产业增加值 23.83 亿元，增长 4.1%；第二产业增加值 283.83 亿元，增长 2.1%；第三产业增加值 330.04 亿元，增长 8.4%。三次产业结构为 3.7∶44.5∶51.8。

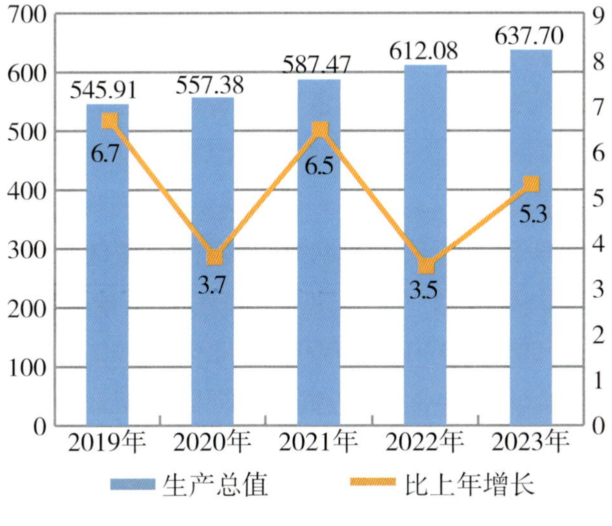

图 1　2019—2023 年黄岩区生产总值及增长速度图

2023 年黄岩区分行业增加值情况表

表 1

指标	实绩（亿元）	增长（%）
地区生产总值	637.70	5.3
农林牧渔业	24.08	4.1
工业	259.11	2.4
建筑业	24.74	–0.9
批发和零售业	76.92	13.5
交通运输、仓储和邮政业	14.03	16.2
住宿和餐饮业	17.74	11.7
金融业	54.47	14.5
房地产业	53.26	–0.8
其他服务业	113.34	5.3
营利性服务业	46.86	9.7
非营利性服务业	66.49	2.4

二、农业

全年农林牧渔业实现总产值 31.83 亿元，比上年增长 5.5%。其中，农业产值 29.49 亿元，增长 5.5%；林业产值 0.4 亿元，基本持平；畜牧业产值 1.08 亿元，增长 22.7%；渔业产值 0.32 亿元，下降 17.9%；农林牧渔服务业产值 0.55 亿元，增长 5.8%。

全年粮食总产量 40572 吨，比上年增长 4.7%，增产 1807 吨。分品种看，早稻产量 3471 吨，增长 13.1%；晚稻产量 25909 吨，下降 7.1%；小麦产量 2520 吨，增长 30.3%；大豆产量 782 吨，减少 43.7%。经济作物播种面积 200332 亩，比上年增长 1.5%；油料面积 7963 亩，增长 42.6%；甘蔗面积 2601 亩，下降 24.8%；蔬菜面积 176810 亩，增长 2.3%；果用瓜面积 4087 亩，下降 8.5%。蔬菜及食用菌产量36.02万吨，增长1.8%；果用瓜产量1.07万吨，下降3.4%。森林抚育面积1276公顷，比上年增长299.5%。林产品中竹笋干产量285.0吨，下降24.0%；栗子产量28.0吨，下降6.7%。

全年鸡鸭鹅蛋产量995吨，比上年下降22.2%。年末家禽存栏23.39万羽，下降7.8%；出栏17.42万羽，下降22.8%。猪牛羊禽肉总产量2992吨，增长45.8%；水产品总产量2020吨，下降14.0%。年末生猪存栏48425头，增长68.0%；全年生猪出栏31088头，增长65.8%。

全区共有省级农业龙头企业6家，市级农业龙头企业21家（包含省级）。农民专业合作社585家。

三、工业和建筑业

全年实现工业增加值259.11亿元，比上年增长2.4%。规模以上工业企业595家，实现增加值147.79亿元，与上年持平。增加值居全区前三的行业中，橡胶和塑料制品业实现增加值41.48亿元，增长1.6%；专用设备制造业实现增加值36.42亿元，增长2.0%；医药制造业实现增加值10.42亿元，下降8.4%。规模以上轻工业实现增加值74.80亿元，下降5.7%；重工业实现增加值72.99亿元，增长6.7%。轻重工业比例为50.6∶49.4。规模以上数字经济核心产业制造业和战略性新兴产业分别实现增加值6.37亿元和19.81亿元，下降38.5%和14.2%，高新技术产业实现增加值104.53亿元，增长1.1%。规模以上工业企业产品产销率为98.6%；新产品产值225.13亿元，比上年增长2.7%，新产品产值率为38.5%。规模以上工业企业研发费用18.66亿元，同比增长0.3%；实现利税总额52.59亿元，增长4.8%，其中利润总额36.05亿元，增长6.1%。亏损企业数87家，亏损面14.6%，亏损额3.94亿元。

全年建筑业实现增加值24.74亿元，按可比价格计算，比上年下降0.9%。资质以上建筑企业完成房屋建筑施工面积1789.14万平方米；房屋竣工面积319.71万平方米。

四、固定资产投资和房地产业

全年固定资产投资比上年下降3.4%。分产业看，第一产业投资下降88.3%；第二产业投资增长1.7%；第三产业投资下降4.2%。民间投资下降18.2%；交通投资、制造业投资、高新技术产业投资和工业性投资分别增长68.0%、9.5%、43.0%和1.7%。

全年房地产开发投资比上年下降15.5%。商品房施工面积461.18万平方米，下降7.5%。商品房销售面积71.14万平方米，下降11.5%。

五、国内贸易

全年实现社会消费品零售总额279.05亿元，比上年增长6.8%。其中，批发业实现零售额33.70亿元，增速1.6%；零售业实现零售额207.70亿元，增长7.5%；住宿业实现零售额3.03亿元，增长10.6%；餐饮业实现零售额34.63亿元，增长7.2%。从销售地区看，城镇市场实现零售额246.60亿元，增长6.7%；乡村市场实现零售额32.45亿元，增长6.8%。在限额以上批发、零售企业中，汽车类商品实现零售额37.64亿元，比上年增长6.9%；石油及制品类实现零售额16.74亿元，增长1.6%；食品、饮料、烟酒类实现零售额1.28亿元，增长7.7%。全年实现网络零售额181.30亿元。

全年新设市场主体16975户，其中新设企业3979家，新设个体工商户12975户。年末在册市场主体100448户，其中企业28751家，个体工商户71128户。拥有各类商品交易市场32个，其中消费品市场30个，生产资料市场2个。

六、对外经济

全年实现外贸进出口总额261.29亿元，比上年下降4.8%，其中进口总额4.96亿元，下降53.0%；出口总额256.33亿元，下降2.9%。外贸企业出口80.97亿元，下降2.8%；“三资”企业出口9.83亿元，下降13.6%；生产企业出口165.53亿元，下降2.2%。共建“一带一路”国家出口54.54亿元。在出口总额中，一般贸易出口201.52亿元，下降1.5%；加工贸易出口11.46亿元，下降21.8%。主要出口产品中，机械电器出口45.41亿元，增长2.5%；模具出口32.43亿元，增长16.3%；工艺礼品出口22.36亿元，下降22.6%；塑料制品出口 50.79 亿元，下降 3.0%；医化产品出口 30.08 亿元，下降 10.6%。分市场看，亚洲和欧洲为主要出口市场，出口亚洲 61.58 亿元，增长 8.2%；出口欧洲 56.08 亿元，下降 9.3%。

全年新设立外商直接投资企业 16 家，当年实际使用外资额 2628 万美元。

七、交通和邮电业

全年实现交通运输、仓储和邮政业增加值 14.03 亿元，比上年增长 16.2%。

全年完成旅客周转量 3620.93 万人公里，下降 47.8%。沿海港口货物吞吐量 230 万吨，下降 2.1%。拥有载客汽车 115 辆，货运车辆（营运）5130 辆。

年末全区境内公路总里程 1134.30 千米，其中国道 52.92 千米，省道 125.10 公里，高速公路 21.01 千米。汽车保有量达 261550 辆，比上年增加 9890 辆。其中私人汽车 234720 辆，比上年增加 8951 辆。新能源汽车保有量达 17839 辆。

全年快递业务量达 2.13 亿件，比上年增长 3.9%；快递业务收入达 12.22 亿元，下降 12.1%。

年末移动电话用户 95.28 万户，其中 4G 移动电话用户数为 28.56 万户，5G 移动电话用户数为 56.97 万户。固定电话用户 9.06 万户，宽带用户 34.46 万户。

八、财政和金融

全年财政总收入 83.11 亿元，比上年增长 28.7%，其中一般公共预算收入 50.03 亿元，增长 22.1%。税收收入 43.64 亿元，增长 31.3%，其中企业所得税为 5.62 亿元，增长 20.3%；个人所得税为 2.23 亿元，下降 0.5%；增值税收入 21.27 亿元，增长 60.8%。一般公共预算支出 70.63 亿元，增长 3.7%，其中卫生健康支出 10.80 亿元，增长 3.5%；科学技术支出 3.95 亿元，增长 15.3%；节能环保支出 1.46 亿元，下降 15.7%。

年末金融机构人民币存款余额 1637.87 亿元，比上年增长 18.1%。其中，住户存款 1127.73 亿元，增长 15.4%；非金融企业存款 354.50 亿元，增长 35.2%。年末金融机构人民币贷款余额 1466.14 亿元，增长 15.6%。其中，非金融企业及机关团体贷款 740.36 亿元，增长 22.7%；住户贷款 725.78 亿元，增长 9.2%。住户贷款中，消费贷款 43.16 亿元，增长 0.3%；经营贷款 266.53 亿元，增长 15.4%。

九、科学技术和教育

全年新增国家重点扶持的高新技术企业 50 家、省级科技型企业 150 家。列入省级科技计划 29 项。新增省级高新技术研发中心 5 家，市级高新技术研发中心 34 家。专利授权量 6324 件，下降 15.5%，其中发明专利授权量 217 件，增长 13.6%。

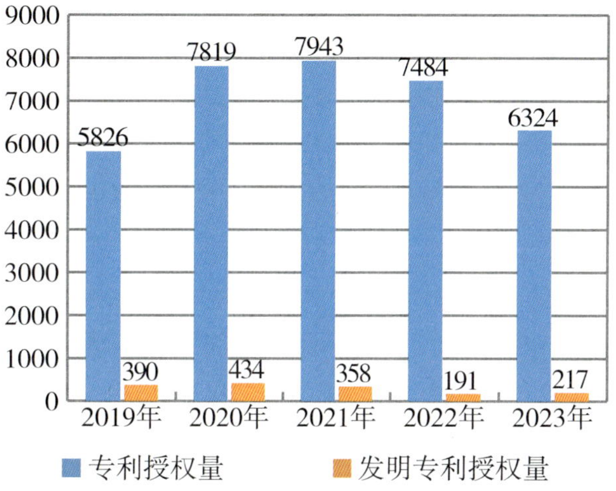

图 2　2019—2023 年黄岩区专利授权量、发明专利授权量图

年末全区拥有幼儿园 97 所，在园学生数 18140 人；小学 34 所，在校生 44461 人；初中 21 所，在校生 20282 人；职业高中 2 所，在校生 5173 人。全区学前三年入园率达 99.28%，小学入学率、巩固率均为 100%，小升初比率 100%；初中入学率、巩固率均为 100%；初升高比率 99.03%；高中段教育毛入学率 99.70%，九年义务教育完成率达 100%，十五年教育普及率 99.67%。

全年全区拥有在教职工 7330 人，其中专任教师 5777 人。小学教师大专以上学历达 99.55%；初中老师本科以上学历达 98.04%。

十、文化、卫生和体育

年末全区共建成农村文化礼堂 340 家，自办广播节目 2 套，自办电视节目 1 套。有线广播电视覆盖用户 20.59 万户，数字电视实际用户 10.29 万户。拥有国家级非物质文化遗产项目 1 项，省级 11 项，市级47项。新增45个“15分钟品质文化生活圈”、7家城市书房、5家文化驿站、1家乡村博物馆。确认宁溪传统糟烧1家市级非遗工坊和长潭胖头鱼制作、下浦郑米面、宁溪麦鼓头、沈宝山中药、章氏骨伤疗法等5家区级非遗工坊。

年末全区共有医疗机构342家，床位数3635张；卫生技术人员5310人，其中执业医师和执业助理医师共2226人，注册护士2281人。产妇住院分娩比例达100%，婴儿死亡率0.16‰，3岁以下儿童系统管理人数7739人。全区有13063人次参加无偿献血，无偿献血占临床用血比例达100%，献血量为2612.6升。卫生户厕普及率100%。

全年共夺得国际比赛金牌8枚，铜牌1枚；全国比赛金牌6枚，银牌8枚，铜牌5枚；全省比赛金牌60枚，银牌59枚，铜牌56枚；全市比赛金牌58枚，银牌42枚，铜牌35枚。新建笼式篮球场4个、笼式足球场4个、笼式门球场2个、社区多功能运动场4个、口袋公园5个、百姓健身房7个，建设完成黄岩辖区内60公里“环浙步道”。

十一、能耗、环境保护和安全生产

全年全社会用电量50.06亿千瓦时，增长6.0%。其中，工业用电量33.94亿千瓦时，增长8.2%；城乡居民生活用电量8.62亿千瓦时，下降6.4%。

全年空气优良率96.2%，$PM_{2.5}$年均值21μg/立方米，比上年增长10.5%。地表水功能区达标率100%。城镇生活垃圾无害化处理率达100%。城镇污水处理率99.47%。全年共发生各类生产经营性安全事故4起，死亡2人。

十二、人口、就业、社会保障和人民生活

截至2023年11月30日，全区户籍总人口60.99万人，比上年末减少2577人，其中男性人口30.38万人，女性人口30.60万人。全年共出生2902人，死亡5172人。人口出生率4.76‰，人口死亡率8.48‰，人口自然增长率-3.72‰。

全年城镇新增就业人数8754人。

年末城镇职工基本养老保险、基本医疗保险参保人数分别为34.61万人、25.37万人；城乡居民基本养老保险、基本医疗保险参保人数分别为12.50万人、35.22万人。失业保险、工伤保险、生育保险参保人数分别为13.56万人、26.39万人、19.77万人。

年末全区提供住宿的各类社会工作机构40个，床位3744张。社会福利院及敬老院10个，年末在院人数达2206人。直接医疗救助189355人次。城市居民最低生活保障人数459人，最低生活保障资金7435.09万元，低保对象月人均补助964.6元。农村五保对象集中供养率31.5%，城镇三无人员供养率达100%。

全年居民人均可支配收入61827元，比上年增长4.8%。按常住地分，城镇居民人均可支配收入73548元，增长4.0%；农村居民人均可支配收入41229元，增长6.3%。城镇居民人均可支配收入和农村居民人均可支配收入的比值（城乡居民收入比）从上年的1.82降为1.78。低收入农户人均可支配收入20930元，增长11.1%。

全年居民人均生活消费支出39314元，比上年增长7.0%。按常住地分，城镇居民人均生活消费支出46637元，增长6.0%；农村居民人均生活消费支出26443元，增长8.9%。

年末城镇居民和农村居民人均住房建筑面积分别为45.18平方米和60.28平方米。城乡居民每百户家庭分别拥有家用汽车75辆和58辆，拥有空调206台和162台，拥有计算机65台和43台。

注：

（1）本公报所列各项数据均为快报数据。

（2）公报中生产总值、各产业增加值绝对数按现行价格计算，增长速度按可比价计算；其他指标除特殊说明外，按现价计算，为名义增长速度。

（3）部分数据因四舍五入问题，存在总计与分项合计不等的情况。

（4）规模以上工业企业指年主营业务收入2000万元及以上企业。限额以上批发、零售、住宿、餐饮企业指：

批发业：年主营业务收入2000万元及以上；

零售业：年主营业务收入500万元及以上；

住宿业：年主营业务收入200万元及以上；

餐饮业：年主营业务收入200万元及以上。

资料来源：

本公报中农业龙头企业等数据来自区农业农村局；港口货物吞吐量、公路里程、旅客周转量等数据来自区交通运输局；户籍人口等数据来自区公安局；市场主体、专利等数据来自区市场监督管理局；货物进出口、外商直接投资等数据来自区商务局；文化、广播电视、体育等数据来自区文广旅体局；财政数据来自区财政局；高新技术企业等数据来自区经科局；教育数据来自区教育局；卫生数据来自区卫健局；各类事故发生起数、死亡人数等数据来自区应急管理局；新增城镇就业、登记失业率、社会保障等数据来自区人力社保局；基本医疗保险、生育保险等数据来自区医疗保障局；低保、养老机构等数据来自区民政局；城市生活垃圾处理等数据来自区综合行政执法局；空气优良率等数据来自区生态环境局；城镇污水处理率数据来自区住建局；其他数据来自区统计局。

经济运行回稳向好　发展韧性持续彰显

——2023年黄岩区经济运行情况分析

2023年，黄岩全区上下坚持以习近平新时代中国特色社会主义思想为指导，深入学习贯彻习近平总书记考察浙江重要讲话精神，统筹推进三个“一号工程”和“十项重大工程”，全力主攻“一千双百”三大跃升行动，坚定不移实施“六大战略”，全区经济运行总体回稳向好，高质量发展扎实推进。

一、经济运行回稳向好，提质增效迈出坚实步伐

根据地区生产总值统一核算结果，2023年黄岩区实现生产总值637.7亿元，按可比价格计算，同比增长5.3%，高于全市、全国平均增速。分产业看，第一产业增加值23.83亿元，同比增长4.1%；第二产业增加值283.83亿元，增长2.1%；第三产业增加值330.04亿元，增长8.4%。一、二、三产增加值占GDP的比重分别为3.7%、44.5%、51.8%。

（一）生产端稳中有进，经济恢复基础不断巩固

农业生产形势稳定。2023年，全区农林牧渔业实现总产值31.83亿元，扣除价格因素，比上年增长4.2%。其中，农业、林业、畜牧业和农林牧渔服务业分别增长3.2%、4.6%、40.3%和4.2%，渔业下降12.5%。全年粮食总产量40572吨，比上年增产1807吨，实现“四连增”，为近5年来最高水平。其中，春粮、早稻产量分别为5317吨、3471吨，分别增长49%、13.1%。蔬菜播种面积17.68万亩，同比增长2.3%。四季度末，生猪存栏48425头，同比增长68%；生猪累计出栏31088头，增长65.8%。猪肉产量2601吨，增长68.1%。

工业经济稳步增长。2023年，全区工业增加值比上年增长2.4%。其中，规模以上工业增加值147.79亿元，与上年持平。民营企业平稳增长，实现增加值139.30亿元，占规上工业增加值比重达到94.3%，总量较上年增长1.3%。分行业看，全区增加值总量排名前五的行业中，橡胶和塑料制品业、专用设备制造业和汽车制造业分别增长1.6%、2.0%和2.1%，医药制造业、通用设备制造业分别下降8.4%和8.1%。

服务业拉动有力。2023年，全区服务业实现增加值330.04亿元，比上年增长8.4%，增速比上年加快4.4个百分点，拉动地区生产总值增长4.1个百分点。接触型、聚集型服务业快速增长，交通运输仓储和邮政业、住宿业和餐饮业增加值分别增长16.2%、2%和12.4%。现代服务业增势强劲，金融业、信息传输软件和信息技术服务业增加值分别增长14.5%和14.3%。其他服务业中，营利性和非营利性服务业分别增长9.7%和2.4%。

（二）需求端恢复向好，三驾马车协同发力

固定资产投资展现韧性。2023年，全区固定资产投资较上年下降3.4%，增速较上半年回落0.1个百分点。分行业看，工业性投资增长1.7%，其中，工业技改投资增长23.1%。服务业投资下降4.2%。分类别看，项目投资增长7.1%，房地产投资下降15.5%。分结构看，交通、能源和水利投资保持强劲增长势头，增长134.6%；高新技术产业投资增长43%；制造业投资增长9.5%。

消费活力持续释放。2023年，全区实现社会消费品零售总额279.05亿元，同比增长6.8%。其中限额以上社会消费品零售总额63.75亿元，增长6.3%。按消费类型分，商品零售60.2亿元，增长5.9%；餐饮收入3.55亿元，增长12.8%。从商

品类别看，汽车类实现零售额 37.64 亿元，石油及其制品类商品实现零售额 16.74 亿元，分别增长 6.9% 和 1.6%。按经营单位所在地分，城镇消费品零售额 246.6 亿元，增长 6.7%；乡村消费品零售额 32.45 亿元，增长 6.8%。

外贸出口降幅收窄。2023 年，全区进出口总额 261.29 亿元，同比下降 4.8%，降幅较上半年收窄 2.4 个百分点。其中，出口总额 256.33 亿元，下降 2.9%，降幅较上半年收窄 2.3 个百分点；进口总额 4.96 亿元，下降 53%，降幅较上半年收窄 5.4 个百分点。出口结构持续呈现优化。全区一般贸易出口占出口总值比重达到 93.9%，较上年提高 16.2 个百分点。积极开拓新兴市场。对非洲、拉丁美洲出口额分别增长 7.9% 和 7.8%。在出口额前十的国家中，墨西哥、意大利和法国出口额分别增长 35.8%、20.9% 和 7%。

（三）收入端增势良好，发展质效稳步提升

财政收支稳健运行。2023 年，全区一般公共预算收入 50.03 亿元，同比增长 22.1%，增速分别比一季度、上半年和前三季度提高 14.3、2.1 和 3.8 个百分点。一般公共预算收入中，税收收入增长 31.3%，占一般公共预算收入比重为 87.2%。一般公共预算支出 70.63 亿元，增长 3.7%。其中，教育、社会保障和就业、卫生健康支出分别增长 8.0%、2.7% 和 3.5%。

金融支撑稳固有力。12 月末，全区金融机构本外币存款余额 1659.34 亿元，同比增长 17.3%。其中住户存款增长 15.4%；非金融企业存款增长 29.8%。本外币贷款余额 1468.94 亿元，增长 15.2%。其中住户贷款余额增长 9.2%；非金融企业及机关团体贷款余额增长 21.7%。

居民收入增长平稳。2023 年，全区全体居民人均可支配收入 61827 元，同比增长 4.8%。按常住地分，城镇常住居民人均可支配收入 73548 元，增长 4%；农村常住居民人均可支配收入 41229 元，增长 6.3%，农村居民收入首次突破 4 万元大关。城乡居民人均可支配收入比为 1.78，收入差距小于全市、全省、全国平均水平。

二、经济发展面临的风险与挑战

（一）工业生产持续承压。过半行业增加值仍未转正。27 个工业行业大类中有 16 个行业增加值仍为负增长，下降面达 59.3%。全区增加值总量排名前五的行业中，通用设备制造业的增加值增速连续 5 个月不及去年同期。企业效益亟须改善。与上年相比，51.5% 规上工业企业利润总额下降，其中 4.4% 企业亏损加剧，8.1% 企业由盈转亏。部分重点行业效益状况不容乐观。医药制造业、专用设备制造业和汽车制造业利润降幅达 23.4%、17.4% 和 10%，三大行业共计拉低全区规上工业利润 8.8 个百分点。资金周转压力增加。2023 年，规上工业企业应收账款同比增长 4%，增速高于营业收入 8.8 个百分点，占营业收入比重由上年同期 20.3% 升至 22.2%。负债比例有所提升。规上工业企业负债合计同比增长 1.6%，增速高于营业收入 6.4 个百分点。

（二）投资发展后劲不足。投资项目支撑不足。投资在库项目减少、新列统项目回落，重点项目进度偏缓，发展后劲略显不足。2023 年，全区在库投资项目与去年持平。新入库项目同比减少 7 个，计划总投资下降 26.6%。房地产开发投资增长乏力。受宏观环境影响，居民收入增长缓慢，住房消费能力不足，房地产市场低位盘整。2023 年，房地产开发投资下降 15.5%，2023 年全年呈现负增长，下拉固定资产投资 7.2 个百分点。民间投资意愿仍需加强。2023 年，全区民间投资完成额同比下降 18.2%，民间投资占全部投资的比重为 52%，较上年降低 9.3 个百分点。

（三）外贸出口不确定性较多。地缘政治风险加剧。俄乌战争、巴以冲突持续升级，对全球粮食及能源供应安全的威胁上升。全球贸易疲软，金融市场动荡，债务压力上升。重点出口市场增长乏力。2023 年，我区对西亚、东欧的出口增长较快，增速分别达到 20.5% 和 34.9%，但占全区的比重较低，仅为 6.3% 和 0.7%。占比较高的市场欧盟和东盟，出口额分别比上年下降 10.6% 和 0.7%。主要产品出口规模继续下降。按照主要出口产品分类，在全区出口排名前五的产品类别中，塑料制品、医化产品和工艺礼品分别下降3.0%、10.6%和22.6%，分别下拉出口增速0.7个、1.6个和3.0个百分点。

三、下阶段对策与建议

（一）稳工业激活力。强化保障服务提振发展信心。持续攻坚“五赋五降”十大改革项目，擦亮“永宁好办”系列品牌，持续开展“万名干部助万企”等活动，切实发挥“永宁企管家”服企平台作用，“一对一”靠前服务企业，及时回应解决企业呼声和诉求。大力培育新增长点，加快发展未来产业形成新质生产力。持续激发中小企业活力。中小企业是民营经济的代表，是经济社会发展的生力军。通过数字化智能化赋能，持续壮大优质中小企业规模，推动中小企业与大企业精准对接，助力中小企业参与重点产业链供应链强链补链。落实市场准入、要素获取、公平执法、权益保护等方面举措，拉动中小企业景气水平回升向好。

（二）推项目扩投资。加快推进项目建设。紧盯重大项目建设，加大服务协调、做好要素保障、落实督促督导。重点攻坚永宁江科创新城、丰立智能等新开工重大项目，坚持“一个项目、一位领导、一个专班、一套方案、一抓到底”，推动形成更多实物工作量，力促项目早竣工、早投产、早见效。持续扩大有效投资。做好项目招引储备，立足黄岩产业优势，深入招引和实施一批强链补链延链的重大项目，为经济稳增长提供更多增量支撑。积极落实民间资本参与重大项目的政策支持，降低行业准入隐性门槛，引导民资参与生态环保、公共设施等基础设施建设。

（三）挖潜力强开拓。释放消费需求潜力。强化商业发展，优化商业布局，聚拢人气商气烟火气。发挥吾悦广场、“官河商圈”等购物中心、特色街区辐射功能，开展多形式消费促销活动，激发消费意愿。大力发展夜间经济、网红经济等新型消费，持续创新节庆、市集等活动开展。全力促进住宿、餐饮业消费回升，不断扩大消费规模。有效促进居民增收，拓展增收渠道，优化分配结构，让发展成果更多惠及人民群众。强化海外市场开拓。持续开展“百展千企”拓市场增订单行动，鼓励和支持外贸企业主动参加各类展会，推动外贸稳规模优结构。在巩固欧美等传统出口市场的同时，积极拓展俄罗斯、东南亚、非洲等新兴市场，不断提升对共建“一带一路”国家地区市场份额，推动外贸稳量提质。

2023 年黄岩区政府重要文件一览表

附表 5

文类文号	文件标题
黄政发 1 号	台州市黄岩区人民政府关于聚力“一千双百”推动经济高质量发展的实施意见
黄政发 9 号	台州市黄岩区人民政府关于台州市域铁路 S2 线黄岩东城街道段建设项目国有土地上房屋征收范围的通告
黄政发 12 号	台州市黄岩区人民政府关于印发黄岩区加快推进制造业高质量发展若干政策的通知
黄政发 15 号	台州市黄岩区人民政府关于印发《黄岩区支持企业上市挂牌和高质量发展 20 条》的通知
黄政发 16 号	台州市黄岩区人民政府关于黄岩区东城街道方山路北侧建设项目国有土地上房屋征收范围的通告
黄政发 17 号	台州市黄岩区人民政府关于黄岩区后郑路（纬三路—院十路）工程项目国有土地上房屋征收决定的通告
黄政发 18 号	台州市黄岩区人民政府关于委羽山文化遗址修复工程项目国有土地上房屋征收决定的通告
黄政发 19 号	台州市黄岩区人民政府关于印发台州市黄岩区精准财金协同施策助力扩中家庭奔富共同富裕示范区试点实施方案（2023—2025 年）的通知
黄政发 22 号	台州市黄岩区人民政府关于台州市域铁路 S2 线黄岩西城街道段建设项目国有土地上房屋征收决定的通告
黄政发 23 号	台州市黄岩区人民政府关于台州市域铁路 S2 线黄岩东城街道段建设项目国有土地上房屋征收决定的通告
黄政办 2 号	台州市黄岩区人民政府办公室关于印发基于响应负荷的居民节能负荷补贴方案（试行）的通知
黄政办 7 号	台州市黄岩区人民政府办公室印发黄岩区关于妥善处置历史遗留村留地的管理意见（试行）的通知
黄政办 9 号	台州市黄岩区人民政府办公室关于公布区政府 2023 年度重大行政决策事项目录的通知
黄政办 10 号	台州市黄岩区人民政府办公室关于印发黄岩区普惠托育基本公共服务促共富工作实施方案的通知
黄政办 14 号	台州市黄岩区人民政府办公室关于抓好 2023 年度粮油生产工作的通知
黄政办 24 号	台州市黄岩区人民政府办公室关于公布区政府及区政府办公室行政规范性文件清理结果的通知
黄政办 25 号	台州市黄岩区人民政府办公室关于印发浙东芳养谷共富产业园招商政策的通知
黄政办 26 号	台州市黄岩区人民政府办公室印发关于加快黄岩区建筑业高质量发展的若干意见（试行）的通知
黄政办 27 号	台州市黄岩区人民政府办公室印发关于加快推进中药材产业发展的若干意见的通知
黄政办 28 号	台州市黄岩区人民政府办公室关于印发黄岩区促进律师行业高质量发展实施意见的通知
黄政办 35 号	台州市黄岩区人民政府办公室关于印发黄岩区农贸市场更新提质四年行动计划（2023 年—2026 年）的通知
黄政办 42 号	台州市黄岩区人民政府办公室关于调整黄岩区 2023 年度重大行政决策事项目录的通知
黄政办 43 号	台州市黄岩区人民政府办公室印发关于加快黄岩区建筑业高质量发展的若干意见（试行）（修订）的通知
黄政办 44 号	台州市黄岩区人民政府办公室关于印发黄岩区促进注册会计师行业高质量发展实施意见的通知
黄政办 46 号	台州市黄岩区人民政府办公室印发关于支持黄岩区物流行业高质量发展奖补政策的若干意见的通知

索　引

说　明

一、本索引采用主题分析法编制。索引范围包括各类目、分目、条目等。“特载”“专记”“大事记”“附录”等部类的具体内容未做索引，仅以其部类名称标示。

二、索引名称按汉语拼音音序（同音字按声调）排列。类目、分目用黑体字标示，其余用宋体字标示。索引名称后的数字表示内容所在页码，页码后的 a、b、c 分别表示版面的一、二、三栏。

F

G

K

L

M

N

P

Q

R

S

T

W

X

Y